新版

図説

歴史散歩事典

佐藤 信 編

山川出版社

新版
図説歴史散歩事典
目次

# I

# 歴史を歩き、見、聞き、調べ、学ぶ

3

## 1. 歩き、見、聞き、調べ、学ぶ日本史 ——— 4

## 2. 日本の文化財（歴史資料）——— 7
文化財指定の件数／世界文化遺産と日本遺産

## 3. 史跡の整備と活用 ——— 11

## 4. 歩き、見、聞き、調べ、学ぶ — 13

### ▶歴史資料 ——— 13
文字資料／非文字資料

### ▶史跡・文化財を学ぶ ——— 15
下調べ／現地を調べる／記録する／学ぶ

### ▶東大寺を訪ねる ——— 18

# II

# 史跡・遺跡編

21

## 1. 遺跡と遺物 ——— 22

### ▶遺跡 ——— 22

### ▶遺物 ——— 23

## 2. 旧石器時代から縄文時代へ ——— 26

### ▶旧石器時代 ——— 26
石器の変遷／石器の種類と用途／石器の〔　〕地域性

〔　〕時代 ——— 28

生業／貝塚／住居／集落／縄文土器／土偶／祭祀／墓制／漆製品と装身具

## 3. 弥生時代 ——— 34

### ▶弥生時代 ——— 34
水田と農耕／住居／集落／弥生土器／多彩な道具／金属器の展開／金属器の生産／青銅器の特徴／銅鐸／葬制／墳丘墓

### ▶続縄文時代と貝塚時代 ——— 40
続縄文時代／貝塚時代

## 4. 古墳時代 ———— 42

### ▶ 古墳時代 ———— 42
住居と集落／技術と生産／さまざまな祭祀／土師器と須恵器／古墳の概要／古墳の地域性／埋葬施設／各地の墓制／埴輪の種類と変遷／副葬品の変遷／銅鏡／石製品／武器・武具・馬具／金工品／さまざまな生産具

## 5. 古代 ———— 52

### ▶ 墓と信仰遺跡 ———— 52
墓誌／神宮寺

### ▶ 宮跡 ———— 54
平城宮跡

### ▶ 地方の官衙跡など ———— 56
大宰府／国府／国分寺／郡家／駅家・道路／条里

### ▶ 瓦と瓦窯 ———— 59
瓦窯

### ▶ 地上に残る痕跡 ———— 61
礎石

## 6. 中世 ———— 63

### ▶ 都市 ———— 63
鎌倉／京都／府中

### ▶ 城館など ———— 66
一乗谷朝倉氏遺跡／館跡／山城／群郭の城から織豊系城郭へ／地域ごとの特徴／時代ごとの特徴／古戦場／環濠集落

### ▶ 窯跡と瓦 ———— 69
窯跡／瓦

### ▶ 鉱山 ———— 71

### ▶ 祭祀遺跡 ———— 71
経塚／墓

## 7. 近世 ———— 72

### ▶ 政治・軍事・外交の遺跡 ———— 72

近世城郭の成立／安土・桃山時代の城跡／江戸時代の城跡・陣屋／城下町／幕末期の台場など／外交施設

### ▶ 経済・産業・土木の遺跡 ———— 76
鉱山等採掘／農業・放牧関係／陶磁器生産／製鉄・造船／土木関係

### ▶ 教育・文化・社会・生活の遺跡 ———— 79
藩校・郷学／学問塾など／薬草園

### ▶ 宗教や人物に関する遺跡 ———— 81
宗教／歴史的人物の墓・旧宅・大名家墓所

## 8. 近代・現代 ———— 82

### ▶ 明治・大正時代 ———— 82
明治最初期, 近代の黎明期／明治政府の殖産興業／鉱山業の展開と変容／「北の大地」の開拓／明治・大正時代の軍事遺跡

### ▶ 昭和時代（終戦ごろまで） ———— 87
昭和戦前期から終戦まで

## 9. 庭園 ———— 88

### ▶ さまざまな庭園の類型 ———— 88
池庭／枯山水／石庭／露地（茶庭）／寝殿造庭園／浄土庭園／書院造庭園／回遊式庭園／大名庭園／借景庭園／坪庭／平庭／発掘庭園

### ▶ 庭園を構成する要素 ———— 91
地割／石組・景石／園池／滝／灯籠／飛石／蹲踞／手水鉢／垣根

### ▶ 日本庭園の歴史の流れ ———— 96
飛鳥時代／奈良時代／平安時代／鎌倉時代～室町時代／安土・桃山時代／江戸時代／近代

## 10. 街道と景観 ———— 101

### ▶ 街道 ———— 101
五街道・脇街道の制度／一里塚と並木／関所跡／宿場と本陣／川越と渡船／水運・海運／琉球の街道および通信施設／近代の街道／〈文化庁による「歴史の道」事業〉

▶**景観**(文化的景観) ─── 109
文化的景観とは／文化的景観の種類／農林水産業に関する重要文化的景観／採掘・製造，流通・往来および居住に関する重要文化的景観

## 11. **世界文化遺産** ─── 113
▶**世界遺産条約と登録基準** ─── 113
日本の世界文化遺産一覧

# 建造物編

## 1. **寺院** ─── 118
▶**寺院建築の歴史** ─── 118
古代／中世／近世
▶**寺院見学にあたって** ─── 120
▶**古代寺院の伽藍配置** ─── 120
▶**伽藍配置の変化** ─── 120
山地伽藍／浄土伽藍／禅宗伽藍／その他の伽藍／〈桁行と梁間〉／〈塔頭〉
▶**建築様式の変遷** ─── 127
飛鳥～白鳳時代／天平(奈良)時代／平安時代／中世
▶**境内のさまざまな建物** ─── 133
塔／金堂(中堂・本堂・仏殿)／講堂(法堂)／鐘楼／経蔵／僧房・食堂／僧堂(禅堂)／方丈と庫裏／その他の寺院内建築／門
▶**建物の部分構造** ─── 144
屋根／組物(斗栱)／蟇股と笈形／木鼻と手挟・向拝／天井と床／窓と扉と障子／格狭間・須弥壇と高欄／基礎／柱／露盤宝珠と相輪

## 2. **神社と霊廟** ─── 165
▶**神社建築の歴史** ─── 165
古代以前の神社建築／〈沖ノ島の祭祀遺跡〉／中世以降の神社建築／建築形式の変遷／近代の神社建築
▶**神社見学にあたって** ─── 169
境内の構成／祭神／〈祭神の分類〉／境内を歩く
▶**神社建築の形式** ─── 176
本殿／〈社殿の内部〉／鳥居
▶**霊廟建築** ─── 186
神式霊廟／仏式霊廟／儒式霊廟

## 3. **城郭** ─── 192
▶**城の歴史** ─── 192
古代の城／中世の館と山城／近世の平山城・平城／〈チャシと道南十二館〉／〈琉球のグスク〉
▶**城の縄張** ─── 200
縄張の工夫／姫路城の縄張／城郭の規模／〈城郭の修理〉
▶**城の普請** ─── 206
石垣の積み方／石垣の勾配／土居／濠
▶**城門と塀** ─── 209
城門／塀と狭間／橋
▶**天守と櫓** ─── 212
天守の縄張／天守のある城郭／〈天守雛

形〉／天守の外観／天守の鯱／天守の構造と機能／天守の防御／櫓／城内の殿舎

### ▶城下町の建設 —— 222
城下町の囲い／城下町の町割／町の制度

## 4. 町並みと住宅 —— 225
### ▶住宅の歴史 —— 225
竪穴住居／豪族・貴族の家／寝殿造／武家の住居／書院造の発達／近世以降の農家・町家

### ▶書院造 —— 227
足利将軍の邸宅／大名の書院造／書院の客間化

### ▶数寄屋造 —— 229
宮家の別荘／近代和風住宅へ

### ▶庶民の住宅 —— 230

### ▶農家 —— 231
養蚕の隆盛／厩／釜屋／瓦の普及

### ▶農家の間取り —— 232
土間／出居（広間）／座敷／寝室／台所／囲炉裏

### ▶町屋（家） —— 234
商家の造り／商家の間取り

### ▶歴史的町並み・集落 —— 236
海辺の町・集落／山の集落／宿場町／産業と結びついた町／社寺と結びついた町／武家町／城下町

### ▶民家と暮らし —— 240
### ▶茶室 —— 241
茶室の変遷／茶室の構成／茶室の庭

### ▶舞台 —— 246
舞殿・神楽殿／能舞台／芝居小屋／農村舞台

## 5. 近代建造物 —— 250
### ▶近代建造物とは —— 250
### ▶基礎知識 —— 250
建物の特徴／煉瓦造／鉄造／鉄筋コンクリート造／木造（洋風）／屋根／建具／外装／内装／諸設備

### ▶近代建造物の歴史 —— 254
### ▶宗教建築 —— 255
### ▶住居 —— 257
### ▶学校・官公庁 —— 259
### ▶商業・業務 —— 260
### ▶文化施設 —— 262
### ▶工場建築 —— 263
〈近代化遺産〉

# Ⅳ 美術工芸編

## 1. 仏像・神像 —— 268
### ▶彫刻の歴史 —— 268
飛鳥時代／奈良時代／平安時代前期／平安時代後期／鎌倉時代／南北朝〜安土・桃山時代／江戸時代

### ▶仏像の見方1 尊格の種類 —— 274

仏像の種類

## ▶如来部 ——————— 277
釈迦如来／薬師如来／阿弥陀如来／大日如来／毘盧遮那仏

## ▶菩薩部 ——————— 281
弥勒菩薩／観音菩薩／十一面観音／千手観音／如意輪観音／不空羂索観音／馬頭観音／准胝観音／六観音／勢至菩薩／文殊菩薩／普賢菩薩／虚空蔵菩薩／地蔵菩薩

## ▶明王部 ——————— 287
不動明王／五大明王／愛染明王／孔雀明王／大元帥明王

## ▶天部 ——————— 288
梵天／帝釈天／四天王／毘沙門天／吉祥天／弁財天／大黒天／十二神将／金剛力士／八部衆／二十八部衆

## ▶羅漢部・肖像 ——————— 292
十六羅漢／十大弟子／祖師・高僧／頂相

## ▶神像など ——————— 294
八幡神／蔵王権現／十王

## ▶仏像の見方2　姿勢・印相と持物 — 296
仏像の姿勢／仏像の印相／持物／台座と光背／仏像の大きさ／彫刻の素材と技法／金属／木彫／塑造／塼仏／乾漆造／石仏／仏像の表面

# 2.石造物 ——————— 310
## ▶石造物とは ——————— 310
## ▶五輪塔 ——————— 310
石造五輪塔とその起源／花崗岩製五輪塔の出現／律宗系五輪塔

## ▶宝篋印塔 ——————— 313
石造宝篋印塔とその起源／宝篋印塔の出現／宝篋印塔の復活と波及／近江の宝篋印塔／越智式宝篋印塔／「関西形式」宝篋印塔

## ▶層塔 ——————— 317
層塔の特徴／古代の層塔／京都の層塔／大和の層塔／肥後の層塔

## ▶宝塔 ——————— 320
宝塔の特徴／初期の宝塔／二仏並座をあらわす宝塔／四面に扉を配する宝塔／国東塔／多宝塔

## ▶その他の塔種 ——————— 323
無縫塔／笠塔婆・石幢／薩摩塔

## ▶板碑 ——————— 326
板碑

## ▶石灯籠 ——————— 327
石灯籠

# 3.絵画 ——————— 330
## ▶絵画の歴史 ——————— 330
古代の宗教画／中世の絵巻物と水墨画／近世の世俗画

## ▶宗教画の世界 ——————— 332
曼荼羅／不動明王像／来迎図／地獄図

## ▶世俗画の発達 ——————— 335
絵巻物／水墨画／障壁画／〈濃絵〉／浮世絵

## ▶絵馬 ——————— 341
絵馬の由来／絵馬の画題／絵柄の意味／〈仏教版画と護符・魔除け〉

# 4.工芸 ——————— 345
## ▶仏具 ——————— 345
法具

## ▶漆工 ——————— 352
## ▶陶磁器 ——————— 354
中世以前の陶器／近世以降の磁器／中国・朝鮮の陶磁器

## ▶染織 ——————— 357
## ▶武器・武具 ——————— 360
甲冑／刀剣／外装・拵え／弓矢／馬具

## 5. 書跡・典籍・古文書 —— 366
### ▶書の歴史 —— 366
漢字使用の定着／書風の流れ／古筆切と極札

### ▶和紙 —— 367
麻紙／楮紙／雁皮紙

### ▶書跡・典籍 —— 368
典籍の装訂

### ▶古文書 —— 369
古文書の伝来／正文・草案・案文／古代・中世の古文書／近世の古文書／近代の公文書／デジタルアーカイブ

### ▶古文書の基礎知識 —— 374
竪紙・折紙／正字・異体字など／変体仮名／平出・闕字／慣用表現／花押

# Ⅴ 資料編
379

## 1. 暦と時刻 —— 380
### ▶暦法あれこれ —— 380
太陰暦／太陰太陽暦（陰暦）／太陽暦

### ▶陰暦のしくみ —— 381
月の大小／閏月／二十四節気

### ▶さまざまな暦 —— 381
具注暦／近世の地方暦／柱暦／大小暦／南部暦／神宮暦

### ▶時刻と方位 —— 384

## 2. 度量衡 —— 385
### ▶歴史上の度量衡 —— 385
度（長さ）／量（容量）／衡（重さ）／田積（面積）／道程

### ▶現代の度量衡 —— 386

## 3. 紋と印 —— 388

## 4. 貨幣 —— 390
### ▶古代・中世の貨幣 —— 390
### ▶近世の貨幣 —— 391
両替と三貨制度の仕組み／金貨／銀貨／銭貨／紙幣

### ▶近代の貨幣 —— 395

## 5. 年号索引 —— 396

## 6. 年代表 —— 398

写真所蔵・提供者および図版出典一覧／索引

新版　図説歴史散歩事典

# 歴史を歩き、見、聞き、調べ、学ぶ

1. 歩き、見、聞き、調べ、学ぶ日本史  4
2. 日本の文化財(歴史資料)  7
3. 史跡の整備と活用  11
4. 歩き、見、聞き、調べ、学ぶ  13

平城宮跡大極殿(奈良県)

# 1. 歩き、見、聞き、調べ、学ぶ日本史

　歴史を語るためには，歴史情報を今日に伝えてくれる歴史資料を調べなくてはならない。歴史資料を精確に解読し，公平・穏当に解釈することによって，歴史像が構成されるのである。歴史資料を精確に読み取るためには，史料的価値の高い歴史資料を分析するための歴史学や考古学などによる学問的な手続きが必要である。史料的価値の低い疑わしい史料に飛びついてしまったり，手前味噌の史料の読み方に執着したり，独りよがりの歴史観をふりかざして歴史資料に基づかないで創作された歴史像は，砂上の楼閣である。史跡（しせき）・遺跡（いせき）や文化財の解釈も，同様に学術的な史料批判を経なくてはならない。歴史を語ってくれる文化財・文化遺産は，同時にそれ自身が歴史資料であるといえる。

　そして，歴史資料というと文献史料が当然中心と考えられてきたが，文献史料以外にも，多様な種類・性格の歴史資料があり，最近はそれらも歴史像を築くうえで重要な材料となってきている。木簡（もっかん）などの出土文字資料が注目されたり，建造物や美術工芸品のほか，発掘（はっくつ）調査成果としてあらたに発見された，文字をもたない遺跡・遺物なども，歴史資料として位置づけられるようになってきている。

　広義の歴史資料には，文字資料と非文字資料があり，文字資料としてはオーソドックスな文献史料（編纂（へんさん）史料・寺院史料・古文書（こもんじょ）・古記録・絵画史料など）のほか，出土文字資料（木簡・漆紙文書（うるしがみ）・金石文（きんせきぶん）・文字瓦（がわら）・墨書土器（ぼくしょどき）など）がある。また文字をもたない非文字資料としては，遺物・遺跡などがある。遺物は動産であり，土地と結びついた遺跡は不動産の歴史資料である。地上に伝世（でんせい）された建造物や美術工芸品のような遺物や地上に存在する城跡などの遺跡のほか，考古学的な発掘調査によってはじめて地中から姿をあらわす遺物・遺跡がある。そのほか，口頭伝承のような無形資料も存在する。今日では，こうした多様な歴史資料を動員して，具体的・立体的な歴史像に迫ることが，新しい歴史学の方向となっている。

　歴史像を豊かに物語ってくれるのは，まず文献史料であるといえよう。全体的な歴史情報に富む文献史料を読解する力が，歴史を調べ学ぶうえ

『続日本紀』(巻首, 名古屋市蓬左文庫)

では重要である。その際, 文献史料にはしばしば国家など編纂者の意図が反映されており, そのまま信じることのできない史料もあることから, 史料のもつ歴史情報を批判的にとらえ直す史料批判の方法を学ぶことが必要である。史料批判の手続きをふまえることによって, 文献史料以外の多様な歴史資料をも歴史像の構成に動員することができるようになろう。また, 建造物・美術工芸品や遺跡・遺物などの歴史資料, とくに不動産の歴史資料・文化財は, 各地の現地を訪れて地域の自然・歴史的環境のなかで, 存在意義を検討しなくてはならない。これが, 歴史散歩が歴史を学ぶ営みのなかではたす重要な役割といえよう。

本書の前身である旧『図説歴史散歩事典』(山川出版社)が編まれた背景には, 全国歴史散歩シリーズ(山川出版社)が刊行され, 国立の日本史の博物館(国立歴史民俗博物館)が新設された時代に, 日本の歴史文化に関心をもち, 史跡や文化財に興味をいだいて歴史散歩を行おうとする方々に対して, 文化遺産の見方に関する基礎知識を提供したいという

(表) 関々司前解近江国蒲生郡阿[伎ヵ]伎里人大初上阿□勝足石許田作人
大宅女右二人左京小治町大初上笠阿曽弥安戸人右二
里長尾治都留伎
(裏) 同伊刀古麻呂送行乎我都 鹿毛牝馬歳七

「過所」木簡
(奈良県, 平城宮跡)

1 歩き, 見, 聞き, 調べ, 学ぶ日本史 5

意図があった。史跡や寺社の現地を訪れて、史跡・歴史的建造物・庭園・仏像・祭礼などを実見・観察する際に、多くの人が感じるのは、古建築や仏像などについて各部位の名称・機能・意味などの知識があれば、興味と見方がさらに深まるという思いであろう。学校教育でもなかなか教わらない文化財の見方を、簡明に解説したハンディな書物として企画された。この旧『図説歴史散歩事典』は、多くの読者に歓迎され、今日までに毎年刷りを重ねてきた。しかし、40年以上経過して、歴史諸学の展開や社会の変容によって現状にそぐわない部分もみられるようになった。そこで、あらたなコンセプトで本書が編まれたしだいである。

　現在、日本の歴史・文化に対する関心が高まって、列島各地の史跡をはじめとする文化財巡りが盛んに行われるようになってきた。京都などは訪問客の多さで混雑が日常化しているという。歴史資料や文化財から日本の歴史・文化を正確に知っていただくために、また文化財の調査・研究・保護・顕彰・活用をさらに進展させるうえで、本書が役立つところがあれば幸いである。

**平城宮跡**(奈良県)　2010年撮影。朱雀門につづけて第一次大極殿が復元された。

# 2. 日本の文化財(歴史資料)

　文化財は、それぞれの国や地域社会に固有な歴史と文化を理解するうえで欠かせない遺産(資産)である。歴史・文化を正しく理解するうえで、歴史・文化資料でもある文化財は、得がたい素材といえる。こうした多様な文化財は、それ自身歴史的・文化的・学術的な価値をもっている。また、世界や国や地域社会にとって、これからの多様で心豊かな社会を形成していくために、金銭では得ることのできない貴重な役割をになう存在といえる。そして、今日では、文化財を調査・研究して保存するとともに、積極的にその価値の発信や活用を進めることをとおして、社会の創造的な発展に寄与することがめざされるようになってきた。

　日本の文化財保護制度が示す文化財の種類には、①有形文化財、②無形文化財、③民俗文化財、④記念物(史跡・名勝・天然記念物)、⑤文化的景観、⑥伝統的建造物群などがあり、関連して文化財の保存技術や埋蔵文化財(遺跡)が存在している。このうち、①有形文化財、②無形文化財、③民俗文化財、④記念物については、指定して文化財保護法により現状変更が厳しく管理されて保存がはかられる。なお、歴史文化的・学術的な価値がいまだ定まらない現代の建造物や史跡などのうち、保存・活用をめざす文化財については、指定ではなく登録というより柔軟な保護措置を取り入れた、登録文化財の制度もできた。

　①有形文化財は、建造物と美術工芸品に分けられる。美術工芸品は、絵画・彫刻・工芸品・書跡・典籍・古文書・考古資料・歴史資料などからなる。歴史上・芸術上、そして学術的に価値の高い重要なものは重要文化財として指定され、そのうちとくに価値の高いものが国宝に指定される。

　②無形文化財には、演劇・音楽・工芸技術などがあり、

**毛越寺庭園**(岩手県)

2　日本の文化財(歴史資料)　7

**正倉院宝庫**(奈良県)

その重要なものは重要無形文化財として指定される。

　③民俗文化財としては，まず衣食住・生業・信仰・年中行事などについての風俗慣習・民俗芸能・民俗技術などの無形民俗文化財があり，とくに重要なものを重要無形民俗文化財として指定している。つぎに無形民俗文化財に使用されている衣服・器具・家屋などの有形民俗文化財があり，とくに重要なものを重要有形民俗文化財に指定している。また，記録作成などの措置を講ずべき無形民俗文化財も選択されている。

　④記念物には遺跡(貝塚・古墳・都城跡・城跡・旧宅など)，名勝地(庭園・橋梁・峡谷・海浜・山岳など)，天然記念物(動物・植物・地質鉱物・天然保護区域など)がある。それぞれ，史跡は遺跡のうち歴史上・学術上価値があるもの，名勝は国土美のうち風致景観の優秀性や名所的・学術的・芸術的価値があるもの，天然記念物は学術上貴重なものが指定される。そして，とくに重要なものが特別史跡・特別名勝・特別天然記念物として指定される。

　以上の①から④以外に，⑤文化的景観や⑥伝統的建造物群が，あらたに文化財の枠組みに加えられた。

　⑤文化的景観は，地域において人びとの生活・生業や風土によって形成された景観地のことで，棚田・里山・用水路など，国民の生活や生業を理解するために欠くことのできないものである。都道府県・市町村の申し出に基づいて，とくに重要なものを重要文化的景観として選定する。

　また⑥伝統的建造物群は，周囲の環境と一体的に歴史的風致を形成している伝統的な建造物群のことで，宿場町・城下町・門前町・農山漁村などである。市町村が条例で決める伝統的建造物群保存地区のうち，申

し出に基づき，とくに価値が高いものを重要伝統的建造物群保存地区として選定する。以上の文化財とともに，文化財の保存に必要な材料製作・修理・修復の技術などである文化財の保存技術がある。そのうち保存の措置を講ずる必要があるものが，選定保存技術として選定される。また，埋蔵文化財として，史跡に指定されない，地下に埋もれた遺構・遺物からなる遺跡が全国各地に存在している。

## 文化財指定の件数

2019年10月1日付けの文化財指定の件数を示すと，以下のようになる。

### 指定して保存する文化財

#### 1．国宝・重要文化財

| | | 国宝 | 重要文化財 |
|---|---|---|---|
| 美術工芸品 | 絵画 | 162 | 2,031 |
| | 彫刻 | 138 | 2,715 |
| | 工芸品 | 253 | 2,469 |
| | 書跡・典籍 | 228 | 1,916 |
| | 古文書 | 62 | 774 |
| | 考古資料 | 47 | 647 |
| | 歴史資料 | 3 | 220 |
| | 計 | 893 | 10,772 |
| 建造物 | | 227(290棟) | 2,503(5,083棟) |
| 合計 | | 1,120 | 13,275 |

(注)重要文化財の件数は，国宝の件数を含む。

#### 2．史跡名勝天然記念物

| 特別史跡 | 62 | 史跡 | 1,823 |
|---|---|---|---|
| 特別名勝 | 36 | 名勝 | 415 |
| 特別天然記念物 | 75 | 天然記念物 | 1,030 |
| 計 | 173(163) | 計 | 3,268(3,154) |

(注)史跡名勝天然記念物の件数は，特別史跡名勝天然記念物の件数を含む。
　　重複指定があり，（　）内は実指定件数を示す。

#### 3．重要無形文化財

| | 各個認定 | | 保持団体認定 | |
|---|---|---|---|---|
| | 指定件数 | 保持者数 | 指定件数 | 保持団体等数 |
| 芸能 | 36 | 51 | 14 | 14 |
| 工芸技術 | 39 | 59 | 16 | 16 |
| 合計 | 75 | 110 | 30 | 30 |

4. 重要有形民俗文化財　　　　　　221件
5. 重要無形民俗文化財　　　　　　312件

## 選定して保護する文化財

1. 重要文化的景観　　　　　　　　64件
2. 重要伝統的建造物群保存地区　　118地区
3. 選定保存技術　　　　　　　　　74件

## 登録文化財

1. 登録有形文化財(建造物)　　　12,261件
2. 登録有形文化財(美術工芸品)　　16件
3. 登録有形民俗文化財　　　　　　44件
4. 登録記念物　　　　　　　　　110件

　最近は、地域に存在するこうした多様な文化財を中心として、周辺の環境まで含めて総合的に保存・活用していく方向が求められており、自治体により歴史文化基本構想が総合的に定められ、文化財の保存・活用とそれを活かした町づくりの方向性がめざされている。

### 世界文化遺産と日本遺産

　ユネスコ(国際連合教育科学文化機関)が、人類的価値に即して登録する世界文化遺産も注目されている。登録には、世界的観点から歴史上・芸術上・学術上の顕著な普遍的価値が求められる。人類の価値の交流を示すなどの登録基準に照らして普遍的価値が試され、学術諮問機関であるイコモス(国際記念物遺跡会議)の勧告をふまえて、ユネスコ世界遺産委員会で登録が決められる。遺産の真実性・完全性や、国内法での保存や十分な緩衝地帯の保証が必要とされる。

　また、国内的な意味から史跡などの発信・活用・観光をめざす日本遺産の制度もできている。

**沖ノ島**(福岡県、史跡で世界文化遺産にも登録)

# 3. 史跡の整備と活用

　史跡の指定基準によると，遺跡のうち「我が国の歴史の正しい理解のために欠くことができず，かつ，その遺跡の規模，遺構，出土遺物等において，学術上価値あるもの」とされている（「国宝及び重要文化財指定基準並びに特別史跡名勝天然記念物及び史跡名勝天然記念物指定基準」1951年）。特別史跡の場合は，さらに「史跡のうち学術上の価値が特に高く，わが国文化の象徴たるもの」とされる。史跡は，日本史を理解するうえでなくてはならない遺跡であるから，逆にいうと，旧石器時代から現代に至る各時代の史跡を連ねて考えれば，日本史が構成できる，ということになる。紙に書かれた典籍・古文書などの文献史料だけではなく，史跡・遺跡やその出土遺物などによって，日本史がより立体的・具体的に物語れるということである。『史跡で読む日本の歴史』シリーズ（吉川弘文館）などは，そうした方向で日本史の通史を叙述したものである。

　史跡等の保存から整備・活用に至るあり方をみると，まず当該遺跡の調査・研究のうえに，その学術的な価値が明らかになった場合に，地方公共団体と文化庁の協議のうえで，文化審議会による学術的な審議を経て，史跡等が指定されることになる。史跡等の指定にあたっては，真実性や完全性をふまえたうえで，地権者の同意を得て指定範囲が決められる。

　史跡等に指定されると，指定地の現状変更には文化庁長官の許可が必要となり，保存上現状変更が認められない場合に，地権者の協力を得て地方公共団体が土地を公有化して史跡を保存することになる（文化庁が8割を補助する）。こうして公有化された指定地が集積すると，史跡整備が可能となる。その地を日常管理するだけでなく，遺構の様子をわかりやすく表現するための史跡整備が，文化庁の補助を得て行われるようになる。

　歴史の理解を助けるための史跡整備の手法は，遺構を平面的に表示する手法から，往時の建造物などを立体的に復元する手法まで，それぞれの史跡にふさわしい手法で展開するようになった。また史跡等の価値を

3　史跡の整備と活用　11

展示紹介するガイダンス施設や，東屋・トイレなどの便益施設が併設されることもある。同時に，史跡等の価値を広めるための史跡解説・体験学習・史跡まつりなどのさまざまな活用も行われるようになる。

こうして史跡等は，調査，研究，指定，保存，土地公有化，管理，整備，活用，発信という大まかな手順で，現代に活かされるようになる。その過程では，史跡等の価値を明らかにする調査・研究が大事であり，また土地公有化の行政措置などの努力が積み重なって，はじめて整備や活用が可能となることに留意したい。文化財保護の長い努力の結果として，整備・活用が実現可能となるのである。また，整備や活用は，それ自身が目的ではなく，史跡等の歴史的・学術的な価値を広くわかりやすく国民に伝える手段ととらえるべきであろう。

そうしたことをふまえたうえで，史跡等文化財の新しい保存と活用をめざす時がきているのが，今日であろう。史跡等のバランスのとれた保存・活用によって，歴史文化の継承と新しい文化創造が地域社会で実現することが，望まれている。

2018年の文化財保護法の改正では，国だけでなく地方・地域社会による文化財の保存・活用に期待し，そのための体制強化をはかる方向が示されている。地域社会の力によって，これまで保存対象外とされてきた未指定文化財も含めて，地域の文化財の保存と活用をバランスをとって総合的に推進することがめざされている。

地方では，都道府県が域内の文化財の総合的な保存・活用をめざす「文化財保存活用大綱」を策定し，また市町村では，地域の「文化財保存活用地域計画」を作成して，国から認定をうけることができるようになった。さらに文化財の所有者や管理団体は，個別の文化財の「保存活用計画」をつくって，文化庁の認定をうける仕組みが制度化された。地域社会においては，町づくりとからめて自主的・総合的に文化財の保存・活用に取り組む積極的な体制づくりが期待される。その際，地域における専門的な文化財担当者の確保や地方文化財保護審議会の機能充実など，地域による文化財保護・活用力の強化が求められる。

# 4. 歩き、見、聞き、調べ、学ぶ

## ▶歴史資料

　古代から現代に至る歴史を学ぶ材料となるのが，歴史情報を伝える歴史資料である。歴史資料には，紙に文字で書かれた典籍・古文書などの文献史料を中心とした文字資料だけでなく，文字をもたない遺跡・遺物や建造物・美術工芸品などの非文字資料も存在する。歴史資料は，そのまま文化財でもある。各種の文化財は，それが営まれた時代の歴史像を再構成するうえで，有力な材料となる。歴史資料にこめられた歴史情報を，正しく多く読み解くことによって，私たちは歴史像を描くことができる。歴史を学ぼうとするからには，ぜひみずから歴史資料と向き合い，そこから歴史像を構成する努力を行いたいものである。

### 文字資料－文献史料・出土文字資料－

　文字資料というと，文献史料を思い浮かべるのが普通であるが，最近は出土文字資料も有力な歴史像構成の材料となってきている。

　文献史料には，六国史・『吾妻鏡』『徳川実紀』などの編纂史料(典籍)，寺院が伝える写経などの寺院史料(聖教)，正倉院文書や大名家文書などの古文書，藤原道長『御堂関白記』などの古記録，そして荘園絵図・絵巻などの絵画史料などがある。このほか，発掘調査であらたに出土した出土文字資料があり，すでに各

**古代の戸籍**(部分，正倉院文書)　　**瑠璃螺鈿八角箱**(正倉院宝物)

地から40万点以上出土している木簡をはじめ, 漆紙文書・文字瓦・墨書土器・金石文などがある。

　総体的な歴史情報に富んだ文献史料を深く読み解く力が, 歴史を学ぶうえではまず重要である。その際, 史料の信憑性や伝来・編纂意図を調べて史料の価値を客観的に明らかにする史料学的方法を学ぶ必要がある。その史料が後世の写本でなく原本・原文書であるか, 文字の解読に誤りがないかなど, 史料的価値を明らかにするとともに, 史料が伝える歴史情報を公平・正確に読み解くことが求められる。また, 都合のよい史料だけに飛びついたり, 都合の悪い史料を排除したりすることは, つつしまなくてはならない。

**非文字資料－遺跡・遺物－**

　今日では, 上にみた文字資料だけでなく, 多様な歴史資料を歴史像の構成に用いるようになってきている。それが非文字資料である。非文字資料は, 大きく遺跡と遺物に分かれる。

　遺跡には, 都市・官衙・城柵・寺院・集落・生産・墳墓・祭祀・交通・庭園・その他, といった種類の遺跡がある。また遺跡は, 古墳や城柵のように地上に遺存している遺存遺跡と, 地下に埋もれて考古学的に発掘調査しなくてはならない埋没遺跡とに分かれる。このほか, 地理・地形(条里制故地など)も, 遺跡を取り囲む歴史的環境として重要な歴史資料といえる。

　遺物には, 発掘で出土する出土遺物としての土器, 瓦, 木製品・金属製品などと, 伝世遺物として地上に伝えられた建造物(法隆寺金堂・慈照寺銀閣・姫路城など), 美術工芸品(阿修羅像・金剛力士像など), 考古資料(武蔵埼玉稲荷山古墳出土品など), さらに(狭義の)歴史資料(伊能忠敬関係資料など)がある。

　さらに, 有形ではない無形の歴史資料も存在する。口頭で伝えられた地名・口承伝承・民俗行事・言語などである。

獲加多支鹵大王

**稲荷山古墳出土鉄剣**
(埼玉県)

14 ｜ 歴史を歩き, 見, 聞き, 調べ, 学ぶ

文字で書かれた木簡などの出土文字資料をはじめ，文字をもたない（狭義の）遺物や土地と結びついた遺跡，地理・地形など，そして無形の歴史資料まで，さまざまな歴史資料を用いて総合的・多角的に歴史像を再構成するのが，新しい歴史学の方法といえよう。

## ▶史跡・文化財を学ぶ

　史跡・名勝や建造物・美術工芸品などの実物（ホンモノ）について，その存在する現地で調査・観察することによって，歴史的・資料的な価値を明らかにすることが，歴史散歩のめざすところである。実物ならではの歴史情報があるはずであり，それは，実物をたくさんみて鑑識眼をみがいた目で，はじめてとらえられる場合があろう。

　各地の寺社・博物館・美術館などを訪れて歩き，見て，聞いて，調べて，学ぶことは，歴史を立体的・具体的に再構成することにもつながる。また，日本列島の各地域の歴史文化を見つめ直し再評価することにもなる。それは歴史を学ぶ生涯学習の営みとして，新しい発見を伴う創造的で楽しい作業であり，同時に健康のためにも有益となる。そして新しく発見され見直されつつあるさまざまな遺跡・遺物などによって，歴史像はいつもきたえ直されているのである。

### 下調べ

　今日だと，コンピュータやスマートフォンを利用したインターネットの検索によって，それぞれの史跡・名勝や建造物・美術工芸品をその都度調べることもできるが，信憑性の高い書物などによって確実な史料・資料を入手して，現地を訪れる前にノートをつくっておくことがのぞましい。現地や現物のどこに関心をもって，どういう方向から何を調べるのか，あらかじめもれのないようにすることが大事である。

　史跡・文化財の現地での存在形態を事前に知るうえでは，都道府県別に史跡・文化財を訪ね歩く際の示唆に富んだ歴史散歩シリーズ（山川出版社）がおおいに参考となる。各都道府県の原始古代から現代までの歴史を簡便に通観するには，県史シリーズ（山川出版社）がある。地方史誌として各都道府県・市町村が刊行している『○○県史』『○○市史』などの自治体史・郷土史や江戸時代の地誌の書物，そして個別の寺院・神社の歴史書などを図書館で探し，さらに詳しく調べるのもよいだろう。

　国指定史跡については，『図説日本の史跡』全10巻（同朋舎）が，各時

代の史跡について指定範囲入りの地図や調査成果をまとめて提示してくれる。簡明な解説を付した『国指定史跡事典』(学生社)もある。各遺跡にもふれる歴史辞典としては，『国史大辞典』全15巻(吉川弘文館)もある。歴史時代の遺跡・遺物については，より新しい『歴史考古学大辞典』(吉川弘文館)が参考となろう。以上の諸書に記された参考文献などによって，さらに詳しい史料や歴史情報を入手しておきたい。

　地図については，国土地理院の2万5000分の1地形図で現地の地理を把握しておくことがのぞましく，現地を歩く際のルート・コースや周辺地理が詳細にわかる。全国の埋蔵文化財としての遺跡の範囲を図示した小縮尺の遺跡地図は，各県別の文化庁『全国遺跡地図』があり，図書館で閲覧できるだろう。現地の市役所・町村役場などで，当該地の2500分の1図面を頒布してもらえる場合もある。奈良県については，橿原考古学研究所編『大和国条里復原図』(奈良県教育委員会)が，条里地形・小字地名を書き入れた奈良平野の3000分の1地形図を提供してくれる。おおざっぱな古代からの国・郡域などを知るうえでは，竹内理三ほか編『日本歴史地図　原始・古代編』全3巻(柏書房)や，西岡虎之助・服部之総監修『日本歴史地図』(全国教育図書)がある。

　歴史的な国・郡・郷や荘園などの地名に関する地名辞典としては，『日本歴史地名大系』全50巻(平凡社)や『角川日本地名大辞典』全49巻(角川書店)の各都道府県のシリーズがあり，戦前の吉田東伍『大日本地名辞書』(冨山房)もしばしば参考となる。古代の地名については，『古代地名大辞典』(角川書店)も便利である。

## 現地を調べる

　現地を調べるにあたっては，調査用に動きやすい服装・靴・帽子・手袋などを身に着けよう。ただし，寺院・神社では信仰に対する敬虔な態度が必要な場合もあり，それなりの服装が求められる。両手が使えるようにリュックサックなどに，筆記具，ノート・野帳・地図，下調べ資料，カメラはもちろん，双眼鏡・虫メガネ，懐中電灯，方位磁石，距離をはかるためのメジャーなどを入れておく。

### ⑴地理・地形・立地・占地をみる

　現地では，まず史跡・文化財をめぐる地理・地形をみて，その立地や占地(選ばれた土地)を観察する。

不動産文化財である史跡などの場合，なぜそこに営まれたのか，微地形にうかがえる立地・占地の特徴とともに，陸上・水上の交通体系における位置づけもみておきたい。その土地の小地名・屋号や言い伝え・災害の記憶，祭祀，通婚範囲，また水田の水利・水掛かり（どの水源・水路から水を引くか，水を引く順番など）や収穫の多寡などについて，現地のお年寄りや人びとにたずねることも試みてはいかがだろう。

## (2)規模・構造・形態を調べる

　史跡・文化財の構成・構造・形態・材質について，詳しく観察し，調べる。対象となる歴史資料（遺跡・遺物）の規模・構造・形態の現状とその特徴をつかむ。普段から自覚的に史跡・文化財の現地・現物に接して観察する「目を肥やす」ことによって，対象の特徴を明確に把握する「見る目」をみがくことができる。

## (3)文字を読む

　石造物である五輪塔・宝篋印塔・板碑などについては，その場所・構造・形態・石材の特徴とともに，刻まれている文字を判読しておきたい。とくに，現物でなくては読みとりにくい部分を詳しく検討しておく。これらの石造物には記載の定式もあるので，それを承知しておくと，理解が早い。文字の読み取りにあたっては，いろいろな書体やくずし字を知るための字典として『五體字類』（西東書房）や児玉幸多編『くずし字解読辞典』（東京堂出版）などが参考となる。文字や年号（元号）・干支の記載については，元号・干支や西暦との換算表で調べたい。元号・干支・西暦が対照できる手軽なツールとしては本書「年代表」（p.398〜413）や，『歴史手帳』（吉川弘文館・山川出版社）などがある。

## (4)現地・実物でしかわからないことを観察する

　現地を調べるのにあたっては，刊行された書物などであとで調べればわかること，撮影した記録写真などで十分用がすむことよりも，その文物の位置・立地，石材などの材質や文字の記載部位・割り付け・字形・刻字技術の特徴など，実物でしかわからないことに注目して観察したい。せっかく現地で実物を調査する機会を得ながら，そのモノが伝える歴史情報を引きださずに帰ってしまうのは，もったいないであろう。

## 記録する

　現地で調べた成果は，事前の下調べはもちろん，現地・現物のみがも

4　歩き，見，聞き，調べ，学ぶ　17

つさまざまな歴史情報を読み取り，記録したい。記録にあたっては，写真を撮り，実測図面を作成し，ノート・野帳や地図・図面に調査記録・メモを作成する。観察もれがないように，調査項目をあらかじめ準備しておくとよいだろう。

**学ぶ**

　下調べや現地調べの成果をもとに，関係するそのほかの史料・資料を読み込み，ほかの同時代・異時代の類似する史跡・文化財との比較研究を進めて，当該史跡・文化財の位置づけについての知見を掘り下げる。これをとおして，史跡・文化財の価値を明らかにして，それを日本史のなかに位置づける。生涯学習の成果として，現地・現物の歴史的価値を知ることによって，史跡・文化財の保存・整備・活用の方向性を見いだして地域の文化的創造に資することも，できるだろう。

## ▶ 東大寺を訪ねる

　全時代をとおして，史跡・遺跡の現地に多くの歴史資料・文化財を今日に多く伝えているのは，歴史的伝統に富む寺院や神社といえる。それ以外で，地域の動産文化財を多く収蔵するのは，公立や私立の博物館・歴史民俗資料館などであろう。私たちが地域の歴史を実物資料に即して学ぼうとするとき，寺院や神社に伝えられた文書・典籍・聖教・絵図などの文献史料や建造物・美術工芸品，石碑・墓碑・鐘銘など，そして遺跡・歴史的環境，さらに寺伝・社伝や祭礼などの無形文化財といった多様な歴史資料・文化遺産が，材料を提供してくれる。その検討によって，地域の歴史的変遷が再構成できるのである。

　寺院が伝える各時代の歴史資料を検討する歴史散歩の対象として，奈良県に所在する古代以来の大寺院である東大寺を例に取り上げてみたい。東大寺を訪れて歴史について調べ学ぼうとするとき，まず歴史を物語る『続日本紀』『東大寺要録』や正倉院文書・東大寺文書そして出土木簡などの歴史資料はもちろん，発掘調査の成果や出土した考古資料，伽藍を構成する大仏殿をはじめとする建造物，大仏そのほかの仏像や調度などの美術工芸品，そして現在に続く修二会や転害会などの法会・祭礼・行事など，多様な歴史資料が幅広く今日に伝えられている。東大寺を歴史的に理解しようとするときには，日本史学だけでなく，考古学・建築史学・美術史学・仏教学・宗教学・歴史地理学など，多角的な視野から寺

院のあり方を検討することが望まれる。

　また，古代の聖武天皇による創建以来，古代・中世・近世・近現代の文物が東大寺には重層的に存在していることから，重層的に蓄積された各時代の歴史についても，それぞれ理解しておくとよいであろう。その際古代の文物としては，法華堂(三月堂)・正倉院宝庫・転害門などの建造物，大仏(の一部)や不空羂索観音立像(乾漆造)などの仏像や正倉院宝物といった美術工芸品，『続日本紀』『東大寺要録』や正倉院文書・東大寺文書などの史料，そして考古学的な境内の遺跡のあり方や立地など，幅広い歴史資料が存在している。

　1180年(治承4)の平 重衡による南都焼打ちで大被害をこうむり，そののち俊乗房重源による復興がなされた中世の東大寺については，南大門や三月堂の改修部などの中世建造物，中世の仏像など，正倉院文書・東大寺文書中の中世史料，そして発掘調査による中世の遺跡・遺物などが知られる。

　1567年(永禄10)の三好・松永の戦火による南都炎上で大被害をうけたのち，公慶が将軍徳川綱吉の援助で復興した近世の東大寺についても，大仏殿や大仏をはじめとした多くの建造物・美術工芸品，東大寺文書中

**東大寺伽藍図**

4　歩き，見，聞き，調べ，学ぶ　19

**東大寺大仏殿**(奈良県)

**東大寺二月堂の修二会**

の近世史料や寺誌史料、そして発掘調査による近世の遺跡・遺物など、大量の歴史資料が存在している。さらに、近代東大寺についても、大仏殿の昭和大修理ほかの膨大な歴史資料が存在する。

こうした各時代の文物が重層的に集まって今日の東大寺の姿になっている。東大寺史の全体像をみることを通して、さかのぼって近世・中世・古代の東大寺像に近づくことができるように思う。東大寺の古代から近代に至る歴史的変遷のなかで、その歴史資料の史料的価値がはかれるようになるといえよう。たとえば古代の正倉院宝物についてみると、どういう経緯でそれが今日まで伝えられたのか、ほかの多数の古代歴史資料は火災・戦災など歴史的変遷のなかでどのように失われたのかを知ることによって、その伝来の経緯が判明するのである。東大寺に伝わる多様な歴史資料の全体像や通時代的な寺史を知ることによって、各時代の歴史像が描けるようになるといえよう。

東大寺を訪れ調べる際には、古代から近代に至る各時代の東大寺の全体像を理解しながら、建造物や仏像などをみてまわり、対象とする時代の全体像や文物を調べたいものである。なお、東大寺ミュージアムが博物館として存在することを書き添えたい。

# 史跡・遺跡編

1. 遺跡と遺物 　22
2. 旧石器時代から縄文時代へ　26
3. 弥生時代　34
4. 古墳時代　42
5. 古代　52
6. 中世　63
7. 近世　72
8. 近代・現代　82
9. 庭園　88
10. 街道と景観　101
11. 世界文化遺産　113

埼玉古墳群（埼玉県）

# 1. 遺跡と遺物

　歴史散歩にあたって，各地で貝塚・古墳・寺院跡などの遺跡を見学したり，博物館などで遺跡からの出土品である遺物を見学することがあるだろう。遺跡や遺物は，意外にも私たちの身近なところにある。そこでまず，遺跡や遺物にはどのようなものがあるかをみていこう。

## ▶ 遺跡

　遺跡とは過去の人間の行動を示す痕跡(遺物や遺構)の残された場所であり，内容によって，生活遺跡，生産遺跡，墳墓遺跡，祭祀・信仰遺跡，政治関連遺跡，文化関連遺跡，交通関連遺跡，土木関連遺跡などに分けられる。

　生活遺跡は貝塚をはじめとした集落跡であり，環濠集落・高地性集落や，近世以降の城下町・宿場町・港町・農村・漁村・山村などがあり，近現代でいえば住宅街・ニュータウンなどがある。生産遺跡には，窯跡などの工房跡や水田跡，近現代でいえば工場などがある。生活遺跡と生産遺跡を結ぶものに職人の集落がある。墳墓遺跡では，弥生時代の方形周溝墓や甕棺墓，古墳時代の前方後円墳・円墳などの古墳や横穴墓・地下式横穴墓などがある。さらに，やぐらや五輪塔をはじめとする中世墓，大名墓をはじめとする近世墓，近現代の霊園などがある。祭祀・信仰遺跡では縄文時代の配石遺構をはじめとして，神社跡や寺院跡，神宮寺跡，現在までつづく神社・寺院・教会などがある。政治関連遺跡には古代の宮跡や官衙跡などがあり，それ以降は城跡や館跡，陣屋跡，古戦場，近現代の役所や議事堂，砲台などの軍事遺跡などがある。文化関連遺跡には学校や病院などがある。交通関連遺跡では，古代の駅家跡が代表例で，ほかにも関所跡・一里塚・道標・橋梁，近現代の駅・港などもあげられる。土木関連遺跡では，前近代の堤防や，近現代のダムなどがある。

　また，立地によって，開地遺跡，洞窟(岩陰)遺跡，水中遺跡などに分けられる。開地遺跡は露天の遺跡のことで，洞窟遺跡は縄文時代の遺跡が露天ではなく洞窟でみつかることからそういわれている。また，水中遺跡は長崎県鷹島沖で元寇船がみつかって以降，注目されている。

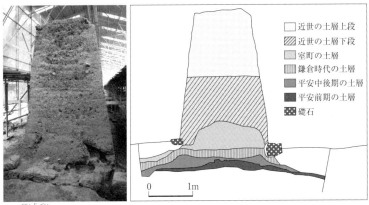

**東寺築地塀遺構**(京都府) 現存建造物の直下の発掘により、その前身遺構が発見された例。

さらに、土の性質によって、泥炭層遺跡・砂丘遺跡などに分類できる。このうち泥炭層遺跡は湿地に立地するもので、通常では残りにくい木質遺物が発見されやすい。

そして、遺跡には建造物が残っている場合もある。残存している建造物の周辺を発掘調査すると、現存建造物の関連遺構が発見されることもあれば、現存建造物の直下の発掘により、その前身遺構を発見することもある。このように、遺跡とその上に現存する建造物を一体のものとして考える必要がある。

## ▶遺物

過去の人間の行動の結果として現在まで残された"もの"を遺物という。遺物は人工遺物と自然遺物に大きく分けられる。人工遺物は材質によって、石器・土器・金属器・木製品・骨角器・貝製品・ガラス製品などに分類され、自然遺物は、動植物や昆虫、魚介類などの遺存体や鉱物をいう。人工遺物は、用途によって、食器・調理具・身体装飾品・狩猟具・農耕具・武器などに分けられる。

石器には、石鏃・石槍などの狩猟具や武器、石斧・石錐などの工具、石鍬・石包丁などの農具などに分けられ、これとは別に、砥石・石鍋などの道具、勾玉・管玉などの装身具、石棒などの祭祀具などの石製品がある。

土器は素焼きの焼き物で、時代によって縄文土器・弥生土器などに分

**銅板に刻まれた太安万侶墓誌**
(奈良県出土)

類され、焼き方によって土師器・須恵器・瓦器などに分類される。用途によって、壺・甕・鉢などに分類される。また、近代に入ると粘土や頁岩・泥を焼いた煉瓦、砂・砂利・水などをセメントで固めたコンクリートも使われる。さらに、焼き物には、緑釉陶器・灰釉陶器など釉薬をかけた陶器、カオリン鉱物を主成分とした石を粉砕して使用する磁器などがある。

土器とは別に土からつくられるものには埴輪や瓦、土製品があり、土偶や漁業で使われる土錘などがある。

金属器には金・銀・銅・青銅・鉄器などがあり、刀子や斧などの工具、鍬先や鎌先などの農具、釘、銭などに使われた。その利用は弥生・古墳時代には限られた権力者が占有していたが、やがて普及が進むと、古代の集落でも出土するようになり、社会生活を大きく進歩させた。

木器には製作技法から刳物・曲物・挽物(轆轤を使う)・指物(板や角材を組み合わせる)・箍物(剝板を並べて箍で締めたもの、樽など)・塗物・編物・彫物などがあり、広く考えると織物も含まれる。

これらの遺物のうち、とくに土器は器形や文様が時代や地域によって異なるので、時代の新旧を見分ける基準となっている。また、自然科学的年代測定として放射性炭素や年輪などでも測定される。放射性炭素年代法は、自然界に存在する微量の放射性炭素($^{14}C$)が、生物に取り込まれたあと、原子核の崩壊によってしだいに数が減じていくことを利用して、減少した割合から年代を測定する方法である。年輪年代法は、樹木年輪の成長量が年ごとに異なることを利用して、木材の年輪幅を計算して年代を1年単位で求める方法である。

なお、遺物には非文字資料と文字資料という分類もある。文字資料には、木製品に文字を記した木簡、紙に文字を記した文書、土器に文字を記した墨書土器や刻書土器、瓦に文字を記した文字瓦、金属や石材に文字を記した金石文などがある。文書のうち土中から出土するものに漆紙文書がある。廃棄された文書を漆の入った容器の蓋紙として再利用し、

それに漆がしみ込んだことによって，腐らずに残った文書である。金石文には墓からみつかる墓誌などがある。

## 歴史散歩関連年表

| 年代・西暦（和暦） | こ と が ら |
|---|---|
| 約35000年前 | 日本列島に人類が活動しはじめる |
| 約12000年前 | 縄文土器が使われはじめる |
| 約5000年前 | 日本全体で貝塚が広く分布する |
| 約3000年前 | 九州地方で稲作がはじまる |
| 紀元前4世紀 | 東北北部で稲作がはじまる |
| 紀元前後 | 九州北部で鉄器が使われる |
| 3世紀 | 古墳が築造される |
| 5世紀 | 古墳に横穴式石室がつくられる |
| 588年 | 飛鳥寺の建立がはじまる。寺院建立のはじまり |
| 6世紀 | 群集墳がつくられる |
| 592年 | 推古天皇即位。以降飛鳥付近に宮がおかれる |
| 663年 | 白村江の戦い。その後，古代山城の建設 |
| 690年 | 初回の伊勢神宮式年造替，社殿があったことを示す |
| 701年（大宝元） | 大宝律令。このころ国府の成立 |
| 741年（天平13） | 国分寺建立の詔。全国に国分寺がつくられはじめる |
| 11世紀 | 定朝，和様彫刻完成 |
| 1052年（永承7） | 末法元年。末法思想の展開，浄土庭園つくられはじめる |
| 1181年（養和元） | 南都焼き討ち。その後，東大寺復興 |
| 12世紀ごろ | 奄美・沖縄地域でグスク時代がはじまる |
| 1250年（建長2） | 鎌倉建長寺の創建。禅宗様の確立 |
| 13世紀ごろ | 北海道でアイヌ文化期がはじまる |
| 14世紀末 | 本格的な山城の展開 |
| 1579年（天正7） | 織田信長の安土城が完成。近世城郭の成立 |
| 16世紀 | 陶器がつくられる |
| 16世紀末 | 千利休がわび茶を大成させる。茶室の広がり |
| 1598年（慶長3） | 豊国廟焼失。このころ霊廟建築の成立 |
| 1601年（　　6） | 慶長金銀を発行 |
| 1765年（明和2） | このころ鈴木春信が錦絵（多色刷り浮世絵版画）を創始 |
| 1870年（明治3） | この年から廃仏毀釈 |
| 1872年（　　5） | 東京小菅に煉瓦窯ができる。煉瓦の普及へ |
| 1901年（　34） | 官営八幡製鐵所が操業。日本で本格的な鉄の生産がはじまる |
| 1903年（　36） | 琵琶湖疎水の橋梁が鉄筋コンクリート造でつくられる。鉄筋コンクリートの普及へ |
| 1945年（昭和20） | 太平洋戦争が終わる。多くの文化財の消失 |
| 2002年（平成14） | インターネットの普及率が5割をこえる |

1　遺跡と遺物　25

# 2. 旧石器時代から縄文時代へ

## ▶旧石器時代

　日本列島で人類が活動をはじめたのは，今からおよそ3万6000年前とされる。人びとはナウマンゾウやオオツノジカといった大型獣の狩猟をおもな生業とし，遊動しながら生活していた。地面にしっかりと掘り込まれた生活に関する遺構はほとんどみられないため，簡素なテント状の住宅を用いて一般に小高い丘陵や台地の縁辺に住んでいたとみられる。一部では洞窟や岩陰なども使用していた。生活の痕跡として，食物の調理の跡とみられる焼けた河原石の集中（礫群・集石）や，焚き火の跡とみられる炉跡が発見されている。なかには石器や剝片が集中する石器ブロックが環状をなして発見されることがあり，いくつかの住居が環状に配置され，生活していたものとみられる。ほかにも落とし穴とみられる遺構もあり，シカやイノシシなど中小型の獣を捕獲していたとみられる。

　**石器の変遷**　日本列島で旧石器時代の間に使用されていた石器には用途に応じたさまざまな形のものがあり，それらの一部は年代の指標となる。当初は，台形石器や局部磨製石斧が，やや遅れてナイフ形石器が使用された。やがて細石刃の使用がはじまり，ナイフ形石器は消滅する。なお，同一の火山から降り積もった火山灰が離れた遺跡で検出された場合，それぞれの遺跡同士の前後関係などを把握することができる。火山

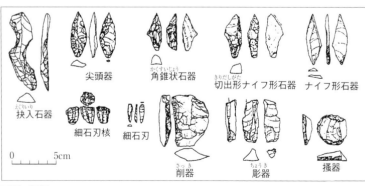

石器の種類

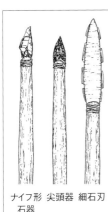
ナイフ形　尖頭器　細石刃
石器

**石器の装着想定例**

**接合資料**(上白滝8遺跡，北海道)

**旧石器時代の洞窟遺跡**
(福井洞窟，長崎県)

灰には降り積もった年代がわかっているものがあり，それらは遺跡の年代を知るための指標とできる。

**石器の種類と用途**　石器の用途はその形と使用痕の詳細な分析から類推される。ナイフ形石器や尖頭器は槍先として，掻器は動物の皮なめしに用いられたとみられる。細石刃は植刃器とよばれる骨や角でできた軸にはめ込み槍先のように使われたとみられ，一部の刃が欠けても取り替えできる工夫がされたものであった。

**石器の製作と地域性**　出土した石器の割れた面を接合していくと，元の石材である石核の形が復元できる。こうした資料を接合資料といい，接合する剝片のない空洞部分から持ち出された製品がわかるだけでなく，詳細な石器の製作工程が明らかになる。また，石器や剝片が集中するいくつかの石器ブロックの間で石器の接合関係が判明する場合，人びとの移動や居住のあり方の復元も可能である。石器の剝離技術と製品には地域的な特徴がある。とくに旧石器時代の後半期には，たとえば北海道の石器にはシベリアから極東ロシアとの関係が強くみられるなど，いくつかの地域ごとに地域性が認められる。こうした地域性の背景には，南北に長い日本列島各地の環境の違いに応じた選択や，狩猟や石材資源の獲得という生業面の違い，そして集団の領域意識の違いなどがあったと考えられる。良質な石材の産地としては北海道の白滝(黒曜石)，長野県の和田峠(黒曜石)，香川県の金山(サヌカイト)，佐賀県の腰岳(黒曜石)などが知られ，それぞれの産地で産出する石材と石器の型式や技法が結びつくことで地域性をみせている。

2　旧石器時代から縄文時代へ

## ▶縄文時代

　今から約1万6000年前,氷河期がおわり現在に近い気候・風土が日本列島に形成されるなか,縄文時代がはじまった。人びとは土器をはじめとする多種多様な道具を用いることでさまざまな自然の恵みを取り入れ食生活を安定させ,定住生活を送ることとなった。住まいの付近で物資を調達するだけでなく,産地が限られるアスファルトや黒曜石・ヒスイなども獲得し,ときには丸木舟を使った水上交通を含む長距離交易も行われていた。比較的平等性の強い社会とされるが,集団の組織化や階層化が一部で進んでいた可能性も指摘されている。

　縄文時代は,草創期(約1万6000～1万2000年前),早期(約1万2000～7000年前),前期(約7000～5500年前),中期(約5500～4500年前),後期(約4500～3300年前),晩期(約3300～2800年前)の6期に区分される。ただし,放射性炭素年代測定(→p.24)とその暦年較正に基づく実年代の決定には,まだまだ議論が続いている。

**生業**　各地の気候・風土に合わせて,旬の食べ物が大量に獲得され,加工・貯蔵された。一般にクリやドングリなどのナッツ類が主要なカロリー源で,石皿や磨石を使って加工された。後期には水にさらしてアク抜きをする技術の開発により,トチノミが多量に消費されるようになる。クリは採取だけでなく選択と栽培が行われ,ほかにもエゴマやヒョウタン・ヒエなどが栽培された可能性がある。おだやかな湾に面した地域では貝類が採取され,小型の魚を網やエリで一網打尽にし,ときには銛やヤス・釣針で大型の魚を捕えた。狩猟はシカとイノシシが中心で,弓矢や落とし穴を用いて捕獲し,海岸部では海獣類の猟も行われた。一部では集落内でイノシシの管理や飼育が行われた。

**貝塚**　大量に採取された貝殻の捨て場を貝塚という。貝塚には貝だけで

**復元された大規模集落**(三内丸山遺跡,青森県)

**漁労具**(里浜貝塚, 宮城県)

**編み籠**(東名遺跡, 佐賀県)

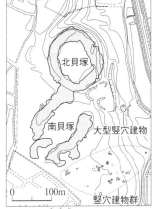
**環状貝塚**(加曽利貝塚, 千葉県)

**貝塚の貝層断面**(加曽利貝塚, 千葉県)

なく魚類や動物の骨, 不要になった土器などが捨てられ, ときには人の埋葬も行われた。貝塚や土器塚とよばれるゴミ捨て場はたんなる廃棄場所ではなく, それらのものが再び戻り来ることを願う送りの祭祀場でもあった可能性が考えられている。貝塚の細かに積み重なった貝層は食物採取と廃棄の順序に従って形成されたもので, 縄文人の季節的な生活を復元するうえで, 大きな手がかりとなる。

**住居** 草創期から早期前半には, 住居の発見はまれで, しっかりとした住居をもたない半定住生活が行われていたと考えられる。早期後半以降, 多数の住居をもつ集落が出現し, 定住していたことがわかる。代表的な住居型式は, 地面に竪穴を掘り床を半地下式とする竪穴建物である。屋根を地上に伏せた形式の伏屋式と, 住居の側壁の支柱で屋根材を支え

**復元された竪穴建物**(北代遺跡, 富山県)

**復元された竪穴建物の構造**
(御所野遺跡, 岩手県)

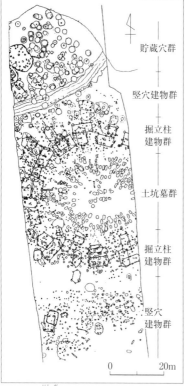

**環状集落**(西田遺跡, 岩手県)

る壁立式があり、屋根には草葺と、その上を土で覆う土葺がある。住居の平面形は前期までは方形のものが多いが、中期以降に円形で中央に炉が配されるものに規格化される。なお、掘立柱建物は前期から存在するが、その数が増加するのは後期以降である。住居が廃絶すると意図的に火をつけて燃やした場合もある。ちなみに土掘りには打製石斧が、樹木の伐採には磨製石斧が、さまざまな木器とともに用いられたとみられる。

**集落** いくつかの建物が、環状や房状・線形に配置され集落が形成された。環状集落は中期の東日本を中心に多くみられ、中心の広場は墓域などに利用された。住居の外縁部には食料を貯蔵する貯蔵穴がつくられることが多く、さらに離れた場所が捨て場として利用された。集落は4〜5棟程度の住居からなることが多いとみられるが、何度も建て替えた結果、ときには100棟をこえる建物跡が密集した遺跡として発見されることもある。

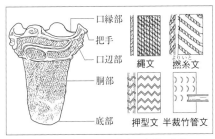

**縄文土器の部分名称**　施文方法と文様の名称

**さまざまな形の土器**　左：注口土器　右：浅鉢形土器（ともに是川遺跡、青森県）

**縄文土器**　縄文土器はきわめて豊富な文様をもつとともに多彩な形態があり、縄文人が自身の集団のまとまりを表現したり、あるいはその世界観を反映したものと考えられる。土器の発達はナッツ類のアク抜きや煮沸をはじめとする食料資源の利用が、縄文時代に大きな位置を占めていたことを示している。光沢をもち多数の装飾がほどこされた精製土器は、深鉢を基本形とし、そのほかに浅鉢や注口土器、香炉形などがある。装飾の少ない粗製の深鉢は煮沸用とみられる。また、一部では製塩土器も知られている。

縄文土器はもともと縄文をもつ土器の意味だが、縄文時代の土器にも縄文のないものがあり、また東日本では弥生時代の土器にも縄文がほどこされることがある。現在は、縄文時代に用いられた土器

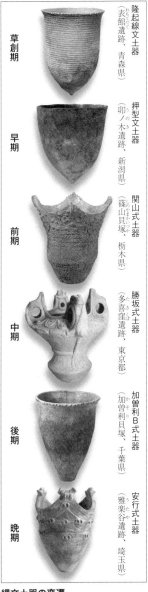

草創期　隆起線文土器（表館遺跡、青森県）

早期　押型文土器（卯ノ木遺跡、新潟県）

前期　関山式土器（篠山貝塚、栃木県）

中期　勝坂式土器（多喜窪遺跡、東京都）

後期　加曽利B式土器（加曽利貝塚、千葉県）

晩期　安行式土器（雅楽谷遺跡、埼玉県）

**縄文土器の変遷**

2　旧石器時代から縄文時代へ　31

が縄文土器とよばれる。縄文土器の豊富な特徴に基づき日本列島各地における詳細な型式分類と年代的位置づけがなされている。この型式は時代性と地域性の両者をあらわしており、縄文時代の年代の物差しとされるほか、人びとの交流や移動の実態を明らかにするための手がかりとなる。

**土偶** 土偶は粘土で人形などをかたどった土製品で、縄文時代草創期にあらわれる。当初は小型・板状で顔や脚は表現されていないが、乳房の表現があり女性をあらわしていることがわかる。前期には両目や口といった顔面の表現がはじまり、中期には立体的な造形の土偶があらわれる。大型の土偶の大半はその一部が故意に欠損されており、集団や家族の祭祀に用いられたと考えられているが、晩期の一部の事例では墓に副葬されたものもある。ハート形土偶やミミズク土偶、遮光器土偶などが有名である。九州をのぞく西日本では人形の土偶は少なく、分銅形土偶などがみられる。

**祭祀** 配石遺構や環状列石とよばれる祭祀の跡と考えられる遺構が発見されているが、詳細は判然としない。男性器を模した石棒と、それに組み合わせて使用された磨石や土器などは女性器を表現したとみられ、性崇拝や生命の再生産を願ったものと考えられる。ほかにも、目・口に孔を穿ち耳の部分に紐掛け孔を通した土面や、石冠、御物石器、独鈷石とよばれる用途不明の道具があり、これらも祭祀に用いられたとみられる。

**墓制** 死者は大地に穴を掘って埋葬された。埋葬時の姿勢には屈葬と伸展葬があり、時代が新しくなるにつれ後者がふえる。通常は土坑に遺体をおさめ埋め戻して埋葬が完了するが、埋葬のしばらくあとに白骨化した骨格を掘りおこし、再葬

**さまざまな土偶** ①前期（塩ヶ森遺跡、岩手県）、②中期（棚畑遺跡、長野県）、③後期（著保内野遺跡、北海道）、④晩期（亀ヶ岡遺跡、青森県）

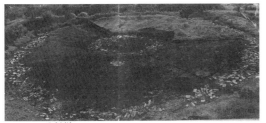
**環状列石**(野中堂遺跡, 秋田県)

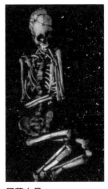
**屈葬人骨**(花積貝塚, 埼玉県)

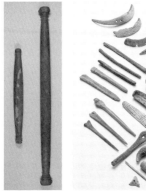
**石棒**(柏木B遺跡, 北海道) **骨角製装身具**(東名遺跡, 佐賀県)

**漆塗りの櫛**(是川遺跡, 青森県)

(二次葬)する場合がある。再葬時には複数の人骨を集積したり,人骨を土器棺におさめたり,特殊な形に組み直したりすることもある。なお,南西諸島を中心に,土坑だけでなく洞窟への埋葬も多く知られる。

**土製耳飾り**(下布田遺跡, 東京都)

**漆製品と装身具** 縄文時代には漆製品が発達した。木や土器に漆を重ね塗りした容器や,赤漆を塗った紐で編んだ布などがあり,櫛や腕輪,耳飾りにも赤漆が鮮やかに塗られたものがある。ヒスイ製大珠や玦状耳飾り,土製耳飾り,貝製や牙製の腕輪などの装身具も多く出土しており,縄文人の身なりの一端がうかがえる。こうした装身具のほか,石器や土器が副葬される場合があり,墓の配置とともに性別や年齢などに対応して,ある程度の階層化が考えられる。

# 3. 弥生時代

## ▶弥生時代

　日本列島において，灌漑を伴う本格的な水田稲作が導入され，生業形態が変化し，そしてそれらを維持するための社会制度が確立した時代を弥生時代という。やがて青銅器・鉄器の使用もはじまり，中国や朝鮮半島を起点とした長距離交易との関わりが，社会の再生産と発展に大きな役割をはたすようになる。水や土地，長距離の交易物資，そして富をめぐる争いが発生し，社会的分業を統合する有力者(首長)があらわれ，人びとの間に明確な支配・被支配の関係が生まれるなど，階級化が大きく進んだ。縄文時代以来の伝統と，東アジア大陸に由来する文化，そして弥生文化独自の要素が絡みあい，各地でグラデーションをみせつつも，あらたな社会と文化が構築されていった。

　弥生時代は，早期(紀元前10〜9世紀)，前期(紀元前8〜4世紀)，中期(紀元前4〜紀元1世紀)，後期(1〜3世紀なかば)に区分されるが，とくに弥生時代開始の実年代については，まだまだ議論が続いている。

　**水田と農耕**　弥生時代の水田稲作は，川の水を引くための水路を掘り，土を盛った畔で方形の区画をつくり，取水・排水口を設けるなど，成立当初から体系的で確立した灌漑技術をもつもので，朝鮮半島からの移住者を含む交流のなかで導入されたと考えられる。水田稲作の導入時期には地域により差があるが，水田跡は青森県から鹿児島県まで発見されており，傾斜した土地では一区画ごとの田の面積をせまくして水田に水を

**復元された「一支国」の王都**(原の辻遺跡，長崎県)

水田(安満遺跡, 大阪府)

高床式倉庫(吉野ヶ里遺跡, 佐賀県)

張りやすくするなど工夫され, 寒冷地や山間部でも稲作を試みている。生業を稲作中心とすることを強く指向した点が弥生文化の特徴といえる。なお, イネだけでなく, オオムギ・アワ・ヒエ・キビや, アズキ・リョクトウ・ヒョウタンなどの栽培も行われた。

復元された「神殿」(池上曽根遺跡, 大阪府)

　水田稲作の重要性が高まるにつれ, 狩猟・採集・漁労の生活における割合は低下していったとみられる。縄文時代とくらべてシカやイノシシの狩猟は減少したが, 一部の遺跡では, イノシシ(ブタ)を一時的に保有したり, 簡単な家畜の飼育が行われていた可能性が指摘されている。

　**住居**　弥生時代の住居には, 竪穴建物と平地建物, そして掘立柱建物がある。竪穴建物(→p.29)は, 当初は平面円形に近い縄文時代以来のものが主流だが, 中期後半から後期にかけて平面方形のものが主流となる。平地建物は屋根を地上に伏せた伏屋式と側壁で屋根を支える壁立式があり, 伏屋式は住居のまわりに盛土と大溝をめぐらせる場合もある。掘立柱建物には平屋建物と高床建物があり, とくに高床建物は祭殿や大型倉庫など集落内でも重要な施設として使用された。高床建物には建物内部にも外回りの柱と同じく柱を配する総柱建物もある。

　**集落**　弥生時代の一般的な集落は, 数棟程度の建物が分散的に配置された農村集落であったが, そうした一般集落とともに周囲に濠と土塁を

3　弥生時代　35

めぐらせた環濠集落が発達する。環濠集落は外敵を防ぐ防御的な性格とともに，政治と宗教の中心的な施設をもち，さまざまな手工業生産を行う人びとが数多く生活する地域のセンターとしての役割をになった。なかには1000人をこえる人びとが生活したと試算される大型環濠集落もある。後期以降，集落の一画や隣接地に特別に区画された首長のための施設があらわれるなど，首長層の成長や階層分化の進展も確認できる。

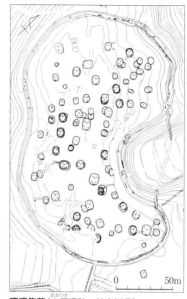

**環濠集落**(大塚遺跡，神奈川県)

**弥生土器**　弥生時代に使用された土器を弥生土器という。一般に縄文土器よりも薄手で明るい褐色をしたものが多く，液体や穀物貯蔵用の壺，煮炊き用の甕，食物を盛付ける鉢や高坏，容器の台である器台など用途に応じてさまざまな器種がつくられた。装飾性は縄文土器には劣るものの，木葉文や羽状文，流水文などの文様がほどこされたものも多く，楼閣や高床倉庫とみられる建物や，農耕祭祀にかかわる情景が描かれたものもある。

**多彩な道具**　水田稲作の広まりにあわせて，多彩な農具が使用された。開墾や耕作，畦畔の修理には鍬や鋤が，耕作地をならす際にはえぶりが，実った稲の穂首を刈り取るために石包丁が，根刈には石鎌が用いられ，収穫したコメの脱穀には臼と杵が用いられた。水田にはいる際には田下駄や大足が使われた。こうした木製品の製作には太型蛤刃石斧や柱状片刃石斧，偏平片刃石斧といった磨製石器が用いられた。中期末ごろからこれらの道具の鉄器化が進み，鑿や鉇，刀子(ナイフ)といった鉄製の工具もあらわれた。

**金属器の展開**　水田稲作の開始とともに，弥生文化を特徴づけるものの一つが金属器の使用である。前期末から中期初頭には鉄器・青銅器の

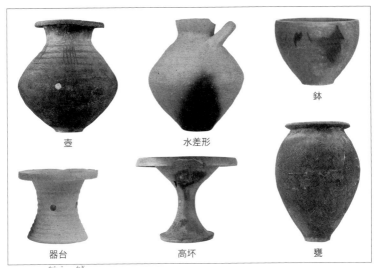

**弥生土器**(唐古・鍵遺跡,奈良県)

**木製農具**(吉野ヶ里遺跡,佐賀県)

**石製農工具**(唐古・鍵遺跡,奈良県)

使用がはじまり,中期前半には青銅器の,中期末には鉄器の生産がはじまった。当初は金属器は貴重品で,大陸から持ち込まれた鋳造鉄斧が割れて破損した際には,刃をつけ直して小型の斧や鑿へと加工するなど,再利用されていた。弥生時代には戦争がはじまったとされるが,それに伴い武器も当初の石鏃や石剣から,銅鏃・鉄鏃や鉄剣・銅矛・鉄戈などの金属製品へと移り変わっていった。

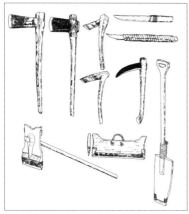

**弥生時代の鉄器**

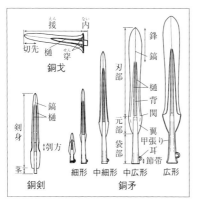

**青銅器の部分名称**

**金属器の生産** 弥生時代には日本列島で青銅や鉄そのものを生産することはできず、もっぱら輸入素材を用いて製品がつくられていた。その製作技術は朝鮮半島に由来し、とくに鉄器は九州北部が高い技術をもち、山陰地方がそれに続くなど、地域間で大きな技術的な格差が認められる。金属器そのものの輸入や導入についても、日本列島各地で大きな差があった。

**青銅器の特徴** 日本列島における青銅器の特徴は、実用品としての性格が弱く、祭器などとしての性格が強い点である。導入当初、銅剣や銅矛は実用武器として使用されたが、やがて大型化し、祭祀の道具となるなど実用性を失っていった。九州北部では有力者の墓に武器形の青銅器や銅鏡が副葬されるなど、有力者の権威を示す道具として用いられたが、近畿を中心とした地域では集団の祭器として用いられたとみられる。銅鏡には意図的に分割した破鏡も多い。

**銅鐸** 弥生時代を代表する遺物の一つが銅鐸である。朝鮮半島の銅鈴をもとに、日本列島で独自の発展をとげたもので、所持する集団のシンボルとして農耕祭祀などに用いられたと考えられる。菱環鈕式→外縁付鈕式→扁平鈕式→突線鈕式へと鈕の断面形態が変化し、大型化するとともに当初の鳴らす機能を失い、聞く銅鐸から見る銅鐸へと役割を変えていった。人物や建物、シカやサギといった動物などの絵画が鋳出され

鍛冶工房(五斗長垣内遺跡, 兵庫県)

銅鐸の鋳型と鋳造関連道具
(摂津 東奈良遺跡, 大阪府)

たものもある。銅鐸は集落から離れた場所に埋納される場合が通常で、入れ子状に複数がおさめられていることもある。

**葬制** 弥生時代のあらたな墓制として、朝鮮半島を起源とし九州北部を中心にみられる支石墓や石棺墓などがある。九州北部ではこれらに加えて日本列島内で独自の展開をとげた甕棺墓が大きく発展する。このうち墳丘と大型の甕棺をもち、豊富な副葬品がおさめられたものは「王墓」とされている。

あらたに導入された木棺は、東北地方にまで広がるなどもっとも普及した棺である。一方で、縄文時代以来の伝統を保つものに、壺に骨をおさめる再葬墓があり、東日本に広く展開する。

**墳丘墓** 弥生時代には、土を盛り上げた墳丘墓が発達する。方形の溝だけがみつかることの多い方形周溝墓も、本来は墳丘をもっていたが削られたものと考えられる。後期後半には、各地で独自の墳丘墓が大いに発達し、山陰地方では四隅突出型墳丘墓、北陸地方では方形か四隅突出型

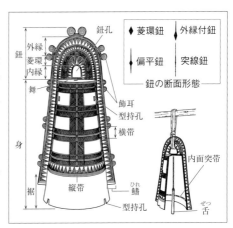
銅鐸の部分名称

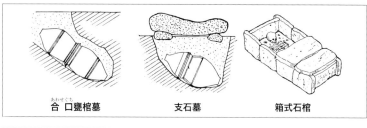

合口甕棺墓　　支石墓　　箱式石棺

①**方形周溝墓**(宇津木遺跡，東京都)，②**甕棺と首の無い人骨**(吉野ヶ里遺跡，佐賀県)，③**木棺**(安満遺跡，大阪府)，④**石棺**(塔の首遺跡，長崎県)

の墳丘墓，東海地方では前方後方形の墳丘墓などのように，地域に特徴的な大型の個人墓があらわれる。前方後円形の墳丘墓も出現し，朱の使用や副葬品の増加など，古墳時代に続く要素がみられるようになる。

## ▶続縄文時代と貝塚時代

**続縄文時代**　北海道と東北地方北部では，本格的な水田稲作をはじめとする弥生文化に移行せず，縄文時代以来の狩猟・採集・漁労を基礎としつつ，あらたな環境変化に対応した生活様式が広がっていた。これを続縄文時代，その文化を続縄文文化といい，弥生時代に併行する時期を前半期，古墳時代に併行する時期を後半期とする。弥生文化・古墳文化とも交流をもちつつ，後半期には竪穴建物をつくらずテント状の簡易な

40　Ⅱ　史跡・遺跡編

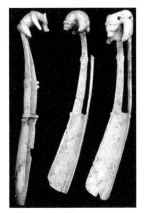

**続縄文時代の骨角牙貝製品**
(有珠モシリ遺跡, 北海道)

| 年代 | 北海道 | 本州・四国・九州 | 沖縄 |
|---|---|---|---|
| B.C.34000 | 旧石器時代 | 旧石器時代 | 旧石器時代 |
| B.C.14000 | 縄文時代 | 縄文時代 | |
| B.C.1000 | 続縄文時代 | 弥生時代 | |
| A.D.300 | | 古墳時代 | 貝塚時代 |
| A.D.600 | オホーツク文化期 / 擦文時代 | 飛鳥時代 | |
| A.D.700 | | 奈良時代 (古代) | |
| A.D.800 | | 平安時代 | |
| A.D.1200 | | 鎌倉時代 (中世) | グスク時代 |
| A.D.1300 | アイヌ文化期 | 南北朝時代 | |

**北海道・沖縄の時代区分と併行関係**

住居で暮らす移動性の高い生活を送っていたと考えられるなど, 縄文時代とも異なる性格を強くみせるようになる。前半期には北海道内の各地域で地域色の強い文化がみられるが, 4世紀ごろからの後半期には北海道全体で河川漁労を中心とした斉一性の強い文化となる。一定量の鉄器も使用されたが, 後半期の東北地方北部では黒曜石製の掻器(そうき)が多くみられ皮革加工が活発に行われ交易にも用いられたとみられる。

**貝塚時代** 南西諸島は, 九州以北とは異なる時代区分がなされる。縄文時代から平安時代にあたる時期を貝塚時代と呼称し, おもに縄文時代にあたる時期を前期, 弥生時代以降を後期に区分する。水田稲作は伝わらず, 集落の多くが海岸砂丘上に立地することから珊瑚礁(さんごしょう)内の海での漁労を中心とした生業を営んでいたと考えられる。沖縄本島などでは南海産の貝と貝製品を中心に, 九州との交易も行っていた。ゴホウラやイモガイといった貝類を集積した遺構は, そうした交易のために貝を集めたものがそのまま放棄されたものと考えられる。先島諸島(さきしま)では, 台湾・フィリピンなど南方からの影響もみられる。

**貝塚時代のイモガイの集積遺構**
(具志原貝塚(ぐしばるかいづか), 沖縄県)

3 弥生時代 41

# 4. 古墳時代

## ▶古墳時代

　3世紀中ごろから6世紀末には，被葬者の権力を象徴する大型の墳丘墓である古墳がさかんにつくられた。この時代を古墳時代といい，中国や朝鮮半島といった東アジア世界との交流・外交が活発に行われるなかで，日本における初期的な国家の形成が進められた。

　きわだった規模をもつ大型の前方後円墳は大王墓とみられ，現在の奈良県や大阪府を基盤とするヤマト政権によって，弥生時代に進められた各地域の社会的統合がよりいっそう進展し，東北地方から九州まで政治的な統合が推し進められた。弥生時代以来の水田稲作を中心とした生業を基盤としつつも，製鉄や金工技術，ウマの生産，窯による土器焼成などの新技術がつぎつぎと導入され，高度な社会的分業がいっそう進み，技術的な面においても大きな変革がもたらされた。首長はそうした技術や工人集団を掌握することで，みずからの権力の強化を進めたとみられる。ごく一部ではあるが，文字の使用も確認されている。

　古墳時代は3世紀中ごろから4世紀後半を前期，4世紀末から5世紀後半を中期，6世紀以降を後期の3時期に区分するのが一般的で，7世紀を終末期とする場合もある。

**百舌鳥古墳群**(大阪府)

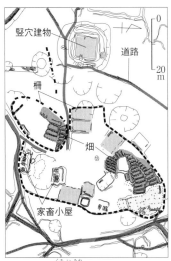

集落の様子(黒井峯遺跡, 群馬県)

復元された首長居館(三ツ寺Ⅰ遺跡, 群馬県)

移動式の竈と甕・甑(溝咋遺跡, 大阪府)

**住居と集落** 古墳時代は王の権力がおおいに伸張した時代であるが, 都市や城郭は顕著な発展をみせず, 社会の多くのエネルギーが古墳という墓づくりに投入されたのが大きな特徴の一つである。確実な王宮とみられる遺跡は未発見だが, 大規模な鉄器生産工房や, ウマの生産を行った牧, 須恵器の窯跡群, 玉類の生産遺跡など, 王権が管理経営したとみられる各種の専業的な大規模生産遺跡や大型の倉庫群があらわれる。

有力者は首長居館とよばれる周囲を濠や塀で囲われた館で, 一般的な民衆と離れて生活をするようになるなど, 社会の階層分化と身分の固定化がいっそう進展した。首長居館の内部には水を用いた祭祀施設や鍛冶工房があり, 祭祀や各種器物の生産が行われた。そうした館の主が大型古墳の築造を主導し, そこに葬られたとみられる。一般的な民衆の集落には土塁や環濠がみられなくなり, 竪穴建物や掘立柱建物が数棟まとまって人びとは生活していた。なお, 中期には住居に備え付けの竈や甑が出現し, 蒸し調理が開始されるなど, 生活様式にも変化がみられる。渡来系の集落では土壁をもつ壁立建物や暖房施設であるオンドルをもつ住居もあらわれた。

4 古墳時代 43

**鍛冶関連道具** ①鉄鉗，②鉄床，③鏨，④鉄鎚，⑤砥石
(五條猫塚古墳，奈良県)

**技術と生産** 前期には，九州北部を中心とした高度な鉄器生産技術が各地へと広がり，中期には大阪府や奈良県に大規模な鉄器生産工房が出現し，金工や木工，皮革など複合的な技術を用いた大量の武具生産が行われた。鉄素材を生産する製鉄は後期後半に中国地方で開始されたとみられている。

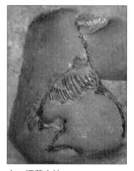

**ウマ埋葬土坑**
(部屋北遺跡，大阪府)

中期には朝鮮半島からウマの体系的な飼育技術が導入され，長野県などの牧でウマの生産がはじまる。ウマの埋葬遺構など，渡来系馬飼集団に関連する遺構も発見されている。

前期には石材の産地でもある北陸地方で玉生産が行われていたが，中期には各地から素材を集めて近畿地方で生産が行われ，後期には出雲が玉の一大産地となる。中期には，窯業生産を含め朝鮮半島からあらたに多くの技術が導入されて定着し，技術史の上で大きな画期となった。

**さまざまな祭祀** 木樋を用いて水を引いた祭祀場が発見されている。埴輪にも囲形と導水施設といった同様の遺構をあらわしたものがあり，水の祭祀が重要な役割をになっていたことがわかる。祭祀には土器のほかにも石製の模造品が大量に用いられる場合がある。なお，沖ノ島では銅鏡や玉類，金属器など古墳副葬品と同様のさまざまな器物が祭祀に

**沖ノ島出土の子持勾玉**
(沖ノ島8号祭祀遺跡, 福岡県)

**湧水を用いた祭祀遺跡**(城之越遺跡, 三重県)

**土師器**(平城宮下層遺跡, 奈良県)

**須恵器**(海北塚古墳, 大阪府)

用いられており，海上交通の安全を祈願したものと考えられている（→p.166）。

**土師器と須恵器** 古墳時代に使用された土器には大きく二系統がある。弥生土器以来の伝統をうけついだ土師器と，中期にあらたに朝鮮半島から導入された須恵器である。土師器は装飾性に乏しい素焼きの土器で，野焼きの酸化炎焼成によって赤褐色をおびる。器種は甕・壺・高坏などからなり，通常の煮炊きや盛付けに用いられた。須恵器が出現する前のものを，とくに古式土師器とよぶ。須恵器は窖窯（→p.60）を構築して高温の還元炎により焼成する，灰褐色で硬質の土器である。おもに朝鮮半島の加耶地域から渡来した工人により，日本列島での生産が開始された。当初は九州北部や瀬戸内，大阪湾岸などでもそうした技術が導入されて独自の生産が行われたが，やがて最大の生産地である大阪府の陶邑窯跡

4 古墳時代 45

群からの技術移転により，日本列島各地での生産が開始されることとなった。

その他，朝鮮半島で用いられる赤色系の土器の系譜を引く韓式系土器がある。器種構成が土師器とは異なるため食生活の様式が違っていたとみられ，韓式系土器が多く出土する集落には，渡来系の人びとが生活していたと考えられる。

**古墳の概要**　古墳はたんなる墓ではなく，その規模や形態によって被葬者の政治的な位置づけや実力を表象する記念物であった。前方後円墳・前方後方墳・円墳・方墳や前方部が短い帆立貝形前方後円墳などさまざまな形態があり，墳丘本体に加えて造出や島状遺構，周濠や周堤，陸橋をもつものがある。墳丘は複数の段構成からなり（段築），その表面は石でおおわれ（葺石），墳頂部や斜面の平坦面，造出や周堤には埴輪が配置されるが，これらの要素をすべてもつものは限られる。造出の有無や前方部の大きさなど，前方後円墳の形態も時期ごとに変化する。一般的に前方部が大型で高さのあるものほど新しいが，墳丘の形態には系統差や地域差もある。後期には中小の古墳が密集する群集墳もつくられた。

**古墳の地域性**　前期の東日本では前方後方墳や方墳が多く，弥生時代の前方後方形墳丘墓の伝統を引きついでいた可能性が高い。また，前期

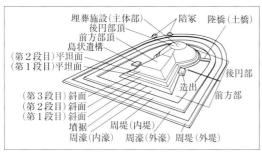
**古墳の部分名称**

前方後円墳　帆立貝形前方後円墳　前方後方墳　双方中円墳　上円下方墳　円墳　方墳　八角墳

**古墳の形式**

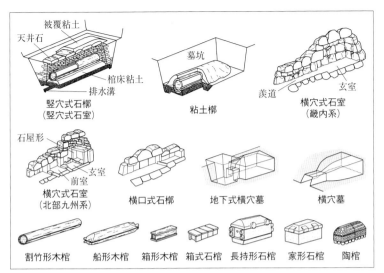

**埋葬施設と棺**

の香川県には石を積みあげて墳丘を構築した積石塚とよばれる前方後円墳が広がる。積石塚は中期から後期にかけて群馬県や長野県などにも展開するが，前期の事例とは直接の関係はなく，渡来人の墓とも考えられている。

**埋葬施設** 古墳時代前期のもっとも代表的な埋葬施設は竪穴式石槨で，粘土をしいた上に割竹形木棺をすえ，周囲に板石を積みあげる。多くは墳丘が完成した後に墓坑を掘るが，墳丘の構築と並行して石槨をつくる場合もある。前期後半には刳抜式の石棺が導入され，さらに大型の板石を組み合わせる長持形石棺があらわれる。前期末ごろには九州北部で，中期後半には近畿地方でも横穴式石室が導入され，やがて全国へと広がっていく。後期には横穴式石室が広がるとともに家形石棺も導入される。終末期には石室が小型化し，漆塗棺などをおさめる横口式石槨へとかわる。この他，木棺直葬とよばれる墓坑に木棺を埋葬しただけのものや，その周囲を円礫でおおった礫槨などがある。横穴墓は崖面に横穴を掘り込んでつくられたもので後期から終末期に盛行する。

**各地の墓制** 九州ではとくに地域的な特徴の強い埋葬施設が多く知られる。熊本県南部から鹿児島県の北西部にかけては地下式板石積石室墳

4 古墳時代 **47**

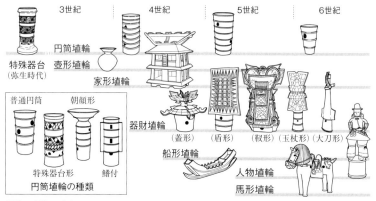

**埴輪の種類と変遷**

が，宮崎県から鹿児島県北部には地下式横穴墓が広がる。また，横穴式石室も和歌山県の岩橋型石室，島根県の石棺式石室，熊本県の肥後型石室など各地で独自の形態へと発展するものがある。古墳の石室内や石棺に装飾をほどこした装飾古墳は九州や関東地方に多くみられ，呪術的な文様である直弧文や武具類，幾何学文様が描かれた。

**埴輪の種類と変遷** 埴輪は，弥生時代の終わりごろに吉備地方で墳丘墓の一部に配置された，特殊器台と特殊壺を起源とする。当初は特殊器台から発展した円筒埴輪と特殊壺から発展した壺形埴輪，両者を一体で表現した朝顔形円筒埴輪からなり，墳丘を囲うように設置された。多くの古墳から出土する円筒埴輪は古墳の年代決定に大きな役割をはたしている。器面の調整方法や突帯の間隔，透かし穴の形態，窖窯焼成の導入などが編年の指標となる。

　人物や動物，さまざまな道具などをかたどった埴輪を形象埴輪という。形象埴輪の出現は前期中ごろで，家形埴輪や，蓋形・盾形・靫形といった器財埴輪が製作される。やや遅れて水鳥形や犬形埴輪などの動物もあらわれる。人物埴輪は中期中ごろに出現する。武人や力士・巫女がよく知られ，とくに後期の関東地方でおおいに発展する。

　古墳の墳頂部や造出に配置された埴輪がいったい何を表現しているのかについては，亡き首長の生前の各シーンを表現したものとする説，亡き首長が住み，あるいはその魂が宿る他界を表現したものとする説など，

**画文帯神獣鏡**(ホケノ山古墳，奈良県)

**三角縁神獣鏡**(黒塚古墳，奈良県)

**方格規矩鏡**(新沢千塚500号墳，奈良県)

**内行花文鏡**(雪野山古墳，滋賀県)

いくつかの説がある。なお，古墳には埴輪とともに「木の埴輪」ともよばれる木製品を立て並べ，装飾した場合がある。

**副葬品の変遷** 古墳の埋葬施設には，被葬者のために多くの器物が埋納される。前期には銅鏡や玉類が多く，やがて腕輪形などの石製品が加わり，中期には鉄製武器や農工具などの鉄製品が増加する。中期後半には金工品が加わり，後期にはきらびやかな馬具や装飾付大刀などが主体となる。時には副葬品を埋納する専用の施設がつくられることもある。

**銅鏡** 古墳時代の銅鏡は，中国から入手したとみられる舶載鏡と日本列島で製作された仿製鏡(倭〈製〉鏡)がある。画文帯神獣鏡や三角縁神獣鏡・内行花文鏡などさまざまな鏡種がある。前期初頭は舶載鏡が主体

4 古墳時代 49

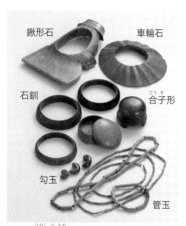

**石製品**(東之宮古墳, 愛知県)

だが、しだいに日本列島内での生産が増加する。中期後半には一時的に再び舶載鏡がみられる。一部の銅鏡には製作年代が記されており、古墳時代の実年代を考えるうえで重要である。ごく少数だが鉄鏡も存在する。

**石製品** 人びとの身を飾った玉類のほかにも、さまざまな石製品がつくられた。当初はいわゆる碧玉や緑色凝灰岩など鮮やかな石材が用いられたが、前期後半には滑石の使用がふえる。前期中ごろから中期初頭には南海産の貝をモデルにした鍬形石・車輪石・石釧が多数副葬される。前期後半には刀子形・鎌形・斧形・鉇形石製品などの農工具形石製品が出現し、一部は中期へ続く。なお、古墳への副葬とは別に、祭祀に剣形や鏡形などの粗製の石製模造品が大量に使用されることがある。

**武器・武具・馬具** 鉄製武器の生産は前期には、短剣や鉄鏃などの製作が限界で、大型の大刀は中国から入手していた。短剣は長柄をつけてヤリとして使用されたものも多い。矢には鉄鏃だけでなく、銅鏃も使用

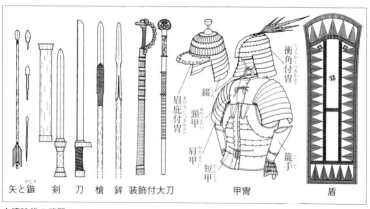

**古墳時代の武器**

**帯金具**(穀塚古墳, 京都府)

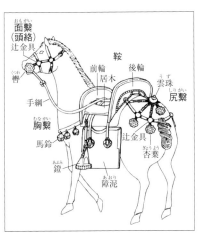

**古墳時代の馬具の名称**

**耳飾**(江田船山古墳, 熊本県)

された。中期には大型の大刀や長剣の生産がはじまり，多くの甲冑が副葬される。ウマの活用とともに馬具が副葬されるが，当初は鉄製の簡素な馬具が主体で，やがて金銅で装飾された豪壮なものが出現する。後期には金銅で装飾された装飾付大刀が出現する。

**金工品**　中期には，日本列島へ本格的に金工技術が導入された。当初は帯金具や一部の甲冑の装飾に用いられる。やがて馬具や大刀も金銅で装飾されるようになり，垂飾付耳飾や金銅製の耳環，冠帽といった服飾品や，金属製の玉類が出現する。きらびやかな金工品は，一定の身分や階層のシンボルとして用いられたとみられる。

**さまざまな生産具**　古墳には，農工具や漁具，鍛冶工具といった生産用具も多数副葬される。農具では鍬や鎌が，工具では刀子や斧・鑿・鉇が代表的である。銛や釣針などの漁具，鉄鎚や鉄鉗・鏨といった鍛冶工具(→p.44)も副葬されるが類例は限られる。生産用具の副葬は，被葬者の生前の職掌を反映するという説や，被葬者に仕えた集団などから供えられたとする説などがある。

# 5. 古代

　大化改新以後は，大規模な古墳が築かれなくなり，かわって各地で寺院がつくられるようになった。古墳時代から飛鳥時代へと移り変わる過渡期の文化の特色がよく出ている例として，墳丘の対辺の長さが22mの八角形墳で斉明天皇陵と考えられる飛鳥の牽牛子塚古墳(奈良県)，凝灰岩切石に漆喰を塗りそのうえに絵を描いた高松塚古墳(奈良県，→p.330)，火葬された骨を入れた壺を巨大な石室におさめた宮地嶽古墳(福岡県)，飛鳥寺(奈良県)の塔心礎におさめられた古墳の埋葬品と類似した鎮壇具などがある。また，群馬県の山上古墳のかたわらに建つ山上碑は，歴史時代の始まりを告げる時期の地方文化を代表している一例であろう。

　飛鳥時代に畿内を中心に造営された寺院は，しだいに各地につくられるようになる。古代の寺院は，学問・思想・美術を総合する文化センターのような施設であった。一方，律令制を基盤とした中央集権国家にふさわしく，中国にならった本格的な都城が造営され，その建設と維持に多くの労力と資材が投じられた。難波宮・飛鳥の宮々・藤原宮・平城宮・恭仁宮・紫香楽宮・長岡宮・平安宮と連綿とつづく宮跡が今日も発掘されている。これらの発掘により，宮殿の規模があきらかにされ，天皇や官人の仕事ぶりや暮らしをしのばせる遺物が発見されている。

　九州・中国地方の古代山城，東北地方の城柵なども調査が進んでいる。大宰府跡やそれを取りまく防御施設，国々の国府跡や郡家跡，さらにその下の末端官衙跡や庶民の住居跡も各地で発見されている。

　そのほかにも国分寺などの寺跡，神社跡，神宮寺跡などの祭祀・信仰遺跡や，窯業遺跡，製鉄・鍛冶遺跡，鋳造遺跡，製塩遺跡，条里跡などの産業・生産関係の遺跡についても，発掘成果が蓄積されている。

## ▶墓と信仰遺跡

　古代の墓は，おもに丘陵や尾根の頂部，またはややさがった南斜面につくられることが多い。8世紀前半には天皇や貴族，僧侶など上位の階層を中心に火葬がはじまり，骨蔵器を用いる墓があらわれる。墓誌を伴うこともある。

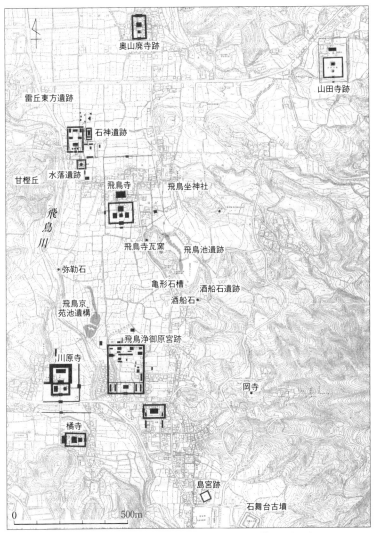

**飛鳥の遺跡群**(奈良県) 古墳,さまざまな宮跡,寺跡がせまい範囲におさまる。

5 古代 | 53

**墓誌**　青銅・金銅や鉄製の長方形板や塼に，死者の姓名・官位・事績・死亡年月などを記して墓におさめたもの（→p.25）。

**神宮寺**　神仏習合思想に基づき建立されたもので，多くは神社境内に建てられ，社僧が住んだ。古代から江戸時代末期まで続いたが，廃仏毀釈により多くは廃絶した。京都府の賀茂御祖神社（下鴨神社）境内の神宮寺跡や，大分県の宇佐神宮境内の弥勒寺跡，福井県の若狭神宮寺などが代表例である（→p.167）。

ほかにも信仰遺跡として土塔（大阪府），頭塔（奈良県），三段築成の石段遺構である熊山遺跡（岡山県）などがある。

## ▶宮跡

中央集権体制が進むにつれて，宮殿の規模もより整ったものになっていった。飛鳥時代までの宮殿は天皇の代ごとに建て替えられた。天武天皇の飛鳥浄御原宮は舒明天皇の飛鳥岡本宮，皇極天皇の飛鳥板蓋宮とほぼ同位置に建てられたと考えられている（ともに奈良県）。時に一代に何度か移りかわることすらあり，斉明天皇の川原宮（奈良県）が寺となったように宮が寺にかわったものもある。

藤原京（奈良県）は，持統天皇によって飛鳥浄御原宮のすぐ北に建てられた。中国の都城制にならってつくられたはじめての都で，天皇の居所・儀礼の場としての宮殿や，役所の建物や役人の住まいをあわせた都市であった。これが平城京以降に引きつがれる。

**平城宮跡**　奈良時代70余年間の宮跡。平安時代には大部分が水田となった。平城宮跡（奈良県）は1959年（昭和34）から本格的な発掘調査が開始され，朝堂院・内裏や東院など広い範囲で発掘調査が継続して行われている。一方，地下からあらわれた遺構に基づいて朱雀大路・朱雀門・東院庭園・大極殿などの建物や広場が立体復元され，また，基壇を築き，柱の位置を示して建物の跡をあらわすなど，史跡公園となっている（→p.6）。資料館には瓦，官庁で用いた道具，暮らしの品々が展示されているし，遺構展示館では実際に発掘された実物の遺構を見学することができる。なかでも，地方から貢進された調の貢進者名や産物名を記したり，役人たちの勤務評定を書き込んだ木簡は，削り屑を含めて平城宮・京で約17万点出土しており，平城宮の実際の行政の様子を彷彿とさせる。奈良時代前半と後半の平城宮図からわかるように，常時，建物の

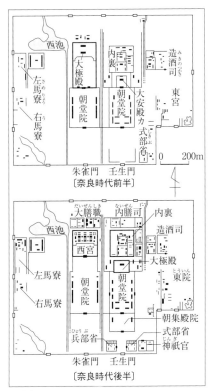

**平城宮図**

**平城宮・京跡出土品**(奈良県) ①木簡, ②呪いのひとがた, ③かんざし, ④扇, ⑤墨書土器, ⑥すずり

建設がどこかで行われていたとみられる。平城京は平城宮を北端にすえた都で, 南北に通る朱雀大路を中心に条坊に沿って大路が東西南北にとおり, それに沿って住宅や寺がおかれた。現在も興福寺や大安寺・薬師寺・唐招提寺・元興寺・法華寺・西大寺, 京外ではあるが東大寺など, 原位置を保つ寺が多くあり, 条坊の区画がわかる土地が残っている。

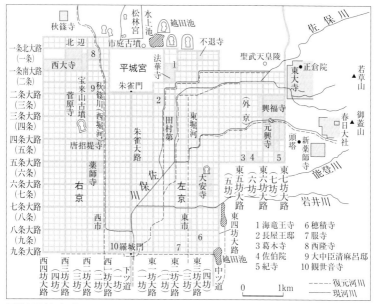

**平城京図**(奈良県)

## ▶地方の官衙跡など

　律令政府が地方に支配をおよぼすにあたって、地方の官衙は非常に重要な役割をはたした。大宰府や多賀城(→p.193)などはいうまでもなく、国々には国府と郡家がおかれて、地方行政を担当し、これと関連して国分寺・国分尼寺がおかれた。また、外敵を防御するための山城(→p.192)もつくられた。

**大宰府とその周辺**(福岡県)

　**大宰府**　「遠の朝廷」とよばれて

56　Ⅱ　史跡・遺跡編

九州地方をおさえるとともに、外交の第一線をになった。防衛基地的性格から出発し、8世紀以後都市となっていった。現在、政庁は史跡公園となっており、背後には山城の大野城がある。そして土塁と濠よりなる水城が博多湾からの敵から大宰府を防御する。隣接して観世音寺があり、政庁から南1kmには、条坊に接して迎賓館施設跡がみつかった。大宰府のみでなく周辺遺跡と一緒に理解する必要がある。

**国府** 国府の中心である国庁はおおむね北側に正殿を配置し、その南に東西脇殿をおくのが典型で、正殿の南は役人が集まる庭となっていた。典型例として下野国府跡をあげておく。国庁を中心に行政の場、倉庫、工房などがあった。直線道路で他の国の国府と結ばれていた。出雲国府は正殿跡の場所に六所神社(他の国府には総社などの神社がある)があり、条里や古道を踏襲する道も残る。信仰の対象である神名樋野(茶臼山)がみえ、国分寺が隣接していた。発掘されて規模が明らかな例として、近江国庁、美濃国庁などがある。また、三河国では、国府が国分寺とと

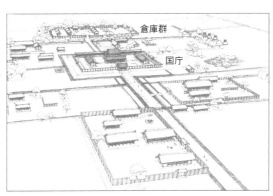

**下野国府**(栃木県)

**出雲国府跡周辺の遺跡**(島根県)

5 古代 57

もに小高い丘の上にあった。

**国分寺** 聖武天皇が741年(天平13)にだした国分寺造立の詔によって各国に国分寺と国分尼寺が「好処」に建てられた。一般的に，東大寺にならい，中門や金堂を結ぶ回廊の東南外か西南外に塔がおかれた。国分寺か国分尼寺に1塔おくので，国分寺に塔があった(→p.123)。

**郡家** 郡の役所である郡家は，郡庁(政庁)・正倉院・館・厨などの施設からなる。郡庁は一般的には中心殿舎である正殿があり，その左右ないし前面左右に脇殿がある。美濃国武儀郡家である弥勒寺官衙遺跡群(岐阜県)は郡庁，正倉院が長良川に沿って位置し，郡家の河川交通とのつながりをみてとれる。茨城県の常陸国新治郡衙跡は古くからみつかっている正倉院跡で，高台に位置し，律令で倉を「高燥処」におくように命令しているのと合致している。隣接して寺院跡がある。栃木県の上神主・茂原官衙遺跡は下野国河内郡の役所跡で，稲殻を収納する正倉や郡庁の跡がみつかっており，東山道に接して所在し，すぐ東は崖となっている。

**駅家・道路** 官道の幅は6〜7mから20mにおよんでいた。西海道駅路(佐賀県)は吉野ヶ里町から佐賀市榎木遺跡まで約17kmが直線で残っており，なかには切通もみられる。また，駅家では山陽道の落地遺跡(兵庫県)などがみつかっている。

**条里** 土地を一辺一町(約109m)の正方形に区割りした地割が残る場所がある。これは

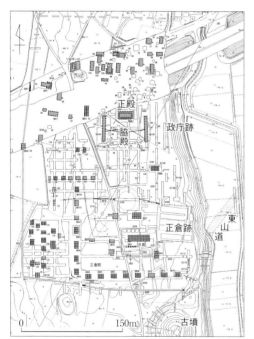

**上神主・茂原官衙遺跡**(栃木県)

古代国家が行った土地区画である。東西6町・南北6町で36町が1里とよばれる。一つの町の区割り方法としては、長地型と半折型がある。現在も奈良県に多く残る。四国では直線道路の施工に伴って、道路に並行して条里がつくられた。

鳥の隈古代官道跡の切通
（調査のため樹木伐採時、佐賀県）

## ▶瓦と瓦窯

各地の国分寺跡などの古代寺院跡を訪ねてみると、瓦の破片が落ちていることがある。また、博物館で各種の瓦をみる機会も多い。中国で発達し、朝鮮半島から仏教とともに日本に伝わった瓦は、はじめは畿内の寺院に用いられ、時代の流れとともに宮殿・城郭・民家にと広く用いられるようになる。瓦の形状や文様により朝鮮文化の影響や各時代の特色を知ることができる。一枚の瓦の大きさ・重さは、屋根を支える柱や礎石の大きさまで推測させる。

瓦は、粘土を水で練り、成形し、乾燥させ、窯で焼成する。この過程で、凹面に布目、凸面に叩き板の文様の痕がつく場合や、へら書きで文字が書かれることがある。

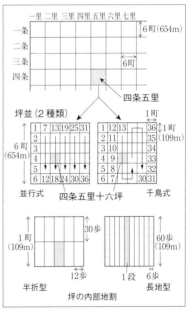

条里地割と呼称

瓦は、反りのある長方形の平瓦を仰向けに並べ、その間をかまぼこ形の丸瓦をかぶせておおう。軒には軒丸瓦、軒平瓦を葺く。軒瓦は時代とともに文様の変遷がある。

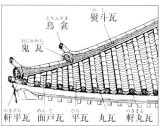

瓦の名称

軒丸瓦の各部名称

瓦の製作工程

丸瓦は，木型をつくり布をかぶせ，粘土板(紐)を巻きつけて成形する。凸面をたたき板でたたき，乾燥させた後，半截して窯で焼く。平瓦は桶巻作り(丸瓦は2分割するのに対して平瓦は3～5分割する)から，8世紀には凸型の成形台を用いた一枚作りに変化する。つまり，凹面に縦に細い木材をつなげた桶の痕が，凸面には丁寧に調整されることが多いが，たたき板の痕が残ることがある。一枚作りの平瓦の凹面には桶痕がなく平坦である。

**瓦窯** 瓦窯は飛鳥時代から奈良時代にかけて窖窯から平窯に変化する。窖窯は地山をトンネル状にくり抜いた窯で，平窯は地

60 Ⅱ 史跡・遺跡編

塔の心礎と礎石（上野廃寺跡，和歌山県）

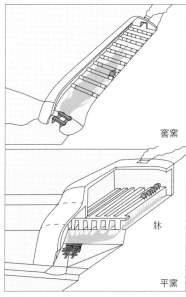
窖窯と平窯

築地塀の構造

土壁をもつ掘立柱塀の構造

面を掘りこんだのち日干煉瓦を積んで壁を構築し，粘土で天井と壁を仕上げる。8世紀後半からは平窯が一般化し，焼成室の床面に畝のような牀を設けた有牀式平窯が普及する。

## ▶地上に残る痕跡

**礎石** 礎石には自然石や割石のほか，割石の表面を削ったもの，柱を乗せる柱座を設けたものがある。また，扉の軸をうける穴をもつものがある。心礎は，塔の中心に，立てた心柱をうける礎石で，上面が地上に出る地上式と地中に埋め込まれた地下式に大別され，地下式心礎は7世紀のものに多い。心礎をはめ込む円形の刳り込みをもつものが多い。また，心礎上面の刳り込みから外側に向けて排水用の溝を彫るもの，刳り込みの底や心礎の側面に舎利をおさめるための舎利穴をあけたものもある。

ほかにも遺跡に行った際に地上で確認できるものに，基壇や区画施設

がある。基壇は建物を建てる際に地盤を高くしたもので、もっとも格式の高いのが壇正積基壇で、瓦積基壇は近畿に多い。区画施設には築地塀・回廊・掘立柱塀・溝などがある。

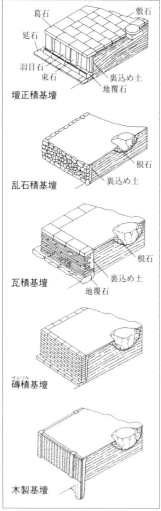

**基壇外装の種類**

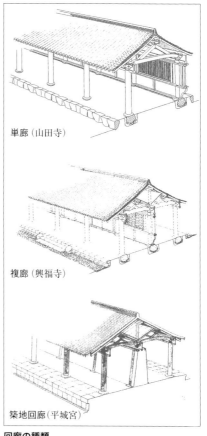

**回廊の種類**

# 6. 中世

　古代国家が中世国家へ移行すると，これまでの中心であった京都のほかに，幕府がおかれた鎌倉(神奈川県)も都市化していき，各国の中心であった国府が府中とよばれるようになり，地方都市となっていった。また，寺社も門前町を擁することとなった。貴族にかわって武士が力をもち，荘園も全国に展開していった。

## ▶都市

　**鎌倉**　丘陵端部に位置する鶴岡八幡宮と八幡宮から南西に伸びる若宮大路を中心に武士の住居が並んだ。八幡宮の東には鎌倉時代初期の幕府跡と考えられる大倉御所があった。山の近くには寺院があり，やぐらとよばれる横穴が林立した。若宮大路の先には由比ヶ浜があり，鎌倉に通

**鎌倉時代の鎌倉**

じる道として鎌倉七口が整備された。

**京都** 平城京から長岡京(京都府)を経て,都が移された平安京は,北の中央に平安宮をすえ,碁盤の目の街路を設定したが,院政期になると

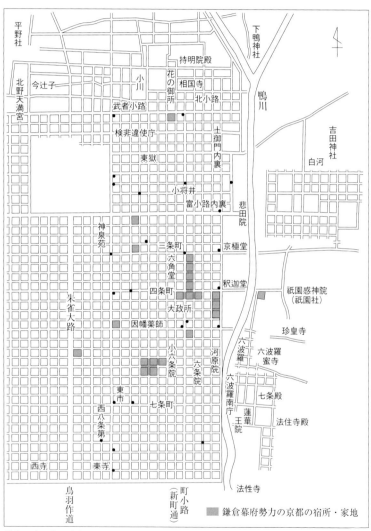

**鎌倉・室町期の京都**

西半の右京が衰微し、東市から七条大路周辺が繁栄し鴨川の東で開発が行われた。白河や鳥羽・六波羅がその代表である。室町幕府ができると幕府周縁に禅宗寺院が建てられる。

豊臣秀吉がつくらせた御土居は荒廃した京都を外敵から守ろうとしたもので、外を洛外、なかを洛中とし、要所には入口である七口を設けた。現在でも丹波口・粟田口・鞍馬口などの地名が残る。

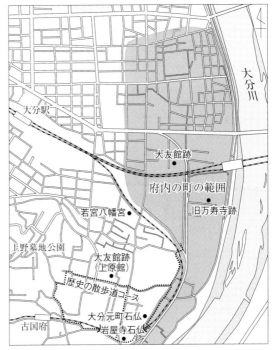

大友府内町と周辺（大分県）

**府中** 古代の国府があった場所には、鎌倉時代になっても在庁官人によって国衙運営が引き続き行われるところが多くあり、府中とよばれた。豊後府中（大分県）では15世紀に、古代の国府北東に上原館がつくられ、守護であった大友氏がはいり、町の繁栄を導いた。戦国時代にはさらに北の大友館に移ったが、そのころの町割が現存する。これら古代〜中世の遺跡が1km圏内に所在する。上野丘台地の東崖にある大分元町石仏も国府に由来する仏教文化の名残りであろう。

常陸府中（茨城県）では、在庁官人である常陸大掾氏がはいり府中城となった。付近にある常陸国総社には江戸時代から続く「石岡ばやし」などの祭りがある。このように古代の国府と守護や地頭の館が近接していることが多い。

6 中世 **65**

## ▶城館など

**一乗谷朝倉氏遺跡**(福井県) 越前国を支配した戦国大名朝倉氏の館跡や山城跡、関係の寺跡などのある遺跡群。館跡には日常的に暮らす常御殿と儀式が行われる主殿や会所、庭園など儀礼的な空間もあり、戦国大名の生活を知るうえで欠くことができない。足羽川支流が流れる谷の両側に城戸を設け、周辺の山稜には山城を築いて防御をしていた。計画的に武家屋敷が配置されていた。

**一乗谷**(福井県)

**館跡** 方形の居館を堀が囲む。足利将軍の花の御所をモデルにしていると考えられている。越後国奥山荘の江上館跡(新潟県)や、飛騨の江馬氏館跡(岐阜県)などがあげられる。

**山城** 本格的な山城は、鎌倉時代末期から南北朝期に出現した。15世紀からは日常の政治生活機能は平地の館、軍事的緊張が高まった際には山城という使い分けがなされていく。近江の清水山城館跡(滋賀県)には、山城、屋敷地があり、これらが北国街道や内陸の朽木へ通じている。

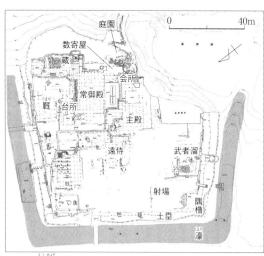

**朝倉館(義景館)遺構図**(福井県)

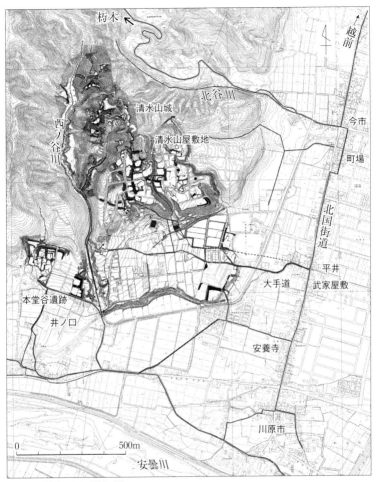

**清水山城館跡と周辺**(滋賀県)

**群郭の城から織豊系城郭へ** 南北朝につくられたといわれる根城(青森県)のように,同程度の規模の郭が並ぶ城を群郭という。一人の権力者がほかの者に比べ圧倒的な支配関係でないことをあらわしていると考えられる。南九州の戦国時代の城は,加工しやすいシラス台地につくられている。

6 中世 67

これに対して，織田信長の造営した安土城跡(滋賀県)は，身分に応じて本丸に近い場所から遠い場所あるいは低い場所の順に配置される階層的な空間があり，これを織豊系城郭という(→p.72)。

## 地域ごとの特徴

戦国時代に堀のなかに障子の桟のような畝をつくった障子堀は，小田原北条氏が多用したといわれる。角型の馬出は北関東地方に多く，丸型

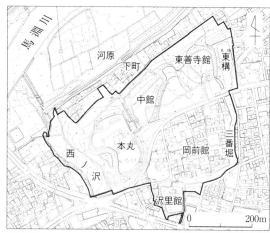

**根城**(青森県)

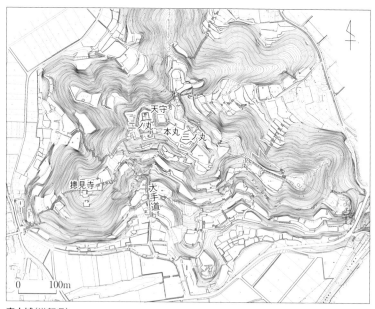

**安土城**(滋賀県)

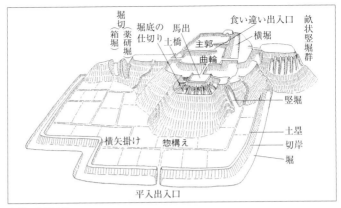

**山城の施設名称**

の馬出は武田氏や徳川氏が多用したとみられる(→p.201)。

**時代ごとの特徴** 畝状竪堀は、16世紀前半ごろに近畿の山城で採用がはじまって全国に広がり、16世紀末にはつくられなくなる。また、城の入り口は、もともと直線的であったが、16世紀前半ごろになると、通路を屈曲させ、進入者の側面から弓矢や鉄砲を放つ横矢掛けという防御力を高めた構造があらわれ、16世紀後半には枡形があらわれる(→p.209)。

**古戦場** 豊臣秀吉が小田原北条氏を攻めた小田原城(神奈川県)には、城の周囲に付城が残っている。ほかにも三木城(兵庫県)など、戦いが行われた場所には中心の城のほかに多くの陣が残っている。

**環濠集落** 濠に囲まれた集落で、室町時代には自衛目的に発生したと考えられる。奈良県や大阪府に多い。濠が残っていなくても、濠跡が道路となっていたり、町割が踏襲されていることが多い。佐賀県の神崎にはクリークが集落の環濠として残っている。

## ▶窯跡と瓦

**窯跡** 中世のやきものは、土師器系、須恵器や灰釉陶器の須恵器系、瓷器系の三種に分かれる。土師器系は昇炎式窯で、天井をもたない七輪を地面につくりつけたような構造の低火度の窯で、須恵器系の窯は窖窯(→p.60)であった。15世紀末になると、瀬戸・常滑・越前・信楽・丹波・備前のいわゆる六古窯では、大窯に発展する。昇炎式窯は、下から炊いた炎の上昇により製品を焼き上げる窯である。大窯は焼成部の容積

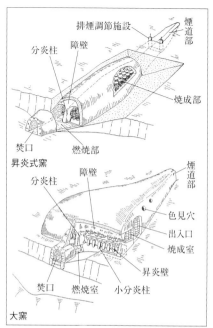

**中世の昇炎式窯と瀬戸・美濃の大窯**

を拡大したもので、瀬戸や美濃の大窯は焼成部幅4mで、近世以降の登窯への発展につながっている（→p.77）。

**瓦** 丸瓦は凹面に残る布筒の吊り紐痕の形状や、玉縁部の面取りなどが特徴である。平瓦は、中世前期になると凸面のタタキ目が大型化し、凹面の布目をナデ消す例が多くなる。中世後期には凹凸両面を丁寧にナデ消す。丸瓦と平瓦を一体化した桟瓦は、16世紀後半には成立し、17世紀以降広く普及する。軒瓦の文様は巴文や唐草文が多くなり、寺院名などの文字が瓦当文様に採用されることも増える。

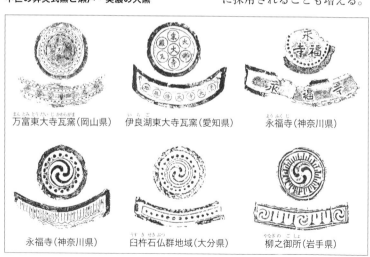

万富東大寺瓦窯（岡山県）　伊良湖東大寺瓦窯（愛知県）　永福寺（神奈川県）

永福寺（神奈川県）　臼杵石仏群地域（大分県）　柳之御所（岩手県）

**中世瓦の瓦当文様**　下段は巴文

## ▶鉱山

　金・銀・銅をはじめとする鉱石の採掘や金属の製錬を行った遺跡。採掘坑や露頭掘りの穴、坑道、製錬炉、作業従事者の宿舎や管理棟などがある。甲斐の中山金山(山梨県)は上部の採掘跡と、下部の生活域、作業域に分かれる。古代・中世の採掘は露頭掘りであった。石見銀山(島根県)では露頭掘り、鉱脈に沿って採掘するひ押し、水平坑道である横相がある(→p.76)。

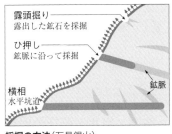

採掘の方法(石見銀山)

## ▶祭祀遺跡

　**経塚**　末法思想の影響で、極楽往生を願う貴族たちは経文を容器(経筒・経甕)にいれて土中に埋置する経塚を営んだ。11～12世紀に全国で盛行し、中世にも続けられた。平安時代の場合、経筒を埋納したり、粘土板に経文を線刻した瓦経を埋納する。経筒は小型の石室や土坑にいれられ、地上は山になっていることもある。

　**墓**　中世の葬法には、土葬と火葬がある。火葬は荼毘に付されたあと、拾骨を行い、骨蔵器に入れて埋める。土葬は木棺や甕棺など棺を利用して埋葬するか直葬である。天皇や貴族、上級武士に取り入れられたのは遺体や遺骨を埋葬する墳墓堂である。また、塚状の高まりをもつものは12～13世紀の墓の一形態である。そのほかに、骨蔵器を埋葬し河原石などで方形に囲った集石墓は、13～14世紀にほぼ全国的にみられ、周辺からは五輪塔や板碑などが出土する。また、中世には集団墓地が増え、都市の集団墓は先述の鎌倉のやぐらのように、集落からやや離れた場所におかれた。14世紀以降は土坑墓となっていく。

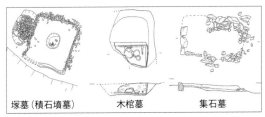

墓の形状

# 7. 近世

　安土・桃山時代を経て，江戸幕府を頂点とする幕藩体制が成立して以降，幕末に至る約300年間の近世の遺跡・史跡を紹介する(街道など交通にかかわる遺跡はp.101～112で取り上げる)。

## ▶政治・軍事・外交の遺跡

**近世城郭の成立**　戦国時代までは，おもに山上に平場を造成し土塁で囲んだ複数の郭を構え，その周囲に横堀，斜面に切岸や竪堀，尾根筋を分断する堀切など，土を成形して防御を整え，平時には山麓に構えた居館に暮らすのが一般的であった。このようなありかたが一変したのが織田信長による安土城の建築である。高石垣を築き，天守を建て，建物の屋根には瓦を葺き，以後の城郭建築のありかたを方向づけた。石垣を積む技術も織豊期から江戸時代初頭にかけて高度に発達し，注目されるものである(→p.68)。

**安土城跡**(滋賀県)

**安土・桃山時代の城跡**　織田信長にかかわる城跡として，岐阜城跡(岐阜県)では山麓居館がみつかった。安土城跡(滋賀県)では山頂部の天守(天主)をはじめ石塁や堀，山麓から上にのびる大手道と道脇の屋敷群の遺構が残る。豊臣秀吉の関係する城跡には大坂城跡(大阪府)があるが，現在，目にできるのは豊臣家滅

**名護屋城跡**(佐賀県)

亡後に徳川氏が大規模に埋め立てて再建したもの。また，京の防衛のため築いた御土居(京都府)が北野天満宮境内などに残る。朝鮮侵略の前線基地として東松浦半島先端に築いたのが名護屋城跡(佐賀県)であり，全国から動員された大名の陣所跡も残る。一方，関東を制覇した北条氏の小田原城跡(神奈川県)では，城と城下を取り囲む長大な総構の土塁・堀の遺構が圧巻である。このほか，1600年(慶長5)の関ヶ原古戦場(岐阜県)では徳川家康・石田三成の陣地および開戦・決戦地などが残る。

**江戸時代の城跡・陣屋** 幕藩体制のもと，石高1万石以上を有して藩を構えた大名は約300(幕末段階)であり，国主(国持)・准国主・城

江戸城跡(東京都)

大坂城跡(大阪府)

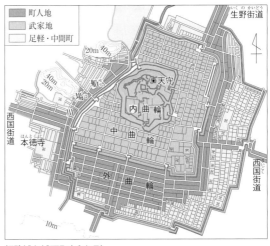
姫路城と城下町(兵庫県)

7 近世 73

**熊本城跡**(熊本県)

**五稜郭跡**(北海道)

**柏原藩陣屋跡**(兵庫県)

主といった城郭を有した大名と、城主格・無城という城をもてず陣屋を構えた大名とに二分される。元和の一国一城令によって、各大名は領国内における居城以外の支城を破却した。

現在、史跡(特別史跡)に指定されている近世城郭は約70件である。そのなかでも、徳川将軍家の居城として日本最大規模を誇る江戸城跡(東京都)、尾張徳川家の名古屋城跡(愛知県)、譜代筆頭井伊家の彦根城跡(滋賀県)、はじめ豊臣家の居城であり、ついで幕府の西国支配の拠点となった大坂城跡(大阪府)、天守をはじめ城郭建築が多数現存する姫路城跡(兵庫県)、加藤清正が築城し、扇の勾配と称される石垣で有名な熊本城跡(熊本県)、そして幕末に西洋築城術によって幕府が築いた五稜郭跡(北海道)は、いずれも特別史跡として日本の近世城郭を代表するものである。

大名陣屋の良好な遺存例は少ないが、小島藩陣屋跡(静岡県)、柏原藩陣屋跡(兵庫県)が現存する。

幕府が幕領(天領)支配のため郡代・代官をおいた拠点として、飛騨をおさめた高山陣屋跡(岐阜県)、世襲代官江川家の韮山役所跡(静岡県)な

どがある。

**城下町** 萩城の城下町(山口県)は全国のなかでも往時の景観をよく残し,武家屋敷地であった三の丸堀内地区が重要伝統的建造物群保存地区に,商人や下級武家屋敷地であった御成道沿いの一角が史跡になっている。

また,東京や大阪などでは開発に伴い近世都市の発掘が行われた。東京では尾張藩邸・加賀藩邸などの武家屋敷,町屋,寺院,墓地などが発掘され,大阪では広島藩の蔵屋敷などが発掘され,当時の生活・文化の実態を知るうえで貴重な遺構・遺物が大量に出土している。

**幕末期の台場など** 江戸時代後半以降,欧米列

品川台場(東京都)

西宮砲台(兵庫県)

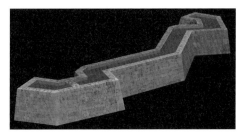
稜堡式台場の例(明石藩舞子台場跡復元図)

強が来航し,通商を要求するなど対外関係が緊迫化した。幕府や諸藩は海沿いに多数の台場を築き大砲を据え,防備につとめた。江戸湾防備の品川台場(東京都),鳥取藩台場跡(鳥取県),長崎港防備の長崎台場跡(長崎県)などがある。大坂湾防衛の西宮砲台・和田岬砲台(ともに兵庫県)は,洋式の円筒形の石造砲塔が残る。明石藩舞子台場跡(兵庫県)などで採用された平面形が稜堡型(M字状)の構造も,西洋軍事技術を導入したもの。洋式築城法に基づく稜堡式要塞として,五稜郭跡・四稜郭跡(北海道),龍岡城跡(長野県)などもある。

**出島和蘭商館跡**(長崎県)

**外交施設** いわゆる「鎖国体制」のもと，外国とのつながりは，朝鮮・琉球・清・オランダに限られた。オランダ商館の遺跡として平戸和蘭商館跡と出島和蘭商館跡(ともに長崎県)がある。発掘調査成果や史資料等に基づき往時の建物が復元された。将軍の代替わりごとに祝賀のため来日した朝鮮通信使が道中宿泊した寺院として，鞆福禅寺境内(広島県)などがある。開国に関する遺跡として，1854年(安政元)に下田条約(日米和親条約付属)を締結した了仙寺(静岡県)，日本最初の外国領事館で，アメリカ総領事ハリスが着任した玉泉寺(静岡県)，日本初のイギリス公使館である東禅寺(東京都)がある。

## ▶経済・産業・土木の遺跡

**鉱山等採掘** 代表的な鉱山遺跡として，佐渡金銀山(新潟県)，多田銀銅山(兵庫県)，石見銀山(島根県)の各遺跡がある。初期の採掘方法は，山の表面にでている鉱脈に沿って掘る「露頭掘り」であったが，その後，山の横に坑道を掘り進めて採掘する「坑道掘り」が行われるようになった(→p.71)。佐渡金銀山の相川地区では，鉱脈に沿って露頭掘りを行った道遊の割戸や宗太夫間歩(坑道)，復元された佐渡奉行所などをみることができる。奉行所に運ばれた鉱石はくだかれて金銀分を選別し，灰吹法や焼金法という精練技術によって純度の高い金銀を得て，小判が製造された。

伊豆半島東海岸沿い(神奈川県・

**坑道掘りのようす**(「佐渡国金銀山敷岡稼方図」)

76 Ⅱ 史跡・遺跡編

静岡県)には,江戸城の石垣用の石材を採掘した石丁場が点在する。大坂城(徳川期)の石丁場は小豆島(香川県)をはじめ瀬戸内沿いに点在する。石丁場に残された石材には,採石を担当した各大名家の刻印がみられる。江戸城・大坂城などの石垣普請は,全国の大名が動員される「天下普請」とよばれるものであった。

佐渡金銀山遺跡 道遊の割戸(新潟県)

**農業・放牧関係** 瀬戸内の周防灘では17世紀以降,萩藩の手によって遠浅の海を埋め立てる大規模な干拓事業が行われ,排水用の樋門や堤が残っている(山口県)。18世紀

周防灘干拓遺跡 名田島新開作南蛮樋(山口県)

初頭,大阪平野では大和川の大改修で生じた旧河床を利用した新田開発が行われ,新田開発を請け負った豪商鴻池家が現地においた会所が現存する(大阪府)。下総(千葉県)一帯には幕府の牧がおかれて馬が放牧された。現在も,野馬土手(管理用の土手)や捕込(捕獲施設)が残る。下総小金中野牧跡(千葉県)はその一つである。

**陶磁器生産** 九谷焼の窯である九谷磁器窯跡(石川県),中世以来の備前焼の窯である備前陶器窯跡(岡山県)がある。濃尾地方では,織部焼を焼成した元屋敷陶器窯跡(岐阜県),茶陶などを焼成した小長曽陶器窯跡(愛知県)がある。肥前地域(佐賀県・長崎県)は近世を通じて陶磁器生産が盛んで,朝鮮出身の陶工によりはじまった肥前磁器窯跡,佐賀藩の御用窯である大川内鍋島窯跡(ともに佐賀県),連房式登窯(斜面の下方から順に焚口,焼成室があり,複数の焼成室(房)を段々に設けて煙道,

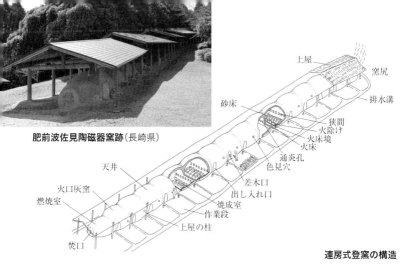

**肥前波佐見陶磁器窯跡**(長崎県)

**連房式登窯の構造**

排煙口となる地上式窯)によって、日常品を大量生産した肥前波佐見陶磁器窯跡(長崎県)など多数の窯跡がある。

**製鉄・造船**　日本の伝統的な製鉄精錬は砂鉄・木炭を原料とし、足で踏んで炉に送風する巨大なふいご(踏鞴)を使用したたたら製鉄であった。中国地方で盛んであり、田儀櫻井家たたら(島根県)、大板山たたら(山口県)といった製鉄遺跡が残る。

幕末には、大砲・軍艦などを製造するため良質で多量の銑鉄が必要と

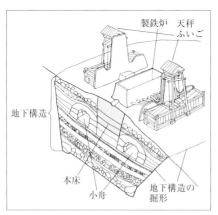

**たたら製鉄炉の模式図**

**韮山反射炉**(静岡県)

なり，鉄鉱石を原料とする洋式溶鉱炉が建設された。盛岡藩の大島高任による橋野高炉(岩手県)，幕臣江川英龍による韮山反射炉(静岡県)，萩藩の萩反射炉(山口県)がある。薩摩藩の集成館(鹿児島県)は反射炉を含む総合工場であった。

幕末期の造船遺跡として，萩藩の恵美須ヶ鼻造船所跡(山口県)，佐賀藩の三重津海軍所跡(佐賀県)，1867年(慶応3)五代友厚が英国商人グラバーらの出資により設けた小菅修船場跡(長崎県)がある。

**小菅修船場跡**(長崎県)

**玉川上水**(東京都)

**土木関係** 近世につくられた農業用・上水用の用水に，玉川上水(東京都)，辰巳用水(石川県)，堀川用水(福岡県)などがある。玉川上水は，江戸への上水として羽村で多摩川から取水し，四谷大木戸まで約40kmをわずかの高低差で水路を引いたものである。

治水関係として，油島千本松締切堤(岐阜県)は，宝暦年間(1751〜64)，木曽川と揖斐川の分流工事として幕命により薩摩藩が艱難の末に築いた堤防である。広村堤防(和歌山県)は，「稲むらの火」で津波から住民を救った浜口梧陵が，私財を投じて完成させたものである。

## ▶教育・文化・社会・生活の遺跡

**藩校・郷学** 湯島聖堂(東京都)は，林家の家塾に由来し，のちに幕府の昌平坂学問所(昌平黌)がおかれ，官立学校となった。

藩校には，庄内藩の旧致道館(山形県)，水戸藩の旧弘道館(茨城県)，松代藩の旧文武学校(長野県)などがある。旧弘道館は，水戸藩第9代藩主徳川斉昭によって1841年(天保12)に開校した。

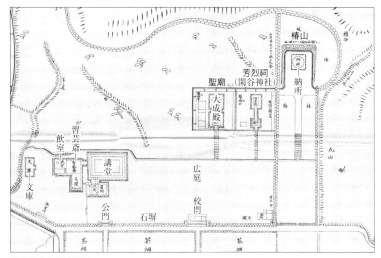

**閑谷学校配置**(部分)

　郷学には，岩出山伊達家の旧有備館(宮城県)，佐賀藩多久氏の多久聖廟(佐賀県)，旧閑谷学校(岡山県)，廉塾(広島県)などがある。閑谷学校は，1701年(元禄14)に完成した岡山藩営の庶民学校で，藩内の庶民・藩士の子弟のほか他藩の者も学んだ。講堂・聖廟・石塀など，主要な施設が良好に保存されている(→p.191)。

**学問塾など**　陽明学を重んじた中江藤樹の藤樹書院跡(滋賀県)，蘭方医の緒方洪庵の適塾(大阪府)，幕末の尊王思想家吉田松陰の松下村塾(山口県)，広瀬淡窓が1817年(文化14)に開いた咸宜園跡(大分県)などがある。

**薬草園**　江戸時代には医学や本草学(植物学)が盛んになり，各地に薬園が設けられ，薬草の研究・栽培と供給が行われた。幕府の薬園である小石川の御薬園跡(東京都)は，養生所がおかれた場所としても有名で，明治時代以降は東京大学の小石川植物園となり現在に至る。民間経営の森野旧薬園(奈良県)は，8代将軍徳川吉宗の採薬事業に貢献した森野藤助が開園したものである。

## ▶宗教や人物に関する遺跡

**宗教**　安土・桃山時代の仏教寺院には，豊臣秀吉の菩提をとむらうた

め建立された方広寺大仏殿跡・石塁がある(京都府)。江戸幕府が蝦夷地の強化・支配を目的に、1805年(文化2)建立した「蝦夷三官寺」のうち、国泰寺跡・善光寺跡(ともに北海道)が残る。

日本に伝来したキリスト教は、多くの信者を獲

**大原幽学遺跡　旧宅**(千葉県)

得した。下藤キリシタン墓地(大分県)では、十字架と思われる石造物片や伸展葬によると思われる墓がみつかった。1637年(寛永14)の島原の乱で一揆軍がこもった原城跡(長崎県)では、発掘調査によって鉛製十字架・メダイ・ロザリオの珠などキリシタン遺物が多数出土した。

近世に盛んになった庶民信仰として注目されるのが、霊場巡拝や伊勢信仰(伊勢詣で)である。弘法大師空海ゆかりの霊場を巡拝する四国八十八箇所巡り(遍路)や西国札所巡礼が代表的なものである。四国遍路道の多くは現代の道路と重なるが、今なお近世の面影を残す箇所も多い。

## 歴史的人物の墓・旧宅・大名家墓所

忠臣蔵で有名な元禄赤穂事件の主人公・浅野長矩と大石内蔵助はじめ四十七士の墓(泉岳寺、東京都)、幕府の儒学を取り仕切った林大学頭歴代の墓所である林氏墓地(東京都)をはじめ多数の墓がある。また、大名が歴代藩主を葬るため造営した墓所を大名家墓所といい、加賀藩前田家(石川県・富山県)、鳥取藩池田家(鳥取県)・高松藩松平家(香川県)などがある。大名権力の威厳をよく示し、仏葬・儒葬等のありかたや墓標の形態などに大名家ごとの特徴がみられ、近年注目されている(→p.188)。

旧宅には、最初の実測日本地図を作製した伊能忠敬の旧宅(千葉県)が佐原の町並みに残る。また、『古事記伝』を著した国学者本居宣長の旧宅は松坂城跡に移築されて現存する(三重県)。江戸時代後期の思想家・農民指導者である大原幽学に関わる旧宅と耕地地割の遺跡(千葉県)もある。

# 8. 近代・現代

　近世までの遺跡に比べ，近代・現代の遺跡の保護は立ち遅れていたが，平成の時代にはいるころより，その保護の必要性が社会に広く認識されるようになってきた。ここでは，明治時代以降，第二次世界大戦終結ごろまでの遺跡を取り上げていく。

## ▶明治・大正時代

**明治最初期，近代の黎明期**　旧新潟税関(新潟県)は，安政の5カ国条約に基づき，1868年(明治元)に開港した新潟におかれた関税業務を行う施設である。擬洋風様式による庁舎や石庫などが残る。神子元島灯台(静岡県)は，東京湾や下田港に出入りする船舶の航海のため下田港沖合の神子元島に1870年(明治3)に竣工した日本最古の官設の洋式灯台で，英国人技師ブラントンの手になる。新橋停車場跡(東京都)は，1872年(明治5)新橋―横浜間に開業した日本初の鉄道の駅跡である。発掘調査の成果等によって駅舎が復元され，その内部は展示施設になっている。

　旧中込学校(長野県)と旧見付学校 附 磐田文庫(静岡県)は，1872年(明治5)学制発布に基づき建設された擬洋風校舎の小学校である。地域が新時代の教育にかけた熱意のほどをよく物語る。明治維新で没落した旧庄内藩士への授産として開墾事業を行ったのが松ヶ岡開墾場(山形県)である。

**旧新潟税関**(新潟県)

**新橋停車場跡**(東京都)

養蚕で用いた蚕室建物群が残り，士族の労苦を偲ぶことができる。

**明治政府の殖産興業** 明治政府は産業育成のため官営模範工場の建設を推し進めた。旧富岡製糸場(群馬県)は1872年(明治5)設立，その後は民営となった。明治時代の代表的輸出品である生糸，そして養蚕を象徴する遺跡である。創業当時の繭倉庫・繰糸所が残り，操業停止した昭和60年代の姿をとどめる貴重な産業遺産である。

播州葡萄園跡(兵庫県)は，1880年(明治13)，ブドウ栽培と醸造試験を目的に設置され，葡萄酒やブランデーの生産を試みた施設であった。

近代的港湾として三大築港と謳われた，旧三角港(熊本県，→p.108)は岸壁や港の街区が残る。

**鉱山業の展開と変容** 佐渡金銀山遺跡(新潟県)は明治当初は官営となり，その後三菱の手で近代的採掘が行われた。相川地区には，近代化を物語る明治時代の高任坑や，昭和戦前期の大増産期の北沢選鉱場跡などが残

旧見付学校(静岡県)

旧富岡製糸場(群馬県)

播州葡萄園跡(兵庫県)

る。足尾銅山跡(栃木県)は，古河市兵衛が飛躍的に発展させたものであるが，渡良瀬川流域に鉱毒被害をもたらし，日本の公害問題の原点ともなった。

九州では三井三池炭鉱跡(福岡県・熊本県)，高島炭鉱跡(長崎県)とい

足尾銅山跡(栃木県)

三井三池炭鉱跡 万田坑跡(福岡県・熊本県)

った日本を代表する炭鉱遺跡が残る。三池の宮原坑跡・万田坑跡には明治時代の竪坑櫓・巻揚機室をはじめとする施設と、石炭や資材を運搬した専用鉄道敷跡が保存されている。高島炭鉱のうち端島炭坑跡(軍艦島)は明治時代から順次埋め立てられ、昭和初年に現在の島の規模となり、三池とともに日本を代表する炭鉱であったが、1974年(昭和49)に閉山した。朽ち果てて廃墟となった鉄筋コンクリート造(RC造)建物群がその盛衰を象徴する。またRC造建物の保存修復という課題も提起する。

沖縄本島の東海上約360kmに位置する北大東島燐鉱山遺跡(沖縄県)は、大正時代から終戦直後まで、燐鉱石を露天掘りしていた国内でも珍しい鉱山である。

**「北の大地」の開拓** 箱館に代わる新たな拠点となった札幌に建てられた開拓使庁舎の遺跡が開拓使札幌本庁本庁舎跡および旧北海道庁本

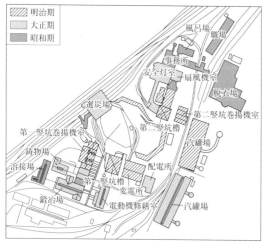
万田坑施設変遷図

庁舎(北海道)である。琴似屯田兵村兵屋跡(北海道)は，北海道の防備と開拓を兼ねて創設された屯田兵が，1875年(明治8)にはじめておかれ，東北地方などの士族が入植した場所である。広大な北の大地において，物資の運搬と宿泊機能をはたしたのが道内に張りめぐらされた駅逓制度である。旧島松駅逓所(北海道)は，函館—札幌間の札幌本道の開通に伴い1873年(明治6)に設置された。クラーク博士の名言「少年よ，大志を抱け」の地とされる。また，根室に近い道東の旧奥行臼駅逓所(北海道)は，明治時代末から1930年(昭和5)までのもの。駅舎や馬屋などが現存し，北海道開拓の苦労を偲ばせる。

北海道の産業として明治時代から戦後まで盛んであったニシン漁を物語

高島炭鉱跡　端島炭坑跡(軍艦島，長崎県)

旧島松駅逓所(北海道)

旧余市福原漁場(北海道)

るのが，旧余市福原漁場・旧留萌佐賀家漁場・旧歌棄佐藤家漁場(ともに北海道)である。いずれも母屋をはじめとする建物が残り，ニシンやサケ・マス漁で栄えた往時の雰囲気を味わうことができる。

8　近代・現代　85

**東京湾要塞跡　千代ヶ崎砲台跡**(神奈川県)

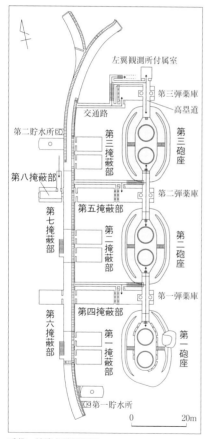

千代ヶ崎砲台跡平面図

## 明治・大正時代の軍事遺跡

陸軍板橋火薬製造所跡(東京都)は、1876年(明治9)につくられ終戦まで継続した陸軍の火薬工場兼研究所跡で、日本ではじめて西洋科学を取り入れた火薬製造が行われた地である。1877年(明治10)西郷隆盛を首領とした士族が政府に反旗を翻した西南戦争にかかわる遺跡は南九州各地に分布するが、このうち激戦地である田原坂・半高山といった戦場跡、周辺の砲台跡や官軍墓地などが熊本県に残る。陸軍は海岸沿いの主要都市や軍港などの軍事的要衝を外国の侵攻から防御するため、明治10年代から近代的要塞を各地に築造した。

このうち東京湾要塞跡の猿島砲台跡・千代ヶ崎砲台跡(神奈川県)は、首都および横須賀軍港を防衛するためつくられた砲台の一つである。砲座・塁道・兵舎・弾薬庫などが良好に残り、猿島では見学ルートが整備されている。紀淡海峡に浮かぶ友ヶ島(和歌山県)は由良要塞の一翼をなし、観光地として見学者も多い。

板東俘虜収容所跡(徳島県)は、第一次世界大戦時、日本が中国青島で捕虜としたドイツ兵を収

荻外荘(近衛文麿旧宅)(東京都)

原爆ドーム(旧広島県産業奨励館)
(広島県)

前浜掩体群(5号掩体)と復元図(右)(高知県)

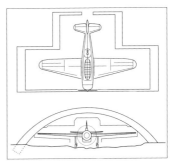

容した陸軍の施設で，当時の兵舎跡や慰霊碑が残る。

## ▶昭和時代(終戦ごろまで)

**昭和戦前期から終戦まで** 荻外荘(近衛文麿旧宅)(東京都)は三度首相をつとめた近衛文麿の別邸で，太平洋戦争へ突き進む当時の日本の転換点となる重要な会議を行った場所である。1945年(昭和20)に近衛が自決した部屋や庭園が現存し，激動の昭和史を偲ばせる。原爆ドーム(旧広島県産業奨励館)(広島県)と長崎原爆遺跡(長崎県)は，1945年8月に世界ではじめて投下された原子爆弾の惨禍を今日に伝える遺跡である。

太平洋戦争に関する遺跡は国内に多数ある。地上戦を経験した沖縄では沖縄陸軍病院南風原壕群(沖縄県)をはじめ，住民避難壕(ガマ)，その他多数の戦跡が所在する。軍用飛行場で戦闘機を格納する掩体壕は各地に残り(旧陸軍調布飛行場白糸台掩体壕〈東京都〉，前浜掩体群〈高知県〉など)，大本営や政府組織，軍部のための巨大な地下壕(松代大本営地下壕〈長野県〉，日吉台地下壕〈神奈川県〉)などが残る。

8 近代・現代 87

# 9. 庭園

## ▶さまざまな庭園の類型

　伝統的な日本庭園は、構成要素・材料・機能・歴史などを総合的に考えると、大きくは池庭・枯山水・露地(茶庭)の三つに区分される。また、観賞方式・外部空間との関係・施主の属性・遺存状況など、ある特定の観点からみて、回遊式庭園・借景庭園・大名庭園・発掘庭園などの類型をあてはめることもある。それぞれの庭園は、必ずしも一つの類型にのみあてはまるわけではなく、複数にあてはまるものもある。たとえば、池庭でありながら露地をあわせもつものもあり、また多くの大名庭園は池庭でかつ回遊式庭園である。

　**池庭**　文字通り池のある庭のことをいい、古くからつくられ続けてきた。庭園の様式としてはもっとも一般的である。

　**枯山水**　石・砂・樹木・地被植物などを材料として、滝・流れ・池などを、水を用いずに石や砂で象徴的に表現した庭で、日本独特の様式である。大仙院書院庭園(京都府)などがよく知られている。庭園様式としての枯山水は室町時代以降に発展したが、「枯山水」という言葉自体は平安時代からあった。平安時代の枯山水は、庭園のなかの水がない部分にすえられた石組をさすものであった。

大仙院書院庭園(京都府)

　**石庭**　枯山水の一種で、樹木を用いず、石・砂・苔などを材料につくられた庭園をいう。龍安寺方丈庭園(京都府)が有名。

　**露地(茶庭)**　茶室に伴う庭のことで、茶の湯が盛んになるとともにつくられるようになった(→p.244)。

　**寝殿造庭園**　平安時

代に寝殿造(→p.225)の建物につくられた庭園。現存するものはないが，文献や絵巻などから，建物の南側に儀式などを行うための広場を設け，さらにその南に池・築山などを配置していたことがわかっている。

**龍安寺方丈庭園**(京都府)

**浄土庭園**　平安時代後期に，末法思想の流行に伴ってつくられた庭園。阿弥陀堂を建て，その前に園池を設けて極楽浄土を具現化したもの。意匠については寝殿造庭園と共通する部分が多い。よく知られているものとして，

**本願寺大書院庭園**(京都府)

平等院庭園(京都府，→p.118)，毛越寺庭園(岩手県，→p.7)，浄瑠璃寺庭園(京都府，→p.97)などがある。

**書院造庭園**　室町時代以降に書院造(→p.227)の建物につくられた庭園。建物のなかから観賞することを基本としており，視点場が固定されている。本願寺大書院庭園(京都府)などが代表例。

**回遊式庭園**　池を中心に茶室・亭などを設け，それらを園路で結んでめぐるようにつくられた庭園。江戸時代初期以降にみられるようになったもので，社交やもてなしの場として使われることが多かった。桂離宮庭園・修学院離宮庭園(ともに京都府)などの宮家・上皇による造営のほか，多くは，六義園(東京都)，栗林公園(香川県)のように大名によってつくられた。

**大名庭園**　江戸時代に将軍や諸藩の大名が造営した庭園。大名の江戸

9　庭園　89

**桂離宮庭園**(京都府)

**小石川後楽園**(東京都)

**圓通寺庭園**(京都府)

屋敷や地元につくられた。江戸屋敷につくられたものとして小石川後楽園が,地元につくられたものとして兼六園(石川県),岡山後楽園(岡山県),仙巌園(鹿児島県)などがよく知られている。

**借景庭園** 外部の景観を主要な構成要素として取り込んだ庭園。よく知られたものに圓通寺庭園や無鄰菴庭園(ともに京都府)がある。圓通寺庭園は比叡山を,無鄰菴庭園は東山をそれぞれ借景対象とする。

**坪庭** 建物や塀などで囲まれた庭園。建物からみえる景観を整えるほかに,通風や採光などの機能ももつ。

**平庭** 起伏のない平坦な地面につくられた庭園。

**発掘庭園** 庭園として手入れがされなくなって地中に埋没し,その後発掘調査によって価値が明らかになった庭園。埋没した時点の

状況が残存しているこ
とが多く，当時の意匠
や工法などの情報を得
るためのよい材料とな
る。平城宮東院庭
園・平城京左京三条
二坊宮跡庭園(ともに
奈良県)，一乗谷朝倉
氏庭園の朝倉館跡庭

平城京左京三条二坊宮跡庭園(奈良県)

園(福井県)などが著名である。

### ▶庭園を構成する要素

庭園を構成する要素としては，地割，石組や景石，園池や滝などの水関係，植栽，建築物，工作物，周辺環境などがある。

**地割** 平面的な配置のこと。地形や用地を活かしたものとなっている場合が多い。庭園を観賞する際には，実測図や平面図があると地割がよくわかる。

**石組・景石** 石組は，複数の石からなるまとまりのことをいう。庭園における滝や園池の護岸などにみられる。景石はみて楽しむための石のことをいう。石組や景石として使われる石の種類としては火成岩では花崗岩・安山岩など，堆積岩ではチャートなど，変成岩では結晶片岩などが多い。御影石(兵庫県神戸市御影付近産出の花崗岩)，紀州青石(和歌山県紀ノ川沿い産出の結晶片岩)など，産地の名前をつけてよぶものもある。

平安時代に編纂されたと考えられている日本最古の作庭書『作庭記』では，庭をつくることを「石を立て」ると表現しており，日本庭園における石の重要さがわかる。

**園池** 庭園につくられた池のこと。湧水のほか，小川や用水からの引込水を水源とするものが多いが，海や河口の近くにつくられた庭園のなかには，旧浜離宮庭園(東京都)や養翠園(和歌山県)のように，水源として海水を利用し，潮の干満で園池の水位を上下させ，景観に変化をもたせる「潮入りの庭」とよばれるものもある。

園池の護岸の種類には，石組のほか，ゆるやかに勾配をつけて小石を

**石組護岸**(桂離宮, 京都府)　　　　**洲浜**(仙洞御所, 京都府)

敷き詰める洲浜, 杭で止める乱杭, 草を植える草止め, 竹などで編む柵 などがある。

　**滝**　奈良時代の発掘庭園からは滝の遺構はみつかっておらず, 奈良時代の庭園に滝がつくられていたのかどうかはよくわかっていない。その後の平安時代前期の遺構には大沢池の北に位置する名古曽の滝跡（京都府）があり, そのころには滝石組の技術が発達していたことが明らかになっている。

　滝石組については, 滝口にすえる石を水落石, 水落石の両側の石を脇石とよぶ。また, 滝壺付近では, 落ちてくる水を受ける石を水受石といい, これによってしぶきの形や音に変化をもたせる。そのほかに, 落下する水の流れを二分する石を水分石とよび, 水分石のうち, 細長いものは龍門瀑伝説の鯉を象徴するものとして鯉魚石といわれる。

　滝水の落ち方には名前がついているものもあり, それらは『作庭記』にも記載されている。例をあげると, 布のように面になって落ちるものを布落ち, 幾筋にも分かれて糸のように落ちるものを糸落ち, 石の表面の凹凸を流れ落ちるものを伝い落ちなどとよぶ。

　**灯籠**　灯籠には金属製の金灯籠と石製の石灯籠（→p.327）があるが, 庭園では石灯籠を用いることが多い。本来は寺社において灯りを献ずるためのものだが, 安土・桃山時代以降露地（茶庭）が盛んにつくられるようになると, 庭園にも石灯籠が設置されるようになった。よくみられるものに, 春日大社の末社である祓戸社前のものを「本歌」とする春日灯籠, 基礎がなく竿を直接地面に埋め込む形の織部灯籠, 三脚もしくは四脚で笠の大きい雪見灯籠などがある。そのほかにも, 竿や脚がなく, 火袋と笠, あるいは中台より上の部分を直接地面に設置する置灯籠, 加工

織部灯籠(桂離宮，京都府)

雪見灯籠
(旧林家庭園，愛知県)

山灯籠(同左)

した石材ではなく自然石を用いた山灯籠，元は別々の灯籠の一部分や石造品を組み合わせた寄灯籠など，さまざまな意匠のものがみられる。

**飛石** 進路を示すとともに，歩行の際に歩きやすいように，また足元がよごれるのを防ぐためにすえられる石。桃山時代以降に露地がつくられるようになり，それとともに庭園にみられるようになった。石の並べ方には，直線状にすえた直打ち，二石を並べてすえた二連打ち，三石を並べてすえた三連打ち，二連打ちと三連打ちを交互に繰り返す二三連打ち，一石を左右交互にすえた千鳥掛けなどがある。

進路の分岐点におかれる石は踏分石とよばれ，大きめの石を用いることが多い。踏分石には，寺院の建物の礎石を転用した伽藍石が使われることもある。また，立入禁止の表示として，棕櫚縄などでくくった石を飛

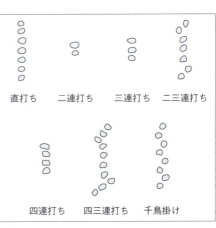
飛石

**関守石**(依水園,奈良県)

**蹲踞**(同左)

**流れ蹲踞**(對龍山荘庭園,京都府)

**縁先手水鉢**(旧藏内邸,福岡県)

石の上におくことがあるが,これを関守石とよぶ。

 そのほか,池や流れを渡るために打たれた飛石は沢渡石という。

**蹲踞** 露地において,茶室に入る前に手や口を清めるための設備。手を洗い口を漱ぐための水をためておく蹲踞手水鉢,手燭をおくための手燭石,桶をおくための湯桶石,蹲踞手水鉢を使うときに乗る前石,排水口周辺部の海あるいは水門とよばれる部分などから構成される。

 蹲踞は設置される場所によって,降り蹲踞,流れ蹲踞などとよばれるものもある。降り蹲踞は地表面より低いところに設置された蹲踞で,何段かの階段を降りて使用する。流れ蹲踞は池や流れのなかに設置されたもので,あたかも池や流れの水を使用するかのように感じさせることによって,野趣を演出する。

**手水鉢** 手を洗ったり口を漱いだりする際に使う水をためる鉢のこと

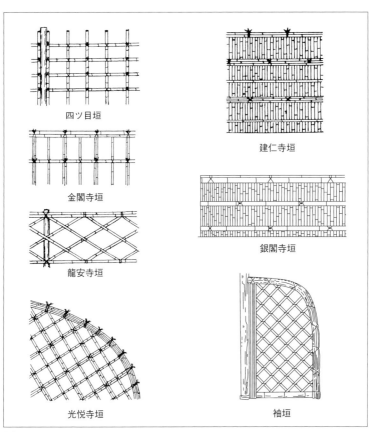

**竹垣**

で,建物の縁先において使う縁先手水鉢と,蹲踞に設置する蹲踞手水鉢とがある。縁先手水鉢は立ったまま使うので背の高いものが多く,蹲踞手水鉢はかがんで使うため普通は背が高いものは用いない。自然石に穴をあけたもの,加工した石を使用したものなどがあり,意匠もさまざまなものがある。

**垣根** 遮蔽,侵入防止,防風及び防砂,誘導などのために設置され,大きくは竹垣と生垣に分かれる。竹垣には,遮蔽垣と透かし垣があり,遮蔽垣では建仁寺垣・銀閣寺垣などが,透かし垣では四ツ目垣・金閣

垣・光悦寺垣などがよく知られている。そのほか、建物につける短い垣は袖垣という。生垣には、イヌマキ・アラカシ・ウバメガシ・カナメモチなど、常緑で枝葉が密に生える樹種がおもに使われる。複数の樹種を用いたものは交ぜ垣とよばれる。珍しいものに、生えている竹を曲げて仕立てた桂垣という生垣があり、桂離宮外縁部(京都府)でみることができる。

## ▶日本庭園の歴史の流れ

日本で庭園がつくられるようになった時期については明確なことはわかっていない。4世紀の祭祀遺跡と考えられている城之越遺跡(三重県)は、のちにつくられる日本庭園との関係は不明であるものの、水の流れ、石の配置、石を詰め並べた護岸など、意匠や工法が奈良時代以降につくられる庭園と類似する点が多い。

**飛鳥時代** 7世紀の中ごろにつくられ、同世紀後半に改修されたとみられる飛鳥京跡苑池(奈良県)は、『日本書紀』の「白錦後苑」にあたると考えられている。南北の二つの池、石積の護岸、平らな石を敷き並べた池底などが発掘調査によって明らかになった。

**奈良時代** 奈良時代の庭園には、平城宮東院庭園や平城京左京三条二坊宮跡庭園(ともに奈良県)などがあり、どちらも発掘調査によって全容が明らかになっている。平城宮東院庭園は、饗宴の場として整備されたものと考えられ、8世紀前期に造営され、そののち園池の汀線をより複雑な形に改修していることがわかった。また、洲浜や立石など、の

平城宮東院庭園(奈良県)

ちの日本庭園につながる意匠や手法が確認された。調査後、立石は遺構をそのままみせる形で、洲浜は遺構を保護したうえで復元整備が行われた。平城京左京三条二坊宮跡庭園は、8世紀中ごろにつくられ、公的な接待の場として使われたと考えら

れている。調査終了後，遺構をそのままみせる形で整備された。

**平安時代** 平安時代には，京都やその近郊に多くの庭園がつくられたことが文献や発掘調査などから明らかになっている。平安京のなかにつくられた庭園で当時の状況をそのまま今に伝えるものはないが，禁苑(天皇の庭園)であった神泉苑(京都府)の園池のごく一部が現在まで残っている。郊外に造営されたものでは，平安時代初期にあたる9世紀前半に嵯峨天皇の離宮としてつくられた大沢池(京都府)が現存する。また，池の北には「滝の音は絶えて久しくなりぬれど名こそ流れてなほ聞こえけれ」(『拾遺和歌集』巻八)と藤原公任が詠んだ名古曽の滝跡(京都府)の石組が残る。

平安時代の後期になると，11世紀には，末法思想の流行とともに浄土庭園が多くつくられるようになる。平等院庭園(京都府)は藤原頼通が宇治に造営したもので，鳳凰堂(阿弥陀堂)に阿弥陀仏を安置し，その前に園池を設けている(→p.118)。後世に何度か改修されているが，近年の発掘調査で鳳凰堂の前は造営当初洲浜だったことがわかり，その部分が復元整備された。また，このころ京都の庭園文化は東北地方にも伝わっており，平泉の奥州藤原氏は，12世紀前期に京都の庭園を手本として，毛越寺庭園(岩手県，→p.7)などの浄

**浄瑠璃寺庭園(上)と平面図(下)**(京都府)

**鹿苑寺(金閣寺)庭園**(京都府)

土庭園を造営した。そのほかの浄土庭園の事例としては、浄瑠璃寺庭園(京都府)がある。12世紀の中ごろから13世紀の初めに整備されたと考えられており、その空間構成は、敷地の中心部分にある池の真西に九体阿弥陀堂を配置し、阿弥陀如来が西方浄土から救いにきてくれるという、阿弥陀来迎を具現化したものとなっている。園池、阿弥陀堂、背後の山が東西の軸線上にまっすぐに並ぶ地割は、阿弥陀堂と方角を強く意識していることが明確で、浄土庭園の完成形といえる。

**鎌倉時代～室町時代** 鎌倉時代につくられた庭園で現存しているものには、13世紀後期の南禅院庭園(京都府)がある。亀山上皇がこの地に離宮を営んだことにはじまり、一部は後世の改修を受けているものの、当時の空間構成が比較的残っていると考えられている。

鎌倉時代末期から室町時代の初期にあたる14世紀前半に活躍したのが、禅僧夢窓疎石で、瑞泉寺庭園(神奈川県)、天龍寺庭園・西芳寺庭園(ともに京都府)などをつくった。その高い意匠性や石組の完成度などは後世に大きな影響をあたえた。

14世紀末になると、室町幕府3代将軍足利義満が、京都北山の西園寺家の別荘を譲り受け、金閣の建設、庭園の整備などを行い、北山殿とした。北山殿は義満の死後禅宗寺院鹿苑寺となったが、応仁の乱などで荒廃してしまう。応仁の乱が終結した15世紀の後期には、室町幕府8代将軍足利義政が、西芳寺庭園をモデルとして京都の東山に別荘東山殿を造営し、庭園内に銀閣を建てた。義政の死後慈照寺となった東山殿は、義満の北山殿同様、のちに荒れはてる。鹿苑寺・慈照寺とも、庭園の改修が行われてほぼ現在の姿になったのは江戸時代になってからで、17～18世紀のことと考えられている。

室町時代は庭園様式としての枯山水が確立する時期でもある。16世紀の初期につくられた大仙院書院庭園(京都府)は、深い山の滝から落ちた

水の流れが川となってやがて大海にそそぐ様子を，石・砂・樹木で表現している(→p.88)。

応仁の乱後，室町幕府の権威は失墜し世の中は乱れたが，そのようななかで16世紀の前期につくられた北畠氏館跡庭園

醍醐寺三宝院庭園(京都府)

(三重県)と旧秀隣寺庭園(滋賀県)が現存する。ともに室町幕府の管領であった細川高国の設計によるものと考えられており，園池の形状の複雑さ，力強い石組護岸などが特徴的である。

16世紀の中期から後期にかけての遺構と考えられているのが，一乗谷朝倉氏庭園(福井県)である。朝倉氏は織田信長によって滅ぼされたが，朝倉氏の城下町である一乗谷にはそののち町がつくられなかったため，朝倉氏に関係する遺跡が多く残っている(→p.66)。諏訪館跡庭園(福井県)のように地上に遺存しているものと朝倉館跡庭園のように発掘調査で明らかになったものがある。

**安土・桃山時代** 安土・桃山時代の庭園には，醍醐寺三宝院庭園(京都府)がある。16世紀末に豊臣秀吉が現地でみずから平面配置を決定し，藤戸石とよばれる名石を運んで設置したことが史料にも残る。秀吉の死後，江戸時代まで工事は続き，17世紀前期に完成した。

**江戸時代** 江戸時代に入ってすぐ，17世紀の初頭に将軍の京都での居館として二条城が築かれた。二条城二の丸庭園もこのときにつくられたと考えられるが，17世紀前期に後水尾上皇の行幸にあわせて小堀遠州によって改修が行われた。二条城二の丸庭園の改修の少し前には八条宮智仁親王が桂離宮(京都府)をつくり，また同じころ江戸では，水戸藩主が小石川後楽園(東京都)の造営を開始した。さらに17世紀中ごろには後水尾上皇によって修学院離宮(京都府)がつくられた。そのほか，17世紀後期に熊本藩主が水前寺成趣園を，岡山藩主が岡山後楽園を造営したように，江戸時代には多くの大名が地元に庭園を整備した。

**近代** 明治から大正時代にかけては，政治家や実業家などによって多

9 庭園 99

**依水園**(奈良県)

**旧池田氏庭園**(秋田県)

**對龍山荘庭園**(京都府)

くの庭園がつくられた。19世紀末に山縣有朋が京都に造営した無鄰菴は，山縣の指示を受けながら京都の庭師小川治兵衛が庭園の施工を担当した。小川は同時期に平安神宮神苑の作庭も行い，以後對龍山荘庭園など南禅寺界隈の別荘群の作庭の多くを手がけた。同じころ奈良では実業家関藤次郎により依水園が整備された。そのほかにも，横浜では原富太郎（三溪）によって三溪園が，東京では小川治兵衛の施工により旧古河庭園がつくられた。

また，盛美園（青森県）や旧池田氏庭園（秋田県）のように，各地の地主によってつくられた庭園もある。九州では，旧藏内邸や旧伊藤傳右衛門邸（ともに福岡県）の庭園など，炭鉱経営者が造営した庭園が残る。さらに，洋館の建築に伴い，西洋式の庭園がつくられるようになった。前述した旧古河庭園には，イギリス人建築家コンドルが洋館とともに設計した西洋式庭園がある。

# 10. 街道と景観

## ▶街道

　古代には，奈良盆地を縦断する上ツ道・中ツ道・下ツ道や飛鳥―難波間を結ぶ竹内街道，律令国家が全国に敷設した官道（駅路・伝路），熊野三山への信仰の道，中世には鎌倉街道など，時代ごとにさまざまな道があった。ここでは，おもに近世の街道にかかわる遺跡を紹介する。

　**五街道・脇街道の制度**　江戸幕府は，江戸日本橋を起点とした主要街道として五街道を設け，宿場に旅宿や人馬などを配置し，道幅4間（7.2m）・並木・一里塚といった街道整備を行った。また，五街道に準じる脇街道（脇往還）のうち主要な街道にも，五街道に準じて宿場が設けられた。各藩においても城下から藩内各地への道路網が整備された。参勤交代の大名や幕府の役人をはじめ，庶民に至るまで多数の人びとと物資が往来した。

　五街道は，東海道（江戸―京間53宿），中山道（中仙道とも。江戸―草津間67宿），日光道中（日光街道とも。江戸―日光間21宿。宇都宮までは奥州道中と重複），奥州道中（奥州街道とも。宇都宮―白河間10宿。ただし，白河以北や日光道中と重複する江戸―宇都宮間も含めて称することもある），甲州道中（甲州街道とも。江戸―下諏訪間45宿）の五つの街道をさす。このうち東海道がもっとも重視され，人馬

東海道　箱根旧街道（神奈川県）

中山道　落合の石畳（岐阜県）

も100人100匹が配されていたが,軍事上の理由から橋をかけなかった大井川などの大河を渡渉する手間や川留めの恐れもあった。その点,中山道は京への距離は長くなるが,よく利用された。

脇街道のうちおもなものは,山陽道(中国路・中国街道・西国街道とも。大坂—赤間関〈下関〉),長崎街道(小倉—長崎),山陰道(京—赤間関),羽州街道(桑折—秋田—青森),北国街道(信濃追分—春日新田),北国路(関ヶ原—金沢),三国街道(高崎—佐渡)などがある。「五街道分間延絵図」(1806年〈文化3〉)は,五街道やおもな脇街道の測量絵図で,街道の様子が写実的に描かれている。

**一里塚と並木** 一里塚とは,街道の両脇に一里(約4km)ごとに目印

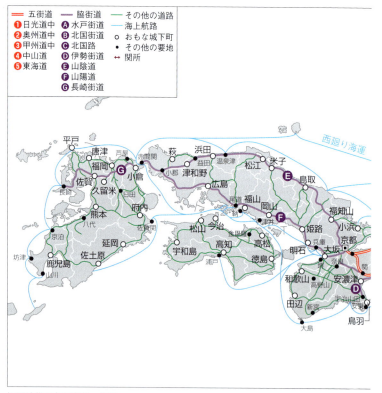

**江戸時代の主要街道・水運**

として築いた塚である。駄賃の目安や休憩場所ともなった。織田信長や豊臣秀吉も一里塚を築いたが，本格化したのは江戸幕府が1604年(慶長9)，江戸の日本橋を起点として東海・東山・北陸3道に榎木を植えた一里塚を築くように命じたことによる。これが全国の街道に広まったもので，榎木ではなく松を植えた場合もある。

　近代以降，道路拡幅などにより失われたものが多いが，奥州街道の須賀川一里塚(福島県)，日光街道の小金井一里塚(栃木県)，日光御成道の西ヶ原一里塚，中山道の志村一里塚(ともに東京都)，東海道の錦田一里塚(静岡県)，長門街道(山陰道)の伊志見一里塚(島根県)，今町街道の今町一里塚(宮崎県)などは，街道沿いに二基一対で残る事例である。

**奥州街道　須賀川一里塚**(福島県)

**東海道　御油の松並木**(愛知県)

**新居関跡**(静岡県)

　また，街道には木陰をつくるため，松が並木として植えられた。東海道御油—赤坂宿間には御油の松並木が残る(愛知県)。変わった並木道として，日光街道及び例幣使街道・御成道・会津西街道の杉並木がある。東照宮の遷宮を記念して寄進された延長約40kmの杉並木であり，きわめて壮観である。

　**関所跡**　俗に「入鉄砲に出女」といわれるように，幕府は往来の人や物資を監視するため，主要街道の要衝に関所を設けた。東海道では「天下の険」と謳われ，芦ノ湖沿いにある箱根関跡(神奈川県)や，浜名湖西岸にある新居関跡(静岡県)が残る。箱根関跡では資料などをもとに往時の建物が復元された。新居関跡には旅人が取り調べられた幕末の面番所が現存し，貴重である。中山道では福島関跡(長野県)，甲州街道では小仏関跡(東京都)が，関東から信

州・甲州への通じる間道におかれた栃本関跡(埼玉県)が残る。各藩も藩境に口留番所を設置していた。仙台藩が秋田藩境との境目番所として栗駒山麓に設けた仙台藩花山村寒湯番所跡(宮城県),会津藩が越後に向かう八十里越の只見側においた口留番所跡(福島県)などがある。

**宿場と本陣** 宿場には旅人が休憩・宿泊する宿がおかれた。往時の宿場町をよく残すものとして,中山道の和田宿・奈良井宿・妻籠宿(ともに長野県),下野街道の大内宿(福島県)などが有名である。参勤交代の諸大名や幕府の役人や公家などは本陣,予備の脇本陣とよばれる施

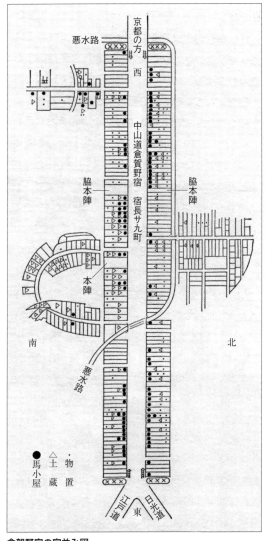

**倉賀野宿の宿並み図**

旧有壁宿本陣(宮城県)

東海道島田宿大井川川越遺跡(静岡県)

設を使用した。主要街道における本陣遺構として、奥州街道の旧有壁宿本陣(宮城県)、東海道の草津宿本陣(滋賀県)、西国街道の郡山宿本陣(大阪府)などがあり、往時の建物が残り貴重である。大名が参勤交代などのため藩内においた本陣・御茶屋(休憩所)として、会津藩が白河街道においた旧滝沢本陣(福島県)や、和歌山藩が大和街道においた旧名手宿本陣(和歌山県)、萩藩が萩往還沿いにおいた三田尻御茶屋跡(山口県)、熊本藩が豊前街道沿いにおいた南関御茶屋跡(熊本県)などがある。

**川越と渡船** 東海道では、架橋されていない河川(富士川・大井川・天竜川など)を渡渉するため川越の制度があった。「箱根八里は馬でも越すが、越すに越されぬ大井川」と謳われて有名な大井川の渡しは島田—金谷宿間にあった。川沿いに川会所がおかれ、渡渉にあたる川越人足が配置されていた。大井川左岸の島田宿側には川会所や札場跡・人足の番宿跡などがある(静岡県)。旅人は賃銭を払い、輦台や肩車で渡渉したが、増水などで渡渉できないときは足止め(川留め)となった。同じく東海道今切の渡し(静岡県)は、舞阪—新居宿間の浜名湖を渡るもので、新居側に渡った旅人は新居関の隣にある船着き場に到着した。また、東海道宮—桑名宿間は七里の渡し(愛知県・三重県)とよぶ海路であった。

**水運・海運** 五街道をはじめとする陸上交通と並んで、海上交通も盛んとなった。江戸—大坂間を結んだ南海路(菱垣廻船・樽廻船)、江戸から太平洋まわりで日本海側に至る東廻り航路、大坂から瀬戸内を経て日本海側に至る西廻り航路などがある。江戸時代の港湾の趣が景観も含め

てもっともよく残るのは，鞆の浦(広島県)であり，灯明台(灯台)や雁木(石階段)などの港湾遺構がある。一方，日本海水運の賑わいを物語るのが，旧鐙屋(山形県)である。鐙屋は日本海側の代表的な港町である酒田の大廻船問屋であった。

内陸水運関係では，江戸時代初め，京都の豪商にして全国の河川開発を行った角倉了以による高瀬川一之船入(京都府)，江戸に物資を輸送するためにつくられた，閘門式運河として最古級とされる見沼通船堀(埼玉県)，緑川の水運で運んだ年貢米を収納した熊本藩川尻米蔵跡(熊本県)などがある。

**琉球の街道および通信施設** 琉球(沖縄県)においても，王府の首里を起点に本島の各間切(現在の市町村に相当)を結ぶ「宿道」とよぶ道路網が整備されていた。沿道には一里塚が設けられ，川を渡る石橋や石畳道などが整備されていた。本島東海岸沿いに進む東海道，同じく西海岸沿いに進む西海道があった。現在，便宜的に，本島を中頭方・国頭方・島尻方の地域に区分し，所在の地域名を冠して国

旧鐙屋(山形県)

見沼通船堀(埼玉県)

中頭方西海道(沖縄県)

10 街道と景観

旧三角港(熊本県)

頭方西海道のようによんでいる。

また通信施設として、先島諸島(宮古島—与那国島)には火番盛とよぶ狼煙台(遠見番所)がおかれ、進貢船や異国船の来航時には狼煙や早船による情報伝達を行う仕組みがあった。

**近代の街道** 明治時代の歴史的道路としては、山形県令の三島通庸が発案し、1881年(明治14)に開通した福島—米沢間の羽州街道栗子峠の新道万世大路が有名である。

近代的な港湾施設として有名な明治三大築港のうち、1887年(明治20)竣工の三角港(熊本県)は、港湾背後の土地利用計画の骨格をなす道路・排水施設が、オランダ人による近代的手法を駆使して一体的に整備された都市基盤施設として重要である。

## 文化庁による「歴史の道」事業

文化庁では、「古くから文物や人々の交流の舞台となってきた古道・運河等」を、日本の歴史を理解するうえで重要であるとして、これらを「歴史の道」とよび、その調査や整備事業を推進している。その一環として、全国各地で古道を歩き、地域の文化財にふれる事業(歩き・み・ふれる歴史の道事業)を推奨している。1996年(平成8)には、「歴史の道」および地域の文化財に対する市民の関心と理解を深めることを目的に、おもに明治時代まで活用された78カ所の街道・運河を「歴史の道百選」として選定している(文化庁HP参照)。

## ▶景観(文化的景観)

**文化的景観とは** 人間が生活を通じて自然とかかわりあうなかで形成されてきた,棚田・里山といった景観(文化的景観)の保護が重要と考えられるようになったのは,比較的最近のことである。全国各地の農山村地域で棚田・里山の保存をめざす市民運動が活発に進められ,世界遺産条約によって世界的に「文化的景観」の保護が進められたこともあいまって,国内において「文化的景観」の保護推進の動きが進展し,2004年(平成16)の文化財保護法改正により同法が規定する文化財類型の一つに「文化的景観」が追加されるに至った。

文化財保護法では,文化的景観とは,地域の人びとが日常の生活や日々仕事を営むなかで,地域独特の気候や土地の状態を巧みに利用してつくりだされてきた景観のなかで,日本人の生活や生業を理解するのに欠かせないものとされている。このうちとくに重要なものを国が重要文化的景観に選定する仕組みである。

**文化的景観の種類** 重要文化的景観の選定基準にはつぎに掲げる八つがある。

①農耕(水田・畑地など),②採草・放牧(茅野・牧野など),③森林の利用(用材林・防災林など),④漁ろう(養殖いかだ・海苔ひびなど),⑤水の利用(ため池・水路・港など),⑥採掘・製造(鉱山・採石場・工場群など),⑦流通・往来(道・広場など),⑧居住(垣根・屋敷林など)

2019年(令和元)5月現在の選定件数は64件であるが,①から⑧を複合した景観地が多数を占めている。以下では,さまざまな重要文化的景観のうち,史跡や遺跡ともかかわりの深いものを中心に紹介していきたい。

**宇治の文化的景観**(京都府)

**遊子水荷浦の段畑**(愛媛県)

10 街道と景観 | 109

**一関本寺の農村景観**(岩手県)

**菅浦の湖岸集落景観**(滋賀県)

**日根荘大木の農村景観**(大阪府)

**農林水産業に関する重要文化的景観** まず,古代・中世の荘園遺跡や集落に由来する農村・集落景観を取り上げよう。

(1)「一関本寺の農村景観」(岩手県) 中世平泉の中尊寺経蔵別当領に関係する骨寺村荘園遺跡の諸要素がよく残る地である。冷涼な気候や水がかりが難しい地形などの自然的条件に適応し,近世以降稲作などの農林業を継続的に営み,ゆるやかな発展をとげた。岩手県南部の風土とも調和して形成された特色のある農村の文化的景観である。

(2)「菅浦の湖岸集落景観」(滋賀県) 琵琶湖最北部の急峻な地形に営まれ,集落の境界である四足門や,平地に乏しい菅浦におけるハマと呼ぶ湖岸の空間利用など独特の集落構造となっている。中世の「惣」という共同体が変化しながら現在まで維持され,「菅浦文書」などにより,集落構

造および共同体のあり方を歴史的に示すことができる文化的景観である。

(3)「日根荘大木の農村景観」(大阪府) 摂関家である九条家の中世荘園に起源をもつものである。和泉山脈における盆地の地形とも調和し、当時の土地利用のありかたを伝えつつ、近世から現代にかけてゆるやかに進化をとげた農村の文化的景観である。

(4)「田染荘小崎の農村景観」(大分県) 中世における宇佐八幡宮の荘園に起源をもつもの。当時の土地利用のありかたを明瞭に残すだけではなく、国東地方の中山間地における盆地の地形とも調和しつつ、近世から近現代まで継続的に営まれてきた典型的・代表的な農村の土地利用形態を示すものとして貴重である。

田染荘小崎の農村景観(大分県)

佐渡相川の鉱山及び鉱山町の文化的景観(新潟県)

佐渡西三川の砂金山由来の農山村景観(新潟県)

**採掘・製造、流通・往来および居住に関する重要文化的景観** つぎに、採掘などに由来する重要文化的景観を紹介する。

(1)「佐渡相川の鉱山及び鉱山町の文化的景観」(新潟県) 金銀山開発に

10 街道と景観 | 111

生野鉱山及び鉱山町の文化的景観（兵庫県）

奥出雲たたら製鉄及び棚田の文化的景観（島根県）

伴い発展してきた都市の文化的景観である。鉱山地区の生産機能，上町（かみまち）地区の居住及び行政機能，下町（したまち）地区の流通及び行政機能が，金銀採掘の盛衰に伴い動的な関係を構築しつつ展開してきた相川の歴史的変遷を示すものとなっている。

(2)「佐渡西三川（にしみかわ）の砂金（さきん）山由来の農山村景観」（新潟県）　古代から近代まで行われた砂金採掘によって形成された独特の地形・技術を，閉山後も巧みに土地利用に活かしたもの。農山村へと産業構造を転換させた地域の歴史的変遷を示すものである。

(3)「生野（いくの）鉱山及び鉱山町の文化的景観」（兵庫県）　鉱山開発およびそれに伴う都市発展によって形成された文化的景観である。現役の鉱業都市として生産活動および鉱業にかかわる習俗を継続しつつ，トロッコ道跡やカラミ石の石積みなど鉱山町に独特の土地利用のありかたを示すものである。

(4)「奥出雲（おくいずも）たたら製鉄及び棚田の文化的景観」（島根県）　たたら製鉄のための砂鉄採取の方法である「鉄穴（かんな）流し」とその跡地利用により形成されてきた景観である。「鉄穴横手（よこて）」（水路）および「鉄穴残丘（ざんきゅう）」（花崗岩（かこうがん）がかたくくずせなかったところ）が棚田のなかに点在する。その背景には，かつて，たたら製鉄用の木炭山林であった山々が取り囲み，その一部では今なお，たたら製鉄が行われている。

# 11. 世界文化遺産

## ▶世界遺産条約と登録基準

世界遺産条約(正式名称：「世界の文化遺産及び自然遺産の保護に関する条約」)は1972年(昭和47)にユネスコ(国際連合教育科学文化機関)で採択され，2019年(令和元)現在193カ国が締結している。日本は1992年(平成4)にこの条約を締結している。世界遺産は各国からの推薦を受け，選挙によって選ばれた21カ国で構成される世界遺産委員会の審査を経て登録される。2019年7月現在で文化遺産869件，自然遺産213件，複合遺産39件の1121件が登録されている。このうち日本では，文化遺産18件，自然遺産4件の22件が登録されている。世界遺産リストに登録されるためには，「世界遺産条約履行のための作業指針」で示されている下記の登録基準のいずれか一つ以上に合致するとともに，真実性や完全性の条件を満たし，適切な保護管理体制がとられていることが必要である。世界遺産の登録基準は以下のようになっている。

i 人間の創造的才能を表す傑作である。

ii 建築，科学技術，記念碑，都市計画，景観設計の発展に重要な影響を与えた，ある期間にわたる価値観の交流又はある文化圏内での価値観の交流を示すものである。

iii 現存するか消滅しているかにかかわらず，ある文化的伝統又は文明の存在を伝承する物証として無二の存在(少なくとも希有な存在)である。

iv 歴史上の重要な段階を物語る建築物，その集合体，科学技術の集合体，あるいは景観を代表する顕著な見本である。

v あるひとつの文化(又は複数の文化)を特徴づけるような伝統的居住形態若しくは陸上・海上の土地利用形態を代表する顕著な見本である。又は，人類と環境とのふれあいを代表する顕著な見本である(特に不可逆的な変化によりその存続が危ぶまれているもの)。

vi 顕著な普遍的価値を有する出来事(行事)，生きた伝統，思想，信仰，芸術的作品，あるいは文学的作品と直接または実質的関連がある(この基準は他の基準とあわせて用いられることが望ましい)。

**厳島神社**(広島県)

vii～xは自然遺産に関するものであり，ここでは省略する。

### 日本の世界文化遺産一覧(登録順)

**法隆寺地域の仏教建造物**(奈良県)〔ⅰ・ⅱ・ⅳ・ⅵ〕 ＊以下，〔 〕は登録基準。 世界最古(7世紀)の木造建築群。法隆寺と法起寺からなる(→p.127，135ほか)。

**姫路城**(兵庫県)〔ⅰ・ⅳ〕 17世紀初頭の日本の城郭建築を代表。天守など多くの建物が現存し，土塁と濠に囲まれていた武家屋敷の範囲まで保存されている(→p.74，201，210，218，220)。

**古都京都の文化財**(京都市，宇治市，大津市)(京都府・滋賀県)〔ⅱ・ⅳ〕 794年(延暦13)から1868年(明治元)にかけての日本の首都の文化財。3社13寺1城からなる。大津市域の延暦寺や宇治市域の宇治上神社も含まれる(→p.64・65ほか)。

**白川郷・五箇山の合掌造り集落**(岐阜県・富山県)〔ⅳ・ⅴ〕 白川郷と五箇山地方に特色的にみられる切妻造・茅葺の民家の形式を合掌造という。その合掌造の三つの集落(→p.240)。

**原爆ドーム**(広島県)〔ⅵ〕 1945年にアメリカ軍によって投下された原爆の被害を示す遺跡。もとは，広島県産業奨励館(→p.87)。

**厳島神社**(広島県)〔ⅰ・ⅱ・ⅳ・ⅵ〕 瀬戸内海の厳島を背後にして，その入江の海のなかに木造建物が建ち並ぶ神社。1241年(仁治2)に再建。島全体が信仰の対象となっている。

**古都奈良の文化財**(奈良県)〔ⅱ・ⅲ・ⅳ・ⅵ〕 710年(和銅3)から784年(延暦3)までの日本の首都であった奈良の文化財。平城宮跡は天皇がいた宮と役所で，薬師寺や唐招提寺・元興寺に8世紀の建物が，東大寺や興福寺は11世紀に戦災で復興した建物が残る(→p.18，54ほか)。

日光の社寺(栃木県)
〔ⅰ・ⅳ・ⅵ〕 男体山への山岳信仰の神社である二荒山神社,徳川家康の霊廟がある東照宮,徳川家光の霊廟がある輪王寺からなる。明治時代の神仏分離をよく示す(→p.182, 187, 189)。

**富士山と三保の松原**(静岡県)

琉球王国のグスク及び関連遺産群(沖縄県)〔ⅱ・ⅲ・ⅵ〕 琉球が三地域に分かれていたころの城や,琉球王国の首都である首里城を中心とした遺産。琉球石灰岩の石垣が特徴。ほかに琉球王国の庭園,墓,最高位の女官が祭祀を行った御嶽を含む(→p.199)。

紀伊山地の霊場と参詣道(三重県・和歌山県・奈良県)〔ⅱ・ⅲ・ⅳ・ⅵ〕 金峯山寺や大峰山寺などの吉野・大峯,本宮・速玉・那智の三大社である熊野三山,金剛峯寺のある高野山の三つの霊場とそれらを結ぶ参詣道(大峯奥駈道・熊野参詣道・高野参詣道)からなる(→p.120)。

石見銀山遺跡とその文化的景観(島根県)〔ⅱ・ⅲ・ⅴ〕 石見銀の採掘・精錬から運搬・積み出しに至る鉱山開発総体の遺跡。銀鉱山跡や大森の鉱山町,温泉津・鞆ヶ浦・沖泊などの港町,鉱山と港をつなぐ道,鉱山の争奪戦に使われた城跡などからなる(→p.71, 76)。

平泉―仏国土(浄土)を表す建築・庭園及び考古学的遺跡群―(岩手県)〔ⅱ・ⅳ〕 11～12世紀に東北地方を支配していた奥州藤原氏が仏教に基づいて理想世界を実現しようと造営した中尊寺・毛越寺・観自在王院跡・無量光院跡や,神聖な山である金鶏山からなる。中尊寺には金色堂,毛越寺などには庭園もある(→p.7, 97, 121, 124)。

富士山―信仰の対象と芸術の源泉―(山梨県・静岡県)〔ⅲ・ⅵ〕 富士講とよばれる信仰集団や浮世絵の登場で,信仰や作画の対象となった富士山とそれに関する遺跡。山麓に分布する浅間神社や富士五湖,修

行の場所となった人穴，浮世絵の対象となった白糸の滝や三保の松原などからなる。

### 富岡製糸場と絹産業遺産群(群馬県)〔ⅱ・ⅳ〕 生糸の大量生産を実現

した技術革新を示す遺跡群。蚕の飼育法を革新した場所である田島弥平旧宅，世界に蚕の飼育法を広めた高山社跡，1年間に複数回の養蚕を可能にした卵の貯蔵が行われた荒船風穴，これらで育てられた蚕から生糸をつくった富岡製糸場からなる(→p.83, 263)。

### 明治日本の産業革命遺産　製鉄・製鋼，造船，石炭産業(福岡県・佐賀

県・長崎県・熊本県・鹿児島県・山口県・岩手県・静岡県)〔ⅱ・ⅳ〕 19世紀後半から20世紀初頭の日本で，西洋から非西洋への産業化の移転が行われたことを示す23の産業遺産群。八幡製鐵所・長崎造船所，端島炭坑跡(軍艦島)や三池炭鉱跡，萩・韮山の反射炉，集成館，三角港などからなる(→p.78, 83, 108, 263)。

### ル・コルビュジエの建築作品—近代建築運動への顕著な貢献—(東京都,

ドイツ・アルゼンチンなど計7国)〔ⅰ・ⅱ・ⅵ〕 コルビュジエの建物の特徴はピロティ，自由な部屋の配置，自由なデザイン，独立骨組みによる水平連続窓，屋上庭園であり，その思想が全世界に広がった。国立西洋美術館もこれを踏襲している(→p.262)。

### 「神宿る島」宗像・沖ノ島と関連遺産群(福岡県)〔ⅱ・ⅲ〕 九州本土

から約60km離れた沖ノ島，大島，九州本土の三カ所に位置する宗像大社と，その信仰を支えた氏族の古墳群からなる。大島にある沖津宮遙拝所からは運がよければ沖ノ島がみられる(→p.10, 166)。

### 長崎と天草地方の潜伏キリシタン関連遺産(長崎県・熊本県)〔ⅲ〕 禁

教のきっかけとなった原城跡，17・18世紀以来の外海・平戸・天草の潜伏キリシタンの集落，19世紀以来の五島の潜伏キリシタンの集落，信徒発見の場大浦天主堂などからなる。禁教期に密かに信仰が継続されたことが理解できる(→p.255)。

### 百舌鳥・古市古墳群—古代日本の墳墓群—(大阪府)〔ⅲ・ⅳ〕 古墳時

代の4世紀後半から5世紀後半にかけて築造された，古代日本列島の王たちの墓群。墳丘の長さがおよそ500mにおよぶものもあり，世界でも独特な鍵穴型の前方後円墳が多数集まる。百舌鳥の仁徳天皇陵古墳や古市の応神天皇陵古墳など(→p.42)。

# 建造物編

1. 寺院　　　　　　118
2. 神社と霊廟　　　165
3. 城郭　　　　　　192
4. 町並みと住宅　　225
5. 近代建造物　　　250

姫路城(兵庫県)

# 1. 寺院

## ▶寺院建築の歴史

　仏教文化の伝来は，日本ではみられなかった規模の大きな美しい寺院建築をもたらした。そして，これらの寺院建築の様式や特色は，その後の仏教の盛衰や建築技術の発展に伴って変遷した。

　**古代**　仏教の伝来に伴い，飛鳥時代に中国から礎石建・組物・瓦葺などを特徴とするあらたな建築様式が取り入れられた。法隆寺金堂・五重塔，法起寺三重塔（ともに奈良県）や，玉虫厨子に独特の雲形組物などの特徴をみることができるが，その細部意匠は一様ではなく，山田寺や飛鳥寺（ともに奈良県）など発掘調査の成果から，建物ごとに多様性をもっていたことが知られている。

　奈良時代にはいると，国分寺（→p.58）の整備など，国家規模での仏教信仰の広がりを背景として，唐の様式の影響がみられ，仏教寺院の数も飛躍的に増えた。白鳳様式の代表例といわれる薬師寺東塔や，唐招提寺金堂（ともに奈良県）をはじめとして，東大寺法華堂，新薬師寺本堂，法隆寺夢殿（ともに奈良県）などさまざまな形式がみられるようになる。また，元興寺五重塔，海龍王寺五重塔（ともに奈良県）のように精緻な小塔も見逃すことができない。

　平安時代前期には，最澄・空海によって新仏教とその建築様式がもたらされ，それ以外でも仏堂の土間式から床式への変化，複雑な内部空間などさまざまな発展がみられるが，残された建造物は少なく，醍醐寺五重塔（京都府），室生寺金堂・五重塔（奈良県）などが今日に伝えられている。続いて平安時代後期（藤原

平等院鳳凰堂（京都府）

氏の時代および白河天皇以後の院政期)にはいると,密教や浄土教の隆盛により寺院建築もあらたな展開をみせる。法成寺や法勝寺(ともに京都府)がこの時代の代表的な伽藍であるが,残念ながら当時の建物は残されていない。しかしながら平等院鳳凰堂(京都府),中尊寺金色堂(岩手県),白水阿弥陀堂(福島県)や浄瑠璃寺(京都府)の本堂・三重塔に,当時の美をみることができる。また,平安時代後期以降の

歓喜院聖天堂(埼玉県)

鶴林寺太子堂(兵庫県),三仏寺投入堂(鳥取県),一乗寺三重塔(兵庫県)など,畿内や平泉以外の各地でもさまざまな堂宇がみられるようになる。

**中世** 鎌倉時代には,大仏様・禅宗様というあらたな様式が,再び中国からもたらされる。大仏様は12世紀の東大寺復興にあたって採用されたが,その後は建物全体の様式としてはほとんどみられず,平安時代までの様式(和様とよばれる)の細部に用いられる例が多い(新和様)。一方禅宗様は,その名のとおり禅宗とともに伝来したもので,禅宗寺院の隆盛とともに全国に普及した。禅宗様の初期の建物は残されておらず,室町時代にはいって建てられた円覚寺舎利殿が代表例である。また,中世建築の多様さは,和様・大仏様・禅宗様を組み合わせた数多くの折衷様建築にもみることができる。

**近世** 安土・桃山時代以降は今日に伝わる例も数多く,その潮流をまとめるのは容易でない。清水寺本堂(京都府),延暦寺根本中堂(滋賀県),長谷寺本堂から東大寺大仏殿(ともに奈良県)へと連なる大規模造営は,建築様式としては復古的な様相が強く,木太い柱梁をみせる一方で細部は落ち着いた意匠でまとめている。一方,江戸時代の代表的建物の一つといえる日光東照宮(栃木県)の社殿に代表される彫刻豊かな建築群もまた,この時期の特色の一つである。さらに,歓喜院聖天堂(埼玉県)のように庶民信仰を背景とした建築など,建てられた背景がそのデザインに反映されている例も興味深い。

1 寺院　119

## ▶寺院見学にあたって

当然のことながら，寺院といっても多種多様である。飛鳥から奈良時代にかけて国家的庇護のもとに建てられた寺院，平安時代の天台・真言宗以来の山地に建てられた寺院，鎌倉時代の禅宗寺院，近世の大規模な堂宇など，それぞれの時代や宗派，またその背景によって伽藍の配置も諸堂の機能・名称も異なっている。したがって，寺院を理解するためには，その縁起・沿革を知っておくとよい。

私たちが寺院を訪れるとき，その建築や彫刻・絵画などの文化財のみに注目しがちである。しかし，本来寺院は信仰の場であって，たんなる文化財の集合体ではない。宗教空間に敬意を払って行動することはいうまでもないが，その静謐な雰囲気(場合によっては大勢の人が集う賑わいということもあろう)を感じ取りながら，境内の建物配置を理解し，そのうえで建物の細部にも目を移したい。すぐれた庭園，本尊をはじめとする仏像にも注目し，それらがどのような関係にあるのかを考えると，より深い理解に到達できるだろう。

また，時代とともに宗派を変えた寺院が意外に多いことにも注意したい。そうした場合には，建物，あるいは伽藍全体の変遷と密接にかかわっている場合がしばしばみられるからである。

## ▶古代寺院の伽藍配置(平地寺院)

インドに発生した仏塔中心の伽藍配置は，仏教の伝播とともに周辺諸国に波及した。中国では南北朝時代に，南北の一直線上に南から仏塔，仏殿をおき，回廊で囲む配置が基本形式となった。日本の古代寺院の伽藍配置もこうした流れの影響下にあり，次第に規模が大きくなるなかで，さまざまなバリエーションが生まれている。伽藍の中心をなす金堂と塔の並び方，塔が回廊のなかにあるか否か，講堂との位置関係などに注目してみるとよい(→p.122・123)。

## ▶伽藍配置の変化

平安時代は，奈良時代の学問本位の寺院から修行道場の寺院にかわった。新しく浄土信仰の寺院も出現した。鎌倉時代になると，特色ある禅宗伽藍があらわれた。

**山地伽藍**　室生寺(奈良県)は奈良時代末の創建になり，平安時代初頭には伽藍が完備された。密教の伝来により，延暦寺(滋賀県)・金剛峯

寺(和歌山県)・神護寺(京都府)などの山地伽藍が盛んにつくられた。当時の建物はほとんど残されていないが、室生寺は貴重な遺構である。

室生寺は、創建当初は奈良南都興福寺系の寺院であったが一時天台系となり、のち真言系も加わり元禄年間(1688～1704)から真言宗寺院となった。伽藍は山地傾斜面を造成し、懸崖の舞台造の名のある金堂、簡素な弥勒堂、石段をあがった広い台地の北側に本堂(灌頂堂)がある。さらに段丘をのぼった斜面に五重塔が建ち、杉の参道をのぼりつめると奥の院・御影堂がある。

**室生寺境内図**(奈良県)

**浄土伽藍** 平安時代後期、浄土信仰の興隆により阿弥陀仏中心の伽藍がつくられ、貴族階級の住宅形式であった寝殿造庭園の影響をうけ、浄土世界を現出するかのように庭園と建築が一体となった極楽浄土伽藍が盛行した。宇治の平等院(京都府)をはじめ、浄瑠璃寺・法界寺(ともに京都府)・中尊寺(岩手県)・富貴寺(大分県)・白水阿弥陀堂(福島県)・高蔵寺阿弥陀堂(宮城県)などが代表例である。

1 寺院 | **121**

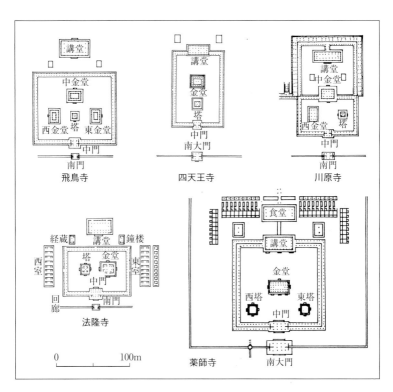

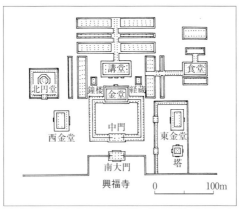

**古代寺院の伽藍配置図**

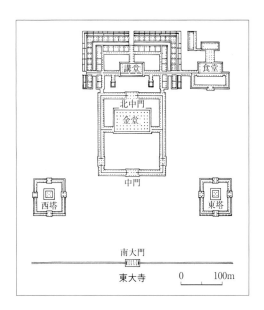

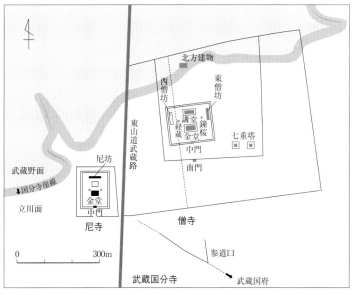

1 寺院 | 123

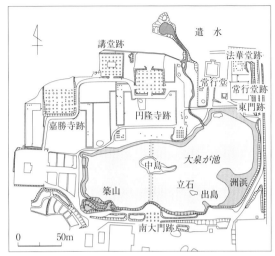

**毛越寺**(岩手県)

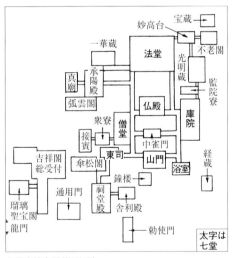

**永平寺境内図**(福井県)

　毛越寺(岩手県)は、平安時代後期の苑池のある伽藍の遺構を残している唯一のものである。藤原基衡により善美をつくして造営され、それと隣接する観自在王院が夫人によって建立された。南大門跡の北にひろがる大泉が池に浮かぶ中島に南北両橋が通じ、対岸には薬師如来を本尊とする金堂跡(円隆寺跡)がある。その西に講堂跡(嘉勝寺跡)、東に常行堂跡と法華堂跡があり、隣接する観自在王院跡には大・小2棟の阿弥陀堂が舞鶴が池をめぐって建てられ、荘厳をきわめた浄土図が目に浮かぶ感がある。

　**禅宗伽藍**　鎌倉時代に禅宗(臨済宗・曹洞宗)がさかんになると、鎌倉・京都を中心に禅宗寺院が造営されたが、現在、その遺構を残すものはほとんどない。福井県の永平寺(曹洞宗)は1473(文明5)・1879(明治12)年の二度にわたって焼失したが、再建され、七堂伽藍を完備している。山門・仏殿(本尊・釈迦仏

**本願寺境内図**(京都府)

**身延山久遠寺**(山梨県) 傾斜地につくられている。

安置)・法堂(説法道場)が南北一直線上にあり，仏殿の左右に僧堂(坐禅堂)・庫院(台所)，山門の左右に東司(便所)と浴室がある。宇治萬福寺(京都府)は，1661(寛文元)〜93年(元禄6)造立の黄檗様禅宗伽藍である。

**その他の伽藍** ほかに身延山久遠寺(日蓮宗)，知恩院(浄土宗)，本願寺(浄土真宗本願寺派)などがあるが，これらの寺院は祖師堂(日蓮)，御影堂(法然)，御影堂・大師堂(親鸞)など，開祖の堂が中心である。

---

## 桁行と梁間

　仏堂や社殿など建造物の規模を示すのに，桁行○間，梁間○間という表現を用いることがある。桁行とは文字どおり桁がのびる方向の意で，棟と平行の面(平)をさす。柱と柱の間を「間」といい，外からみて桁行の面に柱が4本並ぶ場合，桁行3間とあらわす。対して梁間は桁行ともいい，梁がかかる方向，すなわち棟に対して直角の面(妻)をさし，外からみて梁間に柱が3本並ぶ場合，梁間2間とあらわす。

　なお桁行，梁間をあらわす場合の「間」は，尺貫法の「間」(1間=6尺=約1.818m)とは異なり，あくまで柱間の数であって，数値的に共通する規模をあらわすものではないことに注意する必要がある。

1 寺院

# 塔　頭

　塔頭とは寺院境内に僧の住居がいくつかあり，それぞれ方丈・庫裏をもち独立しているものをいう。はじめ中国の禅寺でおこったもので，禅宗とともに伝来した。中国では高徳の僧が没した際，墓をつくりこれを塔（塔所）と称した。一宗一派の開祖の塔は，塔の主であるという意味から，とくに塔頭（たっちゅうは唐音）とよんだ（生前につくる塔は寿塔という）。

　鎌倉の建長寺（神奈川県）では，開山蘭渓道隆の塔頭を西来庵，無学祖元のそれを正続庵とよんだ。塔頭は開山の墓（塔）と，それを祀る塔院と，墓の守をする守塔比丘の住居とからなる。しかし，しだいに開山にかぎらず，寺内に営まれた（なかには門外に出たものもある）前住持の住居（退居寮）も塔頭とよぶようになった。塔頭が並ぶさまは，特異な町並みに類する景観としても注目に値する。

　円覚寺塔頭（神奈川県）：門内17戸。正続院（開山無学祖元）・仏日庵（開基北条時宗）など。門外3戸（東慶寺・浄智寺・瑞泉寺）。

　妙心寺塔頭（京都府）：門内37戸，門外9戸。

　相国寺塔頭（京都府）：門内12戸，門外3戸（鹿苑寺〈金閣寺〉・慈照寺〈銀閣寺〉を含む）。

　子院：大寺院の境域内にあって，それに付属する寺。

**円覚寺略図**（神奈川県）

## ▶建築様式の変遷

　仏教の伝来にともなって寺院建築の技術も伝えられ，中国の北魏や隋の建築様式が飛鳥建築に取り入れられ，壮観を呈したに違いない。しかし，今はその一部分が残るのみである。現存する遺構をまとまってみることができるのは白鳳時代以降である。その後，その様式は時代とともに特色を発揮しつつ変遷していった。

　なお，この項の説明にでてくる細部構造の名称や意味については，144ページ以下で解説している。

**飛鳥〜白鳳時代**　法隆寺（奈良県）の金堂・五重塔・中門をみてみよう。法隆寺は白鳳時代に再建されたといわれるが，細部には飛鳥様式を残している。胴張りの太い円柱（→p.162），柱の上部に皿斗をのせ，その上に大斗をのせ，大斗の上に雲肘木をのせ，あるいは肘木に雲斗を組んで軒をささえている（下図①②）。高欄に卍崩しの組子や腰組に人字形割束を配している（図③）。法隆寺所蔵の玉虫厨子は屋根に鴟尾（鵄尾・沓形，図④）をつけているが，当初は法隆寺金堂の屋根にもついていたと考えられる。

**天平（奈良）時代**　唐招提寺金堂（奈良県）をみてみよう。唐招提寺金堂は，天平時代の金堂として現存する唯一の遺構である。

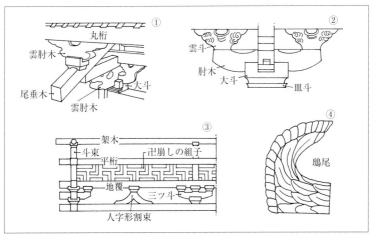

**法隆寺の細部**（奈良県）

1　寺院　127

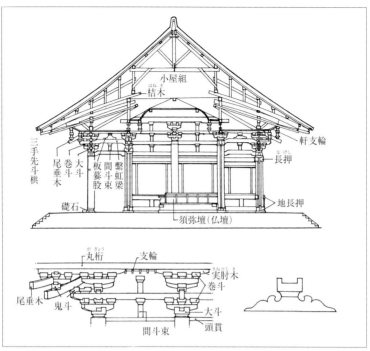

**唐招提寺金堂断面図**(上)**と正面三手先斗栱**(左下)・**板蟇股**(右下) (奈良県)

特色としては，三手先斗栱があげられる。尾垂木・支輪・軒天井・鬼斗を完備した和様初期の三手先斗栱である。つぎに内陣の大虹梁，外陣の繫虹梁の曲線が美しく，その上の板蟇股をのせる。中備は間斗束である。いわゆる二重虹梁蟇股の典型である。その他，尾垂木に優美な反りがあり，軒は二軒繁垂木，屋根に稚児棟がついている。

**平安時代** 建築様式上，平安時代は前期・後期に分類できる。前期には天台・真言両宗の隆盛とともに密教寺院建築が普及し，後期には古い形式で建立された醍醐寺の五重塔にはじまり，阿弥陀信仰の盛行とともに浄土式建築が盛んに建てられた。後期の平等院鳳凰堂(京都府)をみてみよう。

平等院鳳凰堂(→p.118)は，極楽浄土図をもとに日本建築の粋を集めて建てられた壮麗な建築である。雄大な木割が三手先斗栱にささえられ，

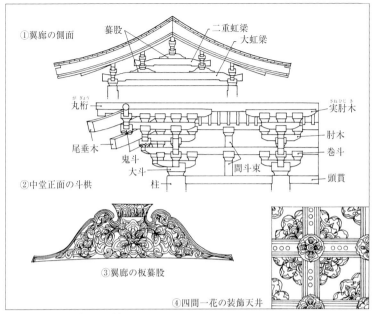

**平等院鳳凰堂の細部**（京都府）

安定感の強い軒の出が特色である（上図②）。柱は大面取の角柱，巻斗・方斗（→p.150）が幅にくらべて高さがもっとも高い。斗繰・肘木の曲線，尾垂木・鬼斗などが以前の様式より変化して完成した，和様の代表例とみることができる。翼廊の板蟇股は繧繝彩色の宝相華唐草文を配し，善美の極を示した（図③）。堂内には中央に荘厳な天蓋が釣りさげられ，天井には四間一花の彩色装飾をほどこし（図④），扉や板壁には九品の阿弥陀来迎図が描かれている。

**中世**　中世になると大仏様・和様・禅宗様・折衷様がおこった。この時代の建築様式の特色としてはつぎの諸点をあげることができる。①源平の兵火によって東大寺・興福寺（ともに奈良県）の焼失後，大仏殿の再建にあたって中国の様式を参照した大仏様が採用されたこと，②興福寺の再建にみられるような復古的形式は，天平建築の再来を思わせる和様建築であったこと，③大仏様にややおくれて禅宗とともに伝来した宋

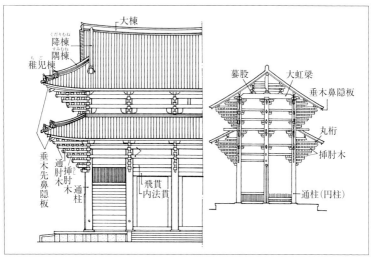

**東大寺南大門正面左半分**(左)**と同断面図**(右)（奈良県）

様式の禅宗様が発展したこと，④鎌倉時代末期から，以上の諸様式が融合・調和しあって折衷様を形成したことなどである。

(1)**大仏様**　東大寺南大門が代表例。1180年（治承4）の兵火後，俊乗房重源が，東大寺の再建をはかった際の新様式を大仏様とよぶ。特色は従来の建築とくらべると木太く量感があり，剛直である。内部には天井をはらないで太い円柱がそのまま高くのび，途中，桁行・梁間にわたした貫で幾条にも組みかためられ，軒下は柱を貫通した挿肘木を六手先にさしだして軒桁をささえる。細部では木鼻(→p.154)に繰形をつけ，四隅だけ扇垂木(→p.150)とし，軒先に鼻隠板をわたし，虹梁は太い円形断面となっている。大仏様は日本では様式として定着することなく，細部様式のみ折衷様に利用された。

(2)**和様**　大報恩寺本堂（京都府）をみてみよう。1227年（安貞元）建立された鎌倉時代の和様建築の典型で，優美な姿をみせる。斗栱の下端はゆるい曲線で，柱の上部にのみ出組斗栱(→p.153)がある。柱間の中備に間斗束をおく。外陣の2本の柱をぬき取り虹梁でつなぐようにし，虹梁の上に蟇股をおき中桁をささえる形とする。深い軒と頭貫，長押と厚い縁板で鮮明な水平線が強調された外観をみせる。軒廻に蛇腹状の軒支輪

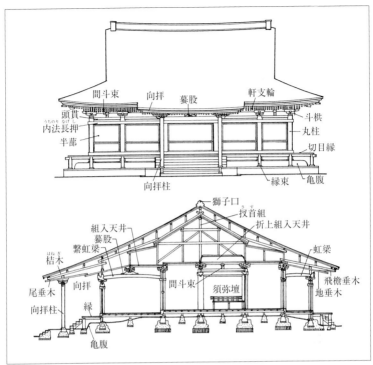

**大報恩寺本堂正面図(上)と同縦断面図(下)**(京都府)

がつく。垂木は平行，天井は組入と化粧屋根裏天井，柱は円柱，縁には高欄がない。正面は全面半蔀の戸である。和様といっても，元来中国伝来であるから純日本式という意味ではない。唐文化を日本化させて完成した雄大でおおらかな建築物である。

(3)**禅宗様** 臨済宗の開祖栄西が伝えたという禅宗様が一つの建築様式として完成したのは，鎌倉建長寺(神奈川県)の創建(1250年〈建長2〉)からといわれる。禅宗様建築のなかでも典型的なのは仏殿である。

円覚寺舎利殿(神奈川県)をみてみよう。一重裳階付で，室町中期の建立といわれ，以下の特色がある。柱と貫との構造，扇垂木，柱に粽(上下をまるめ細くした柱)をつくり，石の礎盤(礎石と柱の間におく石)をおく。斗栱は三手先の詰組(柱と柱の間の中備に斗栱をおく)とする。横

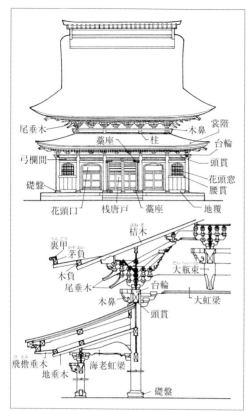

**円覚寺舎利殿立面図・断面図**(神奈川県)

材として多くの貫をとおす。壁は縦板、窓は花頭(火燈)窓、扉は桟唐戸(框を縦横に組んで間に板をつける)、鏡天井(桟をつけない平板)の周囲は化粧屋根裏天井。母屋と裳階をつなぐ海老虹梁を用いる。虹梁の上に大瓶束をおく。頭貫下に波形(弓)欄間をいれる。扉の開閉軸に藁座をおく。軒の反りが著しい。木鼻などに渦巻・若葉などの装飾的彫刻をほどこしている。

(4) **折衷様** 観心寺金堂(大阪府)をみてみよう。鎌倉時代に大陸から伝来した大仏様・禅宗様は、日本の建築様式に大きな刺激を与えた。和様に大仏様・禅宗様の細部手法が加わり混合様式となったのが折衷様とよばれ、南北朝・室町時代に数多くみられる。観心寺金堂は南北朝時代に再建された真言密教の建築だが、和様を基本に禅宗様と大仏様を加えた典型的な折衷様で、軸部に長押がなく、母屋と向拝をつなぐ海老虹梁をそなえ、桟唐戸・藁座を有し、向拝柱に礎盤をおき、斗栱は詰組であるなど、随所に禅宗様の要素が加わっている。手挟が禅宗様木鼻によく似ている点も珍しい。内部の一部に大仏様の挿肘木があり、組物の和様三ツ斗組に対し、中備には大仏様双斗を用いている。ほかに折衷様の代表例として鶴林寺本堂(兵庫県)がある。

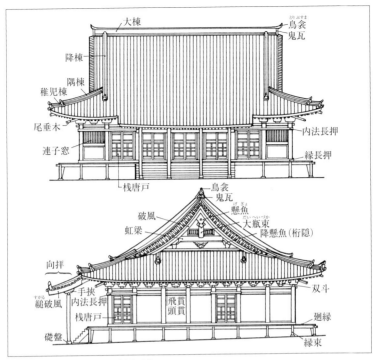

**観心寺金堂立面図・断面図**(大阪府)

## ▶境内のさまざまな建物

続いて、境内にあるさまざまな建物に目を転じよう。

**塔** 仏教とともに仏塔が日本に渡来した。はじめは朝鮮系のもの、続いて中国系のもの、および南方仏教系の塔も建立された。

平安時代の天台・真言密教はインド式の古塔を建造した。ついで藤原末から鎌倉時代になると、従来の外来式のほかに日本式仏塔もつくられ、とくに五輪塔(→p.310)などの石塔が多く立てられた。

(1)**多層塔** 三重塔・五重塔から十三重塔(奇数)などがあるが、最古の木造仏塔は法隆寺五重塔(奈良県)である。地下に大礎石(心礎)をすえ、掘立柱と同じようにして心柱を埋め込み、二重基壇上の16の礎石の上に柱を立て、それぞれを桁や梁で結びながら層を重ねる。心柱は5層の屋根上までのびて相輪をうけ、心礎には丸穴があり、銅板蓋をのせている。

1 寺院 133

**安楽寺八角三重塔**(長野県)

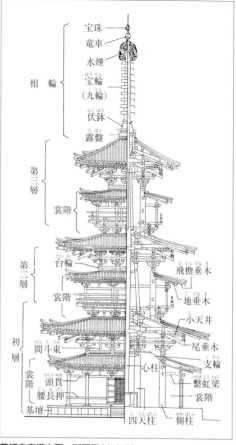

**薬師寺東塔立面・断面図**(奈良県)

この丸穴に舎利容器を収納する。初層の四面に須弥壇があり、南は弥勒仏像土、東は維摩詰像土、西は分舎利仏土、北は涅槃像土の塑像群がある。

薬師寺東塔(奈良県)が一見六重塔にみえるのは、各層に裳階(庇または差掛)がついているからである。"凍れる音楽"とも称された律動美の水煙は、奏楽する飛天の透彫で名高い(→p.164)。ここでは法隆寺でみた雲斗・卍崩し高欄・人字形割束(→p.127)はなく、三手先斗栱や二軒・軒天井があり、時代の推移を物語る。

安楽寺三重塔(長野県、室町時代)は、八角三重塔で日本唯一の遺例であり禅宗様を基調とする。裳階があるため四重にみえる。

**(2)多宝塔** 法華経の見宝塔品の説に基づいてつくった塔。一重塔に裳

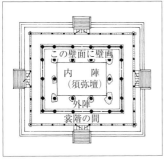

**法隆寺金堂平面図**(奈良県)

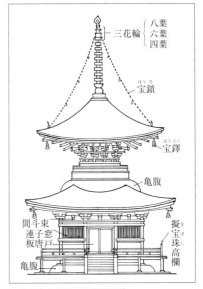

**石山寺多宝塔正面図**(滋賀県)

階をつけたため，二重にみえる。平面は下の裳階が方形，上の塔身は円形，上下の連続部に白色漆喰(石灰と粘土をまぜてふのりでねる)の亀腹がある。心柱は上層までで下層には貫通しないのが通例。石山寺(滋賀県)，高野山金剛三昧院(和歌山県)，慈眼院(大阪府)，浄土寺(広島県)，長保寺・根来寺(ともに和歌山県)の塔が著名。

石山寺多宝塔は鎌倉時代(1194年〈建久5〉)の建立で，日本最古の多宝塔といわれる。下層は方三間とし，各面中央に板扉，左右に腰高連子窓をあける。側柱は面取角柱とし出組斗栱をのせ，軒組に間斗束をおき，回縁には高欄がつく。上層の柱は丸柱で，四手先斗栱によって深い軒の出をささえている。宝形造の屋根に青銅の相輪をおき，相輪の上部には水煙にかわって，下から四葉・六葉・八葉の3段の花輪がつけられている。内部に仏壇があり，大日如来像を安置している。4本の四天柱は巻柱(帯状の装飾をほどこした円柱)で，仏像・宝相華文が描かれている。

**金堂(中堂・本堂・仏殿)** 金堂は寺院の中枢にあたり，本尊を安置する建物である。堂内を金色に塗装したのでこの名がつけられたという。金堂の名称は『日本書紀』の飛鳥寺建立の条にもみられるように飛鳥・白鳳・奈良時代にすでに使われていた。現存のものとしては，法隆寺金堂(奈良県)が最古のものであり，つづいて唐招提寺金堂(奈良県)が奈良時代の傑作といえる。

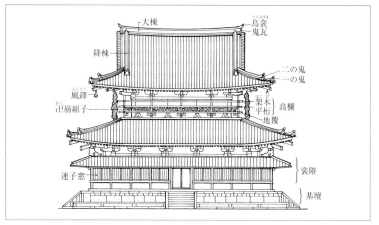

**法隆寺金堂正面図**(奈良県)

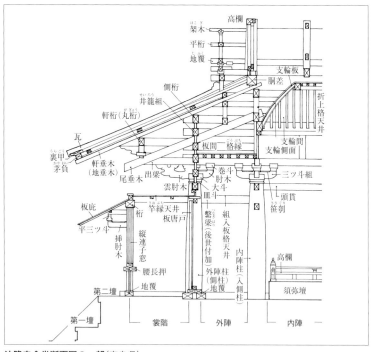

**法隆寺金堂断面図の一部**(奈良県)

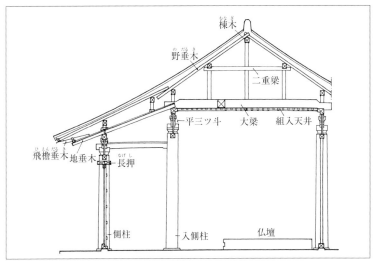

**法隆寺大講堂復原断面図**(奈良県)

　平安時代に建立された延暦寺(滋賀県)の場合は，金堂の名にかえて根本中堂の名をあてているが，この時代はおもに中堂・本堂の名が一般的であった。鎌倉時代の浄土宗・浄土真宗・日蓮宗においては本堂の名に統一された。しかし禅宗では仏殿という名称を用いた。金堂が寺院のなかで最重要視されたため，他の諸堂よりひときわ高くして，重層建築にした場合が多い。法隆寺金堂・四天王寺金堂(大阪府)・東大寺大仏殿(奈良県)・東寺金堂(京都府)などがその代表例である。

　金堂の形式は時代とともに変化する。飛鳥時代には正方形に近かった平面図が，奈良時代には横長の長方形に変わった。金堂の位置も伽藍配置(→p.122・123)でみたように奈良時代までは寺院のほぼ中心にあったものが，平安時代になると必ずしも中心とはかぎらなくなった。また内陣・外陣の関係や仏堂・礼堂の関係についても時代の流れや仏教の性格の変遷にともなって，その位置・規模・比重のおき方に著しい変化がみられるのである。

　**講堂(法堂)**　講堂は説教と経典の講義をする堂宇で，飛鳥時代から奈良時代の寺院に設けられたが，平安時代には天台・真言などの大寺におかれるようになった。鎌倉時代の禅宗寺院では，講堂にあたるのが法堂

1　寺院

**法隆寺東院鐘楼**(奈良県)

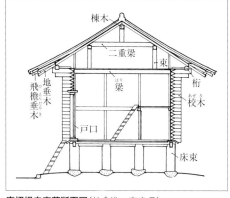

**唐招提寺宝蔵断面図**(校倉造, 奈良県)

である。講堂内には本尊を安置し，講師は本尊に向かい，礼盤に坐って講義し，聴衆は左右にならぶ。

　法隆寺の大講堂は金堂・五重塔の背後に位置し，平安時代後期の建築である。西側に庇をつけ，正面9間，側面4間となっており，正面7，両側面1，背面3の戸口をもつ。瓦敷の堂内には内陣をとりまき，朱の円柱が林立している。内陣の仏壇の上に本尊薬師如来と脇侍の日光・月光菩薩が坐している。周りに四天王立像がいる。なお，平安時代の遺例として広隆寺(京都府)の講堂も貴重な建築物である。

**鐘楼**　坊門開閉などの時をつげる銅鐘をつるす建物。なお鐘のかわりに太鼓をおいた建物を鼓楼という。下部の羽目板の部分を袴腰という。

**経蔵**　寺院所蔵の経典をおさめる建物で，元来は法隆寺のように楼造であった。唐招提寺には校倉造の経蔵(宝蔵も同形式)がある。校倉造とは，校木とよばれる三角材を井桁状に組んで積みかさね(井楼組)，これを四方の壁体として，その上に屋根をのせた高床式の倉庫である。

　経蔵の建築様式も時代により変化するが，鎌倉期の禅宗様では，内部に八角形の輪蔵(回転文庫)をもった経蔵がつくられた。

**僧房・食堂**　僧房とは僧侶の住居の場で，古代では講堂の東・西・北側に長屋のような建物の三面僧房があった。元興寺極楽坊禅室や法隆寺西院の妻室(ともに奈良県)は現存する僧房である。古代，大寺院の食堂は規模が大きかったが，その遺例は現存していない。

　禅宗の食堂には大黒天(大黒柱の語源，寺の女房の俗称となる)や，韋

駄天(食事の用意を駆足でする馳走の語源)の仏像がおかれている。

**僧堂(禅堂)** 禅僧が坐禅をする道場のことで，禅宗寺院でもっとも大切な建物の一つである。別名，聖僧堂・雲堂・選仏場ともいう。ここでは永平寺(福井県)の僧堂をみてみよう。

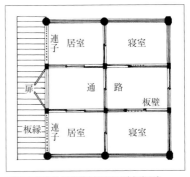

**元興寺極楽坊禅室復原平面図**(奈良県)

前門の出入口は公的に使用し，後門は雲水の私的な出入口とするのが原則である。僧堂の内部構造は右図によるが，永平寺のそれは，間口14間，奥行10間で，外堂と内堂に分かれ，床は土間である。内堂中央に僧形の文殊菩薩像(聖僧)を安置し，そのまわりに坐禅用の畳敷きの坐床(単という。高さ約53cm)が設けられている。一人一畳で，単の縁に広い横木(浄縁)があって食卓の役をする。単の一方に上下

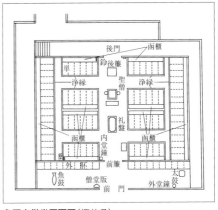

**永平寺僧堂平面図**(福井県)

二段の蓋つきの戸棚(函櫃)があって蒲団・衣類・行李などをいれておく。坐禅・起居・食事がここで行われる。菩提心をおこした雲水が煩悩や欲望を断ち，きびしい修行をする道場である。見学者はみだりに近づいたり，騒いではならない。

**方丈と庫裏** 方丈は前後に3室を並べる六間形式の建物で，塔頭寺院の持仏堂を兼ねた住居に端を発し，近世にはいると中小規模の寺院において本堂として数多く用いられるようになる形式である(→p.140)。

庫裏はこれに接して建つ台所部分で，土間に竃を備え，高い小屋組をみせる例が多い。

1 寺院　139

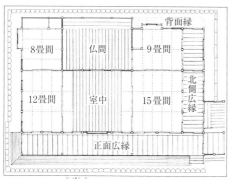

**方丈の平面図**(慈眼寺本堂, 山梨県)

### その他の寺院内建築

祖師堂：各宗の開祖像を安置する堂。

御影堂：祖師などの御影を安置する堂。真言宗では弘法大師像を，浄土真宗では親鸞上人像を安置する堂(大師堂ともよぶ)。

釈迦堂：釈迦如来像を安置する堂。

阿弥陀堂：阿弥陀如来像を安置する堂。
太子堂：聖徳太子像を安置する堂。
開山堂：一寺の開山・開祖の像を安置する堂。
観音堂：観音菩薩像を安置する堂。
不動堂：不動明王像を安置する堂。
戒壇堂：授戒を行う壇のある堂。
文殊堂：文殊菩薩像を安置した建物。
法華堂：天台宗で普賢菩薩像を本尊とし，法華経を読経する堂。
常行堂：天台宗で阿弥陀如来を本尊とし，念仏をとなえながら堂内を歩く行をするところ。
灌頂堂：頭に水をそそいで授戒の儀式をする堂。

**門** 門は古今東西をとわずつくられており，その種類・様式・材料・規模のいずれも多様である。まず門の位置による名称のつけ方がある。表門・裏門・正門・通用門・総門・大門・脇門・中門・小門・東門・西門・南大門・北大門などがある。

〔平面・立面からみた門の分類〕 門の正面の柱間が一つの場合は一間，三つの場合は三間という。その柱間に扉がついて通行できる出入口になっていることを戸といい，一戸・三戸などという。扉のあるなしにかかわらず，扉をささえる柱と柱を結ぶ線を扉筋といい，扉筋にある柱を本柱(親柱，主柱)といい，本柱の前後の補強用として立つ柱を控柱という。この控柱の数によって四脚門・八脚門の分類が行われる。

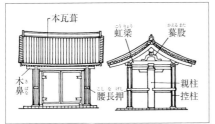
東大寺法華堂北門正面・断面図（奈良県）

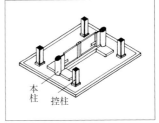
四脚門のプラン

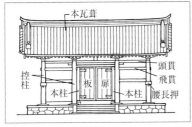
法隆寺東大門（八脚門，奈良県）

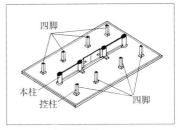
三間一戸八脚門平面図

(1)**四脚門** 一間一戸の場合で，控柱が本柱の前後に2本ずつで計4本になるので，四脚門とよばれる。屋根は切妻造。本格的なものは柱と柱を頭貫で結び，斗栱を組む。

(2)**八脚門** 控柱が本柱の前後に各4本，計8本ある門のこと。本柱は4本で柱間3間，一般に出入口は中央1間なので三間一戸である。古来もっとも多い形式で，まれに三間三戸もある。

(3)**楼門・二重門** どちらも2階建の門だが，楼門は下層（下重）に屋根がなく，上・下重の間には高欄つきの回縁がついている。二重門は上重・下重ともに屋根をつけた二重屋根門のことである。園城寺大門（滋賀県）は三間一戸の楼門，南禅寺三門（京都府）は五間三戸の二重門の例である。

(4)**三門・山門** 寺院の本堂（涅槃にたとえる）へはいるのに通らねばならない門を三解脱門（空・無相・無作の三門）にたとえた。三門はその三解脱門の略という。東福寺三門（京都府）が最古のもので名高く，禅宗や浄土宗寺院の門にみられる。五間三戸二重門で，2階の楼上に釈迦・十六羅漢像をおくのがふつう。山門の称は寺院が山号をもっているのに基

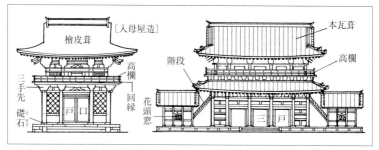

**園城寺大門**(楼門，滋賀県)・**南禅寺三門**(二重門，京都府)

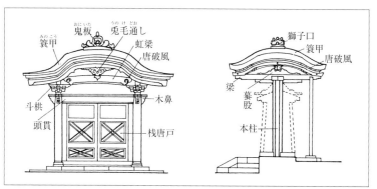

**法隆寺北室院向唐門・平唐門**(奈良県)

づく。禅寺の門に多く使用された。

(5)**唐門** 唐破風造(合掌部が丸くそった山形をなす曲線状の破風)の門。平安時代の末から鎌倉時代に出現したといわれる。平入りで両側面に唐破風のあるものを平唐門といい，正面前後に唐破風のあるものを向唐門という。向唐門の平面が四脚門のときは四脚向唐門ともいい，安土・桃山時代にはじまるとされる。

(6)**棟門** 2本の本柱の上に切妻屋根をのせた門。本柱上部に冠木をわたし，梁でとめる。梁に板蟇股をのせて棟木をうけ，梁の端に桁をわたして切妻屋根をのせる。柱は本柱2本だけである。

(7)**薬医門** 本柱が門の中心線上から前方にずれている。本柱と控柱を結ぶ梁の中間の上に束をのせて切妻屋根をのせた門。安土・桃山時代にはじまるもので，寺院で用いられることが多い。

棟門

薬医門

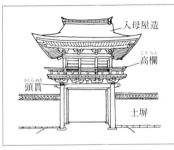

鐘楼門(長岳寺, 奈良県)

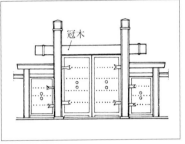

冠木門

(8) **鐘楼門** 階上は銅鐘をつるした鐘撞き堂であり，階下は通行するための門になっている。長岳寺(奈良県)の鐘楼門は下層が一間一戸，階上の梁に鐘を吊ったものとみられる。屋根は入母屋造，柿葺である。2階は平安時代，1階は室町時代の建築といわれる。

(9) **冠木門** 冠木(笠木)とよぶ横木を，2本の門柱の上方につらぬきわたしてある門で，屋根はない。

(10) **その他の門**
仁王門：一対の阿・吽形の金剛力士(仁王)像を安置する門。
随身門：神式の門で，武官姿の随身像を左右においた門。
長屋門：長屋の中間にある門，大名屋敷や大規模民家に多くみられる。
塀重門(屏中門)：中門の一つで，両柱間に二枚開きの扉をつけた門。
高麗門：城郭門で，本柱の上に切妻屋根があり，それに直角に本柱と控柱間に切妻屋根がある(→p.209)。

1 寺院 143

## ▶建物の部分構造

つぎに，建物の部分に目を転じよう。

### 屋根

#### (1)屋根の材料

草葺：茅葺・藁葺・麦藁葺がある。

板葺：板の厚さが杮葺，木賊葺，栩葺の順に厚くなる。杮葺は檜・
榎・椹などの木材をうすくはいだ板(杮)でふいたもので，杮(桃・コケ
ラ)は柿(杮・カキ)とは別字である。

檜皮葺：檜の皮を長方形に整形し，何重にも重ねてふく。現代では大
変高価だが，優美な曲線が特徴。杉皮葺もある。

瓦葺：丸瓦と平瓦とを交互に並べてふく本瓦葺に対し，横断面が波形
(S字形)の平瓦でふいたものを桟瓦葺(→p.70)といい，江戸時代から用
いられるようになった。行基葺は丸瓦の直径が上下で違っていて，上方
の細い瓦に，下方の太い瓦を重ねてふく方法で，奈良元興寺の本堂のそ
れが名高い。

銅板葺：銅板でふく。平板一文字葺と瓦棒葺などがある。

#### (2)古代の瓦

瓦造りの技術は中国から朝鮮半島を経て渡来してから
1400年近い歴史をもつ。飛鳥時代から使用された瓦をその形によって分
類すると，丸瓦(牡瓦・男瓦・筒瓦)，平瓦(牝瓦・女瓦)，軒丸瓦(鐙
瓦・巴瓦)，軒平瓦(宇瓦・唐草瓦)などとなる。

瓦当は，軒先瓦の先端に円形部があって模様や寺名などの文字が刻ん
であるところで，瓦当つきの丸瓦を軒丸瓦，平瓦を軒平瓦とよぶ。瓦当
文様は飛鳥時代にはじまり，細かい変遷をたどってきている(→p.59)。

#### (3)屋根の形式

木造建築の屋根は時に複雑な様相をみせるが，いずれ
も下記の4種の組み合わせからなる。

切妻造：埴輪にもみられるもっとも単純な形。妻は物の端や縁の意で，

| | 切妻造 | 寄棟造 | 入母屋造 | 宝(方)形造 |
|---|---|---|---|---|
| 見取図 | | | | |

**屋根の基本形式**

144　Ⅲ　建造物編

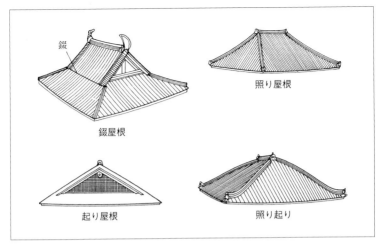

**その他の屋根**

屋根の両端つまり側面をよぶ。

　寄棟造：大棟から四方に屋根をふきおろしたもので、破風はなく、二つの台形と二つの二等辺三角形で成立し、長方形平面の形式。大棟と4本の隅降棟があるので寄棟造という。古語の四阿もそれで、奈良時代の主要建築に多く用いられた。

　入母屋造：母屋(家屋の主幹部)を切妻造とし、その四方に庇をふきおろして一つの屋根としたもの。側面からみると上部が切妻造、下部が流れ屋根にみえる。上部の切妻造と下部の寄棟造を重ねた形式で、寺社・住居にもっとも多く用いられた。埴輪にもその形がある。

　宝形造(方形造)：四方の隅棟が頂上で屋根の中心に集まる形式で、平面図は正方形を形づくる。いわゆる大棟がなく、頂点に雨仕舞として露盤・宝珠などをのせる場合が多い。宝形造から発展したものに六注(六角円堂の屋根になる)、八注(八角円堂の屋根)という屋根もある。

　その他の形式：錣(錏)屋根(大棟からふきおろし屋根の中途で区切り段をおく形式。錣は兜の鉢の後方に段々をなして垂れているもの)、照り屋根(曲面の屋根面が下向きで左右にそりがある)、起り屋根(曲面の屋根面が上向きで、左右が下にそる)、照り起り(上方が起り、下方が照り、石灯籠の笠石のような形で、S型あるいは波型曲線の屋根)。

1 寺院　**145**

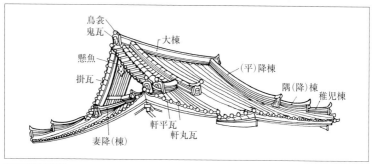

**屋根の細部名称**

### (4)屋根の細部

棟：屋根面がまじわるところで最高位置にある。

大棟：尾根の最高所にある水平棟。

降棟：尾根の勾配にそって大棟から軒へくだる棟。大棟と直角なものを平降棟といい，ほぼ45度の角度のものを隅降棟とよぶ。

隅棟：大棟または降棟から屋根の両斜面の隅角へくだる棟。

稚児棟：隅棟の末で2段の下方の棟をいう。

妻降棟：入母屋の妻破風の下部からの降棟のこと。

鬼瓦：棟の両端におく鬼面・獣面のある瓦（鬼獣面がなくてもこのように称する）。

鬼板：鬼瓦のかわりの飾り板，はじめ木板のち瓦板，鬼面のないものも多い。

鳥衾：棟の鬼瓦・鬼板の上端につきでて先がそり上っている円筒形の瓦。鳥衾と連なり棟の最上にある瓦が雁振瓦，その下数段重ねの短冊形の瓦が熨斗瓦。

獅子口：鬼瓦のところにあり，駒形箱型で，上部に「経の巻」という3～5個の巴瓦をのせたもの。獣面のものはない。

鴟(鴟)尾：大棟両端の魚尾形飾り，沓形ともいう。

鯱：頭部は虎，背上にするどい刺をもつ架空の海魚。鴟尾から変形したとの説がある。

破風(搏風)：屋根の切妻部分のところに打ちつける合掌形の厚板，またはその三角形のこと。

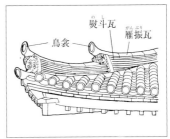

**鬼瓦**(新薬師寺本堂，奈良県)　**鬼板**(日光大猷院，栃木県)　**鳥衾**(宇治平等院，京都府)

**獅子口**(東本願寺本堂，京都府)　**鴟尾**(唐招提寺金堂，奈良県)　**鯱**(名古屋城大天守，愛知県)

　切妻(切)破風：切妻屋根の破風。
　入母屋破風：入母屋屋根の妻(側面)の上方にある切妻屋根の破風。
　千鳥(据)破風：屋根の中途に設けた三角形の入母屋破風，千鳥とは破風の三角形をいう。
　唐破風：合掌部が丸い山形で，破風腰以下が下にそって端がはねあがり，凸凹二様の連続曲線をなすもの。
　軒唐破風：軒におこした唐破風。
　縋破風：母屋の軒先につけた片流れの屋根の側面。屋根の一部分をさらにふきおろした部分の破風のこと。
　懸魚(拝懸魚・主懸魚)：屋根の切妻部分の合掌部(三角形の頂点)を拝という。拝の部分にたれさげた装飾的彫刻である。
　脇(降)懸魚(桁隠)：拝懸魚の下方左右，破風の流れのなかほど，桁の端を隠している懸魚。

1 寺院　147

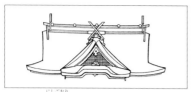

**千鳥破風**(錦織(にしこおり)神社本殿，大阪府)　　**唐破風**(法隆寺北室院，奈良県)

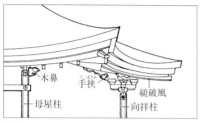

**縋破風**

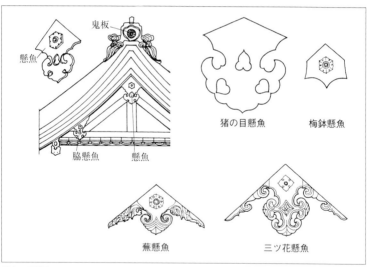

**懸魚の種類**

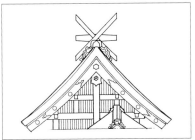
**縦横式妻飾**(出雲大社，島根県)

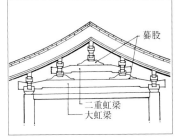
**二重虹梁蟇股**(平等院鳳凰堂翼廊，京都府)

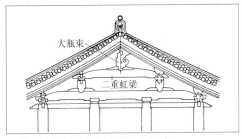
**二重虹梁大瓶束**(東大寺大湯屋，奈良県)

**豕扠首**

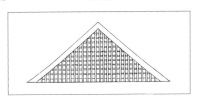
**狐格子**

猪の目懸魚：ハート形またはひょうたん形の彫刻のある懸魚。
蕪懸魚：人字形の段彫りが重なっているもの。
三ッ花懸魚：下向きのほか左右にも同じ形がつきでているもの。
梅鉢懸魚：外形六角形に近い形の懸魚。
兎の毛通し：唐破風の懸魚。平たくつぶした形(→p.142)。
縦横式妻飾：切妻部分を水平材・垂直材で分割する妻飾。
二重虹梁蟇股：大虹梁の上に蟇股2個をおき，その上に二重虹梁に蟇股をおき棟木をうける。

1 寺院 149

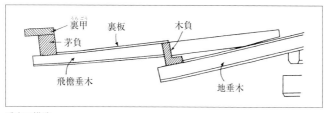

**垂木の構造**

二重虹梁大瓶束：前記の蟇股を大瓶束に代えたもの。
豕扠首：合掌人字形の斜材の中央に短い束をいれた形式。
狐(木連)格子：入母屋屋根で破風のうしろに取り付ける，裏に板をはって縦横に組み立てた格子。
垂木：棟木から軒へわたす材で，屋根の野地板をささえるもの。垂木が一段または上下二段にならんでいるとき一軒・二軒という。二軒の場合，棟に近い方を地垂木，軒先の方を飛檐垂木とよぶ。そして垂木の鼻を横に連ねる材をそれぞれ木負・茅負という。
繁垂木：垂木の幅と垂木の間隔が等しいもの。垂木の厚さと間隔が等しいときは本繁垂木という。
疎垂木：垂木の間隔が広いもの。
平行垂木：垂木の流れが平行なもの。通常用いられる形。和様。
扇垂木：垂木が放射線状に並んでいるもの。禅宗様。

**組物(斗栱)**　柱上にあって軒などをささえるもの。斗(枓)は「ます・ますがた・とがた」と読み，四角い枡形で，ふつう下部が曲面につくられている。栱(肘木，肱木)は「ひじき」と読み，斗の上にのる横木である。栱の上にまた小斗がのって重ねていく。
巻斗：肘木を一方向にうける斗。平面はふつう長方形。
方斗：肘木を十字方向にうける。正方形またはこれに近いもの。
三方斗：肘木をT字形にうける。正方形または長方形。
延斗：隅行肘木にのる長手の斗。ふつう長方形。
鬼斗：斗の上と下とで45度の角度で肘木をうける。ふつう正方形。
大斗：柱上で，最下位の斗栱として斗栱全部をうける最大の斗。
実肘木：組物最上の巻斗の上にあり，丸桁をうける長めのもの。両端に繰形装飾をほどこしている。

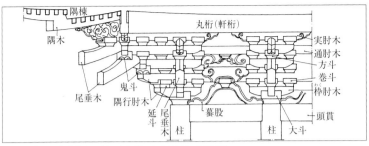

**斗栱の構成と名称**(延暦寺根本中堂, 江戸時代, 滋賀県)

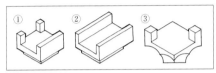

①三方斗 ②延斗 ③鬼斗

通肘木:斗組と斗組の上にかける長い肘木, 元来は桁である。

枠肘木:十字形をした肘木。

隅行肘木:面に対し45度の方向につきだす肘木。

丸桁(軒桁):軒下で垂木をうける横木。

隅木:隅棟の下に取り付け, 垂木の上端をうけるもの。

尾垂木:大垂木・天狗垂木ともいう。枡組から斜下につきだしたもの。

舟肘木:柱上に大斗を用いず, 直接肘木をのせて桁をうける。

大斗肘木:柱上に大斗をのせ, それに肘木をかませているもの。

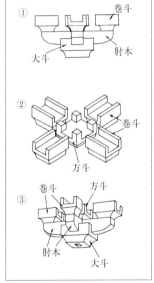

①三ツ斗組 ②巻斗・方斗の配置 ③組上り図

二ツ斗(双斗):大斗の上に短い肘木をのせ, その上に二つの小斗を並べる。鎌倉時代に出現した大仏様にはじまる。

平三ツ斗:二ツ斗の小斗が3個になった形式, 平面は一文字。

出三ツ斗:平三ツ斗を前後左右に直角にまじわらせたもの。肘木は十

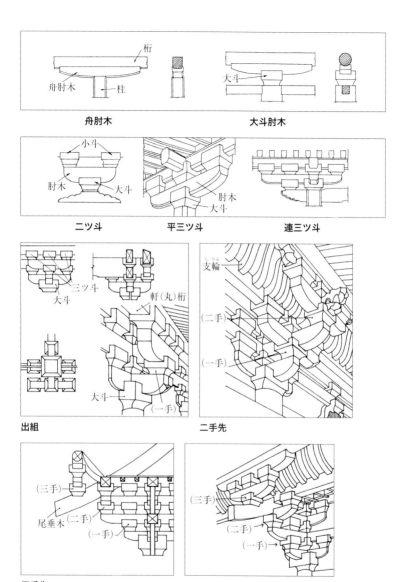

字形となる。
　連三ツ斗：肘木をのばし小斗4個をのせた形式，向拝の柱上に用いる。
　出組：斗栱の一手先組をいう。柱上の三ツ斗の前方にでた斗の上にさらに壁面と平行に肘木が組まれ，その上に小斗が丸桁をうける。
　二手先：出組のさらに一手先に進んだもので，丸桁は柱の線から二手進んだところに位置する。通肘木と丸桁の間に支輪をつける。
　三手先：出組・登りが三手になったもの。奈良時代に出現した。
　四手先：三手先を一段進めたもの。多いものは九手先まである。
　雲斗栱：飛鳥時代の建築の特色である。斗栱の曲線が雲形で，それぞれ雲斗・雲肘木とよぶ。法隆寺と，その近くにある法起寺にその例がみられる（→p.127）。

**蟇股と笈形**　蟇股という名は蟇（蛙）が股を広げたような形からきたという説と，鏃の雁股から転じたという説とがある。大陸からの伝来だが，日本で独自に発達をした。上下の横木の間にあって上に斗をのせた曲線形のもので，はじめは構造と装飾，のち装飾だけを目的とした。時代により特色ある意匠を発揮している。
　割束：蟇股の祖型。束の裾が二股になっている形。飛鳥建築の法隆寺

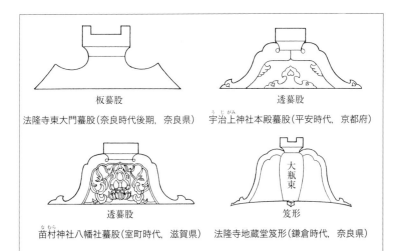

| 板蟇股 | 透蟇股 |
| --- | --- |
| 法隆寺東大門蟇股（奈良時代後期，奈良県） | 宇治上神社本殿蟇股（平安時代，京都府） |
| 透蟇股 | 笈形 |
| 苗村神社八幡社蟇股（室町時代，滋賀県） | 法隆寺地蔵堂笈形（鎌倉時代，奈良県） |

**蟇股と笈形**

の人字形割束がそれである(→p.127)。

　板蟇股：1枚の厚板でつくり，くりぬかない形の蟇股。奈良時代にはじまる。当初のものは実用性をもったが，後期のものほど曲線が複雑となり，装飾性がまさってくる。

　透蟇股(刳抜蟇股・本蟇股)：1枚の木片を表面から裏面までくりぬいて輪郭の内側を透かしたもの。平安時代後期に出現，当初は左右2枚を結合，鎌倉時代以後は1枚の板になった。

　笈形は蟇股と同じ場所に用いられるので混同されやすい。中央に大瓶束とよぶ円柱(束)が立ち，その左右にほどこされた装飾彫刻をいう。鎌倉時代以後，大仏様・禅宗様の様式にあらわれている。

### 木鼻と手挟・向拝

　木鼻という名は木端からおこったといわれ，肘木・頭貫・虹梁などの横木の先端が柱を貫いてでたところにつけた装飾彫刻。鎌倉時代の大仏様・禅宗様にあらわれる。

　大仏様木鼻：初期のものは弧線とS曲線のもの。室町時代になると象・獅子・竜などの動物の頭の意匠が盛んにあらわれる。

　禅宗様木鼻：装飾性が特色。複雑な繰型の渦文のあるものと，渦文がさらに複雑化して，室町時代には葉や雲などの装飾彫刻が盛んになってくる。

　手挟は水平材と勾配材が合わさる場所にできる三角形の空き間をうめるための装飾彫刻で，鎌倉時代より出現した。向拝の柱上部にみる肘

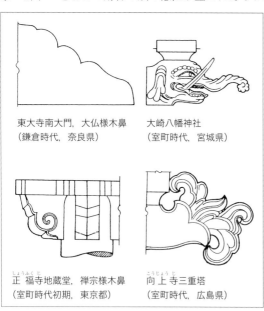

東大寺南大門，大仏様木鼻
(鎌倉時代，奈良県)

大崎八幡神社
(室町時代，宮城県)

正福寺地蔵堂，禅宗様木鼻
(室町時代初期，東京都)

向上寺三重塔
(室町時代，広島県)

**木鼻**

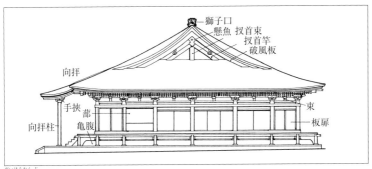

**大報恩寺本堂側面図**(京都府)

木と垂木との間の空き間につくられるものがもっとも多い(→p.148)。

向拝は社殿・仏堂正面の張りだし部分をいう。向拝柱上の内側の斗に手挟がおかれ、正面に蟇股をおくのがふつうである。軒の両端を縋破風にする場合が多い。

**天井と床** 天井は室の上に張り、上部の小屋組(天井裏の構造のこと)や上層の床組を隠すが、天井を設けず、小屋組や床組をみせる場合もある。

(1)**天井** 天井はその様式によってつぎのように分類される。

組入天井:格子形に組んだ格間のせまい天井。奈良・平安時代に出現した。周囲を支輪で折り上げ、折上組入天井とする。

格天井:木(格縁)を直交させ格子に組む。格間は広い。折り上げたものを折上格天井という。

小組格天井:格天井の格間に、さらに格子(小組)を組み入れたもの。平安時代後期〜鎌倉時代によくみられる。折上小組格天井もある。

鏡天井:廻縁内は一面に平らな板張、禅宗様仏堂の特色である。

猿頬天井:竿縁天井の押縁の切り口が猿頬面(→p.156上図)であるもの。

竿縁天井:天井板を天井板の向きと直角におさえるもの。

平縁天井:押縁の断面が矩形をなしているもの。

舟底天井:舟をさかさにした形の天井。

化粧屋根裏:天井を張らず屋根裏垂木がみえる形式。

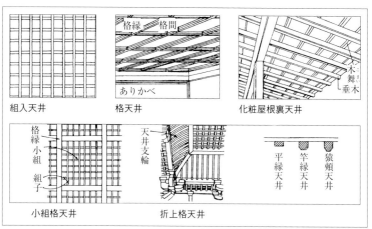

**天井の種類**

(2)**床** 床は建物内部の最下部をなす。床張は土間と板敷床にわける。土間は石または甎(焼成した瓦)で舗装するか,土のままにしておく。

　石敷:板石を敷きつめた床。

　瓦敷:床面を敷瓦(甎)で舗装する形式。目地(接ぎ目)を斜にする四半敷と建物の方向とあわせる布敷とがある。

　板敷床:床束の上に大引をわたし,その上に根太を並べ,上に床板を張る。床板は梁間と平行になる。

　拭板敷:平で滑らかに張った床板敷。

　畳敷:畳を敷き込む床。

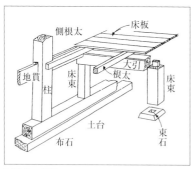

**板敷床の構造**

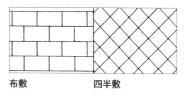

布敷　　四半敷

鎌倉時代以降，禅宗様は瓦敷・四半敷，それ以外では床を張るのが通例。

### 窓と扉と障子

(1)**窓**　通風・採光・眺望のため壁につけた開口部で，古来，意匠にこった部分である。はじめは四角窓がふつうであり，鎌倉時代から複雑に変化した。窓には框がつきものだが，框は戸・障子にも用いられ，それらの周囲の枠をいう。窓の種類はつぎのとおりである。

　連子(櫺)窓：おもに和様に用いられる。内法長押と腰長押の間に配置する。断面が菱形の連子子(組子)を縦に並べたもの。

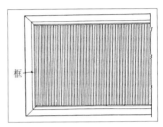
連子窓

　花頭(火燈)窓：おもに禅宗様に用いられる。上部が花頭曲線に似ているからとも，燈明用瓦器に似ているからともいう。石山寺本堂源氏の間にあるため「源氏窓」という俗称もある。桃山時代以後変形し，神社・城郭にも盛んに用いられた。

　花狭間窓：格子の組子に花形をつけた透かし窓。禅宗建築で使用。

　格子窓：細い木を縦横に間を透かして組んだ窓。

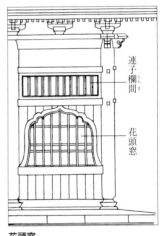
花頭窓

(2)**扉**　出入口や間仕切(部屋と部屋の仕切り)や窓などにつけられたもので，開戸のことである。1枚だけの片開，2枚扉で両開きの両開，2枚扉が二つ折になる両折両開の別がある。扉の軸の框を吊元

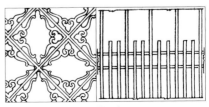
花狭間窓　　　格子窓

**板唐戸**

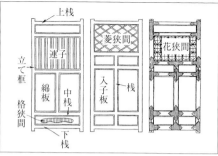
**桟唐戸**

框，軸に遠い方のものを手先框，扉開閉用のための框の上下につけた突起を軸といい，回転軸をうける部分を軸摺といい，額縁のような形になっているものを幣軸とよぶ。2枚戸をしめたとき合うところを召合，その召合のところにとりつけた板のことを定規縁とよぶ。扉板の木口(切り口)を隠し，反り，離れを防ぐため木口に取り付けた幅のせまい木を端喰という。

板唐戸(板扉)：和様扉。飛鳥時代より使用した板張り扉。上下に端喰をいれ，手先に定規縁を使うのが一般化したのは平安時代後期からである。

桟唐戸：禅宗様扉。大仏様でも用いる。鎌倉時代より多くみられる。框のなかに縦横に桟をわたし，内側に入子板(綿板)を張り，上部に連子・菱狭間・花狭間をいれ，下部は格狭間に連子をいれたものが多い。

### (3) 蔀・襖・障子

蔀：光線・風雨を防ぐ建具で，格子の裏に板を貼ったもの。上下2段のうち，上1枚を金具で水平につりあげる場合は半蔀と称する。

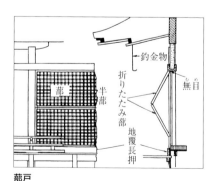
**蔀戸**

襖：障子の一種。比較的太い木で骨を組み，両面から紙や布を貼ったもの。

障子：室内の境・窓・縁の内

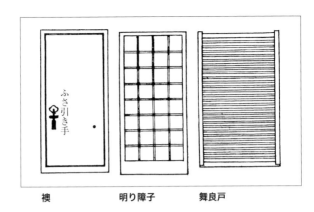

襖　　　　明り障子　　　舞良戸

側に立てる建具。明り障子は紙・布を貼って外光をとおすようにしたもの。

舞良戸：框の間に板(綿板)を入れ，両面に細い横木(舞良子)を小間返し(空きと横木の幅が同じ)に取り付けたもの。

## 格狭間・須弥壇と高欄

(1)格狭間　上部が花頭曲線，下部が椀形をした輪郭を形成するもので，須弥壇・露盤・桟唐戸・石灯籠など多方面で使用される図案意匠をいう。時代により曲線構成に著しい変化がみられる。

(2)須弥壇(仏壇)　仏像・厨子を安置する台。床面より高い。仏堂で須弥壇のある場所を内陣(または内々陣)とよぶが，須弥山の形を模したところから須弥壇と名づけられた。和様・禅宗様の別がある。

(3)高(勾)欄　高欄は縁側の外端にあり，欄干・手摺ともいう。長い横木と短柱(束)でつくる。横木の一番上を架木，中央を平桁，一番下を地覆という。地覆の底に水繰という水抜きがある。隅柱を親柱という。短柱の上に斗をつけたものを斗束とよんでいる。

組高欄：和様高欄。隅角で架木・平桁・地覆の先端を交差させたものである。古くは先端を垂直に，平安時代には少し内側にそらして斜めに切る。先端がそるものを跳(刎)高欄という。

擬宝珠高欄：親柱に擬宝珠(宝珠形装飾)をつけた高欄で，和様である。擬宝珠の首の細まったところを欠首，胴をとりまく横線を紐(篠)という。

禅宗様高欄：親柱の頭部が蓮華形で，逆蓮頭(柱)・逆蓮という。斗束

| 曲線に力がある | 曲線はおだやか | 曲線が強い |
|---|---|---|
| 唐招提寺金堂須弥壇<br>（奈良時代，奈良県） | 平等院鳳凰堂須弥壇<br>（平安時代，京都府） | 薬師寺東院須弥壇<br>（鎌倉時代，奈良県） |

室生寺灌頂堂厨子<br>（鎌倉時代，奈良県）　　鶴林寺本堂須弥壇（中心の飾りにぎやか）<br>（室町時代，兵庫県）　　法観寺五重塔須弥壇<br>（江戸時代，京都府）

**時代別による格狭間**

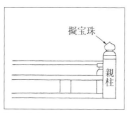
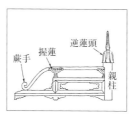

**擬宝珠高欄**（円覚寺舎利殿，神奈川県）　　**禅宗様高欄**　　**擬宝珠**

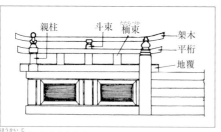
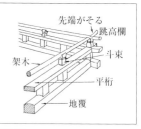

**法界寺阿弥陀堂高欄**（平面半分）（鎌倉時代，京都府）　　**組高欄**

が架木をうけるところに蓮葉または蓮華があり，握蓮または荷葉束・蓮華束という。架木の先端がS字形にまがり，蕨手をなしており，そこに唐草などの彫刻をつけている。

**基礎** 建物の最下部で，基壇・礎石・亀腹などをいう。

(1)**基壇(石壇)** 石を組み，石を積みあげて建物の台にする。古くは瓦積みもあった。基壇には一重・二重があり，二重(二成)基壇の上部を上成基壇，下部を下成基壇という。基壇の積み方に壇正(上)積，野面積(→p.206)，乱積などがある。

壇正(上)積：最下に地覆石，上部に葛石をおき，支えの短柱としての束石があり，中間の面に羽目石を張った直角形の石を規則的に積む。

野面積：野面石(山から切り出したままで加工せず，でこぼこのある自然石)を主材料とした石垣積。

亀甲積：亀の甲形の六角形の石材による石垣積。

乱(乱石)積：丸味のある玉石を，または四角形の切石を主材料として，大小とりまぜ不規則に石積したもの。(野面積も含む)

(2)**雨落溝** 基壇の周囲につくる軒から落ちる雨水をうけて排水する溝のこと。溝の拡大を防ぐための小石を敷きつめる。この小石を雨落石という。

(3)**礎石** 柱・土台の下にあって，建物全体の重量を地面に伝える働きをもつ台石である。礎石には自然石と加工した切石との別がある。礎石

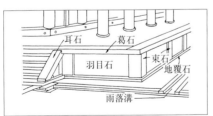

**壇正(上)積**(唐招提寺金堂，奈良県)

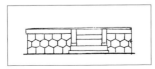

**亀甲積**

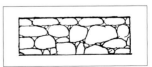

**乱積**

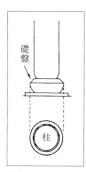
礎盤

**礎石**(百済寺西塔跡，大阪府)

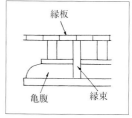
**亀腹**

のうちで地覆をつくりだしたものを狭間石という。建物が失われていても礎石が残り，建物の規模・平面がわかる場合も多い。

　礎(双)盤：禅宗様建築で柱下と礎石の間にある円形・方形の石材。上方は凹面，下方は凸面である。円覚寺舎利殿(神奈川県)のように礎盤が木造の例もある。

**(4)亀腹**　建物の縁下にある饅頭形(別称)の白い漆喰塗の土壇，礎石と縁束礎石の高低の差が大きいときに用いられる。

**柱**　種類・材料・形式・表現手法など多種多様である。材料による分類は，木柱・石柱・竹柱・丸太柱・鉄柱などがある。横断面の形による分類は，大別して円柱・方柱・多角柱がある。

**(1)円柱(丸柱)**　断面円形の柱。

胴張：飛鳥建築，法隆寺(奈良県)などにみられる，柱の中ほどがややふくらんだ形のこと。

蓮華つき円柱：和様，柱下に反花の蓮座がつく。中尊寺金色堂(岩手県)のものが好例である。

胡麻殻決(胡麻幹抉)：胡麻殻のように円柱に縦溝をえぐり掘った柱。

粽・礎盤つき円柱：禅宗様粽とは柱の上下をやや細め，肩を丸めた形。長円形の粽という餅の形に似ている。

**(2)方柱(角柱)**　断面が四角柱・方柱には唐戸面，几帳面(隅角に切り込みをつくる)，面皮柱(丸太の隅の皮肌を残す)，入隅の柱などがある。

面取柱：角を切り落した方柱。削り落した部分を面といい，面の大き

いものを大面取柱(おおめんどりはしら)とよぶ。

**(3) その他の柱** 使用上の分類では、土間・表・内の三交差点の柱である大黒柱(だいこく)、床の間のかたわらに立てる床柱(とこ)のほか、向拝柱(ごはい)、阿弥陀堂仏壇の四隅の来迎柱(らいごう)、塔の中心の心柱(しんばしら)、その四囲の隅柱(すみ)を四天柱(してん)などもある。

**露盤宝珠と相輪** 方形・六注・八注の屋根、または塔の頂点に雨仕舞(あまじまい)と装飾の目的でおかれたのが露盤(ろばん)であり、その上に宝珠をのせたものを露盤宝珠(ほうじゅ)という。宝珠に火焔(えん)装飾のあるものを火焔宝珠という。

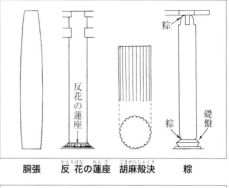

胴張　反花の蓮座(かえりばな れんざ)　胡麻殻決(ごまがらじゃくり)　粽

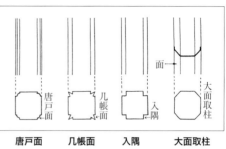

唐戸面　几帳面　入隅　大面取柱

相輪(そうりん)：三重・五重などの塔の心柱が屋上につきでた部分に、雨仕舞と装飾とをかねて構成したもの。下から露盤・伏鉢(ふくばち)・請花(うけはな)(受花)・九輪(くりん)

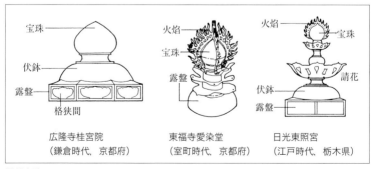

広隆寺桂宮院　　　　東福寺愛染堂　　　日光東照宮
(鎌倉時代、京都府)　(室町時代、京都府)　(江戸時代、栃木県)

**露盤宝珠**

1　寺院

(宝輪)・水煙・竜車(舎)・宝珠と続く。おもに銅製で，鉄製のものもある。九輪の大多数は輪の数が9だが，當麻寺(奈良県)・長保寺(和歌山県)のものは8，談山神社(奈良県)のものは7である。

水煙：相輪の上部にあって火焔形をなしているが，本造建築の大敵である火の字をきらい水煙とよばれている。文様には蓮蕾文・忍冬文・火焔文・唐草文などがある。薬師寺東塔(奈良県)の水煙中には飛天(空飛ぶ天人)が配されているので名高い。

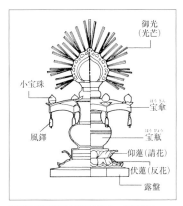

**法隆寺夢殿宝珠**(奈良時代，奈良県)

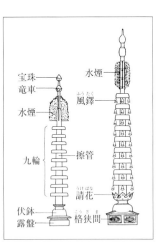

**相輪**(薬師寺東塔〈左，奈良県〉と東寺五重塔〈右，京都府〉)

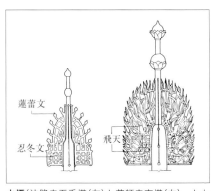

**水煙**(法隆寺五重塔〈左〉と薬師寺東塔〈右〉，ともに奈良県)

# 2. 神社と霊廟

## ▶神社建築の歴史

神社の境内は、近所の祭りや初詣、またさまざまな人生の節目に訪れる、私たちの暮らしのもっとも身近にある歴史的な建築空間だが、いつごろからあって、どのように日本の風土に定着してきたのだろうか。

概念としての神社の発生については、各地で発見される古墳時代の祭祀遺跡に、その痕跡をみることができる。祭祀遺跡では、山や海、島などの身のまわりにある自然を、人びとが神霊としてあがめ、祈りをささげていた様子が出土遺構や出土品から認められる。祭祀遺跡は、集落周辺の山麓や川辺、台地や岬の突端など、当時の人びとの生活圏と関連する範囲で発見されており、大規模なものでは三輪山や石上神宮(ともに奈良県)の周辺、宗像・沖ノ島(福岡県、→p.166)、神坂峠(長野県)などが有名である。また、現在も三輪山に鎮座する大神神社(奈良県)のほか、諏訪大社(長野県)や金鑽神社(埼玉県)などは山自体を神体として本殿をもたず、建築空間に依拠しない神社の原初的な形態をみることができる。

**古代以前の神社建築** 伊勢神宮(三重県)、出雲大社(島根県)、住吉大社(大阪府)などの社殿の建築形式(→p.176)は、弥生時代以来の高床建物との類似性や、支配者層の住居形式との関連から、神社建築の原初的な姿をとどめると考える向きもある。しかし形式の成立を示す史料や遺跡の発見などの明確な根拠がないことから、神社建築の起源を示す定説にはなっていない。

神社建築の起源を明らかにしがたい一因に、式年造替とよばれる社殿の一部または全部を一定の周期で建て替える神社建築特有の慣行がある。有名なのは伊

**伊勢神宮**(三重県)

## 沖ノ島の祭祀遺跡

　沖ノ島は玄界灘に浮かぶ周囲約４kmの孤島で，宗像神社の３女神をまつる沖津宮がある「神の島」として知られる。朝鮮半島に渡る海路上の要地にあり，古くから航海安全や国土守護のための国家的な祭祀が営まれてきた。戦後に行った発掘調査で，鏡・カットグラス碗や唐三彩など８万点の祭祀関連の遺物が出土し（→p.45），「海の正倉院」ともよばれる。出土品の編年から，沖ノ島での国家的な祭祀の始まりは，４世紀後半と推定されている。祭祀施設は当初，見晴しのよい巨岩の上に設けた磐座（岩上遺跡）であったが，５～６世紀に岩の根元（岩陰遺跡），７～８世紀に半露天の場所（半岩陰遺跡）に移り，８～９世紀には岩から離れた露天に約10m四方の壇を設けるようになったと考えられる。沖ノ島は島全体が「宗像神社境内」の一部として史跡に，また「沖ノ島原始林」として天然記念物に指定されている。出土品はすべて国宝に指定されている。2017年（平成29）に「「神宿る島」宗像・沖ノ島と関連遺産群」の一つとして世界文化遺産に登録された。

勢神宮で，20年ごとに内宮や外宮，別宮のすべての社殿が建て替えられる。690年を初回として一時の中断はあったが，現在まで2013年（平成25）で62回を数えるとされる。式年造替は，周期の違いはあるが，かつては多くの神社で行われ，時代の変化にあわせて方法を変えながら今も続けている神社もある。現在は修理や改修を含むものとして，出雲大社では60年から70年の周期で，住吉大社では20年ごとに行われている。

　大宝律令（701年〈大宝元〉）の制定によって二官八省による国家統治機構が成立し，二官の一つである神祇官が全国の神社を統括する官社制度がつくられた。官社制度の様相は，古代律令制末期の927年（延長５）制定の『延喜式』「神名帳」からうかがい知ることができる。「神名帳」は地域ごとに羅列した神社を，官幣社と国幣社，大社と小社といった社格に分類し，さらに分類ごとに執り行う祭祀の別を定め，各地で展開していた祭祀儀礼を国家的に編成しようとした。このことから，奈良時代

から平安時代にかけて官社制度を通じて神社の規格化がはかられるなかで，神域を鳥居や玉垣で画して本殿や拝殿などの社殿を配する，今日にみる神社の建築空間の骨格が整えられたと考えられる。

奈良時代から平安時代にかけては，大陸伝来のあらたな信仰の空間として寺院建築(→p.118)が全国で盛んに建てられた時代であり，必然的に神社建築も多くの刺激と影響を受けることになった。現存最古の神社建築と考えられる宇治上神社本殿(京都府，1060年〈康平3〉ごろ)では，軒反りや組物といった建築の細部のほか，塗装や扉絵といった装飾に寺院建築の影響をみることができる。また，この時期に創建された春日大社(奈良県，→p.173)，石清水八幡宮や八坂神社(ともに京都府)などでは，個々の社殿の建築形式はもとより，回廊や楼門を用いるなど神社全体に寺院建築の影響が顕著にみられる。これらが創建以来の形式を維持するものか否かは定かではないが，早くから神社と一体として神宮寺が営まれ(→p.54)，また近隣の神社と連帯する寺院があらわれるなど，神仏習合が着実に進行したことは多くの史料から明らかである。ただし神仏の融合の程度はさまざまであり，なかには寺院との距離を保った神社もある。しかし，神仏習合の動向を大局的にみれば，明治時代に至るまで一貫して続いた。

**中世以降の神社建築**　神社は中世以降，官社制度に由来する画一性と神仏習合の進展による多様性をあわせもちつつ，時代性や地域性を反映しながら展開していく。

鎌倉時代になると，武士の崇敬を集めた八幡信仰が全国的に普及する一方，出羽三山(山形県，→p.174)や熊野三山(和歌山県)に代表される，在地の山岳信仰と密教が結びついた修験道も各地で発展した。また室町時代にかけては，農耕・生産の稲荷信仰や漁猟・航海の金毘羅信仰，病厄祓いの祇園信仰など生活形態に応じたさまざまな信仰が

**八坂神社**(京都府)

形づくられた。江戸時代には社会が安定し、伊勢参りや富士詣でに代表される社寺参りが庶民に流行して、参詣先の神社（本社）につながる遠隔の地縁集団である参詣講が結成され、広域におよぶ神社の組織網が形成されるとともに各神社の御師による布教活動も活発になり、本社から分霊した神社の勧請が各地で盛んに行われた。また、福徳開運の七福神信仰が町人の間で流行したり、学問成就の天神信仰が庶民の子弟に広まるなど特定の利益に基づいた信仰も活発になり、人びとの耳目を集める派手な彫刻や彩色で彩られたはなやかな神社建築が好んで建てられた。

その結果、近代のはじめには、流造と春日造を基本的な形式として、一社特有の日吉造や祇園造など多様な変形がある入母屋造の形式、また拝殿や幣殿を複合した八幡造や権現造などの本殿の各形式が出揃い、各々の信仰や地方色を反映した作風で彩られた神社建築が繚乱する状況となった。

**建築形式の変遷**　建築学ではこうした多彩な神社建築の形式を、神明造・大社造・住吉造にみられる高床・切妻造草木葺・無装飾の簡明な社殿を原形に平入の流造と妻入の春日造の系統に分かれ、平安時代末までに主要な形式が成立し、鎌倉時代以降、より複雑な構造や装飾をもつ形式へ分化、発展してきた歴史としてとらえており、神社建築をみるうえでの一つの指標となる。ただし神社建築は物証となる古例が意外に乏しく、また実際の建築年代にかかわらず、伝統の墨守の観点から古式を用いて建てられている可能性に注意する必要がある。

**近代の神社建築**　明治時代になり、神社建築をとりまく状況は大きく変わる。王政復古の号令のもと、明治政府が導入した神社の国家管理の政策（以下、国家神道政策）により、神仏習合が否定されるとともに古代律令制を下絵とした近代社格制度が創設され、原理的な神社らしさが求められるようになった。国家神道政策は戦前をつうじて続き、神社建築の純化と定型化が進んだが、神社建築の解明が建築学上の主要な課題として浮上することになり、建築史の研究が大きく進展したことは注目に値する。また学問にとどまらず、神社の造営と修繕を所管した内務省神社局を中心に建築史に精通した優秀な建築技師が育ち、多くの秀作が生み出されたのも特筆すべきことである。代表的なものに、近代的な神社空間の集大成ともいえる明治神宮（東京都、明治神宮造営局・1920年〈大

正9〉)のほか,平安神宮(京都府,伊東忠太設計・1895年〈明治28〉),神田神社(東京都,大江新太郎設計・1934年〈昭和9〉),吉備津彦神社(岡山県,角南隆設計・1936年〈昭和11〉)などがある。

現在,本殿あるいは本殿に類する社殿が国宝・重要文化財に指定

平安神宮(京都府)

されている神社は464件あり,建築年代の内訳は,平安時代2件,鎌倉時代28件,室町時代248件,安土・桃山時代53件,江戸時代131件である。建築形式は流造が258件でもっとも多く過半数を占め,続いて春日造69件,入母屋造68件(日吉造や祇園造などの変形をのぞく),権現造30件の順となる。

## ▶神社見学にあたって

神社は,人びとが崇敬する神霊をまつる神聖な空間であり,敬虔な気持ちをもって訪れることが大切である。現在は,駅や駐車場の位置などの事情で,社殿の横からはいるような形になる神社もあるが,神社の空間をよく理解するには,遠回りをしても境内正面の参道からはいるとよい。参道の入口近くに標柱や案内板があれば神社の由来や境内の全体像を知ることができるが,ないことも多い。ある程度まえもって調べておくことが望ましい。神社の本殿は,神霊の居所であって人びとが日常的に立ち入るところではないので,通常の参拝経路からは拝殿や塀などの後ろに隠れてよくみえないことも多い。拝殿での参拝を済ませたら,立ち入りが許される範囲で本殿を拝めるところがないか探してみよう。神社の境内は,規模や地形にあわせて変化するが,以下に記すように,ある定まった形がある。神社建築の形式(→p.176)とともに,あらかじめ頭にいれておくとよいだろう。

**境内の構成** 神社の入口に鳥居を立て,そこから境内に参道がのび,

2 神社と霊廟 | 169

**神社境内の森林**(八坂神社,長野県)

中枢に立地する社殿に至るというのが基本的な構成である。大きな神社では参道が境外にものびて,門前町が形成されることもある。境内は森林となっていることが多く,鎮守の杜とよばれる。参道沿いには信者が寄進した灯籠や石碑などが立ち並び,また中枢に至るまでに手水舎や社務所などの参拝や管理のための諸施設がおかれる。中枢は楼門や鳥居,塀や回廊などで区画され,そのなかに祭神が鎮座する本殿を中心に拝殿や舞殿などの各社殿が建てられる。大きな神社では,本殿のほかに中核をなす社殿群を外玉垣,さらに本殿を内玉垣という具合に幾重にも区画されることもある。

このほか境内には,神社と関係の深い神霊をまつる摂社や末社,また土地の神霊が宿るとされる神木や神水などが各所に立地し,全体としてひとまとまりの神域を形づくる。

**祭神** 神社にまつられる神を祭神という。現在は複数の神々をまつる神社が一般的で,中心となる祭神を主祭神,その他の祭神を相殿神とよび分ける。

主祭神は,建国神話の系譜に連なる神々や人物であることが多い。ただし祭神は合祀や分霊,他神との同一視,神仏分離の影響などによって複雑に変遷していることも多く,必ずしも創建時から不変というわけではない。「神名帳」(→p.166)では祭神が記される神社は数社しかみられず,古くはほとんどの神社が名もない土地の神々(地主神)をまつっていたと考えられる。明治時代に近代社格制度のもと,「神名帳」記載の式内社との比定による祭神の整理や小社の統合による祭神の合祀などが進められるとともに,皇族の祖先神や歴代の天皇・皇后をまつる神社を神宮,皇族に関連する人物をまつる神社を宮,その他の全国的な規模で崇敬を集める神社を大社というように神社の一元化と序列化がはかられ,

## 祭神の分類

天つ神(天神)：高天原(神話における神の国)から降臨した神々。天照大神・豊受大神(三重県・伊勢神宮)，住吉三神とよばれる底筒男命・中筒男命・表筒男命(大阪府・住吉大社)など。

国つ神(地祇)：天上の天つ神に対して土着の神々をさし，天上から地上に下った神々を含む。大国主大神(島根県・出雲大社)や素戔嗚尊(京都府・八坂神社)など。天つ神と国つ神をあわせて天神地祇，略して神祇という。

天皇・皇后神：歴代の天皇や皇后がまつられたもの。応神天皇・神功皇后(大分県・宇佐神宮)，天智天皇(滋賀県・近江神宮)，桓武・孝明天皇(京都府・平安神宮)，明治天皇・昭憲皇太后(東京都・明治神宮)など。

功臣神：勲功のあった人臣がまつられたもの。藤原鎌足(奈良県・談山神社)，菅原道真(福岡県・太宰府天満宮)，楠木正成(兵庫県・湊川神社)など。

渡来神：古代に活躍した渡来人がまつられたもの。阿知使主(奈良県・於美阿志神社)，高麗王若光(埼玉県・高麗神社)など。

ほぼ現在の形に整えられた。

　ただし例外も多く，珍しいものに，三種の神器の一つ「草薙剣」を祭神とする熱田神宮(愛知県)や神武東征の物語に登場する「八咫烏」の化身の賀茂建角身命とその娘の玉依媛命を祭神とする賀茂御祖神社(京都府)などがある。このほか，身のまわりを見渡せば，家のなかには福の神や厄除の神，外にでれば道の神や火除の神など，そこかしこにさまざまな神々がまつられており，今でも私たちの生活のなかに八百万の神々が息づいている。

　**境内を歩く**　さまざまな神社境内の具体例として，出雲大社(島根県)，春日大社(奈良県)，出羽三山神社(山形県)の順に，趣の異なる三社をみてみよう。

　⑴**出雲大社**　出雲大社は，島根半島の西端，出雲平野の北辺を東西に

2　神社と霊廟　**171**

延びる山地のふもとに立地する。主祭神は大国主大神で、一般に縁結びの聖地として親しまれている。

境内は概ね平坦で、勢溜の鳥居をくぐると右手に祓社があり、参道が中枢に向かってまっすぐ北にのびている。途中の素鵞川にかかる祓端を渡り、鉄製の鳥居をこえると整然とした松並木となり、右手に大正時代末期から昭和時代初期にかけて整備された神苑が広がる開放的な風景となる。参道の終点である中枢は銅鳥居と荒垣で区画され、銅鳥居前の参道左手に手水舎があり、その奥に社務所が建つ。銅鳥居をくぐると正面に巨大な注連縄を飾った1959年（昭和34）再建の拝殿があり、一般の参拝者はここで拝礼する。拝殿の奥には本殿と天前社・御向社・筑紫社・門神社の四摂社からなる中核の社殿群が建ち、八足門と回廊、瑞垣で区画され、本殿はさらに楼門と玉垣で区画される。中核の社殿群の周囲は一巡することができ、ここに摂末社の氏社・釜社・十九社・素鵞社のほか宝庫や文庫などの建物が整然とおかれ、効率的に参拝することができる。

現在の境内は、寛文年間（1661〜72）の造替を基礎として、延享年間（1744〜48）の造替によってととのえられたものであり、この時期の建築である社殿などは、すべて国宝あるいは重要文化財に指定されている。

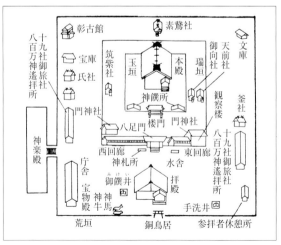

**出雲大社**（島根県）

(2) **春日大社** 春日大社は，奈良市街の東をかぎる春日山の裾野に立地する。古代の有力氏族であった藤原氏の氏社で，768年(神護景雲2)の創建と伝わり，鹿島神宮(茨城県)の武甕槌命と香取神宮(千葉県)の経津主命，枚岡神社(大阪府)の天児屋根命と比売神の4神を勧請し，主祭神としてまつる。

境内は春日山西側の山麓一帯を占め，本殿のほかに5社の摂社と56社もの末社が鎮座する。奈良市街中心部を東西につらぬく三条通りの突き当りに参道入口の一之鳥居が立つ。一之鳥居からはほぼ平坦な参道がまっすぐ東にのびている。鳥居をくぐって左手は奈良国立博物館の敷地となり，なかには春日大社の西塔や東塔の基壇が残るなど，神仏習合の名残りとともに近代の公園化の歴史を垣間みることができる。参道に面して建つ博物館の仏教美術資料研究センター(関野貞設計・1902年〈明治35〉)は県の物産陳列所として建てられた近代和風建築の秀作で，重要文化財に指定されている。

東大寺門前の車道をわたると森厳とした雰囲気が強まり，参道の左右に石灯籠が立ちはじめ，徐々に密度を増していく様子は圧巻である。参

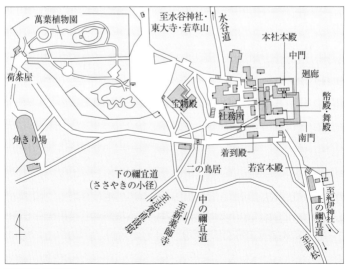

**春日大社**(奈良県)

道が左右に曲がりながらゆるやかにのぼった先に二之鳥居が立ち，ここからが境内の中枢となる。二之鳥居の左手には社務所や貴賓館といった管理施設が建ち，参道沿いには車舎や祓戸神社，着到殿といった勅使専用の施設が建ち並ぶ。その先の左手が楼門形式の南門と回廊で区画された中院となり，一般の参拝者は南門をくぐった先の幣殿・舞殿で拝礼する。廻廊の内側にさげられた無数の釣灯籠は折々の信者が奉納したもので，春日大社の見どころの一つとなっている。このほか中院には，直会殿と移殿，宝庫，末社8社の社殿がおかれる。本殿は中院の後方右手の中門と御廊で区画された内院のなかに建つ。本殿は同形同大の春日造社殿4棟を横一列に並べ，主祭神の4神をまつる。このほか内院には末社7社の社殿がおかれる。

　春日大社は本殿4棟が国宝，その他の社殿等27棟が重要文化財に，敷地が史跡に指定されている。また，春日山そのものが春日大社の神域として古くから狩猟や伐採が厳格に禁止されており，森林として特別天然記念物と名勝に指定されている。奈良名物の奈良公園の鹿も，武甕槌命が鹿島から率いてきた神使の鹿（神鹿）の末裔とされる春日大社の神域の構成要素であって，天然記念物に指定されている。

　**(3)出羽三山神社**　　出羽三山は，庄内平野の東南方にそびえる月山・羽黒山・湯殿山の総称で，三山のそれぞれに境内を構える神社があり，3社をあわせて出羽三山神社と総称する。古代から修験道場として発展し，羽黒権現など神仏習合の神々を信仰したが，明治時代の神仏分離により主祭神を月読命（月山），伊氏波神・稲倉魂命（羽黒山），大山祇神・大己貴命・少彦名命（湯殿山）に改め，現在に至っている。

　出羽三山神社の神域は三山全体におよぶが，もっとも平野に近い羽黒山の出羽神社に3社合同の社務所や3社の主祭神を合祀する三神合祭殿がおかれ，三山における境内空間の中心的な位置を占めている。

　出羽神社の境内は羽黒山の山頂から西側の山面にかけて広がり，ふもとの境内正面に鳥居ともと仁王門の随神門を重ねて開く。鳥居の前は平野に向かって北にのびる羽黒街道沿いに宿坊町が形成され，北側の入口に高さ22.5mの大鳥居（1929年〈昭和4〉）が立つ。宿坊町には神仏分離によって寺院となった羽黒山正善院があり，黄金堂（1594年〈文禄3〉）が重要文化財に指定されている。

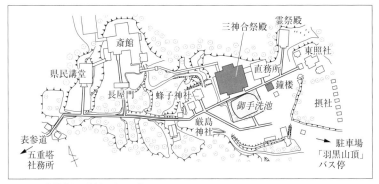

**出羽三山神社**(出羽神社，山形県)

　境内正面の鳥居をくぐると左手に社務所，右手に羽黒山天地金神社が建つ。さらに随身門をくぐると杉の巨木が林立する森となり，そのなかに石畳や石段が連なる参道が続いている。いったん下って祓川にかかる神橋を渡ると山頂まで続く登り坂で，少しのぼると左手に奥まって建つ五重塔がみえてくる。高さ29.2m，素木造柿葺の優美な塔で，戦国大名の武藤政氏が建立したと伝わり，当時この付近で営まれていた寺院の一部と考えられている。五重塔を過ぎると急勾配となり，一の坂・二の坂・三の坂とよばれる長い石段が続く。山頂鳥居がみえれば，いよいよ中枢の山頂境内で，鳥居前にある斎館はもと寺院(旧華蔵院)の建物である。ふもとから山頂までおよそ2km，2446段の山道だが，参道沿いには境内社や神木，旧跡が点在し，みるものに事欠かない。

　山頂鳥居をくぐると左手に厳島神社と蜂子神社が並び，その先に大きな入母屋造茅葺の妻面をみせるのが三神合祭殿である。三神合祭殿は1818年(文政元)の完成で，山頂境内の中心をなす鏡池(御手洗池)に南面して建つ。拝殿の背面に本殿が接続する複合社殿だが，巨大な拝殿の茅葺屋根の軒下に本殿がほぼ取り込まれる類をみない形式をもつ。江戸時代には大堂や御堂とも称され，壮大な内部空間や賑やかな外部装飾に修験道独特の世界観があらわれていてみごたえがある。このほか，山頂境内には参集殿や霊祭殿，鐘楼といった中心施設に加えて，東照社や天宥社，健角身神社などのさまざまな神社が混交して鎮座し，神仏習合の修験道らしい境内空間をつくりだしている。

出羽三山神社は五重塔が国宝，三神合祭殿と鐘楼が重要文化財に指定されている。また羽黒山中の参道沿いの杉並木が特別天然記念物，五重塔の近くにある杉（爺杉）と三の坂付近にある南谷の紫苑寺跡にある桜（霞桜）が天然記念物に指定されている。

## ▶神社建築の形式

　神社建築には本殿や拝殿，門や鳥居，手水舎や社務所などさまざまな種類があるが，神社の中心である本殿と表構えをになう鳥居には以下に示すような神社の性格に応じて定まった形式がある。

　**本殿**　神社の本殿は大きく二つの系統に分けられる。一つは屋根の棟に直行する面（妻）を正面とする妻入の系統，もう一つは屋根の棟に平行する面（平）を正面とする平入の系統である。妻入には大社造・住吉造・春日造，平入には神明造・流造があり，権現造のような複合社殿は本殿を流造か平入の入母屋造とすることが多い。入母屋造の本殿には平入とするものと妻入とするものがある。

　本殿の建築は構造上，身舎と庇に分けられる。身舎は本体で主たる屋根をかける部分で，庇は身舎の外側に差しかける部分である。一般的に身舎には丸柱，庇には角柱を用いるが例外も多い。正面の階段上部の屋根がかかる部分は別に向拝とよぶ。

　以下，さまざまな本殿の形式をみてみよう。

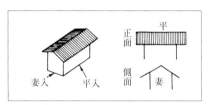

**切妻造の形式**

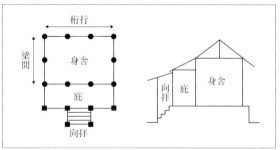

**身舎・庇・向拝**

(1)**大社造** 出雲大社(島根県)の社殿に代表される，出雲地方に多く分布する本殿の形式である。方2間の平面に反りのある切妻造妻入の屋根をかける。床を高く張って周囲に高欄付の縁をめぐらし，正面扉口の前に階段を設けて独立した屋根(向拝)をかける。棟を直接受ける柱に宇豆柱とよばれる太い柱を用いるのも特徴である。出雲大社本殿はおよそ11m四方の巨大な平面をもち，南正面の右手(東側)に扉口を開き，内部は中央にも太い柱(心御柱)を立てて東側の間を壁で仕切り，その背後に神座を西面しておく。現在の本殿は1744年(延享元)の建築で，棟高はおよそ24m，床高はおよそ5mで，階段は15段を数える。かつては現在の倍ほどの高さがあったとする伝承があり，2001年(平成13)に鎌倉時代の本殿のものと考えられる巨大な宇豆柱の一部が発掘され，複数の復元案とともに境内に隣接する古代出雲歴史博物館に展示されている。

(2)**住吉造** 住吉大社(大阪府)の本殿に用いられる形式で，正面2間，奥行4間の平面に切妻造妻入の屋根をかける。内部は前2間の外陣と後2間の内陣に分け，壁と扉口で区切る。正面中央に扉口を開き，階段を設けるが，縁がめぐらず向拝も設けない。屋根は反りがなく直線的で，全体に素朴な外観を呈する。現在の社殿は1810年(文化7)の建築である。

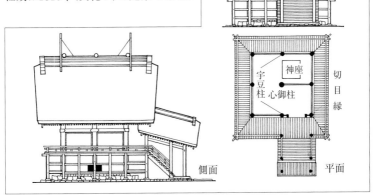

**出雲大社本殿**(島根県)

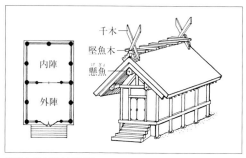

**住吉大社本殿**(大阪府)

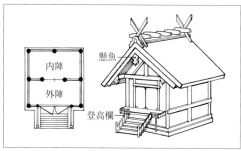

**大鳥大社本殿**(大阪府)

類似の形式に奥行を2間とする大鳥大社(大阪府)本殿の大鳥造がある。

**(3)春日造** 春日大社(奈良県)の社殿に代表される形式で,近畿地方を中心に全国に分布する。方1間か方3間の小規模なものが多く,反りのある切妻造妻入の屋根をかけ,正面に階段と向拝を設ける。縁は正面のみに設けるのが古式とみられるが,現在は正面と両側面にめぐらすものが多い。向拝は片流れ屋根を切妻屋根の破風に直接取り付けるのが本来の形式だが,隅木を用いて入母屋屋根のように取り付けるものもあり,隅木入春日造として区別する。

**(4)神明造** 伊勢神宮(三重県)の社殿に代表される形式で,全国各地の神領に勧請された神明宮や神明社などに用いられる。正面3間,奥行2

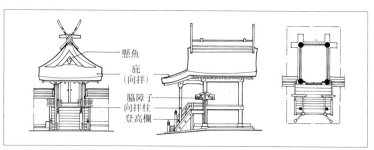

**春日神社本社本殿**(奈良県)

間の平面を標準とし，切妻造平入の屋根をかける。周囲に高欄付の縁をめぐらし，正面中央に扉口を開き階段を設けるが，向拝は設けない。両妻に独立した棟持柱（むねもち）を用いるのも特徴である。伊勢神宮正殿は唯一神明造（ゆいいつ）として，他の神明造と区別する。仁科（にしな）神明宮本殿（長野県，1636年〈寛永13〉）が現存最古の神明造である。

仁科神明宮本殿（長野県）

〔5〕**流造** 現在の神社本殿のもっとも一般的な形式で，古代にさかのぼる唯一の神社建築と考えられる宇治上（うじがみ）神社本殿（京都府，1060年〈康平3〉ごろ），建築年代が明らかな現存最古の神社建築である神谷（かんだに）神社本殿（香川県，1219年〈建保7〉）はいずれも流造である。反りのある切妻造平入の屋根をかけ，前方に屋根をのばして庇（ひさし）を出し，階段を設けて向拝（ごはい）とするのが特徴で，縁は正面と両側面にめぐらすのが一般的である。奥行は2間から3間程度だが，間口（まぐち）は1間から9間におよぶようなものまでさまざまで，間口の数で一間社（けんしゃ）や九間社（きゅう）とよび分ける。正面の庇は吹放（はな）しとするのが一般的だが，床を張って前室（ぜん）を設けるものもある。厳島（いつくしま）神社本殿（広

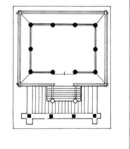

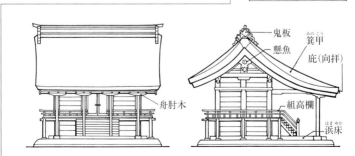

**賀茂御祖神社（下鴨神社）本殿**（京都府）

2 神社と霊廟　179

島県，1571年〈元亀2〉)のように屋根を前後にのばすものを両流造とよぶ。代表的なものに賀茂御祖神社本殿や賀茂別雷神社本殿(ともに京都府，1863年〈文久3〉)がある。

(6) **入母屋造**　現在の神社本殿で流造についで多くみられる形式で，さまざまな変形や発展形がある。現存最古のものは御上神社本殿(滋賀県，鎌倉時代)で，方1間の身舎の四方に庇を出して入母屋屋根をかけ，正面と両側面に縁をめぐらす。正面には階段を設けて屋根をのばし，向拝とする。八坂神社本殿(京都府，1654年〈承応3〉)は，間口5間，奥行2間の身舎の周囲に庇をめぐらし，さらに正面に礼堂を加えて間口7間，奥行6間の大空間の上に入母屋屋根をかける。正面には向拝，両側面と背面には孫庇で空間を拡大する複雑な形式で，祇園造とよばれる。このほか入母屋造に属する特異な形式に，日吉大社本殿(滋賀県，安土・桃

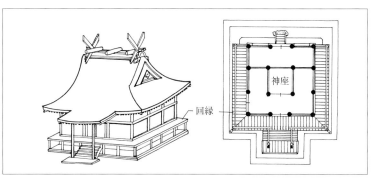

**御上神社本殿**(滋賀県)

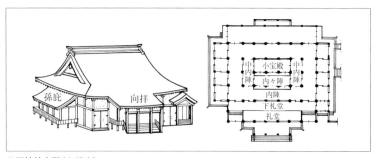

**八坂神社本殿**(京都府)

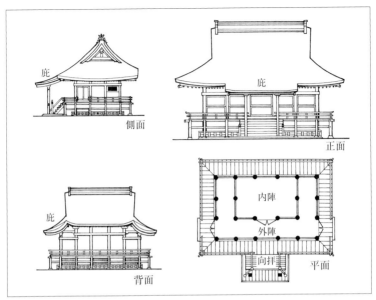

**日吉大社本殿**(滋賀県)

山時代)の日吉造や吉備津神社本殿(岡山県,1425年〈応永32〉)の比翼入母屋造がある。

(7)**八幡造** 同規模の切妻造平入の二棟を前後に接続して一つの社殿とする形式で,一般に前の棟を前殿,後の棟を後殿とよび分ける。前殿と後殿の間には相の間とよばれる内部空間を設け,側面は壁や建具で区切り,上面は前殿と後殿の軒を接して樋を渡す。代表的なものに宇佐神宮本殿(大分県,一之御殿 1860年〈万延元〉,二之御殿 1859年

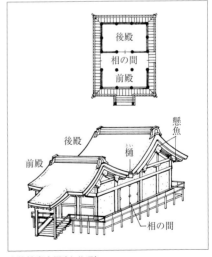

**宇佐神宮本殿**(大分県)

2 神社と霊廟 | 181

〈安政6〉,三之御殿 1861年〈文久元〉)や石清水八幡宮本殿(京都府,1634年〈寛永11〉)がある。

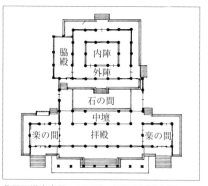

北野天満宮本殿・石の間・拝殿及び楽の間
(京都府)

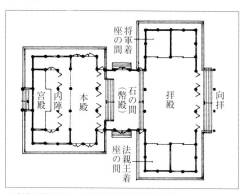

日光東照宮本殿・石の間及び拝殿(栃木県)

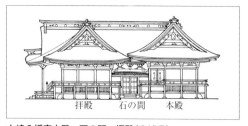

大崎八幡宮本殿・石の間・拝殿(宮城県)

(8) **権現造** 複数の棟を接続して一つの社殿とする形式で,基本的には本殿と拝殿,その間を接続する石の間(相の間)の3棟からなる。その名のとおり東照宮の創建とともに江戸時代に広く普及し,変形も多い。拝殿は入母屋造,本殿は入母屋造もしくは流造とするのが一般的だが,各棟の平面の大きさや高さが異なるため,大工技術を駆使して一つにおさめた屋根の形状が大きな特徴となる。さらに拝殿正面を千鳥破風,向拝正面を軒唐破風で飾ることが多く,屋根が輻輳する外観から八棟造ともよばれる。内外の空間も彫刻や彩色で絢爛豪華に飾るものが多い。権現造の古いものに,平安時代以来の形式とされる北野天満宮(京都府,1607年〈慶長12〉)があり,石の間に天井を張らず軒裏をみせ,床を石敷の土間とし,彩色や彫刻の装飾

# 社殿の内部

　東京都の日枝神社社殿(1958年〈昭和33〉)は下拝殿,上拝殿,幣殿,本殿を前後に連ねた権現造,祭神は大山咋神である。

　本殿の前面,拝殿からみて幣殿の奥が神前の空間で,本殿正面中央の神座御扉の前に御鏡をおく。さらにその前に,神酒入れの瓶子と御饌(干物や果物など)をのせる高坏をおく神饌案,細片金紙を垂らした金幣(幣束),玉串案を順に並べておごそかに設える。その左右には狛犬や祭壇人形,御神燈(雪洞)などを配置し,両脇をかためる。

　一般参拝は下拝殿で行う。特別祈願は大麻で祓いを受け,上拝殿に進み祈禱を受けた後,玉串(紙垂をつけた榊の小枝)を神前にささげる。

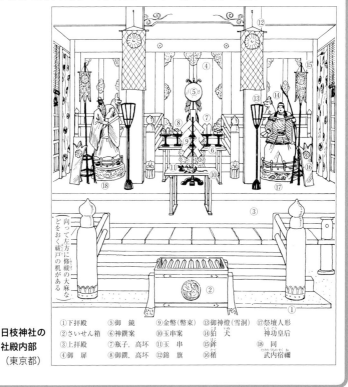

**日枝神社の社殿内部**
(東京都)

①下拝殿　⑤御　鏡　⑨金幣(幣束)　⑬御神燈(雪洞)　⑰祭壇人形
②さいせん箱　⑥神饌案　⑩玉串案　⑭狛　犬　　神功皇后
③上拝殿　⑦瓶子,高坏　⑪玉　串　⑮鉾　⑱同
④御　扉　⑧御饌,高坏　⑫錦　旗　⑯楯　　武内宿禰

2　神社と霊廟　183

が抑制されるなど古式を伝える。代表的なものに日光東照宮(栃木県,1636年〈寛永13〉)や大崎八幡宮(宮城県, 1607年〈慶長12〉)がある。

(9)**その他** 一社に独自の特殊な形式のものがあり,代表的なものに富士山本宮浅間大社本殿(静岡県, 1604年〈慶長9〉)の浅間造や香椎宮本殿(福岡県, 1801年〈享和元〉)の香椎造がある。

**鳥居** 鳥居の形式は,神明鳥居と明神鳥居の2系統に大きく分けられるが,独自の形式も多く,多様である。

(1)**神明鳥居** 伊勢神宮の鳥居に代表される形式で,最上部の横木(笠木)に反りをつけず一直線とし,柱を垂直に立てる。下段の横木(貫)は柱の内側にとどめ,外側につきださない。部材は,笠木と柱に皮をはいだ素木の丸太を用いるのが正式である。神明鳥居の一種に,笠木と柱に角材を用いる外宮鳥居,柱に皮付の丸太を用いる黒木鳥居,貫を柱の外側につきだす鹿島鳥居がある。

(2)**明神鳥居** 現在もっとも普及している鳥居の形式で,最上部の横木が笠木と島木の2材からなり,その両端に反りをつけ,柱を内側に傾斜(内転び)させて立てる。貫は柱の外側につきだし,中央部に額束を立てて島木を受ける。部材は,円柱とする以外は角材を用いる。明神鳥居の一種に,柱の上に台輪をのせる稲荷鳥居,柱の前後に控柱(稚児柱)をつける両部鳥居(稚児鳥居,四脚鳥居)がある。

(3)**変形鳥居** 神明鳥居または明神鳥居を原形としながらも細部の点で意匠上の差違があり,別の形式に分類されるものがある。神明鳥居の変形の代表的なものに,笠木・島木に角材を用い,柱を内転びさせる春日鳥居,笠木・島木の先端を斜めに切る八幡鳥居がある。明神鳥居の変形の代表的なものに,笠木の上に合掌形をのせる山王鳥居,柱を垂直に立てて左右に脇鳥居を構える三輪鳥居がある。

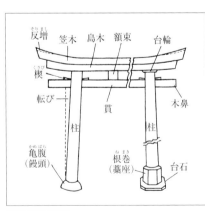

**鳥居の部分名称**

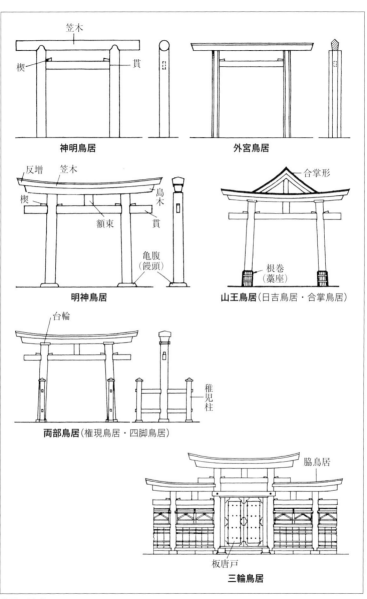

**鳥居の形式**

## ▶霊廟建築

　霊廟は霊屋ともいい，祖先や偉人などの霊をとむらうための墓所である。遺体や遺骨を埋葬した上部，あるいはその近くに設けられる礼拝施設で，遺体や遺骨ではなく位牌をおさめた建物をさすこともある。奈良時代に建立された仲哀天皇の霊廟を起源とする香椎宮(福岡県)や平安時代に奥州藤原家三代の霊廟(金色堂)を拠所に建立された中尊寺(岩手県)は，霊廟の系譜に連なる施設としてはもっとも古いもので，草創期の霊廟建築のあり様を今に伝えている。安土・桃山時代から江戸時代初期にかけては，武家による本格的な霊廟が数多く造営され霊廟建築が大きく発展した時期で，京都の阿弥陀ケ峯中腹に造営された豊臣秀吉の霊廟である豊国廟(1598年〈慶長3〉現存せず)と秀吉正室の高台院の霊廟である高台寺霊屋(1605年〈慶長10〉ごろ→p.188)が最初期のものと考えられている。典型的なものとして金剛峯寺徳川家霊台(和歌山県，→p.188)，代表的傑作として徳川家光の霊廟である日光の輪王寺大猷院霊廟(栃木県，1653年〈承応2〉→p.189)があげられる。霊廟建築は，社寺建築にならった木造の堂宇が多いが，なかには石造のものもある。建築形式により神式・仏式・儒式に分けられ，現存する霊廟の大半を仏式が占める。

　**神式霊廟**　江戸時代以前の霊廟建築は神仏習合の慣習を色濃く反映しており，造営当初から被葬者を意識的に神格化した豊国廟や東照宮をのぞき，基本的に仏式の形で営まれた。したがって神式霊廟は，明治時代の神仏分離による社寺の再編によって成立したものが大半を占める。代表的なものとして以下があげられる。

　**(1)太宰府天満宮**(福岡県)　903年(延喜3)に大宰府で死去した菅原道真が葬られた安楽寺の境内に，勅命によって919年(延喜19)に建立された霊廟を起源とする。江戸時代までは安楽寺天満宮として営まれ，明治時代に神式化して太宰府神

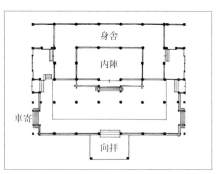

**太宰府天満宮本殿**(福岡県)

社となった。1947年(昭和22)以降、社号を太宰府天満宮として現在に至っている。安土・桃山時代の建築と考えられる五間社流造の本殿は重要文化財に指定されている。

(2) **日光東照宮**(栃木県)　1617年(元和3)に徳川家康の遺体を静岡県の久能山から改葬して営まれた霊廟で、この時に朝廷から追贈された神号東照大権現に因んで東照社や日光御宮と称し、祭礼は神式で挙行された。境内の中心は墓所である奥社とその前方の華麗壮大な権現造の社殿からなり、現在の建物のほとんどは1636年(寛永13)に徳川家光により造替されたものである。本殿・石の間・拝殿のほか、境内は史跡、構成する主要な建物はすべて国宝または重要文化財に指定されている。

(3) **高照神社**(青森県)　1711年(正徳元)に挙行された弘前城主津軽信政の神葬祭で営まれた廟所を核として、1712年(正徳2)に信政を神霊として遷祀し、創立した神社である。仏教色を排除した吉川神道の思想に基づいた境内は、廟所の前方に本殿・中門・拝殿および幣殿などの社殿が一直線上に並び建つ独特

**日光東照宮本殿・石の間・拝殿**(栃木県)

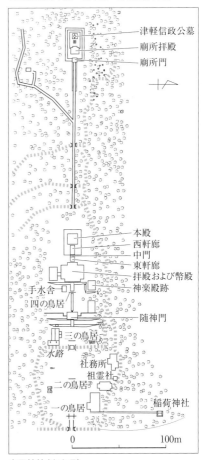

**高照神社**(青森県)

2　神社と霊廟　187

の構成をもつ。津軽信政公墓2基と本殿ほか7棟の社殿が重要文化財に指定されている。

**仏式霊廟** 仏式霊廟には大きく2種類あり、慰霊対象者の遺骸または遺骨を埋葬したところに堂宇を建てたもの、あるいは墓所の近傍に礼拝法要のための堂宇を建てたものである。このほか、墓所を伴わず、位牌のみをおさめる堂宇を霊廟とする場合もある。仏式霊廟は性質上、寺院境内で重要な位置を占めていることが多い。代表的なものとして以下があげられる。

(1)**高台寺霊屋**（京都府） 1598年（慶長3）に死去した豊臣秀吉の菩提をとむらうため、正室の高台院（北政所）が徳川家康の助力を得て創建した寺院である。たびたびの火災に見舞われているものの、境内には霊屋や開山堂、表門など創建当初と考えられる建造物が残っている。このうち霊屋は高台院の墓所の上に建つとされる宝形造の建物である。内部は内陣と外陣に分けられ、内陣の後方1間に須弥壇と厨子をつくり、秀吉と高台院の坐像を安置する。須弥壇と厨子にほどこされた密度の高い華麗な蒔絵は、「高台寺蒔絵」としてとくに名高い。高台寺は、霊屋のほか5棟の建造物が重要文化財、庭園が史跡と名勝に指定されている。

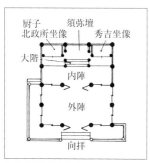

**高台寺霊屋**（京都府）

(2)**金剛峯寺徳川家霊台**（和歌山県） 高野山内には、徳川家のほか上杉謙信や佐竹義重などさまざまな武家の霊廟が建つ。徳川家の霊廟は、左右に並んで建つ家康霊屋と秀忠霊屋の2棟からなり、1643

**金剛峯寺徳川家霊台家康霊屋**（和歌山県）

188　Ⅲ　建造物編

年(寛永20)の造営と伝わる。2棟は同規模・同形式，宝形造の建物で，内部の須弥壇にそれぞれの位牌を安置する。禅宗様を基調に外部は彫刻，内部は漆金箔や彩色を全面に用いてはなやかにかざる。2棟とも重要文化財に指定されている。

**(3)輪王寺大猷院霊廟**(栃木県)　徳川家光を慰霊するため，1653年(承応2)に東照宮のかたわらに造営された霊廟である。基本的な構成や配置は東照宮にならうが，寺院である点が根本的に異なり，仁王門や二天門などの仏式の門構えを備える。権現造の本殿・相の間・拝殿は，本殿が方3間裳階付の禅宗様仏殿の形式で，江戸時代には「御仏殿」ともよばれた。内部は内陣と外陣に分けられ，内陣奥の中央部に須弥壇を構え，家光の座像と位牌を安置する厨子をおく。なお，家光の墓所は本殿上手の奥院にある。内外の仕上げは金箔と金具を主体とし，漆塗と胡粉塗を主体とする東照宮と対照的である。本殿・相の間・拝殿が国宝，仁王門ほか19棟の建造物が重要文化財，境内は史跡に指定されている。

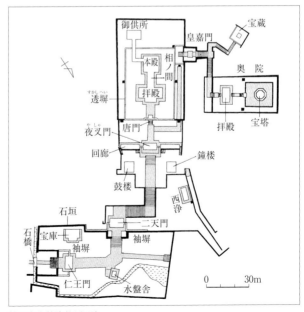

**輪王寺大猷院**(栃木県)

**源敬公廟**(愛知県)

**儒式霊廟** 江戸時代,幕府は儒学(朱子学)を奨励したため,各地に儒学の思想に基づく学校が設立され,同時に孔子廟が営まれた。幕府による湯島聖堂,水戸徳川家の弘道館,備前池田家の閑谷学校などが有名である。儒学が盛んな地域では,仏式ではなく儒式で葬儀が行われることもあり,あわせて儒式霊廟が建てられた。代表的なものとして以下があげられる。

(1) **定光寺徳川義直(源敬公)霊廟**(愛知県)　1650年(慶安3)に江戸で没した尾張徳川家の初代徳川義直(源敬公)の遺命により,定光寺背後の山中に造営された霊廟である。1651年(慶安4)に墳墓,翌1652年(承応元)に社殿が完成した。霊廟の周囲は築地塀で区切って正面に竜の門を開き,竜の門をはいった正面に拝殿にあたる焼香殿を建てる。焼香殿背後の石壇上に円形の墳墓を築き,正面を石柵で区切って唐門を開く。社殿の配置に儒教に基づく祠堂の構成を顕著に示すほか,獅子や唐草牡丹などの中国風の題材で統一された建築装飾はほかに類をみない。源敬公墓1基と焼香殿ほか5棟が重要文化財に指定されている。

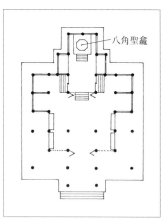
**多久聖廟**(佐賀県)

(2) **多久聖廟**(佐賀県)　佐賀藩家老多久家の4代茂文が,領民に儒学教育を行うために設立した学問所(東原庠舎)の要として,1708年(宝永5)に建立した孔子廟である。入母屋造本瓦葺,一重裳階付の建物で,全体の形式は禅宗様の仏堂にならうが,内外に中国風の彫刻や彩色を用いて壮麗に仕上げる。背面中央部を張り出して奥陣

190　Ⅲ　建造物編

を設け,孔子像をおさめた八角聖龕を安置する。多久聖廟は,建造物が重要文化財,敷地が史跡に指定されている。

**(3) 閑谷学校聖廟・閑谷神社**
(岡山県) 閑谷学校は,備前藩主池田家の初代光政が庶民教育のために1670年(寛文10)に設立した学校で,1701年(元禄14)までに現在みられる姿に整えられた(→p.80)。こ

**閑谷神社**(旧閑谷学校芳烈祠,岡山県)

のうち聖廟は「西御堂」ともよばれる学校の要となる施設で,構内中央部のやや奥まった高台に位置する。四周を練塀で区切って正面に外門を開き,正面に拝殿にあたる中庭,背面に孔子像をおさめる大成殿を建て,2本の廊下で両棟をつなぐ。大成殿の内部には中央奥に孔子像をおさめた朱塗の八角聖龕を安置する。閑谷神社は,聖廟の東に隣接して建つ光政をまつる神社である。もとは光政の儒葬霊廟で「東御堂」とよばれ,本殿は光政の諡をとって「芳烈祠」とよばれた。1686年(貞享3)の建立で,基本的な建物の配置や形式は聖廟と同じにするが,全体に一まわり小さいつくりになっている。閑谷学校は,敷地が特別史跡,講堂が国宝,聖廟と閑谷神社の建造物を含む24棟が重要文化財に指定されている。

# 3. 城郭

## ▶城の歴史

　城郭は日本の古い構築物のなかで、もっともよく知られているものの一つであろう。しかしながら、たとえば姫路城のような、日本人のほとんどがいだくであろう城のイメージは、その長い歴史、あるいは多面的な機能からすると、その一部分にすぎない。城郭の重要な要素である堀は、その機能を考えれば古代の環濠集落までさかのぼることができるし、古代において「柵」の字をあてられることも多かったように、その建築的要素だけをみても多様である。また、（象徴的になった時代を含めて）軍事的要素と切っても切れない関係にあることは確かだとしても、城郭には住宅・役所的な要素が強いものも多く、さらに城下町は都市といえる範囲までその範疇におさめることもある。また、長年のさまざまな調査の成果によって、あまり知られていなかった中世の山城など、おそらく専門家以外にはたんなる小高い山、と思われている場所にも、数多くの城が眠っていることがわかってきている。

　**古代の城**　古代の城は、「き」とよび、城もしくは柵の字をあてた。近畿地方から九州にかけては、7世紀を中心に古代山城が築かれた。およそ30カ所確認されている古代山城は、大きく分けて朝鮮式山城と神籠石系山城に分類して語られるが、その区別は『日本書紀』などの史料にみられるか否かの違いであり、いずれも大陸から朝鮮半島経由の影響と考えられ、「神籠石」の名は、かつて主張されていた城ではなく霊域であるとの説に関連する名称である。

　古代山城が西日本に多く築かれたのは、当時の朝鮮半島あるいは大陸の情勢、唐や

**大野城と水城**（福岡県）

新羅からの脅威に対応するためであり、山上の地形を利用しつつ土塁や石塁で構築したものである。664年に水城(福岡県)が構築され、翌年これに呼応する形で山上につくられた大野城(福岡県)は古代山城の代表例である。

**鬼ノ城の石垣**(岡山県)　下図の矢印付近

大野城は総延長約8kmにもおよぶ土塁・石塁を場所によっては二重に構築する山城で、59棟にもおよぶ建物が8カ所程度に分散しておかれていたことが判明している。また鬼ノ城(岡山県)は標高400m弱の山頂部に位置し、高い石垣や門などが復元・整備されていることから、築城当時の威容をイメージしやすい。

一方、東日本では、蝦夷防衛のための城柵がつくられた。これらのうち大規模なものでは、たんなる軍事施設というよりは地方政庁としての性格が強いものもある。

**鬼ノ城全体図**

多賀城(宮城県)は724年(神亀元)に国府(→p.57)がおかれ、のちに鎮守府もおかれた律令国家の一大軍事・政治拠点で、およそ1km四方の塀に囲まれた中心に政庁があり、回廊で囲まれたなかに正殿・脇殿・後殿などが配置された東北のミヤコとでもいうべき存在であった。また、南東部には多賀城廃寺跡、南西部には直線道路の走る町並みがあった。

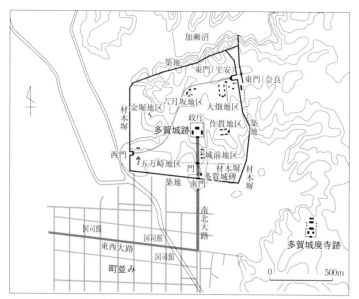

**多賀城とその周辺遺跡**(宮城県)

　**中世の館と山城**　中世の城は，平時の居館と戦時の山城に大きく分けて考えることができる。武士の居館は，規模の大小，あるいはその簡素さの度合いなど，たんなる居館から「御所」までさまざまであるが，堀と塀（ときには土塁）で内外を区画し，門口には櫓（矢倉）を構えて，防備をかためる。こうした姿の代表例といえるものが，足利氏宅跡（栃木県）であろう。現在では国宝鑁阿寺本堂などが建つ敷地は，四周を堀と土塁で囲まれ，四方に門を開くという典型的な姿をみせている。中世末期の戦国大名武田氏の居館（山梨県）も，より堅固に構えているものの，こうした要素は共通する。

　一方，とくに南北朝以降，山中の尾根沿いなどに築かれた堅固な防御施設としての城も数多くみられるようになる。楠木正成の名とともに知られる河内の千早城（大阪府）はその例だが，中世末期になると，平時は山麓の居館に住み，戦時には山頂の城にたてこもるという具合に機能の分離がはかられた。また，たんに自然地形を活かすだけでなく，尾根を削って平地（曲輪）を設け，堀と土塁で積極的に複雑な構成をなして防御

をかためるなど,戦国期以降の城のイメージにより近づいていくようになった。一乗谷(福井県)の朝倉氏館と一乗谷城は,こうした組み合わせの顕著な例であり,調査と整備が進んでいることから当時のあり様を目のあたりにすることができる(→p.66)。

足利氏宅跡(左上)・足利学校跡(右下)(栃木県)

一方,堺のように水濠で囲み,櫓を設ける都市も生まれ,寺内町とよばれる寺院を中心とした町も出現した。とくに寺院は,こうした平地だけではなく,山地においても寺院が城に転化した例や,あるいはたとえば根来寺(和歌山県)のように寺院みずから要害化し,城郭と類似した空間になっている例もある。山科本願寺(京都府)などは,中核に堂宇を有する以外は,近世の平城となんらかわることのない様相を呈していたのである。

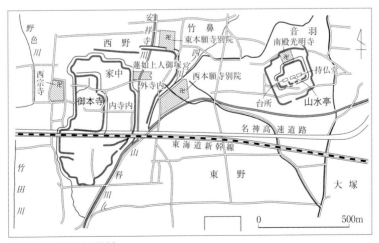

**山科本願寺平面図**(京都府)

3 城郭 **195**

ところで，中世城郭は数の上では近世城郭と比較にならないほど数が多く，数万カ所にものぼる。にもかかわらず，近世城郭とは異なり史料も少なく，現在では一見してわからずただの山にみえてしまう場所が多いことから，その認知度はいぜんとして高くない。しかし，長年の地道な調査を経て，かつての姿を知ることができる例が増えてきており，一部では復元・整備も行われている。こうした発掘や史料調査の成果は，多くの場合報告書の形でまとめられており，最近では地方自治体も積極的に公開につとめているので，現地に赴く前に調べておくとよい。

**近世の平山城・平城**　近世は日本城郭の発達・完成期であり，平山城と平城とによって特徴づけられる。

　平山城は20～100mほどの丘陵に築かれ，周囲の平地を取り入れた城で，城主の平時の居館と戦時の軍事的防塞の機能をかねあわせたものである。戦国の動乱をつうじ，各地の大名は築城に意をそそいだが，鉄砲の使用にともなう戦法の変化と，領国支配の利便とから，城は山上から丘陵部に下り，より大規模な平山城となったのである。築城技術も進んで堅固な高い石垣，広く深い水濠，堅牢な城門や櫓を構え，さらに物見台の機能と城主の権威とを示す壮麗な天守を備えるようになった。今は失われた織田信長の安土城（滋賀県）をはじめ，犬山城（愛知県）・彦根城

**松本城**（長野県）

(滋賀県)・姫路城(兵庫県)・松江城(島根県)・松山城(愛媛県)・高知城(高知県)・熊本城(熊本県)など，日本を代表する名城の多くは平山城である。それというのも，自然の要害に人工の塁濠を加えたところに城地がつくられ，外観の美しさと城主の威厳を示すのに十分な条件をもつからである。

平城は軍事上の要害よりも政治上の利便を主眼として平地に築かれた城である。江戸時代にはいって領国支配の拠点としての機能がいっそう重視されると，平地に城を構え，その周囲に城下町を構成するようになった。防備施設の大部分は人工的な石垣・土塁・水濠によるので築城に莫大な経費を必要とするが，それはまた領主の力を示すことにもなった。江戸城・大坂城・名古屋城・松本城(長野県)などが平城の典型と考えてよいだろう。

これら近世の城郭は，安土・桃山時代から江戸時代初期ごろに急速な発展をとげるが，徳川氏の政権が安定するにしたがい，1615年(元和元)の一国一城令や武家諸法度の整備によって，城郭の建設・修理が厳しく統制されるようになると，基本的には大きな変化はみられなくなった。

それでは，近世の城郭を全体の構成(縄張)，土木(石垣や堀など)，建築，そして城下町の順にみていくことにしよう。

**松江城天守**(島根県)

**犬山城天守**(愛知県)

# チャシと道南十二館

　北海道には，アイヌ語で「山の上にあって割木の柵をめぐらせた施設」を意味するとされるチャシが，道内でも道南・道東(とくに根室・釧路・十勝・日高地方)に集中してみられる。崖や堀を用いて区画し，地形上の位置から丘先式・面崖式・丘頂式・孤島式の分類が知られるが，平地に位置するものもある。チャシについては，(古代山城がかつてそう考えられていたように)軍事拠点というよりは祭祀の場としての性格が強いのではないか，という考え方もあり，まだまだ謎の多い施設であるが，サハリンの遺構との共通性など，今後研究が進めば，新たな視野が開けてくる可能性がある。

　一方，道南は，安東政季が1454年(享徳3)に東北地方の南部氏に敗れて現在の北海道に渡って以降，和人の支配域が徐々に拡大した。これに伴い和人が築いた城館が道南十二館と称される。これらがアイヌの大規模な蜂起(コシャマインの戦い)で陥落したのちに築かれたのが，ゆるやかな丘陵地を占める勝山館で，内外の多数の出土品にまじって骨角器もみられることから，アイヌと和人が混住していた証左と考えられている。

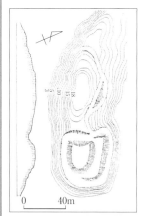

**釧路川流域チャシ跡群のモリシヤチャシ跡(右上)と平面図(上)**

**志苔館(北海道)** 道南十二館の一つ。

# 琉球のグスク

　グスクは12世紀以降にみられるとされ,現在までにおよそ300カ所確認されている。その最大の特徴は,おもに琉球石灰岩を利用した石垣で,曲線状に構築されている。軍事施設であるとともに,聖域としての性格もうかがえるが,まだ未解明な点も多い。建物が残っている例はほとんどないが,第二尚氏の時代に整備されて第二次世界大戦で失われた首里城正殿が復元され,ありし日の姿をみることができる。また,石材をゆるやかなアーチ状に積んだ門も特徴的である。

**今帰仁城**(沖縄県)

**首里城**(沖縄県)

## ▶城の縄張

築城にあたっては，まず場所の選定が重要になることはいうまでもない。所領地のなかでの位置，周辺の地勢との関係を考慮し，そのうえで城郭内部の配置を考えていくことになる。これが縄張である。当然その場所の地形を活かす必要もあり，土地の起伏や河川や海・湖との関係が重要となる。

曲輪の配置は，本丸・二の丸・三の丸と三重の曲輪を設ける例が多いが，地形や機能上の必要に応じてより多くの曲輪で構成されることもある。縄張にあたっては，それぞれの曲輪の独立性を保ちつつ，相互の関連や連なりも考える必要がある。縄張をどのように分類するかは意見が分かれるが，基本となる形式はつぎの三種である。

輪郭式：本丸を中心に二の丸，三の丸を同心円状に配置する。大坂城（大阪府）・駿府城（静岡県）・山形城（山形県）・二条城（京都府）など。田中城（静岡県）のような円形を描くものを円郭式と分類する場合もある。

梯郭式：本丸を頂点に，曲輪を梯状に重ねていく。萩城（山口県）・会津若松城（福島県）などがこの形式であるが，本丸の背面側が外部に直接接することから，背面が崖や河川などで要害をなしている必要がある。

連郭式：本丸を中心として両側に曲輪を連続的に配置する。彦根城（滋賀県）・水戸城（茨城県）・仙台城（宮城県）など。

とくに平山城などの場合，地形の制約に加え，防備上の配慮もあって，縄張はきわめて複雑になる。次ページの姫路城（兵庫県）はその好例である。

ほかに，特殊な縄張として洋式城郭がある。五稜郭（北海道）と龍岡

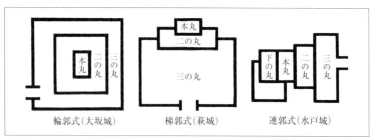

**縄張の基本形式**（概念図）

城(長野県)の2例しかないが，右図のように平地に五星形の濠を掘り，星形の突端に将棋の駒形の稜堡をつくる。これは防御の際に死角をなくして攻撃に備える工夫である。

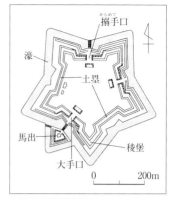

五稜郭平面図(北海道)

**縄張の工夫** 郭の配置とともに縄張にあたってさまざまな工夫がこらされた。そのおもなものをあげておこう。

虎口：城郭の出入口を虎の口にたとえてよぶもの。攻撃に対する防備，城兵の突出などの配慮をこらして構築される。下図の「無の虎口」は城外から虎口がみえないようにつくられたものである。

馬出：城門の前方にある小区画で，塁濠をめぐらし，柵門を建てて通路とする。騎馬軍突出用で，角馬出・丸馬出(→p.68)などさまざまな形があるが，通路の妨害になるので，近代にはいって多くが除却された。

枡形：虎口内外の方形の区画で，ここで敵兵を周囲より攻撃する。枡形門の項を参照(→p.209)。

横矢掛け：側面防備の方法で，城壁に屈曲を設けたもの。下図のように枡形とからめて構築する"横矢の枡形"もある。隅が四角に出張って，側面からの攻撃，防御に適している。

**姫路城の縄張** 姫路城は複雑・巧妙な縄張で知られている。この城は天正年間(1573〜92)には羽柴秀吉の居城であったが，1601年(慶長6)に

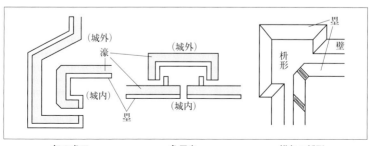

無の虎口　　　　　　　角馬出　　　　　　　横矢の枡形

3　城郭

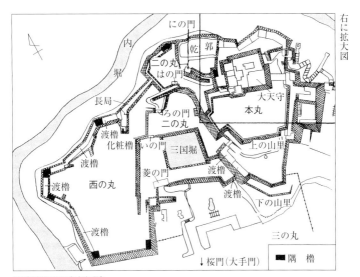

**姫路城縄張図**(兵庫県)

**姫路城の「はの門」付近**

池田輝政の居城となり、輝政はこれを大拡張して1609年(慶長14)にほぼ現在のような城を完成した。城は標高46mの姫山を中心とした平山城である。輝政はこの周囲に螺旋状の3重の水濠をめぐらし、内・中・外の3郭を構えた。総面積は約233万m$^2$(約71万坪)におよぶが、現在残っているのは内郭だけで、それでもなお面積は約23万m$^2$におよぶ。

城の正面入口は桜門とよばれる大手門(追手門)

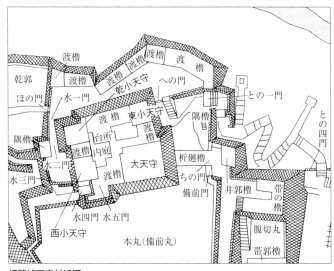

**姫路城天守付近図**

である。ここをはいると三の丸で，面積約7.4万m²のなかに多くの建物があった。池田氏は本丸(備前丸)に居館をおいたが，つづいて城主となった本多氏はここに居館を構えている。

　三の丸の北に菱の門があり，これをはいると二の丸(約2万m²)になる。ここにも多くの郭があり城門・櫓・塀で囲まれている。ここから本丸天守に至る表の道には，い・ろ・は・に・ほの5門がある。途中の道は左右から攻撃できる仕組みになっている。「はの門」付近で目前に大天守がみえるが，これから先の縄張はじつに巧妙で，迷路というにふさわしい。「にの門」をはいると乾郭で，その東の「ほの門」をこえると本丸にはいる。しかし天守までにはさらに水一の門から水五の門まであり，くねった道を通らねばならず，敵は容易に近づけない。こうしてやっと大小4天守からなる天守郭に達するのである。

　一方，「いの門」から右へ道をとっても本丸(備前丸)に通じるが，ここにも3門あり，枡形があって，大軍が攻めこむのはむずかしい。しかも本丸から天守へいくには，備前門から天守群の北をまわって，先ほどの水一の門へ向かわなければならない。

本丸のそばに俗に腹切丸という郭がある。内に井戸があり，水の確保に意を用いたことがわかる。本丸からくだると，四つの門を通って裏口(搦手)へでる。距離は近いが急勾配で防備もかたい。
　菱の門からはいって左手は西丸で，面積約1.2万m²の平坦地で鉄砲蔵・武器蔵などがあった。この東北隅に徳川家康の孫娘で本多忠刻に嫁いだ千姫が使用したという化粧櫓があり，下は倉庫，上は三つの部屋になっている。これに接して長局がのび，西側一帯の防壁になっている。この複雑・巧妙な縄張だけでも，まさしく難攻不落の名城の名に恥じないものがある。

**城郭の規模**　姫路城が総面積約233万m²もあったといっても驚くにはあたらない。徳川将軍家の本城，江戸城はこれをはるかに上まわる規模をもっていたのである。江戸城・大坂城の規模を表示すると左のようになり，概算して江戸城外郭(外堀の内側)

**江戸城・大坂城規模比較**

| | | 外郭 | 内郭 |
|---|---|---|---|
| 江戸 | 周囲 | 15.0km | 7.0km |
| | 東西 | 5.5 | 2.3 |
| | 南北 | 3.8 | 1.9 |
| 大坂 | 周囲 | 7.0 | |
| | 東西 | 2.2 | 1.1 |
| | 南北 | 2.1 | 1.1 |

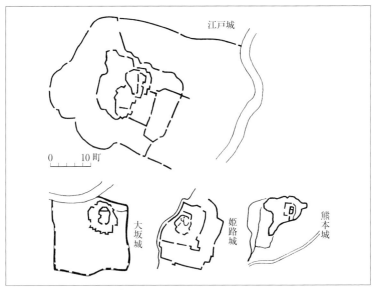

**主要城郭規模**(最盛期)**の比較**

の面積は約2082万m²にもなる。豊臣秀吉が築いた大坂城は当代随一の大城だったが、その外郭は江戸城の内郭(内堀の内側)に丸ごとおさまるぐらいでしかなかった。権力の大小は城の大小にもあらわれるのである。

## 城郭の修理

　近世の城郭建築、とくに天守は大規模で高さもあるため、修理工事もおのずと大規模になる。2015年(平成27)に大修理を終えた姫路城大天守(兵庫県)は、屋根の全面葺替、外部漆喰壁塗り直し、内部漆喰壁部分補修に加え構造補強を行ったが、柱・梁といった主要構造部材には手をつけない部分修理であったにもかかわらず、7年の歳月と多額の費用を要している。瓦を葺き替えるためには、雨露をしのぐために全体をおおう仮設覆屋を建設しなければならず、そのための重機の搬入路なども必要となる。建物から地下遺構に至るまで周囲すべてが貴重な文化財であり、かつ、そもそも天守に近づくのが容易でないようにつくられている堀や塀を避けながら、慎重な工事が行われた。

　前回の昭和大修理の際の覆屋は、写真をみると木材を組んだ足場で作業が行われているが、平成の覆屋はそれ自体が頑強な高層建築に近い。また、平成の大修理にあたっては、覆屋上部に見学スペースとエレベーターを設けるなど、現場の恒常的な公開も行われた。

**昭和大修理**

**平成の大修理の覆屋外観**

## ▶城の普請

縄張に次いで重要なのは土塁・石塁・濠などの土木工事であり、これを普請とよぶ。

普請でまず必要なのは労働力と資材の確保だが、とくに石垣築造の場合、巨石を多く必要とするので、石材の調達は困難であった。大坂城の蛸石や肥後石などの花崗岩はいずれも推定重量100tを超えるもので、瀬戸内の島から石積船で海中につりさげる方法で運び、陸上は修羅と丸太のコロを用いた。江戸城の石は多く安山岩で伊豆半島から運ばれている。

**石垣の積み方** 近世城郭を特徴づけるのは壮大な石垣である。石積みにあたって、まず長方形の捨石(松本城)や大木(江戸城)を敷いて基礎をつくり、この上に石垣を築いた。石垣の築造方法には大きく分けて3通りある。

(1)**野面積** 加工していない自然石を積む方法で、慶長期以前はほぼこれによった。石垣表面の隙間は間詰石で埋める。野面積にかぎらず、石

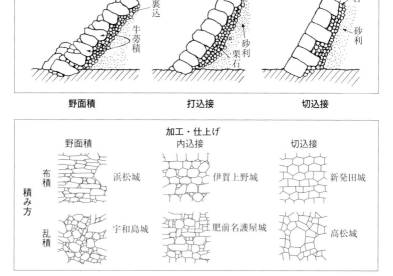

**石垣の種類**

垣を築く際に大切なのは裏込である。栗石と砂利を組み合わせて水はけを確保する。

**(2)打込接** 石材を加工して接合面を整えたもの。より安定性が増すために高く積むことができ、傾斜も急にすることができる。

**(3)切込接** 石材をさらに精緻に加工し、ほぼ隙間なく積み上げる手法。見栄えも良く、巨石が用いられることも多い。近世における土木技術のハイライトの一つといえるだろう。

また、これらの石を積む方法として、石の形に応じて積み上げていく乱積と、横に目地が通るように水平を意識して積んでいく布積がある。さらに、石垣の隅の部分は算木状に積むなどして整えられる。

**石垣の勾配** 防備面からいって石垣は高く、かつ急勾配がのぞましい。しかし、下図のような「下げ縄」は地盤が弱い場所では不安定で、土圧でくずれる心配もある。

そこでとられたのが「扇の勾配」とよばれる石垣の傾斜を内にくぼませる方式だが、「たるみ」もあまり緩斜面だと防備上問題になる。これを解決したのが「はねだし」で、底部はゆるやかだが、途中から急勾配になり、上部が突き出て敵兵をはね返すのである。加藤清正が熊本城・名古屋城などで試みた手法である。

**土居** 城の塁壁は石垣だけでなく、むしろ一般的なものは土居(土塁)である。

ふつうの土居は「たたき土居」とよばれ、粘土質の土をまぜてつきかためたものだが、標準的な断面は、

**熊本城**(熊本県)

**下げ縄・たるみ・はねだし**(左より)

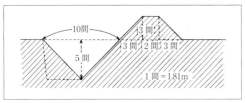

**標準的な土居と濠の断面**

左図のとおりである。こうすれば土居は安定するが、傾斜はゆるやかすぎるので、50〜60度にすることもあり、土居に芝を植えて「芝土居」にしたりした。また土居と石垣を併用し、上部を石垣にした「鉢巻土居」もある。

　豊臣秀吉は1591年（天正19）、京都の周囲に高さ5m、全長22kmにおよぶ土居をつくり幅18mの濠を設けた。これが御土居で、その一部が鷹ヶ峰付近に現存している。

　**濠**　城の塁壁の外側に濠（堀）もつくられる。濠には水のある水濠、水のない空濠、その中間の泥田濠などがある。水濠は平城によくみられるが、たんに仕切りや防御の意味だけではなく、城内から河川へつうじる連絡機能をもつものもあった。また、山城の場合は水の手（汲口路）として利用されることもある。空濠は山城に多いが、大坂城本丸南方の例のようにむしろ重要な個所に設置して舟で渡れないように配慮することもある。泥田濠は沼などを利用してつくった泥深い濠である。

　濠の掘り方でいえば、下図のように断面が方形の箱濠、三角形の薬研濠、底が丸い毛抜濠などあるが、薬研濠には片側が垂直な片薬研、両壁が傾斜する諸薬研などがある。

　濠の幅もさまざまで、数mから10m以上のものまであり、位置によって内濠・外濠・総濠という区別をつけることもある。

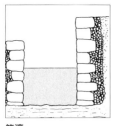

**箱濠**

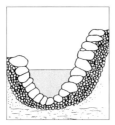

**薬研濠**（諸薬研）

## ▶城門と塀

縄張・普請が完了すれば、作事にかかる。平地には居館や倉庫、石垣上には城門・櫓・天守などの建築工事に着手するのである。

**城門** 城門は虎口に設けるが、正門を大手門、裏門を搦手門という。さらに城内各所に複数の門を開き、敵の攻撃に備えて防備をかためる。

門の形式は冠木門・棟門・薬医門などいろいろあるが(→p.140)、城郭に特有のものは櫓門と高麗門である。櫓門は石垣と石垣との間に渡櫓をわたし、その下に門を設けたものである。通常、大手門はこの形式をとるが、柱や扉など表面の一部ないし全部を鉄・銅などの金属板でつつんだり、鉄の帯や金具をつけて堅固な備えとすることが多い。

櫓門(彦根城太鼓門、滋賀県)

特筆されるのは櫓門と高麗門(2本の主柱の上には切妻の屋根をかけ、背後の控柱の上にもそれと直交する小屋根をかける形式の門)とを二重に配置した枡形門がつくられたことである。江戸城の桜田・大手門などがそれだが、濠にかかる土橋を渡ると高麗門につきあたり、それをはいると方形区画の枡形があり、カギの手にまがって櫓門にはいる仕組みである。せまい高麗門を押しいった敵を三方から攻撃することができる。

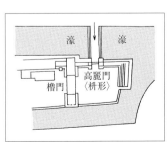

**江戸城桜田門平面図**(左)**と大手門全景**(東京都)

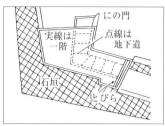

**姫路城「にの門」の構造**(上)**と全景**(右)
(兵庫県)

門にはさまざまな名称がある。珍しいものとしては特別の場合にしか開かない不開の門、出入口が食い違う喰違門、死者・罪人などを送りだす不浄門などもある。姫路城の「るの門」は石垣にあけた埋門で、いわば隠し門である。天守の入口にあたる「にの門」は、斜面の折れまがった通路の角に建つ二階建ての門で、扉一面に鉄板を貼るほか、天守への通路は地下につうじるという複雑な構造をもっている。城門がなければ城は機能しないが、最大の弱点にもなることからさまざまな工夫がこらされる。

**塀と狭間** 塀は内部を遮蔽するほか、攻撃の手段にも使われる。材質は古くは板塀が用いられたが、焼かれるおそれがあるので多くは土塀になっている。それも初めは粗壁だったが、しだいに築地塀にかわった(→p.62)。さらに、壁の表面に石灰・漆喰を塗った漆喰塀が多くなり、なかには腰部に平瓦を貼った海鼠壁もある。特殊なものには姫路城本丸(兵庫県)の

**姫路城の油壁**

入口にある油壁があげられる。砂と粘土をまぜて餅米の汁で練りかためたという堅固な壁である。名古屋城には大小2天守の連結部に1尺余の槍の穂を植えて忍び返しとした剣塀がある。そのほか，二重塀や太鼓塀(板壁の間に石や瓦をつめこんで弾丸の貫通を防止する塀)などもある。

**姫路城の狭間**

塀や櫓には，外部をみて矢・弾丸・石などを放つ小窓がある。狭間とよばれる銃眼である。矢狭間は縦長の長方形，鉄砲狭間は正方形・円形・三角形などさまざまだが，いずれも内側を大きく外側を小さくえぐり，内部からは攻撃しやすく外部からは弾丸がとびこみにくいように配慮してある。そのほか，

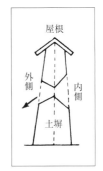

槍をつきだす鑓狭間，上下2段につくった二重狭間，石垣の間につくった石狭間などもあり，これらの狭間を適度にまじえている。姫路城では土塀の約3mに一つの割合で狭間があり，城内の景観を特徴づけてもいる。

**橋** 橋は架橋がふつうだが，特殊な場合には土塁状の土橋とすることがある。土橋は敵におとされる心配がないので出撃に便利なところに設け，また，濠の水位の調節機能もはたしている。江戸城大手門の土橋などはその例である(→p.209)。架橋は木造で，通常は通行に供するが，戦時には撤去して敵の侵入を阻止する役目をもっていた。彦根城(滋賀県)の天秤櫓につうじる橋はその例である。

特殊な形式の橋には，引橋・算盤橋などの水平にひきこむ橋があり，江戸城には上へ吊りあげる桔

**彦根城天秤櫓と橋**(滋賀県)

橋もあった。また、廊下橋といって上に屋根のある橋は、橋上の通行を見すかされず、弾丸や矢を防ぐ意味があるといわれている。

## ▶天守と櫓

　城内には多くの櫓がある。そのなかでいちだんと規模が大きく、城の中心的存在となるのが天守である。しかし、天守という名の語源、その詳細な用途、あるいはいつ建てられたかについて、すべて明確になっているわけではない。江戸時代以前の文献では、「殿主」「殿守」「天主」などがあてられていて、「天守」と書かれているものはむしろ少ない。本格的な天守の始まりとされる安土城(滋賀県)についての史料でも、「殿主」「天主」の両方が用いられている。その語源についての考え方もさまざまで、天下の主将を象徴するという説、武家の居館の呼称である「主殿」からの転化説、あるいはキリスト教の神デウスを当時「天主」と読んでいたことに着目する説もある。いずれにしても、天守は、中世からつくられるようになった望楼が、軍事的機能や象徴的・政治的機能をはたすものとして16世紀末から17世紀初頭にかけて急激に進化したものということができるだろう。

**天守の縄張**　天守は原則として、本丸の中心、城内の最高所におかれるが、その形式はつぎの四つに大別される。

　独立式：他の建物から分離して1基の大櫓が独立するもの。弘前城(青森県)・丸岡城(福井県)・徳川大坂城(大阪府)など。

　複合式：天守に櫓が付設されるもの。彦根城(滋賀県)・松江城(島根県)などがこの例で、天守への入口を強化する目的をもつ。

　連結式：独立した2基の天守を連結したもの。名古屋城(愛知県)・熊

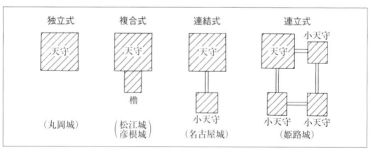

**天守の縄張形式**

本城(熊本県)がこの例である。また,松本城(長野県)のように小天守と櫓を連結したものもあり,いわば複合連結式とでもよぶべきものである。

連立式:大天守に2基以上の小天守がつき,これを連結して天守曲輪を形成するもの。姫路城(兵庫県)・伊予松山城(愛媛県)などがその典型である。

**天守のある城郭** 天守の構造を調べるにあたって,まず,昔の天守が

## 天守雛形

城郭はプラモデルの題材にもなっているし,城郭あるいは城下町の復元模型は各地の城での展示の目玉になっているが,近世にも天守の模型(雛形)がつくられていた。その目的は,設計にあたって検討するためのものもあれば,「みる」ためのものもあるが,単独でみても,また実際の建物と対照させて考えても興味深いものである。現在残る江戸時代にさかのぼる天守雛形は小田原城(3基,神奈川県),松江城(島根県),宇和島城(愛媛県),大洲城(愛媛県),延岡城(2基,宮崎県)しかなく,実際の建物とセットで残されているのは松江・宇和島の2城のみである。写真の松江城天守雛形は,1638年(寛永15)から1743年(寛保3)までの間につくられたものと考えられており,平面方向と高さ方向で縮尺を変えて高さが強調され,また部材の太さなども縮尺は正確ではないが,構造的には一部省略があるものの比較的正確で,その特徴をよく示している(→p.197,219)。由緒書きには代々藩主が天守にあがる際に御覧になったとあり,設計に用いられたのちに「みるためのもの」に転じたと考えられている。

**松江城天守雛形**(松江歴史館)

現存している城を確認してみよう。

　明治期以降まで残った天守は全国で19あったが、戦災で6、戦後火災で1（福山城〈松前城、北海道〉）が失われ、現存する天守は下表の12城である。これらはいずれも国宝または重要文化財の指定をうけている（＊は国宝）。なお、慶長年間（1596～1615）に建てられた熊本城宇土櫓も、その規模あるいは来歴から、これらに並ぶものと考えてよいだろう。

| 弘前城（青森県） | 天守（3重3階） | 1810年（文化7） |
| --- | --- | --- |
| ＊松本城（長野県） | 天守（5重6階）、小天守・櫓3 | 1615年（元和元）ころ（諸説あり） |
| 丸岡城（福井県） | 天守（2重3階） | 寛永期（1624～44） |
| ＊犬山城（愛知県） | 天守（3重4階） | 1601年（慶長6）、1620年増築 |
| ＊彦根城（滋賀県） | 天守（3重3階） | 1606年（慶長11）移築 |
| ＊姫路城（兵庫県） | 大天守・小天守3・渡櫓など | 1608年（慶長13）、1609年（同14） |
| ＊松江城（島根県） | 天守（4重5階） | 1611年（慶長16） |
| 備中松山城（岡山県） | 天守（2重2階） | 1681年（天和元）～83年（同3） |
| 丸亀城（香川県） | 天守（3重3階） | 1670年（寛文10）ころ |
| 松山城（愛媛県） | 天守（3重3階） | 1854年（安政元） |
| 宇和島城（愛媛県） | 天守（3重3階） | 1664年（寛文4）～65年（同5） |
| 高知城（高知県） | 天守（4重5階） | 1747年（延享4） |

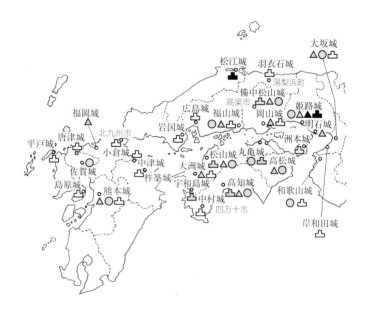

**彦根城天守**（滋賀県）

近世のおもな城郭所在地

| 記号 | 種別 |
|---|---|
| ■ | 国宝天守 |
| 凸 | 重文天守 |
| 凸 | 復興・復元天守 |
| ▲ | 国宝櫓 |
| △ | 重文櫓 |
| ● | 国宝の門・御殿等 |
| ○ | 重文の門・御殿等 |
| ■ | 洋式城郭 |
| ○ | 市・町名 |

3 城郭

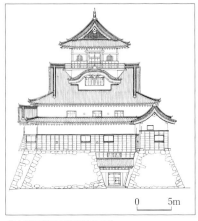
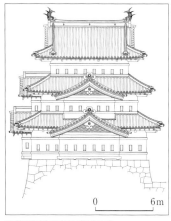

犬山城天守立面図(愛知県)　　弘前城天守立面図(青森県)

**天守の外観**　天守の数は残存していないものを含めてもさほど多くはないが，その規模，外観などはそれぞれ個性的である。天守の形式としては望楼型と層塔型の二つに分けられる。これまで，時代とともに望楼型から層塔型に変化したと考えられてきたが，各天守の年代について再研究がなされてくると，そのような理解だけでは説明がつかなくなってきている。

(1)**望楼型天守**　望楼型は比較的大きな入母屋屋根の下層部分の上に，望楼部をのせる形である。丸岡城天守(福井県)や犬山城天守(愛知県)がその代表的な例で，犬山城天守をみると外観を白漆喰塗の大壁(柱型をみせない)とする下部が大きく，上部は対照的に小ぶりで真壁(柱型をみせる)である。このような上下で対照的な外観を有するのは望楼型天守の最大の特徴である。なかでも犬山城の場合は増築の経緯と関係がある。

犬山城の創建年代は，古くは1537年(天文6)に美濃金山城として建てられたものを，1599年(慶長4)に犬山に移築したとされていたが，解体修理工事の結果，移築されたものではないことが判明し，その後の研究の成果から1・2階は1601年(慶長6)に建てられ，3・4階はそれから15年ほど後の1617年(元和3)ごろに増築され，さらに3階の(望楼部分の下)唐破風はその後の改造であるとされている。したがって，犬山城

は文字通り下層の上に望楼部分を「載せる」ことによってできているのである。

**(2)層塔型天守**　一方，弘前城天守（青森県）をみてみると，下層が御殿風になることはなく，上層になるにつれ規模が小さくなる割合も少なく，上層から下層まで共通するデザインとなっている。犬山城でみられたような最上層の高欄付きの縁もなく，一見して物見台としての性格がはるかに弱くなっていることがわかる。他方で，千鳥破風を重ねることで外観のアクセントとしている。この千鳥破風は構造的な意味はほとんどなく（そればかりか，屋根面の防水の弱点となって雨漏りを生じやすい），天守の権威の象徴としての役割がより重視されるようになったことを示している。

**天守の鯱**　鯱は想像上の海魚で，頭は虎に似て波をおこし雨を降らすという。その勇壮な姿が好まれて室町時代末期から城郭の棟飾となった。意味は寺院の鴟尾と同じで，火災を忌みそれを防ぐためのまじないである（→p.146）。

丸岡城のそれは石造だが，多くは瓦で，姫路城の大天守には11カ所におかれている。名古屋城には大天守に1対だけしかないが，木造の芯材に鉛板を張り，上にうろこ形に金の延板を貼った豪華なもので，北の雄は2.63m，南の雌は2.57mの高さがある。鯱も城によって個性が違うのである。

**天守の構造と機能**　天守は，日本の歴史的な木造建築のなかで数少ない高層建築である。高層建築としてはほかに塔があるが，こちらの場合上部はほとんど内部空間をもたず（人間がはいりこめる隙間もないことが多い），天守にはほかではみられない構造上の工夫がみられる。姫路城大天守（兵庫県）では地下階から最上階の床下まで2本の通し柱が立てられているが，こうした長く太い材木は当時であっても入手が難しかったと思われ，その後は2階分の柱を使い，上層の荷重を位置をずらしながら下層に伝えるようになっている。柱だけでなく横方向の梁や，もっとも重要なその接合部に注目した研究も行われている。

ところで，実際に天守はどのように使われていたのであろうか。天守の建築年代をめぐる定説がみえにくいなかで，順序立てた理解は難しいが，物見台としての性格は当時の社会情勢の変化に伴い，とくに後期で

3　城郭　**217**

**最上層からの眺望**(松江城天守から城下と宍道湖を望む, 島根県)

はしだいに弱まっていったであろうことと, 城主の居住, あるいは接客等を意識した内装があったと考えられる部屋と, 倉庫的な性格が強い部屋があること, ただし同時に日常の生活空間とは考えがたいことは確かである。望楼から領地を眺めたであろう城主の気持ちを想像しながら, 研究の進展を待ちたいところである。

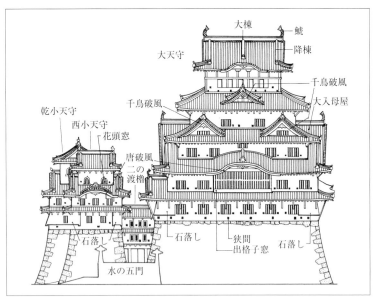

**姫路城天守　南, 正面図**(兵庫県)

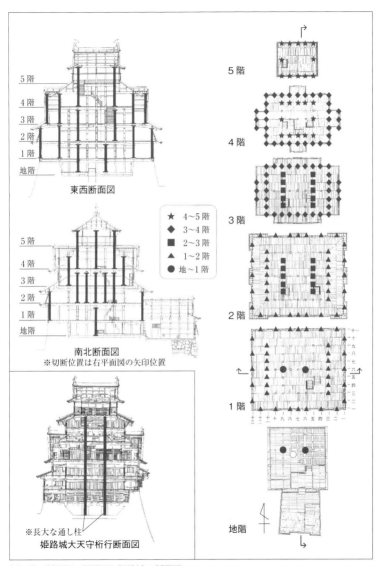

**松江城の断面図・平面図と姫路城の断面図**

**天守の防御** 展望を主体とする初期の天守には少ないが，安土・桃山時代〜江戸時代初期につくられた天守には多くの防御設備が設けられていた。

一つは攻撃設備で，矢狭間・鉄砲狭間に加えて石落しがある。建物の角のところの壁を張りだし，床を揚蓋とし，そこから石を落としたり，射撃したりするのである。これがさらに発達すると，建物の中央部に設けられたり，破風の間に隠す隠し石落し・隠し狭間などがつくられたりするよう

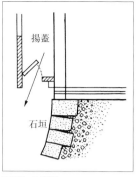

**石落しの構造**

になった。松本城・姫路城・名古屋城などに好例がある。

第二は壁の強化である。防火のためには壁を塗りごめにするが，攻撃に備えて，羽目板を厚くしたり，二重壁を設けたりする。

第三は籠城設備で，地下の穴蔵には鉄砲・火薬・武具，米・塩などを貯蔵し，井戸も設ける。また，各階の周囲には武者走りという廊下をつくったり，二重扉をつくったりする。

**櫓** 櫓は矢倉・矢蔵とも書き，武器・食糧の貯蔵と防御とを目的とする構築物である。

櫓には独立のものと長屋状のものとがある。独立のものは曲輪の隅の塁上にあって隅櫓とよばれ，2重もしくは3重のものが多い。長屋状のものは多聞櫓（城塁上に長く連ねる櫓），櫓をつなぐ渡櫓・続き櫓などがあり，1重もしくは2重である。この櫓と門とが結合したのが櫓門である。通常塗りごめとし，窓と狭間をもち，展望・射撃に用いる。

櫓は位置・用途・形状などにより，多くの名称

**姫路城天守内の渡櫓2階**（兵庫県）

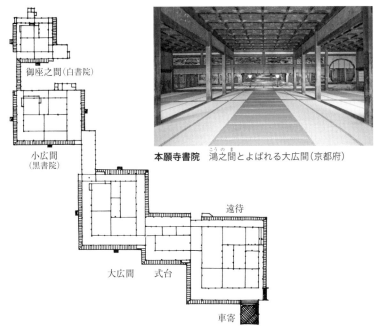

**本願寺書院** 鴻之間とよばれる大広間（京都府）

二条城二の丸御殿平面図（京都府）

がある。井戸櫓・太鼓櫓・時鐘櫓・鉄砲櫓・人質櫓・着到櫓などである。かわったものに、天秤櫓（彦根城）・化粧櫓（姫路城）・月見櫓（松本城）・富士見櫓（江戸城）などがある。

**城内の殿舎**　天守や櫓のほか、城内には多くの建物がある。さまざまな武器蔵や食糧蔵はもちろんのこと、城主の居館・政庁、士卒の住宅から領民の住宅まで、郭内に取り込むこともある。

興味深いのは城主の居館だが、そのほとんどが失われた。第二次世界大戦までは名古屋城本丸御殿があったが、それも戦災で焼失し、現在残る大規模なものは二条城二の丸御殿だけである。

二条城は徳川家康が宿館として建設したもので、現在残る二の丸御殿は、築城時に建てられたものを1626年（寛永3）の後水尾天皇行幸のために大改造した姿である。上図のように車寄からはいると、遠侍（警

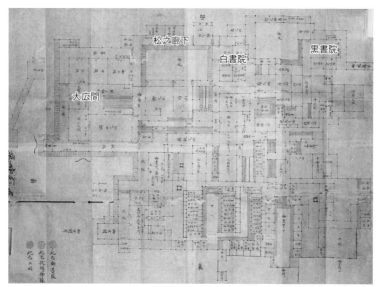

**「江東御城御殿中表向絵図」**（千代田区立日比谷図書文化館）

固武士の詰所）・式台・大広間（将軍の表対面所）・黒書院（将軍の内対面所）・白書院（将軍の居間）が雁行して並んでいる。これらは，式台を除いていずれも一之間から四之間および中間の帳台（本来は寝所）からなり，内部は豪華な襖絵や金具でかざられている（→p.228，338）。

残念ながらすでに建物は失われているが，江戸城（東京都）をはじめとする近世の城郭の御殿部分は，詳細な絵図が残されていることが多く，その様相を知ることができる。

上図は江戸時代後期の江戸城本丸御殿のうち，「表向」といわれる執務空間の平面図である。広大な屋敷に大広間や松之廊下などよく知られた要素が配置され，それぞれの部屋は幕府の機能，あるいはそこにひかえる武家の家格に関連する。城郭のさまざまな機能のうち，行政官衙としての側面の最終段階をここにみることができる。

## ▶城下町の建設

城のもつ軍事的，政治的役割のいずれからしても，城下町の計画は重要であった。平山城であれ平城であれ，とくに近世にあっては城下町は

城郭と不可分のもので、一体として計画されたのである。

**城下町の囲い**　日本の城下町は一般にその周囲に城壁をつくらない。しかし、城の外郭のなかに町を取り込んだ例はいろいろある。犬山城(愛知県)などもその例で、木曽川をせおった北側に本城を構えたうえ、南方の外濠内に町を建設し、ここに枡形と木戸とをもつ門を開いたのである。

**城下町の町割**　犬山城のような平山城の城地は自然の要害を選んで定められるから、規則正しい町割は困難であり、城下町建設においては、いかにして城の安全を守るかという点が重視された。ここでは彦根の城下町の町割を考えてみよう。

彦根城(滋賀県)は西方に琵琶湖、北にその入江をひかえた平山城である。この城を守るため、まず城の周辺に上級武士の屋敷地をおいた。続いてその外側に商工業者の町屋敷を配置するが、それも職業別にまとめている。さらにその外側に下級武士の屋敷地を設け、警固の任につかせている。

注目されるのは寺社の配置である。彦根の場合、町の要所に配置して戦時の砦の役目をはたさせようとしているが、このように、城下町のなかに寺町をつくり、防御線を形成している例も多い。

つぎに注目したいのは道路のつけ方である。道は各所で食い違い、屈折して、簡単には城門に近づけないようになっている。伊勢松阪(三重県)の城下町のように、家並みが道路に並行しないよう凹凸に出入りさせている例が各地でみられるのもそのためである。

**町の制度**　城下町は封建都

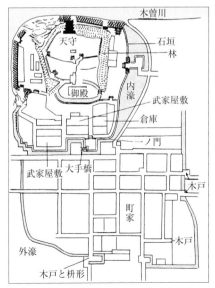

犬山城の城下町概念図(1867年〈慶応3〉)

3　城郭　**223**

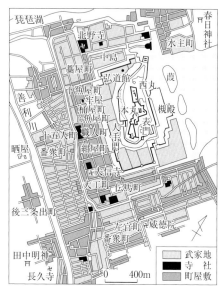

**彦根城城下町**(滋賀県)

市で武士中心に考えられているが、屋敷地の配当でもわかるように身分意識が強かった。武家の屋敷地にしても、石高の多少に応じて屋敷の大きさが規制され、門構えの種類まで決められていることが多い。

また、日本の都市の最大の敵である火災への対策も真剣に考えられた。江戸の町は、明暦の大火(1657年〈明暦3〉)を機として町全体の防火体制が考えられた。大名火消のほか、町火消の制もととのえ、火除地を設け、建築に際しては、軽くて安価な桟瓦を用いたり、外壁を塗りごめた土蔵造を用いることを奨励した。小江戸とよばれる川越(埼玉県)などにもその面影がよく残っている。また、防犯対策も考えられ、町ごとに木戸をおいて、不審な人物の出入りを規制するなどしたのである。

# 4. 町並みと住宅

## ▶住宅の歴史

現代の住宅は，環境や生活形態によって形が決まることは少ないが，住宅の歴史的な変遷をみてみると，風土・社会・生活を色濃く反映しながら発達してきたことがわかる。

**竪穴住居** 縄文時代の竪穴住居(竪穴建物)は，すべての機能をおさめた土間のワンルーム住居で，おそらく住居の原型といえる。茅葺屋根のイメージがあるが，御所野遺跡(岩手県)の土葺屋根(→p.30)や，勝坂遺跡(神奈川県)の笹葺屋根など，発掘成果によって多様に復元されている。また，三内丸山遺跡(青森県，→p.28)では巨大な建物跡がみつかり，たんなる住居ではなく，人びとが集まって暮らす様子が思い浮かぶ。

**豪族・貴族の家** 古墳時代のころには，豪族(首長)の館(→p.43)を中心に数種類の建物があったことが家屋文鏡から知られ，床を張ることで竪穴の暮らしから進んだ建物も確認できる。大陸から寺院建築が伝わるとともに，奈良時代の貴族の住宅は大陸風を取り入れつつも，独自の形式となった。

**寝殿造** 平安時代の貴族は，優雅な生活にふさわしい理想的な住宅を創造した。縁や廊で建物を結びつつ池泉などの自然と調和し，障子・襖や几帳で室内を自在に区切るなど，日本的家屋や生活様式の原型であ

**笹葺屋根**(勝坂遺跡，神奈川県)

**家屋文鏡の建物模式図**

4 町並みと住宅 | **225**

**東三条殿復元模型**(国立歴史民俗博物館)

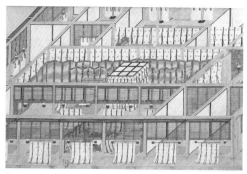
**襖や几帳で区切られた室内**
(『類聚雑要抄指図巻』国立歴史民俗博物館)

**地方豪族の武家屋敷**(『法然上人絵伝』知恩院)

る。現存する例はないが,絵画や,京都御所や平等院鳳凰堂(ともに京都府)などから,その様子がしのばれる。

**武家の住居** 中世に力をつけた武士も,寝殿造を簡略化して取り入れ,遠侍・馬屋などの武備的な部分を加えて武家の屋敷をつくりはじめた。

**書院造の発達** 室町時代には,禅宗寺院の書院の影響をうけて,住宅にも床・棚・付書院が取り入れられ,襖や障子を立て,畳を敷き詰める書院造が登場する。これが日本住宅の原型で,安土・桃山

床の間の発生(『慕帰絵』に描かれたもの)

京の町家(『洛中洛外図屏風』国立歴史民俗博物館)

時代までには大名や武士の屋敷に用いられるようになった。

**近世以後の農家・町家** 貴族や武家の建物と異なり，庶民の住宅(民家)は中世に生産的な機能を備えながら，床を張り，通り土間などを設けるようになった。近世には書院造を取り入れて接客空間をつくりはじめ，農家と商家の違いも確立した。

## ▶書院造

下の模式図は書院造の典型例であり，これが室町時代の僧や武家から，近代の庶民住宅までに普及して，いわゆる日本的な座敷となる。

**足利将軍の邸宅** 8代将軍足利義政が東山(京都府)に営んだ山荘には，常御所(日常生活の場)と会所(接待所)がつくられ(現存せず)，別に観

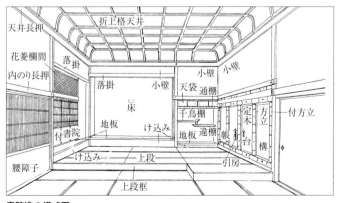

**書院造の模式図**

4 町並みと住宅 | 227

**東山殿復元図**

**東求堂同仁斎**(慈照寺, 京都府)

**二条城二の丸御殿大広間**(京都府)

音殿(銀閣)と東求堂(その一室が同仁斎)が設けられた。会所と同仁斎には床(押板)・棚・付書院などがあり,明らかにそれまでの寝殿造とは異なっている。この床・棚・書院などは上級階級の人びとが,諸道具をかざり書見をするなど,生活の必要から備えられたもので,ここに書院造の萌芽が認められる。

**大名の書院造** 二条城(京都府)は江戸時代には将軍が上京したときの居館で,京都では最高級の建物であった(→p.221)。二の丸には遠侍・式台・大広間・黒書院・白書院の大建築が雁行して建っているが,これは足利将軍邸の常御所と会所にあたる。大広間は諸大名を引見する主要な建物で,金碧の障壁画・欄間・格天井など豪華絢爛をきわめ,圧倒的な権威を誇示する。上段の間の大きな床と違棚,左手の付書院,右手の帳台構(寝室・納戸などの構え)がつくられ,書院造の完成形である。

**書院の客間化** 一部に敷かれていた畳を全体に敷き詰め,天井を張り,引戸の板戸・障子・襖で仕切るなど,書院造は日本家屋の原型となった。

元来，居間兼書斎であった書院が，客をもてなすもっとも重要な客間になったのは，近世大名の影響である。

近世の名主・庄屋クラスの家に書院造が取り入れられたのは，藩主や代官を迎える部屋としてとくに許されたものである。

## ▶数寄屋造

書院造が武家の客間として完成した一方で，その下屋敷や隠居所などは瀟洒な住宅風にととのえられた。これらは書院造に草庵茶室の趣を取り入れたもので，くつろぎの欲しい内向きの建物に用いられ，江戸時代に流行した。この数寄屋造は明確な定義づけがむずかしく，漠然とした日本建築の良さというようなところがある。

**宮家の別荘** 桂離宮（京都府）は，江戸時代初期に八条宮智仁親王父子2代にわたって京都西郊桂川のほとりに造営された。

雁行する古・中書院と新御殿の高い床と細い部材（柱など）は，簡素で軽快で

**桂離宮古書院**（京都府）

**桂離宮の書院群** 向かって右から，古・中・新書院

4 町並みと住宅 229

**野村碧雲荘の大書院**(京都府)

ある。内部も書院造に特徴的な面取り角柱や長押，豪華な彫刻欄間を避けて，面なし角柱や自然さを残した面皮柱が用いられる。天井は竿縁天井で簡略にし，書院造の定型をくずした床の間にする。古書院は簡略化されつつも謁見の間として格調高く，新御殿は当主の居所としてやわらぎがあり，かつ生活の間として機能的に各部屋が構成されている。

**近代和風住宅へ** 成巽閣(石川県)は加賀藩主前田斉泰が母のために建てた書院・茶室を含む建物で，女性の住居らしい，やすらぎのある雰囲気をもつ大名の数寄屋といえる。このように近世をつうじて好まれた数寄屋造は近代にもうけつがれ，宮家に加えて官僚や実業家の邸宅として洋館に劣らず建てられた。京都の南禅寺近く，野村財閥を築いた野村徳七の碧雲荘など，これらが日本の和風住宅(木造住宅)の到達点といえる。

## ▶庶民の住宅

日本の民家の美しさは屋根に代表されるといえるが，それぞれの地方的特色をみせて，どっしりと構えた姿は美しい。基本的には，寄棟・切妻・入母屋造が用いられ，材料は，草屋根(茅葺)・板屋根・瓦屋根などである。しかし，高度経済成長期以降，新築住宅に伝統的な建物が少なくなり，とくに，外観上めだつ屋根や全体の造りの変化がはなはだしい。ことに都市部の瓦屋根の町並みや，郊外の草屋根の民家は文化財をのぞくと消滅しつつある。

## ▶農家

**養蚕の隆盛** 古代から行われていた養蚕は，近世から盛んになり，昭和初期に絶頂期を迎えた。養蚕が盛んだった地域では，できるだけ多くの蚕を育てようと家屋に工夫を加え，地域色豊かな民家が生まれた。上州や甲州から武州にかけてみられる兜造は，通風・採光のため屋根を切りあげ，兜をかぶった形にみえる。合掌造は五箇山(富山県)や白川郷(岐阜県)を中心にみられ，大きな屋根裏に何層にも床を張って養蚕を行った。ほかにも信州の大型民家の本棟造や但馬地方の多層階養蚕民家などがあり，養蚕は日本中の民家に影響をおよぼした。

**厩** トラクターやトラックのない時代，馬は農家の貴重な役畜で，土間を掘り下げた厩では，馬に藁を踏ませて肥料もつくりだしていた。この厩を雪国では主屋の角屋(突出部)につくることがあり，太平洋側ではL字型に厩を突出させ，俗に南部の曲屋とよばれている。日本海側では厩だけでなく出入口も角屋に設けており，中門造とよばれている。このような主屋に設けられた厩を内厩とよぶが，主屋と別棟の外厩は中国・四国・九州に多かった。

**釜屋** 厩を別棟にする地域では，同時に炊事場となる土間も別棟(分棟)にすることがある。一つひとつの

兜造(富沢家，群馬県)

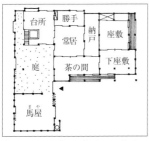

曲屋の間取り(旧工藤家，元岩手県〈神奈川県日本民家園に移築〉)

くど造(平川家，福岡県)

4　町並みと住宅　**231**

**大和棟**(中家, 奈良県)

建物が小さくなるため, 藩によっては規模(梁間)の規制という政治への対応でもあった。佐賀平野の「くど造」はそのような対応をしながら棟をまとめた形状で, 上からみるとコの字の屋根になっている。一方で分棟の民家は, 沖縄から東海地方, 房総半島に分布することから, 台風への備えや南方(黒潮)の文化という説もある。

**瓦の普及** 町家のイメージが強い瓦葺屋根も, 近世をつうじてしだいに農家にも普及する。とくに畿内では, 切妻の草屋根と瓦屋根を組み合わせた高塀造(大和棟)が分布し, 三角形の切妻の漆喰壁と草屋根の対照は洗練された美しさをみせる。密集する環濠集落では類焼防止を目的とした。ほかにも淡路島などの瓦を供給する地域の民家は, 四方の下屋を瓦葺とする四方蓋造が知られている。

## ▶農家の間取り

竪穴住居のワンルームから, 農家は必要な農作業や炊事のための土間と, 寝間を分化させ, 発達させた。これに広間や座敷が加わって3室, 4室と部屋数を増やし田の字型などの間取りが生まれた。

**土間** ニワとよぶことも多く, 藁を打って縄をなうなどさまざまな作業を行う生産や調理の場。広大な土間もそれだけの広さが必要だったからで, その空間をつくる梁組も見どころである。時代とともに広く, 梁も太くなるが, 別棟の農作業小屋を建てることもある。

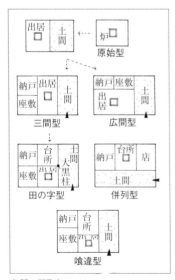

**各種の間取り**

**出居(広間)** 土間のワンルームに,床上(オウエ)が加わり,間取りが発達したと考えられる。その初期には,藁を敷き込んだ土座の場合もあった。寝室や居間,接客など複合的な役割であった。竹や板の床の時代を経て,近世後半ごろからようやく畳が敷かれるようになる。

**座敷** 広間が居間風になるにつれて,土間からみて奥の庭に面した部屋が,接客の室として座敷になる。床の間や縁側をつけ,書院造の体裁をととのえるようになる。また,仏壇や仏間も近世中ごろから普及する。

**寝室** 納戸・寝部屋とよぶところが多い。部屋が閉鎖的で,敷居の段差をもうけた帳台構(→p.234)は,書院造につうじる古い形式である。また寝藁が散逸しないための構えでもある。

**台所** ダイは食物・食事のこと。炊事・調理の場が土

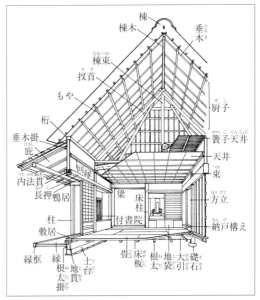

**民家の部材の名称**

**土間の梁組**(粕谷家,東京都)

**土座**(旧広瀬家,神奈川県)

4 町並みと住宅 233

**押板と帳台構**(旧北村家, 神奈川県)

**囲炉裏と座席**

間・板間と別々の場合と両方にまたがっている場合とがあり，板間を勝手といって区別するところもある。しだいに炊事・調理が同一場所になった。

**囲炉裏** 明り・暖房・煮炊きを兼ねるが，囲炉裏だけの家や竈だけの家がある。囲炉裏はもともと地炉であったのが床上の広間にあがったのであろう。横座に主人，カカ座に女房，竪座に客と，すわる場所がきめられる。

鍋・茶釜などをつるす自在鉤にも注目しよう。止め木の魚・猿などの細工がよい。魚を使うのは，火を防ぐという信仰によると考えられる。

### ▶町屋（家）

町が発達してくると，家屋が建て込んでくるので，道に面する間口を割り当てられて縦長の敷地いっぱいに建てるようになった。江戸時代の町屋は道路に面して店を構えて並ぶので，各戸の裏庭が共同の広場のようになり，井戸や祠を設け

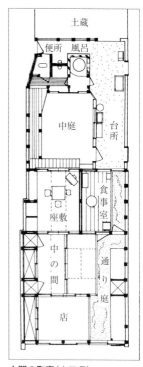

**上関の町家**(山口県)

犬山城と城下の町屋(愛知県, 復元模型)

たりした。

**商家の造り**　家屋が建て込むと, 火事が起きた場合に容易に類焼することになる。そのため商家は城のように瓦葺にしたり, 土や漆喰で塗り込めて類焼に備えることが近世をつうじて広まった。う

うだつの町並み(脇町, 徳島県)

だつ(袖壁)や土蔵も火災への備えで, 脇町(徳島県)にはうだつの商家が並ぶ。高山(岐阜県)では土蔵を並べて防火帯にしている。

**商家の間取り**　商家は, 間口が狭く, 奥に深い敷地になるので, 各部屋の配置は縦長になる。入口から片方に寄って通り庭の土間が奥に通じ, それに沿って表の店, 中の間, 座敷と3室が並ぶ。大きな家では, これが2列になって6室になることもある。通り沿いの2階は物置などに使用される低い部屋があって, つし二階とよばれるが, 明治時代以降は総二階になって居室に利用されるようになる。

4　町並みと住宅　235

## ▶歴史的町並み・集落

　歴史をもつ古い町を歩くと，ある懐かしさとともに文化や伝統のすばらしさを感じる。高度経済成長期以降，歴史ある町並みは開発とともに失われつつあったが，1975年(昭和50)に伝統的建造物群保存地区(以下，伝建地区)の制度ができ，観光とあいまって，町並み保存の動きが広がることで，かろうじて残されている昔の風情のある町のたたずまいが見直されだした。いまでは，京都(京都府)や萩(山口県)など各地で，複数の伝建地区と現代の開発を織りまぜた，懐かしくも魅力的な歴史や文化を活かして暮らすまちづくりがはじまっている。

　**海辺の町・集落**　海岸沿いの町並みには，航路上の港町，漁師が住む漁村，船主の集落，島の集落などがある。古代・中世以来の美々津(宮崎県)や鞆の浦(広島県)，幕末から明治時代に開港地として栄えて洋風建築が建ち並ぶ函館(北海道)や長崎(長崎県)，舟屋が海辺に建ち並ぶ伊根浦(京都府)，若狭湾から京都までの物流は，城下町小浜(福井県)から川船で宿場町熊川宿(福井県)に至り，その後陸路や琵琶湖をつうじて結ばれるなど，水上交通がいかに盛んであったかを知ることができる。

　**山の集落**　平家の落人伝説が残るような山間地には，石垣でわずかな平坦地をつくったり，斜面にはりつくようにして住居を建てる集落がある。東祖谷(徳島県)や椎葉(宮崎県)はその最たる例である。山里では水田が狭隘なので，かわりに養蚕や果樹栽培などが行われ，上条(山梨県)や花沢(静岡県)は特徴的な民家が建ち並ぶ集落となっている。

**舟屋の漁村**(伊根浦，京都府)

　**宿場町**　現代でいえば，駅前や高速道路のサービスエリアのような町で，江戸時代には五街道や脇往還沿いに本陣・旅籠・問屋・茶屋・枡形・高札場などが設けられた。東海道の宿場では関宿(三重県)が唯一の伝建地区である。中山道の木曽

路には妻籠宿と奈良井宿(ともに長野県)があり、歩き旅で訪れる人も多い。

**産業と結びついた町** 有松(愛知県)は、江戸時代のはじめに開かれた東海道の間宿で、有松絞が有名である。往来に豆絞の手拭を売ったのが好評で、三河・知多の木綿産地をひかえて発達した。括り・絞りなどの手仕事に広いスペースが必要で、店の広い間口も往来の目を引くためで、絞商の豪壮な店構えは往時の盛んなさまをしのばせる。

ほかにも、藍で知られた脇町(徳島県)や、醬油発祥といわれる湯浅(和歌山県)、弁柄(赤色顔料)で繁栄した鉱山町の吹屋(岡山県)、塩で栄えた竹原(広島県)、蠟では内子(愛媛県)など、昔の産業の面影を残している。

**社寺と結びついた町** 寺内町あるいは環濠集落として知られる今井町(奈良県)や富田林(大阪府)は、中心となる寺院も重要文化財として現存し、戦国時代の防衛的な町のあり方を伝えている。戸隠(長野県)は宿坊が建ち並ぶ門前町で、赤沢(山梨県)は講の宿であり、信仰のさまざまな形を伝えてくれる。

**武家町** 城のまわりには、家臣など武士の屋敷地が広がるのが一般的で、東北の弘前(青森県)や金ケ崎(岩手県)は生垣で、九州の出水麓・入来麓・知覧(ともに鹿児島県)では石垣で屋敷を囲み、地方色ある武家の町並みが楽しめる。門や座敷側の格式を備えるための庭木に対し、裏側の果樹は、武士の暮らしの実情をしのばせる。明治時代以降は市街地化にともなって、大きな建物の用地になる場合や、萩(山口県)の武家町でのミカン栽培のように、果樹栽培に転じることもあった。

**城下町** 加賀百万石の城下町として知られる金沢(石川県)は、金沢城跡を取り囲む武家町、寺町の卯辰山麓や

**東海道の宿場町**(関宿、三重県)

4 町並みと住宅

| 重要伝統的建造物群保存地区 2019年(令和元)現在 | | |
|---|---|---|
| ▼ 武家町・社家町 | | |
| ● 商家町・宿場町 | | |
| ▲ 農村・山村 | | |
| ■ 港町・漁村 | | |

【愛媛県】
●八日市護国(内子)
●宇和町卯之町(西予)
【高知県】
●吉良川町(室戸)
▼土居廓中(安芸)
【福岡県】
●八女福島(八女)
●黒木(八女)
●筑後吉井(うきは)
▲新川田篭(うきは)
▼秋月(朝倉)
【佐賀県】
●有田内山(有田)
●塩田津(嬉野)
■浜庄津町浜金屋町(鹿島)
●浜中町八本木宿(鹿島)
【長崎県】
■東山手(長崎)
■南山手(長崎)
■大島村神浦(平戸)
▼神代小路(雲仙)
【大分県】
●豆田町(日田)
▼北台南台(杵築)
【宮崎県】
▼飫肥(日南)
●美々津(日向)
▲十根川(椎葉)
【鹿児島県】
▼出水麓(出水)
▼入来麓(薩摩川内)
▼知覧(南九州)
【沖縄県】
▲渡名喜島(渡名喜)
▲竹富島(竹富)

【島根県】
●大森銀山(大田)
■温泉津(大田)
●津和野(津和野)
【岡山県】
●倉敷川畔(倉敷)
●城東(津山)
●吹屋(高梁)
【広島県】
●竹原(竹原)
●御手洗(呉)
■鞆町(福山)
【山口県】
▼堀内(萩)
▼平安古(萩)
●浜崎(萩)
▼佐々並市(萩)
●古市金屋(柳井)
【徳島県】
●脇町南町(美馬)
▲東祖谷山村落合(三好)
■出羽島(牟岐)
【香川県】
■笠島(丸亀)

【大阪府】
●富田林(富田林)
【兵庫県】
■北野町山本通(神戸)
●出石(豊岡)
●篠山(篠山)
●福住(篠山)
▲大屋町大杉(養父)
【奈良県】
●今井町(橿原)
●五條新町(五條)
●松山(宇陀)
【和歌山県】
●湯浅(湯浅)
【鳥取県】
●打吹玉川(倉吉)
▲所子(大山)

【愛知県】
●有松(名古屋)
●足助(豊田)
【三重県】
●関宿(亀山)
【滋賀県】
▼坂本(大津)
●河原町芹町(彦根)
●八幡(近江八幡)
▲五個荘金堂(東近江)
【京都府】
▼上賀茂(京都)
▼産寧坂(京都)
●祇園新橋
●嵯峨鳥居本(京都)
▲美山町北(南丹)
■伊根浦(伊根)
●加悦(与謝野)

合掌造〈岐阜県〉

湖北型〈滋賀県〉

そり棟〈島根県〉

くど造〈佐賀県〉

二棟造〈鹿児島県〉

四方蓋造〈香川県〉

別棟造〈沖縄県〉

大和棟〈奈良県〉

**民家と町並みの分布**

【長野県】
▼戸隠(長野)
●稲荷山(千曲)
●奈良井(塩尻)
●木曽平沢(塩尻)
●海野宿(東御)
●妻籠宿(南木曾)
▲青鬼(白馬)
【岐阜県】
●三町(高山)
●下二之町大新町(高山)
●美濃町(美濃)
●岩村町本通り(恵那)
●郡上八幡北町(郡上)
▲荻町(白川)
【静岡県】
▲花沢(焼津)

【石川県】
●東山ひがし(金沢)
●主計町(金沢)
●卯辰山麓(金沢)
●寺町台(金沢)
■黒島(輪島)
●加賀橋立(加賀)
▲加賀東谷(加賀)
▲白峰(白山)
【福井県】
●小浜西組(小浜)
●熊川宿(若狭)
【山梨県】
▲上条(甲州)
●赤沢(早川)

【茨城県】
●真壁(桜川)
【栃木県】
●嘉右衛門町(栃木)
【群馬県】
●桐生新町(桐生)
●六合赤岩(中之条)
【埼玉県】
●川越(川越)
【千葉県】
●佐原(香取)
【新潟県】
■宿根木(佐渡)
【富山県】
●山町筋(高岡)
●金屋町(高岡)
▲相倉(南砺)
▲菅沼(南砺)

【北海道】
■元町末広町(函館)
【青森県】
▼仲町(弘前)
●中町(黒石)
【岩手県】
▼城内諏訪小路(金ケ崎)
【宮城県】
●村田(村田)
【秋田県】
●増田(横手)
●角館(仙北)
【福島県】
●小田付(喜多方)
●大内宿(下郷)
▲前沢(南会津)

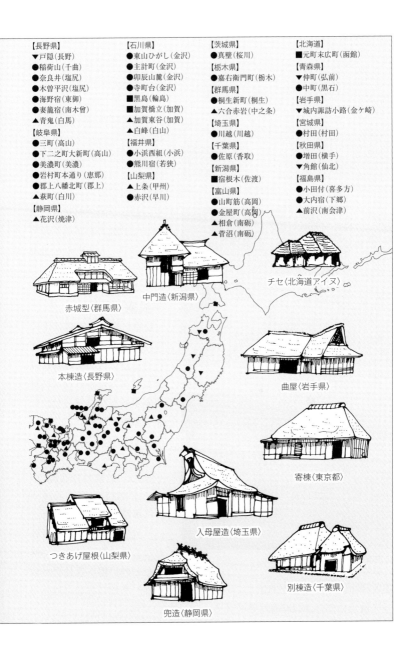

赤城型〈群馬県〉
中門造〈新潟県〉
チセ〈北海道アイヌ〉
本棟造〈長野県〉
曲屋〈岩手県〉
寄棟〈東京都〉
つきあげ屋根〈山梨県〉
入母屋造〈埼玉県〉
別棟造〈千葉県〉
兜造〈静岡県〉

4 町並みと住宅 239

**城下の茶屋町**(東山ひがし,石川県)

**土塀が連なる武家町**(平安古,山口県)

**合掌造の山村集落**(相倉,富山県)

寺町台,茶屋町の東山ひがしや主計町など,町中で伝統的建造物を活かしたまちづくりが行われていて,歴史都市というにふさわしい。鍵の手の街路が多いのも城下町の特徴であり,町家が軒や格子を連ね,武家町や寺町では土塀や板塀に庭木や柿が枝をのぞかせる。主計町など町名も歴史を物語るもので,大工町や博労町などは同業者を集住させた名残りである。

▶ **民家と暮らし**

　農家・町家・下級武士の住宅を含め,庶民の生活に密着した伝統的な建物を民家とよんでいる。民家には知恵や合理性に満ちた,社寺や御殿とは違う美しさがあって,ふと懐かしさをそそられる。

　また,民家の分布図(前ページ)でも,家型の地域性は多様である。その背景に,気候や地勢,建築材料となる森林資源,慣習や祭礼などの民俗,農林業や漁業といった生業などが関係していることを知れば,それらを学ぶことで歴史散歩の楽しさは倍加するだろう。

## ▶茶室

 もっぱら茶会や茶事に用いる部屋・建物を茶室という。周囲には山里の趣をかもす庭―露地―が広がり、園路に歩を進める客をひとときの非日常に誘う。

 茶会において、亭主と客は「和敬清寂」「一期一会」などの心持ちのもと、喫茶をつうじて心を通い合わせ、かけがえのないひとときを楽しむ。茶会を主催する亭主は、「わび」や「さび」など日本独特の美意識により、みずからのテーマをもって茶道具を取り合わせ、床を飾り、客をもてなす。客は独特の風情のなかで、日常から離れ、点前や懐石を楽しみ、道具や床飾りを鑑賞する。茶室は茶を演出する道具の一つとして露地と一体となり喫茶の場を形成している。茶室の見学に際しては、茶会などをあわせて体験することで、伝統的な喫茶文化の深さにふれ、造詣を深めることができる。

 **茶室の変遷** 平安時代、公家や僧侶はすでに茶を飲んでいた。鎌倉時代には禅宗とともに伝わった茶礼が禅宗寺院ではじまり、室町時代の遊芸の場や寄合では食や酒とともに茶がふるまわれた。このころ、茶専用の空間はまだなく、茶湯棚をおいた室で茶を点て、客座に運んだが、15世紀末建立の慈照寺東求堂(京都府)の一室、四畳半の同仁斎には当初囲炉裏があり、茶がふるまわれたと考えられている。以後、茶はしだいに独自の思想と様式をととのえ、点茶と喫茶が場をともにし、村田珠光や武野紹鷗らにより六畳や四畳半の茶室が営まれた。

 16世紀末ごろ、千利休はわび茶を大成し、山間幽居の姿を市中に写す草庵風茶室を具現化した。その唯一の遺構が、京都府大山崎町の妙喜庵にある二畳の茶室待庵である。利休の後、子・孫にうけつがれたわび茶は、表・裏・武者小路の三千家に分かれ、不審庵・今日庵・官休庵(ともに京都府)など、おのおのがわびた茶室を構えた。

 一方、利休の門人であった武将を祖とする茶道の流派が江戸時代に展開し、それぞれの好みによる茶の湯がととのった。

**茶室の平面図**(燕庵)

わび茶に寛ぎと麗しさを加味するなどの変化にあわせ、間取りにゆとりをもたせ、武家らしく格式を備え、書院化するなど多彩な茶室があらわれた。織田有楽の如庵(愛知県)、古田織部好みの燕庵(京都府)、小堀遠州好みの密庵席(京都府)、片桐石州好みの慈光院茶室(奈良県)、松平不昧の菅田庵(島根県)などの遺構がある。公家社会にも茶は浸透し、その好みを伝えるものとして、水無瀬神宮灯心亭(大阪府)、曼殊院茶室(京都府)、真珠庵庭玉軒(京都府)などが残る。

江戸時代中期ごろからは、売茶翁柴山元昭(高遊外)を祖とする煎茶道が文人墨客に愛好され、江戸時代末期から明治時代にかけて全盛を迎えた。眺望を楽しむ開放的な煎茶室は、景勝地や園池にのぞんで建ち、中国趣味を取り入れた明るくはなやかな意匠をもっている。遺構としては中津万象園観潮楼(香川県)や頼山陽旧居の山紫水明処(京都府)、成巽閣三華亭(石川県)などがあげられる。

## 茶室の構成

・**畳** 茶室は亭主が茶を点てる点前座と客がすわる客座からなり、それぞれの畳を点前畳と客畳という。点前畳は亭主畳・道具畳ともよび、これに客畳を加えて間取りを構成する。客畳は貴人畳や炉畳、通い畳などからなる。小さな間取りでは点前畳が炉畳を兼ねるなど流動的にあつかう。用いる畳には、一畳分の丸畳、長さが4分の3の台目畳、半分の半畳などがある。

・**間取り** 茶室は、四畳半を境に小間と広間に分かれる。小間は、前述の畳に、向板、中板、鱗板などの板畳を組み合わせ、三畳台目、二畳中板などとよぶ。丸畳と台目畳からなる一畳台目(一畳半ともよぶ)が最小。炉の切り方は四畳半切、向切、隅炉、台目切にそれぞれ本勝手と逆勝手があり、八炉とよばれる。

**茶室の間取り**

・**床** 掛け物・花入・香合など、場にふさわしい飾りがほどこされる。踏込床・織部床・吊床・置床・洞床など種々の形式がある。床柱や床框には趣向がこらされ、銘木を用い、変化に富んだ加工をほどこすこともある。

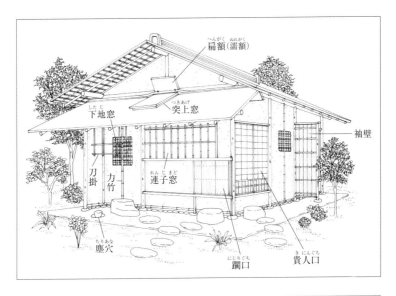

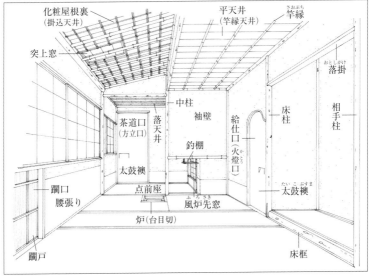

**茶室外観(上)と茶室内観**

燕庵の腰掛待合(京都府)

燕庵の内露地

燕庵の外観(手前の戸口が躙口)

燕庵の内観

・**出入口** 客は，小さな躙口や明り障子を建てる貴人口から茶室にはいる。亭主のためには茶道口や懐石の給仕に使う給仕口が設けられる。
・**窓** 下地窓・連子窓・有楽窓・色紙窓・風炉先窓・突上窓など。明りの抑制と調節によって茶室の風情を高め，室内の景色をつくる。
・**外観** 独立して建つ小間の茶室は，屋根を入母屋造や切妻造などとし，柿や茅を葺き，庇を付す。柱や梁などに丸太を用い，土壁に下地窓や連子窓を開き，草庵の風情をかもす。
・**水屋** 台所であり，茶室に隣接して設けられる。点前に必要な道具や水を準備しておく。水屋棚や水屋流しが備えられる。

### 茶室の庭
・**露地** 茶室の庭であり茶庭ともよぶ。山里の風情を演出し，客が日

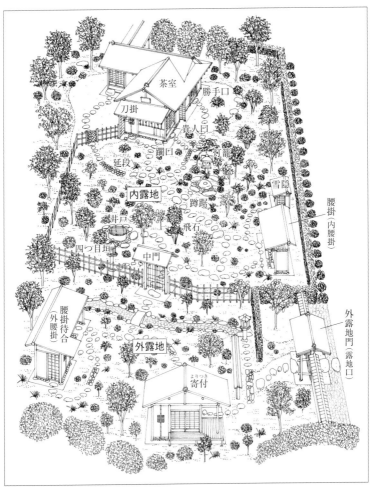

**露地** 図は寄付が外露地内に位置する場合。

常を離れ露地口から茶室に至る通路ともなる。途中に腰掛待合や雪隠・中門・蹲踞・石灯籠など各種設備を配す。園路は飛石などで構成する。中門や垣で内露地と外露地に分ける二重露地，区画のない一重露地などがある。

・**飛石** 露地に配され，客が伝い歩く石。配石には「二三連打ち」「千鳥掛け」「木の葉打ち」などの方法があり（→p.93），景観にも配慮する。

・**腰掛待合** 茶事の際，客が待ち合わせる施設。茶室の準備がととのうと亭主が迎付にくる。中立の際にも用いられる。

・**蹲踞** 手水鉢のこと。茶室にはいる前につくばって手や口を清める（→p.94）。

・**石灯籠** 露地の大切な添景物であり，さまざまな形がある。夜の茶会においては客の足下を照らす（→p.93）。

▶**舞台**

舞台は，歌舞音曲や能楽・歌舞伎などの芸能を行うためにしつらえる場である。社寺には，神楽や舞楽を奏する舞殿や神楽殿・石舞台など種々の舞台が多く遺る。祭礼のときに引かれる山車や舟などが舞台となる場合もある。芸能が行われる道や境内・庭・土間・座敷なども舞台の一種といえ，芸能のあり方に応じ，その形態はさまざまである。

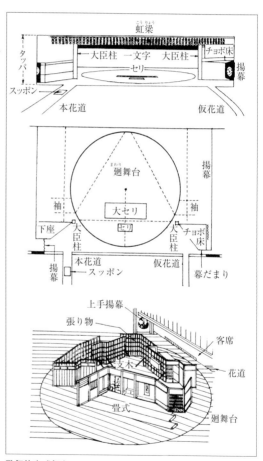

**歌舞伎定式舞台**

中世後期以降に確立し、武家社会や寺社に浸透した能や狂言の舞台は、能舞台として定型化した。歌舞伎などの舞台である芝居小屋は、能舞台の構成を基本としつつ、独自の発展をとげ、その型をととのえた。農村などの娯楽であった地芝居などは社寺境内に建てられた農村舞台で演じられた。

**舞殿・神楽殿** 神前に歌舞を奉納する神事のための舞台。四方もしくは正側面三方を吹き放して開放的につくり、屋根は正面に妻を向けることが多い。賀茂御祖神社舞殿(京都府)や、神部神社・浅間神社・大歳御祖神社舞殿(ともに静岡県)など。

**能舞台** 能楽の舞台、橋掛、鏡の間および楽屋から構成される。能や狂言を演じる舞台は屋根の妻を正面に向けて建ち、左側を地謡座(脇座)、舞台奥を後座とする。鏡板には老松を描く。後座に斜めに取り付く橋掛は、演者の登退場を演出する通路。鏡の間は揚幕の内にあり、演者が面をつける大切な場である。現存最古の能舞台は本願寺(京都府)にあり、北能舞台として知られる。また、本願寺の対面所と白書院には室内の能舞台が継承されている。

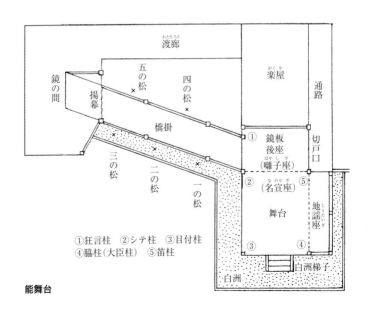

**能舞台**

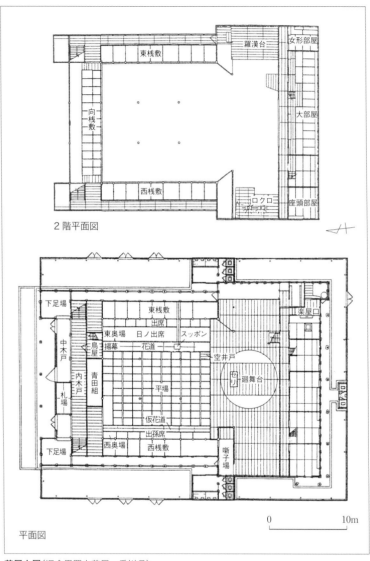

**芝居小屋**(旧金毘羅大芝居,香川県)

**芝居小屋** 舞台，客が座る吹抜の大空間である枡席の平場とその周囲の桟敷が，一つの空間におさまる。正面には木戸口が開き，札場が設けられる。舞台裏には楽屋が並ぶ。舞台にセリ付きの廻舞台，平場にはスッポンを備えた舞台に通じる花道が設けられる。屋根に

下谷上の農村舞台（兵庫県）

は興行権の証となる櫓や防火用の天水桶がおかれた。琴平町の旧金毘羅大芝居（香川県）が現存する最古のものである。

**農村舞台** 廻舞台，花道など舞台機構は概ね備えるが，芝居小屋のような客座はない。屋根の素材や形態など，その地方の民家と同形式とすることが多く，地域性が色濃い。舞台の間口を広くとるため，正面にかけた大きな虹梁が目をひく。旧船越の舞台（神奈川県），大桃の舞台（福島県）などがある。

4 町並みと住宅

# 5. 近代建造物

## ▶近代建造物とは

　近代の建造物は，おもに幕末から明治時代以降に建てられた建造物である。その特徴は，洋風の技術や意匠が導入されたこと，従来の木造から煉瓦・石・鉄・コンクリートなど新しい材料が使われるようになったこと，建造物の種類も社寺や民家などから学校・役場・教会・銀行・工場に加え，橋やダム・トンネルなど土木構造物などまで多種多様となったことがあげられる。美しい傑作もあれば，けっして格好よくない建造物もあるが，いずれも当時の日本人が理想を追い求めてつくりあげた心意気が感じられるものばかりである。鑑賞のコツは，なぜそのようなものをつくろうとしたのか，施主，設計者の思いや当時の時代背景に想像をめぐらすことであろう。

## ▶基礎知識

　**建物の特徴**　洋風建築は，基本的に石積や煉瓦積などによる壁構造を主体とする。日本の伝統的な木造軸組構造は，柱や梁がおもな構造軀体であるため，柱の間は基本的に開放であり，板戸や障子，襖などの建具が嵌め込まれるなど開放的で自由度が高い。対して洋風建築は壁がおもな構造要素となるため，開口部を広くとることはできず，縦長の窓や扉

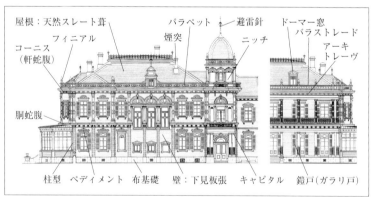

**各部名称**（旧岩崎家住宅洋館，東京都）　左は北立面図，右は南立面図。

となり，それに見合う上げ下げ窓や両開き窓，片開き戸などがあらわれる。また，日本の伝統的建造物は一部をのぞいてもっぱら平屋建であるが，洋風建築が導入されると，2階建以上の多層構造が広く用いられるようになる。高さが増すことにより，立面外観の役割が大きくなり，外観を意識して設計される。また，壁構造により，外装と内装がそれぞれ独立して必要となり，あらたな建築要素が生まれることとなる。

洋風建築の各部名称の一例を前ページ図に示す。

**煉瓦造** 煉瓦は，明治という時代をもっともよくあらわす建築資材といってよいだろう。洋風建築の導入は煉瓦の導入とともにはじまり，日本では，煉瓦積を直接外部にあらわす手法が好んで用いられた。国家的建造物は外壁に煉瓦が用いられ，やがて東京駅丸ノ内本屋（東京都）のように，煉瓦の外壁に花崗岩などで水平に帯を入れた通称「辰野式」（建築家辰野金吾に因む）とよばれる様式の建物が数多く建てられた。煉瓦の生産は，明治時代初期は瓦屋が見よう見まねで製造していたが，1872年（明治5）に銀座煉瓦街（東京都）工事のためにウォートルスが東京小菅にホフマン窯を導入したのを皮切りに，やがて本格的な煉瓦窯をもつ煉瓦工場が各地に設立された。

煉瓦の積み方は，下の解説順にイギリス積，オランダ積，フランス積，小口積，長手積，アメリカ積などさまざまあるが，ポピュラーなのがイギリス積とフランス積であろう。

イギリス積は，煉瓦の長手面と小口面が交互に積まれる技法で，明治時代中期以降の大半の建造物に用いられる。厳密には隅部に羊羹とよばれる細長い煉瓦を用いるものをイギリス積とよび，隅に七

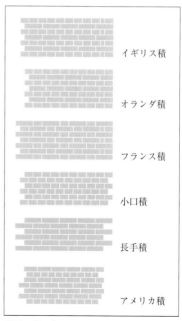

**煉瓦の積み方**

五を用いたものはオランダ積とよぶ場合もあるが，いずれも広義にイギリス積とよんでさしつかえない。

フランス積は，同じ段に長手と小口が交互にあらわれる積み方で，幕末から明治10年代までは多用されたが，やがてイギリス積が主流となっていった。外観はフランス積の方が美しく，イギリス積が主流となった以降もまれに用いられた。

小口積は，小口面のみを表面にあらわす積み方，長手積は長手面のみが表面にあらわれる積み方，アメリカ積は，小口面1段，長手面4〜5段で積む技法である。

木骨煉瓦造は，木造軸組と煉瓦壁の複合折衷構造をさす。本格的な煉瓦造が普及するまでの明治の早い時期に用いられたものがあり，残存例として旧富岡製糸場(群馬県，1872年〈明治5〉)，旧神戸居留地十五番館(兵庫県，1880年〈明治13〉)などがある。

**鉄造**　鉄も煉瓦同様に近代を象徴する材料であるが，日本では官営八幡製鉄所(福岡県)が1901年(明治34)に操業を開始し，本格的に鉄材を生産できるようになる明治時代後期までは，もっぱら欧米諸国からの輸入に頼っていた。

鉄の種類はその発達順に鋳鉄・錬鉄・鋼鉄がある。鋳鉄はいわゆる鋳物で，建材としては鋳鉄柱として用いられた。鉄道や灯台の分野で用いられ，残存例として鉄道寮新橋工場(東京都，1872年〈明治5〉)，神子畑鋳鉄橋(兵庫県，1883〜85年〈明治16〜18〉)がある。錬鉄は，鋼鉄の大量生産がはじまる以前に生産された，炭素の含有量の少ない鉄である。鋼鉄にくらべてやわらかく，錆びにくい特徴がある。もっぱら輸入材であり，残存例として旧富岡製糸場鉄水溜(群馬県，1875年〈明治8〉)，揖斐川橋梁(岐阜県，1886年〈明治19〉)などがある。鋼鉄は，炭素を一定量含む鉄で，強靱で加工性に富む。明治時代中期以降は鋼鉄が使用されるようになり，現在の鉄骨はほぼすべて鋼鉄である。

また，接合の技法として，リベット工法がある。溶接がないころの鉄の接合はおもにリベットが使われ，昭和40年代ごろまで使用された。

**鉄筋コンクリート造**　鉄筋コンクリート造の導入は，建築よりも土木分野で早く，最古級の例として1903年(明治36)の琵琶湖疏水(京都府)の橋梁や同年の本河内水源地水道施設(長崎県)の低部堰堤放水路橋が知ら

れる。建築では初期の残存例として，1911年(明治44)の三井物産横浜支店(神奈川県)があるが，1923年(大正12)の関東大震災以降で被害の大きかった煉瓦造にかわる形で本格的に普及した。早い事例としては，梅小路機関車庫(京都府，1914年〈大正3〉)，大谷派本願寺函館別院(北海道，1915年〈大正4〉)があるが，前者はアンネビック式，後者はカーン式という特殊な鉄筋を用いた工法が用いられている。これらの特殊な技法は，関東大震災で被害が多数みられ，以降ほとんど使われなかった。

**木造(洋風)**　木造洋風建築のおもな技法としては，筋交いとトラスがあげられる。筋交いは壁のなかに隠れてしまうため，なかなかみることはむずかしいが，トラスは屋根裏や天井のない建物でみることができる。旧集成館機械工場(鹿児島県，1865年〈慶応元〉)など最初期のものは，トラス技術への信頼性が低いためか，本来引張のみに対応する下弦材が，曲げる力に耐えられる梁のように太いものがみられる。

**屋根**　屋根は，基本的な切妻造・寄棟造・入母屋造から派生してさまざまな形状がある。洋館でよくみられるのはマンサード屋根という中段あたりで腰折れする屋根である。屋根にはしばしば採光と通風，装飾のためドーマー窓が要所に配置される。鉄筋コンクリート造になると，フラットな陸屋根が用いられるようになる。葺材は，伝統的な瓦葺(桟瓦葺，本瓦葺)や柿葺を使うものも多いが，鉄板葺(平葺，波形鉄板葺)・銅板葺・亜鉛鉄板葺・スレート葺など近代の材料も多い。スレート葺には，粘板岩を薄く加工した天然スレートと，人工スレート(石綿スレート，セメントスレート)がある。

**建具**　洋風建築の建具は窓と扉である。窓はガラス窓と鎧戸(ガラリ戸)の組み合わせが多く，外部を両開き鎧戸，内部をガラス窓とする。窓は丁番を用いた開き勝手の窓と，滑車や分銅を組み合わせた上げ下げ窓があり，開き勝手の方が仕組みが簡単である。扉はガラス戸，框戸がある。玄関や階段など意匠的な場所にステンドグラスが用いられることもある。ガラスはおおむね古いものほどゆがみがあるが，良質なガラスの場合は，まれに古くてもゆがみが小さいこともある。

**外装**　外装は煉瓦積現し，石張・漆喰塗・モルタル塗・タイル張・テラコッタ張などがある。木造の場合は下見板張のものも多い。木部にはペンキが塗られる。鉄筋コンクリート造の場合，なんらかの仕上げがな

5　近代建造物　253

されることがほとんどだが，打放し仕上もみられ，戦後は打放しが装飾的に使われることも増える。

タイル張は煉瓦タイル張が明治時代後期ごろからあらわれる。大正時代ごろのセセッション風の建物でも白色等の化粧タイルがよく用いられる。昭和時代前期からはスクラッチタイルがあらわれる。帝国ホテルのスクラッチ煉瓦の影響で爆発的に流行し，数多くの建物で使用された。

**内装**　床は，板張・寄木張・リノリウム敷・絨毯敷などがある。土間はタイル張・モルタル仕上げ，和室は畳敷などがある。寄木張は数種類の板をモザイク状に敷き詰めたもので，洋館の主要室などに用いられる。

壁は，漆喰塗の他，壁紙張・壁布張がある。壁紙のなかには金唐革紙という型押をした和紙に錫箔を貼りワニスを塗り，彩色をして仕上げた豪華なものもある。

天井は紙張，漆喰塗天井や木組天井がある。壁と天井のまわりには蛇腹がめぐらされる。特殊なものとして，旧岩崎家住宅洋館（東京都）の刺繍絹布張，大阪市中央公会堂や旧東宮御所（東京都）のフレスコ画などがある。

**諸設備**　明治時代初期の洋館にはベランダが取り付くことが多い。主要室は，天井にシャンデリア，壁面にブラケット照明が取り付き，時代ごとの特徴をみせる。重要な部屋には暖炉が設けられ，煙突が立ち上がる。また，ビリヤードを行う撞球室，喫煙室，サンルームなどもある。食堂は会話が響きやすいように高い腰壁に囲まれ，台所側からの給仕口が設けられる。暖房器具としてラジエーターが各所に設置され，地下階または別棟のボイラーからの蒸気を供給する。大規模な住宅では，各室に呼鈴のボタンが設置され，使用人をよぶことができた。

## ▶近代建造物の歴史

日本における近代は，黒船来航に象徴されるように，幕末以降，長らく鎖国していた日本が西洋諸国から開国を迫られたことにはじまる。はじめは長崎や鹿児島，横浜など一部の地域に外国人の居宅や，海外からの技術導入による工場がつくられたが，やがて幕府が倒れ明治新政府が発足すると，殖産興業・富国強兵を掲げて積極的に海外の技術を導入し，数多くの外国人技術者を招聘して積極的に西洋化が進められた。黎明期は外国人技術者による建築のほか，大工棟梁らにより外国人に頼る

ことなく見よう見まねでつくられた擬洋風建築も数多く建てられた。やがてその主役は外国人技術者から，彼らの薫陶をうけた日本人技術者に取ってかわり，日本人の手によって西洋建築が数多くつくられるようになった。それまでもっぱら木造が主体であったところに煉瓦造や石造などのあらたな素材を用いた建造物がつくられるようになり，また建築設計の主体も従来の大工棟梁から，建築教育を受けた設計者にしだいに移行していった。明治時代末ごろには西洋の洋風建築の模倣・習得という点では一応の到達点をみるようになった。

　一方で，従来の伝統技術を駆使して建設された近代和風建築，和風と洋風を融合させた建築群にもすぐれたものがあり見逃せない。

　大正時代にはいると，洋風建築はより円熟味を増すとともに，アール・ヌーボーやセセッションなど海外のあらたな潮流の影響もあらわれるようになった。また建築構造の面では1923年（大正12）の関東大震災で多くの煉瓦造建造物が被害を受け，それ以降は急速に鉄筋コンクリート造にかわっていくこととなった。

　大正時代末から昭和時代初期にかけて日本の伝統的な様式を見直し，日本にふさわしい建築を希求する動きや，理想的な建築を追い求める運動など，建築におけるさまざまな思想が生まれ，じつに多様な建築が生み出されるようになった。この間，来日し帝国ホテルを設計したフランク・ロイド・ライトをはじめとする，海外の建築家やモダニズムなどの最新の潮流も建築に強く影響をあたえた。そして日本の近代建築は技術の熟成とともに円熟期を迎え，戦争の影響が強くなる1938年（昭和13）ごろまで続いた。

　戦後は敗戦のショックと焼け跡から復興するため，それまでの様式建築から一気にモダニズム建築が主流となる。丹下健三らの作品は世界的評価をうけ，やがて日本の建築を世界の建築史のなかに位置づけていく。

## ▶宗教建築

（1）**大浦天主堂**（長崎県）　幕末の開国後，二十六聖人殉教の地である長崎に建てられた教会堂。フランス人フューレ神父とプチジャン神父の指導のもと天草出身の日本人大工小山秀之進らが施工し，1864年（元治元）に竣工した。建築後に潜伏キリシタンの信徒発見の歴史的な場所となった。当初は三廊式で外観も和風の海鼠壁を使うなど和洋混合であっ

**大浦天主堂**(長崎県)

**日本ハリストス正教会復活大聖堂**
(ニコライ堂，東京都)

**真宗本廟東本願寺御影堂**(京都府)

たが，1879年(明治12)に拡張工事が行われ，平面は五廊式に，外観はほぼ現在の姿へと改められた。日本に現存する最古のキリスト教教会堂建築で，西洋建築技術導入の初頭をかざる。

(2) **日本ハリストス正教会教団復活大聖堂(ニコライ堂)**(東京都) 神田駿河台に建つ正教会の大聖堂。ペテルブルグの建築家シチュールポフの原設計に基づき，イギリス人建築家で，日本近代建築の父とよばれるジョサイア・コンドルが実施設計を行い，1891年(明治24)に竣工した。その後1923年(大正12)に関東大震災で被災し，岡田信一郎の設計により1929年(昭和4)に屋根や塔屋などの一部を形を変えて復興した。日本に残る唯一のビザンチン様式の教会堂で，煉瓦造教会堂としては日本最大規模。

(3) **真宗本廟東本願寺御影堂**(京都府) 「お東さん」として親しまれる東本願寺の中心建物。棟梁伊藤平左衛門により，1880年(明治13)から15年をかけて1895年(同28)に落成した。間口および面積において日本最大の木造建築物であり，破格の規模や大空間を実現した構造技法もきわめ

てすぐれている。明治時代というと西洋からの技術導入に目がいきがちであるが，古来の伝統技術もさらに発展したことを示す好例である。

(4)**築地本願寺本堂**

築地本願寺本堂(東京都)

(東京都) 設計者の伊東忠太は建築史家で，法隆寺などの研究を経て日本建築の源流と独自の建築様式を追い求め，その集大成として1934年(昭和9)に築地本願寺を完成させた。外観はインドの古代仏教建築の素材を組み合わせ，内部は伝統的な真宗本堂の形式としたきわめて独特で特異な意匠とするが，バランスに破綻がない。伊東忠太という強烈な個性による傑作である。

## ▶住居

(1)**泉布観**(大阪府) 大阪造幣寮内の応接所として1871年(明治4)に建設された。設計者のイギリス人技術者ウォートルスは，明治時代初期に日本に招聘されたお雇い外国人で，のちに銀座煉瓦街の設計を手がけた。煉瓦造および石造で，1・2階の周囲にベランダをめぐらせるコロニアルスタイルの住宅である。日本における純粋洋風建築の初期の遺構で，ウォートルスの唯一の完全な遺構として貴重である。

泉布観(大阪府)

(2)**旧岩崎家住宅**(東京都)
上野公園南西に所在。岩崎久

旧岩崎家住宅(東京都)

5 近代建造物　257

旧東宮御所(迎賓館赤坂離宮，東京都)

聴竹居(旧藤井厚二自邸，京都府)

彌の住宅として，1896年(明治29)ごろに建てられた。洋館・大広間・撞球室が残る。洋館の設計はコンドルである。木造2階建で，北正面に塔屋を掲げ，南の庭園側は1・2階にベランダを付す。内部は階段室・食堂・婦人室など部屋ごとに趣向をこらした重厚な意匠でまとめる。本格的な洋館であるにもかかわらず木造を採用し，壁内に強固な筋交いを用いているのは興味深い。明治期の住宅建築のなかでもきわめて質が高い。

(3)**旧東宮御所(迎賓館赤坂離宮)**(東京都)　赤坂にある迎賓館。皇太子明宮嘉仁親王(のちの大正天皇)の住居として1909年(明治42)に竣工した。設計は辰野金吾と同期で宮廷建築を数多く手がけた片山東熊による。明治期最大の記念建築で，西洋の建築技術や意匠を基調としつつ，内部装飾や細部意匠には日本の伝統的な意匠や工芸技術を集成してきわめて絢爛豪華につくりあげている。明治時代よりはじまった西洋建築導入の一つの到達点といえる建築である。

(4)**聴竹居(旧藤井厚二自邸)**(京都府)　山崎駅の北に所在する。設計者の京都帝国大学教授藤井厚二は日本の気候風土や起居様式に適合した理想的な住宅を追求し，集大成として聴竹居を1928年(昭和3)に完成させた。和風の構法，素材を幾何学的な意匠でまとめ上げた。また工学的な理論に基づき断熱や換気にも配慮した造りとするなどの工夫もみられ，日本の住宅の一理想形ともいえる建築である。

(5)**旧朝香宮邸**(東京都)　東京都庭園美術館として活用されているかつての宮家の住宅で，1933年(昭和8)建築。宮内省内匠寮公務課の権藤

要吉らの設計で，主要室内装はフランスの芸術家アンリ・ラパンによる。外観はモダニズムの影響を感じさせるきわめて簡素な意匠であるが，ガラス工芸家ルネ・ラリックらアール・デコを代表する芸術家の作品で濃密に装飾されている。日本におけるアール・デコ直輸入の貴重な例であり，昭和時代初期の大邸宅のなかでもとくに質が高い。

旧朝香宮邸（東京都）

## ▶学校・官公庁舎

(1) **旧開智学校校舎**（長野県）
松本市内松本城の北に移築されている。1876年（明治9）建築。日本に学制が施行されてつくられた最初期の学校の一つで，設計・施工は地元の大工立石清重がつとめた。下部や隅部を石積風に仕上げた漆喰塗の外壁に，桟瓦葺の屋根をのせて中央に塔屋を掲げ，正面に2階建唐破風造屋根のバルコニーを張り出し，要所に雲や竜などの彫刻をちりばめた姿は，擬洋風建築を代表

旧開智学校校舎（長野県）

法務省旧本館（東京都）

するもので，文明開化を象徴する。

(2) **法務省旧本館**（東京都） 霞が関官庁街に所在する。明治時代の官庁集中計画の一環で司法省庁舎として1895年（明治28）に建設された。設計はドイツ人建築家のヘルマン・エンデとヴィルヘルム・ベックマンにより，工事主任を河合浩蔵がつとめた。外壁に煉瓦積をあらわした3階建

5 近代建造物　259

**国会議事堂**(東京都)

の本格的な煉瓦造建築であり，霞が関に残る唯一の明治期の官庁建築。

(3)**国会議事堂**(東京都)　国会議事堂の建設は，1885年(明治18)に内閣制度が発足し，それ以来の悲願であったが，費用等の面からなかなか実現には至らず1920年(大正9)にようやく着工，1936年(昭和11)の完成まで17年を要した。設計は矢橋賢吉・大熊喜邦・吉武東里ら臨時議院建築局による。正面に2階分の高さをもつ大オーダーの柱を立て，左右対称とするなど古典主義様式を基調とするが，各所の装飾は幾何学的に簡略化し，中央屋根をピラミッド状とするなど時代相応の工夫がみられる。日本における様式建築の集大成というべき建築である。

▶ **商業・業務**

**富士屋ホテル本館**(神奈川県)

**日本銀行本店本館**(東京都)

(1)**富士屋ホテル本館**(神奈川県)　箱根の有名なクラシックホテル。外国の観光客のためのホテルとしてつくられたが，洋風を基調としつつ屋根や装飾に和風意匠をふんだんに盛り込んだ独特な意匠となっている。本館は1891年(明治24)築であるが，ほかに1884年(同17)築のアイリー，1906年(同39)築の一号館，二号館，1936年(昭和11)築の鉄筋コンクリート造による花御殿など，いずれも和風趣味を示す建物が建ち並ぶ。

(2) **日本銀行本店本館**(東京都)　日本橋に所在する日本銀行の中心建物で，1896年(明治29)建築。設計は工部大学校一期生の辰野金吾による。平面は両翼を大きく前に張り出して上からみると「円」の字形とし，両翼先端を正門でつなぎ中庭を設ける。外観は石積として大オーダーの柱を並べ，堅牢かつ重厚にまとめる。辰野の代表作の一つであり，日本人によりはじめて手がけられた国家的建築として重要。

東京駅丸ノ内本屋(東京都)

(3) **東京駅丸ノ内本屋**(東京都)　皇居に対して正面を向けて建つ延長約335mの長大な駅舎で，1914年(大正3)建築。辰野金吾が率いる辰野葛

明治村帝国ホテル中央玄関(愛知県)

西事務所の設計で，赤煉瓦壁に白い花崗岩の水平帯を入れる「辰野式」の特徴がよくあらわれている。日本最大の煉瓦造建造物であり，首都東京の市区改正計画に基づいた東京駅の中心建物として重要である。2012年(平成24)，戦災で失われていた両翼ドーム屋根と3階部分が復原された。

(4) **明治村帝国ホテル中央玄関**(愛知県)　アメリカの巨匠フランク・ロイド・ライトが日本で1923年(大正12)に建設したホテル。1985年(昭和60)明治村に正面玄関部のみが移築されて残る。水平性の強調，スキップフロア式の床高の変化，スクラッチ煉瓦や彫刻した大谷石などを用いた意匠は日本の建築界にも多大な影響をおよぼした。昭和時代初期に大流行するスクラッチタイルもこの建物の影響による。

5　近代建造物　**261**

## ▶文化施設

(1) **大阪市中央公会堂**(大阪府)　大阪中之島に建つ公会堂で，1918年(大正7)建築。コンペによる岡田信一郎の設計案をもとに，辰野金吾・片岡安が実施設計を行った。耐震耐火に配慮した鉄骨煉瓦造で，内外とも華麗な意匠でまとめられており，様式建築の到達点の一つといえる建造物である。なお，中之島にはほかに大阪府立図書館(1904年〈明治37〉)，日本銀行大阪支店旧館(1903年〈同36〉)などが建ち並ぶ歴史的建造物が集中する地域であり，これらをみてまわるのもおもしろい。

**大阪市中央公会堂**(大阪府)

**旧東京帝室博物館本館**(東京都)

**国立西洋美術館本館**(東京都)

(2) **旧東京帝室博物館本館**(東京都)　上野公園の一角を占める東京国立博物館の本館で，1937年(昭和12)建築。鉄骨鉄筋コンクリート造の堅牢な躯体に瓦屋根をのせた，昭和時代前期に数多く建てられた日本趣味建築の代表例である。日本趣味建築にはほかに愛知県庁舎(1938年〈昭和13〉)，旧九段会館(1934年〈同9〉)，京都市美術館(1933年〈同8〉)などがある。

(3) **国立西洋美術館本館**(東京都)　1959年(昭和34)建築の日本におけるル・コルビュジエ設計の唯一の作品。「ル・コルビュジエの建築作品―近代建築運動への顕著な貢献―」の構成資産として世界文化遺産にも登

録されている。1998年(平成10)に日本初の免震レトロフィット工事を実施したことも特筆される。

(4)**国立代々木競技場**(東京都) オリンピック東京大会のために1964年(昭和39)に建設された体育館施設で、丹下健三の代表作として知られる。吊り橋の構造を応用した吊り構造でダイナミックに屋根および観客席を支え、中央にのびあがる壮大な内部空間を実現している。

国立代々木競技場(東京都)

## ▶工場建築

(1)**旧集成館機械工場**(鹿児島県) 薩摩藩主島津斉彬による洋式の工場施設の一つで、当建物は1865年(慶応元)建築の旧蒸気鉄工機械所である。石造の長大な建物で、小屋組には現存最古級のトラスが残る。周辺には紡績工場の技師館や反射炉跡も残り、日本の近代工業発祥の地として重要である。

旧集成館機械工場(鹿児島県)

(2)**旧富岡製糸場**(群馬県)

旧富岡製糸場(群馬県)

生糸の増産、品質向上を目的とした官営の器械製糸工場で、1872年(明治5)設立。工場はフランスと日本の技術融合により、建物は木骨煉瓦造という特殊な工法で建てられている。創業当初の建造物のほとんどが完存しており、日本の絹産業の拠点として重要である。

5 近代建造物

# 近代化遺産

「近代化遺産」とは，幕末から明治期以降，日本の近代化に貢献した産業・交通・土木にかかわる施設を総称する言葉である。先にあげた工場建築だけでなく橋やトンネルなどの土木構造物のような多種多彩なものが含まれる。近年，旧富岡製糸場や明治日本の産業革命遺産など，世界文化遺産として登録され注目されたものも数多い(→p.116)。一部にすぎないが土木構造物を中心に紹介する。

(1)**琵琶湖疏水**(京都府・滋賀県) 首都が東京へ移転した京都を活性化させるために，琵琶湖の水を京都へ引き入れ，舟運・発電・水道等に利用するために建設された。京都府知事北垣国道の発案により，田辺朔郎を主任技師として1885年(明治18)に着工，1890年(明治23)に幹線約11kmの水路が完成した。日本人技術者の手による初期の大規模土木工事であり，明治時代を代表する総合開発事業である。構造物として目を引くのは南禅寺境内の水路閣で，これは役物煉瓦や石材による繊細な装飾が特徴の煉瓦造16連の水路橋である。

(2)**旧碓氷峠 鉄道施設**(群馬県) 鉄道は日本の近代化にとって人と物資を運ぶ大動脈的な役割をはたした。1893年(明治26)に開通した鉄道の遺構である旧碓氷峠鉄道施設もその一つであり，群馬県や長野県に生糸産業の隆盛をもたらした。急勾配を克服するため，アブト(アプト)式が導入され，多数の煉瓦造の橋梁と隧道が建設された。なかでも第三橋梁は日本最大の煉瓦造アーチ橋として価値が高い。

**琵琶湖疏水**(京都府・滋賀県)

**旧碓氷峠鉄道施設**(群馬県)

(3)**読書発電所施設**(長野県) 電

力王福沢桃介による木曽川の電源開発の一環として1923年(大正12)に竣工した水路式の水力発電所施設。発電所は鉄筋コンクリート造と煉瓦造の複合構造で，自然景観に配慮して半円窓など装飾的な要素がみられる。工事用トロッコの橋梁として前年にできた桃介橋は，主塔鉄筋コンクリート造の木製補剛吊橋で，木曽の雄大な景観のなかで存在感を示す。

読書発電所施設(長野県)

(4) **永代橋**(東京都)　関東大震災からの帝都復興事業の一環として，内務省復興局土木部長太田圓三らの設計により架設された橋梁。永代橋は当時最大支間を実現した鋼製三径間カンチレバー式タイドアーチ橋で，1926年(大正15)に完成した。装飾を廃した力学的合理性に基づく力強い意匠を実現している。

永代橋(東京都)

(5) **常願寺川砂防施設**(富山県)
立山連峰から富山湾にそそぐ常願寺川は，全国屈指の急流荒廃河川で，富山平野にたびたび災害をも

常願寺川砂防施設(富山県)

たらした。1926年(大正15)から内務省の直轄で砂防工事が進められた。上流の土砂発生源で押さえ込む泥谷堰堤(1931〜32年〈昭和6〜7〉)，カルデラの出口位置で土砂をせき止める白岩堰堤(1939年〈同14〉)，中流平野部手前で土砂を捕捉し受け止める本宮堰堤(1936年〈同11〉)からなる。砂防技術の達成度を示すものとして価値が高い。

5　近代建造物　265

### (3) 旧下野煉化製造会社煉瓦窯

旧下野煉化製造会社煉瓦窯(栃木県)

(栃木県) 1872年(明治5)に煉瓦焼成のために日本にはじめて導入された東京小菅のホフマン窯の直系の遺例で，1890年(明治23)建築。ほかが長円形や長方形平面をしているのに対し正十六角形の形状をもつ。覆屋を含め完全な形で残る唯一の例である。

### (4) 小岩井農場施設(岩手県)

小岩井農場施設(岩手県)

岩手山南麓に広がる農場施設。1891年(明治24)，鉄道庁長官の井上勝がヨーロッパ農法にならった本格的な農場をめざして開設し，1899年(明治32)三菱社社長の岩崎久彌が経営を引き継ぎ，育牛や育馬事業を中心に発展していった。現在も明治時代から昭和時代に至るまでの牛舎・サイロ・事務所や倉庫など一連の農場施設が残り，牛舎は今なお現役で使われている。

# 美術工芸編

1. **仏像・神像** 268
2. **石造物** 310
3. **絵画** 330
4. **工芸** 345
5. **書跡・典籍・古文書** 366

不空羂索観音像(東大寺, 奈良県)

# 1. 仏像・神像

## ▶彫刻の歴史

　近世以前までの日本の彫刻の歴史は，仏教彫刻史であるとしてもいいすぎではない。それほど美術作品としても名品といえるような仏像が多く伝わっている。それは各時代ごとに多くの名手(仏師)が登場したからであろう。また仏教思想の進展とともに大陸からあらたな技法や様式がもたらされ，その都度消化し発展してきたからでもあろう。ここではまず，江戸時代までの日本の仏像の歴史を概観したい。

　**飛鳥時代**　6世紀中ごろ(538年とも552年とも)に百済の聖明王より日本の朝廷に仏像や経論などがもたらされた(仏教公伝)。仏教伝来後，588年に日本ではじめての本格的な寺院である法興寺(飛鳥寺，奈良県)の造営が蘇我馬子により開始され，596年に竣工した。そして本尊として丈六の繡仏(刺繡の仏画)とともに銅造釈迦如来坐像の製作が605年に開始された。その製作にあたったのは鞍作鳥である。伽藍の造営には

**釈迦三尊像**(法隆寺金堂，奈良県，
飛鳥時代〈623年〉，銅造)

**救世観音像**(法隆寺夢殿，奈良県，
飛鳥時代，木造)

268　IV　美術工芸編

多数の百済の工人が動員されたという。飛鳥時代の仏像の製作にはこうした渡来人が多くたずさわったものと考えられる。これとほぼ同時期に聖徳太子による法隆寺(奈良県)の建立がはじまる。現在金堂には銘文より623年の造立が知られる銅造釈迦三尊像が伝わる。杏仁形の眼に古拙の微笑を浮かべた表情で,衣の構成などには左右対称の正面観照性を基調とする様式が示されており,百済を介した中国南北朝時代の南朝の様式の影響をうけているとみられる。法隆寺金堂像の作者である止利仏師は鞍作鳥と同一人かは不明であるものの,同様の様式を示す金銅仏が多数伝わっており,当時の主流を占めた一派(止利派)を形成していたと考えられる。また木彫仏については法隆寺救世観音像などの優品がつくられていることも見逃せない。

天智天皇の時代になると,朝鮮半島の情勢が緊迫化する一方で,遣唐使が多数派遣され,唐との直接的な交流が行われるようになった。これにより同時代の唐様式が直接伝わることになった。また百済が滅亡したことから,密接な関係にあった日本へ百済の人びとが亡命し,それに伴い百済の美術作品がもたらされた。この時期の仏像の特徴としては,いわゆる童顔童形の金銅仏の一群があげられる。またこの時代の終わりごろには法隆寺夢違観音像のような中国盛唐彫刻の影響をうけた写実的な作品も生みだされている。

**奈良時代** 710年(和銅3)平城京に遷都し,784年(延暦3)長岡京に移転するまでの時代を美術史では天平時代ともよぶ。律令制の確立によって,寺院の建立や僧の活動にも国家による統制がはじまると,前代よりはじまる国主体の大規模な寺院造営が本格的になり,仏教には護国の機能が期待されることとなった。741年(天平

**薬師如来像**(薬師寺,奈良県,奈良時代,銅造)

13)聖武天皇は国分寺・国分尼寺建立の 詔 を発し，743年(同15)には大仏建立の詔が出された。大仏は最終的に大和国金光明寺(のちの東大寺，奈良県)で造立され，752年(天平勝宝4)に盛大な開眼供養が行われた。対外関係では遣唐使の派遣が盛んに行われ，入唐僧の道慈や玄昉らによってさまざまな経典があらたにもたらされるとともに，同時代の中国の美術様式が伝わった。754年(同6)には唐僧鑑真が多数の経典や仏像をたずさえて来日し，唐招提寺(奈良県)を建立したことも日本彫刻史では大きな意味をもつ。

　この時代の彫刻の特徴としては，中国盛唐彫刻の様式を消化するとともに，乾漆造や塑造などの技法が確立・発展したことにより，やわらかみがあり写実的な様式が完成したことがあげられる。東大寺や興福寺(奈良県)などに伝わるこの時期の名品がそのことをよく示している。また鑑真の来朝をきっかけとして檀像(→p.303)の理念に基づく木彫像が製作され(唐招提寺木彫群)，日本の彫刻において以後中心となる木彫像の成立に大きな影響をあたえた。

**平安時代前期**　長岡京を経て794年(延暦13)に平安京に遷都したが，これまでの大寺院は平城京から平安京内に移建することが許されなかった。遣唐使として入唐した空海がはじめて体系化された密教を日本にもたらして真言宗を確立させた。このことにより，不動明王などの密教の尊格が加わり，多種多様な尊像が製作されるようになる。同じく入唐し先に帰国して天台宗を広めた最澄とともにあらたな平安京の仏教として勢力を伸ばしていく。

　木彫像が完全に定着し，仏像の主流を占めるようになる。技法では頭体幹部の主要部を一つの木材より彫出する一木造の像が多くを占めた。一材より丸ごと彫りあげ，表面は木目をいかして素地のままの仕上げとする檀像が多くつくられ

**十一面観音像**(室生寺，奈良県，平安時代，木造)

るのもこの時期である。用材には奈良時代前半まで主流であった樟にかわって、檜・榧などの針葉樹材が使われるようになる。前後に厚みがあり塊量感のある体軀や鎬を立てた鋭い彫り口などによって、力強く迫力のある作風のものがめだつ。着衣の衣文に大波と小波を交互に配置するいわゆる翻波式衣文がよく用いられるのもこの時代の特色である。

**平安時代後期** 彫刻史上ではいわゆる和様彫刻が成立した時期である。和様彫刻とは中国を中心とする外来の様式を消化して生まれた日本独自の表現様式の彫刻をさし、11世紀に仏師定朝が完成させた。その特徴は一言でいえば穏やかで優美な作風で、このような像は定朝様とよばれ全国で広くつくられた。製作技法では頭体幹部を複数の材を組合わせて彫出する寄木造の技法が確立した。

この時代はいわゆる摂関政治から院政の時期にあたり、権力が藤原摂関家や上皇、あるいは武士である平氏に集中した時期でもあった。仏教では1052年(永承7)に末法にはいると信じられたことにより、来世に西方極楽浄土(阿弥陀浄土)へ生まれることを祈る信仰が高まり、阿弥陀信仰にかかわる美術が多くつくられた。その一方で現実的な問題への対応としてさまざまな密教の修法が確立してそれらに必要な本尊像も造立された。巨大な権力や強固な信仰を背景として藤原氏の法成寺や白河天皇による法勝寺などの寺が平安京内に建立され、境内の堂宇には丈六を超える巨大な像や、同一尊格を多数製作する千体観音などが安置された。これらの大量大規模造像を可能にしたのは先述した寄

**阿弥陀如来像**(平等院鳳凰堂、京都府、平安時代〈1053年〉、木造)

1 仏像・神像 **271**

木造の技法が発達したことに加え，定朝の系譜を引き継ぐ院派仏師，円派仏師，あるいは奈良仏師が仏所を確立し，製作に対応可能な体制が整ったことであった。

**鎌倉時代** 治承・寿永の乱を経て，鎌倉幕府が確立するが（1185年〈文治元〉），この戦乱に巻き込まれた南都の寺院では主要な堂宇が焼き払われたことにより，再興事業が行われることとなった。その堂宇の造仏には院派・円派もあたったが，とくに注目を集めたのが奈良仏師の系譜を引く康慶や運慶らの慶派仏師たちであった。それらの像は今も東大寺や興福寺に伝わっているが，古典（おそらく焼失前の前身像）の様式や形式をふまえながら，張りがあり豊かで充実した肉取りが特徴の力強く写実的な作風を示している。とくに運慶は日本を代表する仏師として定朝と並び日本彫刻史上もっとも著名な作家になり，運慶の作風にならった彫刻が各地でつくられる。またこの時期，運慶に並ぶ仏師として快慶がおり，彼のつくった彫像が多数現存している。それらはより繊細な作風を示している。技法では，平安時代末期から使用がみられるものであるが，眼の部分に水晶を用いる玉眼の利用が盛んになる。

**金剛力士像**（吽形，東大寺南大門，奈良県，鎌倉時代〈1203年〉，木造）

鎌倉時代後期にはいわゆる蒙古襲来（文永・弘安の役）が勃発する。この国難への対策として異国退散のための修法が盛んに行われ，それに伴い多数の造仏が行われた。また仏教史上のあらたな動きとして，浄土宗や浄土真宗，時宗，臨済宗や曹洞宗，日蓮宗のいわゆる新仏教の登場があげられる。ただし仏像製作の担い手としては，奈良・平安時代以来のいわゆる旧仏教の諸宗がいぜんとして主流を占めていた。

**南北朝～安土・桃山時代** 一般に日本の彫刻は鎌倉時代を境に，徐々に衰退していくとみられている。しかしながら近世に至るまで仏像は多

数製作され続けた。この時代の中心となる担い手は，前代から引き続き慶派・院派・円派の三派仏師であるが，院派と円派は時代がくだるにつれてしだいに活動の詳細が不明になる。なお，仏所の場所より慶派は七条仏師，円派は三条仏師とよばれるようになる。また中央の仏師が各地方の造仏にもたずさわり，現地で独自の発展をとげていることも近年の研究で明らかになってきた。政治との結びつきという点では，院派仏師が室町幕府とのつながりを強め，とくに南北朝期から室町時代初めにかけて活躍した院吉は，室町幕府の重要寺院の造仏の多くを手がけたことが知られている。

南北朝期から室町時代の彫刻でとりわけ注目されるのは，禅僧の肖像彫刻であるいわゆる頂相彫刻であろう。体躯の表現には固さがみられるものの，面貌表現の写実さには目をみはるものがあり，像主の個性をよく写しとっている。

**江戸時代** 江戸幕府は本末制度や寺請制度の整備を進め，これにより幕府は全国の寺院の状況を把握することが可能になるとともに，修復や整備が行われるようになり，あらたに仏像も盛んに造立されることとなった。この事業にたずさわったのは職業仏師といわれる職人たちであった。彼らは平安・鎌倉時代の仏像を手本として，個性の少なくまとまりのよい仏像を製作した。

当時の中央の仏像の製作をになったのが七条仏師であり，幕府による大規模な寺院の造像の多くを彼らが

**不動明王諸尊像**（宝山寺，奈良県，江戸時代，木造）

1 仏像・神像 | 273

行った。仏教界では1654年(承応3)に中国僧隠元が来日して萬福寺(京都府)を創建し、日本で黄檗宗が創始された。萬福寺には中国明の仏工范道生の手による誇張的な表現でやや生々しい感触を有する彫像が安置され、これにならった彫刻がほかの黄檗寺院でも製作された。また仏師の手を借りながらも僧侶みずから鑿を振るってつくった例として宝山湛海の存在も注目される。一方、円空や木喰らの遊行僧による粗放ながら型にはまらないユニークな仏像の存在も、この時代の特徴といえるであろう。

## ▶仏像の見方1　尊格の種類

私たちが各地の寺院などで仏像を拝観するとき、それぞれの信仰や現在まで仏像を守り続けてきたことを尊重する態度が前提となろうが、そのうえでどのような知識が役立つであろうか。基本的には目の前の仏像がどのような尊格の像であるかということが第一歩となり、仏像にこめた人びとの願いを知ることにもつながるであろう。そこでつぎにおもな尊格について紹介をしていきたい。

**仏像の種類**　仏教における尊格は大別すると如来・菩薩・明王・天部・羅漢などに分けられる。それぞれの格によって形姿にも大まかな規則があり、まずはこれに基づいて概観していくことが有効であろう。

**(1)如来部**　如来とは真理・悟りを開いた覚者(仏陀)をいい、歴史的存在としては釈迦がそれにあたる。時間的な広がり(過去仏、未来仏など)や方角的な広がり(四方仏など)によりさまざまな如来がある。その基本的な像容は面貌は慈

三道……首の部分にある三本の筋。

**薬師如来像**(薬師寺、奈良県、奈良時代、銅造)

悲相で，頭髪は螺髪をあらわす。また三十二相八十種好という仏の優れた身体的な特徴についての規範があり，仏像にも頂髻相（盛りあがる頭頂〈肉髻相〉）・白毛相（眉間に渦巻く毛〈白毫相〉）・手足指縵網相（手足の指間の膜）が採用され，足下二輪相（千輻輪相）を具えるものも存在する。

　如来は基本的に装身具を着けず，下半身に裙をまとい，上半身に衲衣という一枚の衣を着ける。衲衣の着方にはおもに二通りあり，右肩をおおわずに着ける着方を偏袒右肩，両肩をおおう着方を通肩とよんでいる。また衲衣を偏袒右肩に着けた下に，右肩をおおう衣を着ける場合があるがこれを覆肩衣とよんでいる。なおこの衲衣の下層の衣のことをかつて偏衫とよんでいたが，偏衫は衿と袖付きの衣であることから衿・袖がない限りそのようにはよばないようになっている。このほか内衣には僧祇支があり，これは本来は左肩にかけて胸・腋をおおうものである。

(2) **菩薩部**　菩薩はサンスクリット語のボーディ・サットヴァ（Bodhisattva）の訳で，悟りを求める人という意味である。菩薩とは如来に至る前の修行中の姿，もしくは人びとの救済を行う存在とされる。面貌は如来と同様におだやかな表情（慈悲相）にあらわされる。髪は高く髻をゆい，宝冠をかぶり，上半身に条帛をまとい，下半身には裙を着ける。長い天衣を肩にかけ，胸飾・臂釧・腕釧・瓔珞などの装飾品を身に着けている。さまざまな観音菩薩のほか弥勒菩薩，勢至菩薩，日光・月光菩薩，文殊菩薩，普賢菩薩，地蔵菩薩，

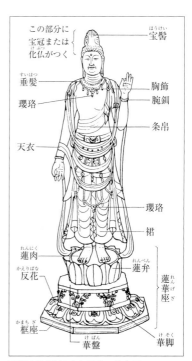

**聖観音像**（薬師寺東院堂，奈良県，奈良時代，銅造）

1　仏像・神像　**275**

**不動明王像**(東寺講堂, 京都府, 平安時代, 木造)

虚空蔵菩薩などがある。

　(3)**明王部**　密教に特有の仏で, 明王の明は明呪, すなわち真言陀羅尼のことで, 明呪を保持する者(持明使者)の王である。如来の真言の絶大な効力を具体的に示す存在であり, 如来の命令をうけ魔障を打ち破るものとされる。密教では仏は機に応じて三つのあらわれ方をすると考える。すなわち如来は仏そのもので, 自性輪身といい, それが菩薩の形をとり正法をもって衆生を教化するのを, 正法輪身という。しかしこれにもしたがわない衆生に対しては, 如来は忿怒の姿をとり教化をする。これを教令輪身という。このため, 明王は目をいからせた忿怒相にあらわされ(ただし孔雀明王は慈悲相), 手にはさまざまな武器をもつ。服装は基本的に上半身に条帛, 下半身に裳を着ける。不動明王・愛染明王・五大明王などがある。

　(4)**天部**　天部とは, 仏教成立以前のインドに存在した宗教の神々を仏教に取り入れて, 護法神としたものである。仏の敵を退ける存在であるとともに, 仏教を信仰する人びとの守護者でもある。したがって武器をもつものや鎧を身に着けるものも存在する。梵天・帝釈天・四天王・十二神将・金剛力士(仁王・二王)などがある。

　(5)**羅漢部**　阿羅漢の略で尊敬をうける人の意である。仏道を修行し, 迷いの世界を脱し, 煩悩を断ち切り, 人びとの供養をうけるにふさわしい境地(阿羅漢果)を得た人びとのことである。十六羅漢・十八羅漢・五百羅漢などがあり, 剃髪した頭で僧衣をまとった姿(僧形)にあらわされる。

　このほか神仏習合によって生まれた垂迹関係の神像やさまざまな民間信仰と混合した諸像もある。

## ▶如来部

**釈迦如来** 仏教の開祖ゴータマ・シッダールタは,釈迦族の聖者という意味の釈迦牟尼あるいは釈尊とよばれ,真理に達した存在として信仰を集めた。

釈迦如来の像は,インドで釈迦の事績(仏伝)が菩提樹などの象徴的表現であらわされたことにはじまり,しだいに単独の礼拝像として1～2世紀ごろにガンダーラ,マトゥーラで製作されるようになったと考えられている。中国には後漢のころに伝わり,日本には百済から仏教の伝来とともにもたらされ,7世紀以降の作例が残る。その像容は如来形で,施無畏・与願印の印相を結ぶ姿が基本となっている。このほか人びとの迷いを粉砕する意味をもつ説法印(転法輪印→p.297)を結ぶもの,禅定印(→p.296)を結ぶものが多い。

また,釈迦の一生におけるいくつかのポイントをあらわす像もつくられた。その一つが誕生仏で,生まれてすぐ7歩あゆんで天地をさして「天上天下唯我独尊」といったという場面を示している。修行中の釈迦をあらわした苦行像,入滅時の涅槃像も,少ないながら伝存している。

釈迦の単独像のほか,釈迦を中尊とし,両脇に文殊・普賢の二菩薩をしたがえた三尊像もつくられ,梵天・帝釈天,十大弟子,八部衆などを従えた群像もある。

釈迦在世中,釈迦が母に説法するために忉利天に昇って不在となった際に,優塡王が釈迦を思って牛頭栴檀の木を用いてつくったとされる釈迦像(優塡王思慕像)は,日本には10世紀に入宋した奝然によってその模像が請来され,清凉寺(京都府)に現存する。この像は日本で「生身の釈迦」として信仰を集め,その姿(縄状に巻いた髪型,文様状の衣文など)を模刻することが行われた(清凉寺式釈迦如来像)。

**誕生釈迦仏像**(東大寺,奈良県,奈良時代,銅造)

1 仏像・神像 **277**

禅宗では宝冠を着け髻をゆい，禅定印を結んだ宝冠釈迦像もつくられた。

**薬師如来**　薬師如来は，薬師瑠璃光如来・医王ともよばれる。東方瑠璃光世界の教主で，人間の病苦をいやし，苦悩を除くなどの12の誓願をたてた如来である。

6世紀ごろに成立したと考えられ，日本では7世紀から造仏がはじまった。天武天皇が皇后の病気平癒を願って造営に着手した薬師寺とその本尊に代表されるように，現世利益的な信仰を集めた。また奈良時代から平安時代前期にかけては，薬師如来を本尊とする薬師悔過の儀礼も行われた。元興寺像（奈良県），神護寺像（京都府）など，この時期の薬師如来像には名品として知られる像も多い。

**釈迦如来像**（清凉寺，京都府，北宋時代〈985年〉，木造）

作例には立像・坐像ともに多く，像容は釈迦如来と同様に施無畏・与願印で，平安時代前期以降左手に薬壺をもつ姿が一般的になった。脇侍として日光・月光菩薩，眷属に十二神将をしたがえる場合もある。

やや特殊な例としては七体の薬師如来をまつる七仏薬師如来の信仰がある。実際に七体の像をつくるものもあれば，光背の化仏として六体をあらわし，本体とあわせて七仏とする例もある。

**阿弥陀如来**　阿弥陀如来は無量寿仏・無量光仏ともよばれる。阿弥陀如来を説く阿弥陀経，無量寿経において西方極楽浄土の教主としての役割が説かれた。法蔵菩薩が48の誓願をおこし，それが成就して阿弥陀如来になったという。48願のうち念仏往生願は念仏を行う者は必ず往生させるという誓いで，日本においては奈良時代以降，追善供養のための阿弥陀如来像の製作が行われた。平安時代後期には西方極楽浄土に

278　Ⅳ　美術工芸編

往生することを希求する思想が強まり、当時の貴族の間では阿弥陀浄土に見立てた浄土庭園をつくり、阿弥陀如来像を安置する阿弥陀堂を建てることが盛んに行われた。さらに臨終に際して阿弥陀如来が現世に来迎するという信仰が広まった。

**九体阿弥陀如来像**(浄瑠璃寺本堂,京都府,平安時代,木造)

その像容は奈良時代から平安時代前期までは説法印(転法輪印)を結ぶもので、平安時代前期以降に定印を結ぶ作例がみられるようになる。阿弥陀来迎に対する信仰が高まると、両手の第一指と第二指を結び、右手を屈臂し左手をさげる手勢、すなわち来迎印の阿弥陀如来像がつくられるようになる。なお、往生する人はその信仰の深浅や罪業のいかんによって9種の別があり、これに応じて浄土や阿弥陀仏にも九品の別が生じるとされ、9種の印相があるともされた(→p.297)。この思想に基づき、一堂に九体の阿弥陀仏を安置する九体阿弥陀堂もつくられた。浄瑠璃寺(京都府)の九体の阿弥陀如来像はこの遺例である。なお、三尊形式であらわされる場合には脇侍として左に観音菩薩、右に勢至菩薩を配し、さらに諸菩薩とともに来迎する場面をあらわすために奏楽菩薩を伴う場合もある。

また善光寺(長野県)の秘仏本尊阿弥陀三尊の模像としての善光寺式阿弥陀三尊がある。一光三尊(一つの大きな光背の前に三尊をあらわす)の形式で、中尊は右手施無畏印、左手刀印で、両脇侍は胸前で両手を重ねる印相である。

**大日如来** 大日如来は摩訶毘盧遮那如来ともいい、密教における中心をなす仏である。密教の世界では大日如来は二つのあらわれ方をし、一つは如来に内在する理徳の面を示す胎蔵大日如来で、法界定印を結ぶ形をとる。もう一つは外に表現される智徳の面を示す金剛界大日如来で、

智拳印を結ぶ。両界曼荼羅の中心に位置し、諸仏菩薩は大日如来から出生したとされる。大日如来を説く『大日経』住心品に基づいて、如来でありながら菩薩形にあらわされ、髻を結って華やかな宝冠をかぶり、上半身に条帛をまとい胸飾や腕釧などの装身具を着ける。日本では空海による真言密教の請来に伴い、東寺講堂（京都府）、金剛峯寺多宝塔（和歌山県）に安置されたのをはじめ、密教寺院の中心尊格として造立された。

**毘盧遮那仏** サンスクリット語のヴァイローチャナ（Vairocana）の音写。盧舎那仏ともいう。『華厳経』『梵網経』などに説かれる蓮華蔵世界の教主である。『梵網経』では千葉の蓮華それぞれに釈迦が住して説法し、さらに各蓮華には百億の世界があり、その千葉の蓮華の上に盧舎那仏はすわるという。

日本における代表的な作例として、752年（天平勝宝4）に開眼供養された東大寺大仏（奈良県）があげられる。東大寺の大仏は平 重衡、松永久秀による兵火（1180年〈治承4〉、1567年〈永禄10〉）により大きな損傷をこうむったものの、その都度再興が行われた。台座蓮弁を中心に造立当初の部分が残されており、蓮弁には蓮華蔵世界が線刻されている。

**大日如来像**（円成寺、奈良県、平安時代〈1176年〉、木造）

**盧舎那仏像**（東大寺、奈良県、奈良時代〈752年〉、銅造）

## ▶菩薩部

**弥勒菩薩** 弥勒菩薩はサンスクリット語ではマイトレーヤ(Maitreya)といい，慈氏菩薩とも漢訳される。釈迦の弟子として修行したともされ，須弥山上空の兜率天にあって衆生を導きつつあるという。釈迦入滅後，56億7000万年ののちに再び現世に下生して，龍華樹のもとで成道し，如来となって衆生を済度することを約束された未来仏である。弥勒菩薩の下生を期待する信仰だけではなく，兜率天への上生を祈る信仰も生まれた。日本でも飛鳥時代より彫像が製作され，いわゆる半跏思惟の姿であらわされた。また成道後の姿

**弥勒菩薩像**(野中寺,大阪府,飛鳥時代〈666年〉,銅造)

としての如来形の弥勒仏の彫像もある。鎌倉時代には高弁(明恵)らによって弥勒菩薩への信仰が説かれ，立像の彫像や弥勒来迎図なども製作された。

**観音菩薩** 観音菩薩は観世音菩薩あるいは観自在菩薩ともいい，大乗仏教の菩薩中でもっとも代表的な菩薩である。世音を観じるの意で世の人びとの音を観じて救うという，現世利益的な救済をほどこす存在である。日本でも飛鳥時代より観音に対する信仰が広まり，造像も盛んに行われた。十一面観音をはじめとする変化観音が広まり，平安中期に六観音が成立すると，元来の観音は聖観音とよばれるようになった。

像容は身に条帛・裙をまとい，天衣を着け，胸飾・腕釧・瓔珞などで身を飾り蓮華座に立つ。独尊で信仰されるほかに阿弥陀三尊の左脇侍としてもあらわされる。

**十一面観音** 11の顔を有する観音で，変化観音のなかでももっとも古くインドで成立したとされ，経典では耶舎崛多訳の『十一面観世音神呪経』がもっとも古い(570年ころ)。頭上面として正面の3面を菩薩面，左の3面を瞋怒面，右の3面を狗牙上出面，背面の1面を大笑面，頂上面を仏面にあらわされるのが通形の姿である。ただし，本面を1面に数え頭上面を10面とするものもあり，配列法も1段とするもの，2段とするもの，脇面をあらわすものなど，さまざまである。通常は二臂で

1 仏像・神像

左手に水瓶をとる姿にあらわされるが,四臂や六臂の姿のものもある。日本では那智経塚出土(和歌山県)の金銅仏や法隆寺金堂壁画(奈良県)のものが古く,奈良時代には十一面観音を本尊とする十一面悔過の儀礼も行われるなど広がりをみせた。長谷寺(奈良県)の本尊像は霊木を用いた十一面観音の巨像で信仰を集め,中世にはこの像にならって右手に錫杖をもった姿のいわゆる長谷寺式の像もつくられた。

なお7世紀成立の阿地瞿多訳『十一面観世音神呪経』,玄奘訳『十一面神呪心経』では,像は一尺三寸または一搩手半(→p.303)の大きさで,材は白檀を用いてつくると定められており,これに従って檀像,または檀木の代用材である榧を用いた代用檀像としてつくられたものもある。

**千手観音** 千の腕をもつ観音で,掌のそれぞれに眼をあらわすことから千手千眼観世音・千臂千眼観世音などともよばれる。中国では唐代に信仰を集めて大悲観音ともよばれた。日本では奈良時代以降の作例が知られる。千の腕のあらわし方には大きく2種類あり,葛井寺像(大阪府)などのように実際に千本の腕をつくるものと,真手(合掌手)とそれ以外の脇手左右各20本の計42本をつくるものがある。後者は脇手40本で25の世界の衆生を救うとする考えに基づくもので,遺例としてはもっとも多い。また頭上面についても11面のものと胎蔵界曼荼羅の虚空蔵院にあらわされた姿に依る27面のものがある。また眷属として千手観音を信仰する者を守護する尊格である二十八部衆を伴うこともある。

**千手観音像**(葛井寺,大阪府,奈良時代,乾漆造)

なお,特別な像容として脇手の2本を頭上で組んで化仏をのせる姿形のものがあり,清水寺(京都府)の像に由来することから清水寺式とよばれる。

**如意輪観音** サンスクリット語の如意・宝珠・法輪

を訳した観音で，700年ごろの
実叉難陀訳の『如意輪陀羅尼
経』は財宝と智恵を衆生に与え
るという徳を説いている。その
像容は腕が二臂・四臂・六臂な
どのものがあり，まれに立像も
あるが坐像がほとんどで，坐法
には六臂で片膝を立てるものや，
二臂で片足をふみさげるものな
どもある。二臂像は石山寺本尊
(滋賀県)の当初の像など，奈良
時代の作例が知られるが，造像
当初より如意輪観音の尊名で信
仰されていたかは不明である。

如意輪観音像(観心寺，大阪府，平安時代，木造)

西大寺(奈良県)などにこの像の平安時代の模像が伝わる。六臂像は密教
の姿で，思惟手・宝珠手・念珠手・光明山手・蓮華手・輪宝手からな
る。観心寺(大阪府)の像など平安時代以降の作例が伝わる。

**不空羂索観音** サンスクリット語のアモーガパーシャ(Amogha-
pasa)を訳した観音で，羂索(投げ縄)で衆生を救うものと考えられた。
変化観音では十一面観音のつぎに成立し，所依経典では587年ごろに
『不空羂索呪経』がはじめて漢訳され，大自在天(シヴァ神)との関わり
が強調されている。709年ごろの菩提流志訳『不空羂索神変真言経』に
各種の像容がまとめられている。日本では奈良時代以降につくられ，一
面三目八臂にあらわされるのが一般的で，宝冠をかぶり鹿皮を身にまと
う。東大寺法華堂(奈良県)の本尊は立像で天平時代を代表する彫像であ
る(→p.267)。また興福寺南円堂(奈良県)の本尊は坐像で藤原氏の信仰
をとくに集めた像として著名である。

**馬頭観音** 馬頭をもつものという意味のサンスクリット語ハヤグリー
ヴァ(Hayagriva)を訳した尊格で，実際に頭上に馬頭があらわされる。
この観音を説く経典としては7世紀中ごろの阿地瞿多訳の『陀羅尼集
経』が早く，その後不空訳『聖賀野紇哩縛大威怒王立成大神験供養念
誦儀軌法品』に説かれる観音としては異例の忿怒相であらわされること

1 仏像・神像 283

については，魔障をしりぞけ災難を調伏するためであるとする。像容には一面二臂，三面二臂・四臂・六臂・八臂，四面二臂・四臂・八臂などさまざまで，三目であらわされるものも多い。日本では奈良時代に西大寺(奈良県)に安置されたのが資料上の最初の例として知られる。

**准胝観音**　サンスクリット語のチュンダー(Chunda)を音写した名に基づく観音で准胝仏母・七倶胝仏母ともよばれる。その像容は三目十八臂にあらわされることが多いが，八臂像のものもある。

9世紀後半，真言僧聖宝が醍醐寺(京都府)開山にあたり醍醐山上に安置したことが著名である。真言宗では六観音の一つに数えられる。

**六観音**　六道(地獄道・餓鬼道・畜生道・阿修羅道・人道・天道)それぞれの救済者として配された6の観音のことで，それぞれに聖(正)観音・千手観音・馬頭観音・十一面観音・准胝観音・如意輪観音をあてる説と，十一面・不空羂索・如意輪・馬頭・聖・千手とするなどの説がある。日本では平安中期以降に成立した。1224年(貞応3)肥後定慶作の大報恩寺像(京都府)などが知られる。

**勢至菩薩**　大勢至菩薩・得大勢菩薩ともいう。『無量寿経』『観無量寿経』などの経典で観音菩薩とともに阿弥陀如来の脇侍となり，智恵をもって衆生を救うとされる。独尊でつくられることは少ない。阿弥陀三尊の場合，阿弥陀如来の右方(向かって左)に安置され，来迎形では合掌する姿につくられることが多い。宝冠や頭部に標幟として水瓶があらわされる(観音は化仏があらわされる)。

**文殊菩薩**　サンスクリット語でマンジュシュリー(Manjusri)といい，これを音写して文殊師利菩薩ともいう。釈迦入滅後にインドで生まれて菩薩の域に達した実在の智者とされる。一般的にも智恵をつかさどる菩薩として信仰される。『華厳経』に東北方の清涼山で文殊が説法をしているとされていることから，中

**准胝観音像**(大報恩寺，京都府，鎌倉時代〈1224年〉，木造)

国では山西 省 五台山が清涼山と考えられ，文殊菩薩の聖地とみなされて信仰を集めた。その像容は奈良時代までは蓮華座にすわる姿であるが，平安時代以降，獅子の上に乗り右手に剣，左手に蓮茎をとる姿が一般的となる。上半身にはほかの菩薩像と同様に条帛を着けるもののほか，五台山の文殊菩薩にならって襷襠衣をまとうものがある。独尊で祀られるもの，眷属を従えて五尊形式のものもあり，眷属には善財童子・優塡王・仏陀波利・最 勝 老人を従える。また普賢菩薩とともに，釈迦如来の脇侍とされることも多い。加えて『維摩経』に記される，病床の維摩居士を文殊菩薩が訪ねて問答を行う場面をふまえて，維摩居士像と一対で造立される場合もある。なお，文殊菩薩が戒律を授ける師として信仰されることから，老貌の僧形であらわして境内の食堂に安置される例もある(僧形文殊)。

**普賢菩薩**　サンスクリット語でサマンタ・バドラ(Samanta-bhadra)といい，遍吉菩薩とも訳される。『法華経』「普賢菩薩勧発品」に，仏滅後にも『法華経』を誦持し修行を行う者を守護するため，六牙の白象に乗ってあらわれることが説かれており，とくに平安時代に天台 浄 土教と結びついて信仰を集めた。天台宗寺院の法華堂の本尊とされるほか，文殊菩薩とともに釈迦如来の脇侍として安置される場合も多い。

象に乗り，平安時代中期以降は合掌する姿が一般的になる。彫像では遺例が少ないが眷属として十羅刹女を従えるものもある。

密教系の普賢菩薩に，普賢延命法という増益延命を祈る法会の本尊としての普賢延命菩薩がある。二臂像と二十臂像があり，二臂像は左手に金剛鈴，右手に金剛杵をとり一身三頭の白象にすわる。二十臂像は一身三頭，三身三頭などの象にすわる。

**虚空蔵菩薩**　サンスクリット語でアーカシャガルブハ(Akasagarbha)といい，虚空蔵と訳される。虚空蔵菩薩関係の経典はすでに奈良時代には写経が行われていたことが知られている。また山林で修行を行う僧侶のなかで，記憶力や智恵を求めて虚空蔵菩薩を本尊とする虚空蔵求聞持法が修されていた。求聞持法の本尊像の姿は，左手に蓮華をとり右手を与願印に結び，蓮華座に片足をふみさげてすわる姿である。

このほか，福徳を授ける虚空蔵菩薩の修法として虚空蔵福徳法があり，その本尊は左手に宝珠をのせ右手を与願印とする。

1　仏像・神像　**285**

独尊であらわされるほか、広隆寺講堂像(京都府)のように地蔵菩薩と対で脇侍として造像されるものや、五体の虚空蔵菩薩からなる五大虚空蔵菩薩像がある。五大虚空蔵菩薩は、虚空蔵菩薩の五つの智恵が分かれたとも、金剛界の五智如来が変化した姿であるともされ、肉身が白・黄・青・赤・黒の5色に分けられる。

**地蔵菩薩** サンスクリット語でクシュティガルブハ(Kstigarbha)といい、インドのバラモン教の地神が仏教に取り込まれたものとみられ、中国隋・唐代に信仰が広まった。地蔵菩薩の所依経典としては7世紀中ごろの玄奘訳『地蔵十輪経』が代表的なもので、これに実叉難陀訳『地蔵菩薩本願経』、菩提燈訳の『占察善悪業報経』を加えて地蔵三経という。釈迦の入滅後、弥勒出世前の無仏時代に六道輪廻する衆生を救済する仏とされ、衆生の六道救済とりわけ地獄からの救済について強く利益が説かれた。

**地蔵菩薩像**(藤田美術館、大阪府、鎌倉時代、木造)

日本では奈良時代に地蔵経典が請来され、記録上では東大寺講堂(奈良県)に虚空蔵菩薩と一対の脇侍として安置されていたことが知られる。地蔵菩薩信仰が高まるのは平安時代中期以降、浄土信仰と結びついて堕地獄への恐れが強く認識されて以降とみられる。その像容は頭を丸め、袈裟をまとう僧形で、左手に宝珠をとり右手に錫杖をもつ姿がもっとも一般的である。六道救済の思想から、六道それぞれにあって導く存在として六地蔵も信仰された。地蔵は路傍にしばしば祀られるように、もっとも身近な仏として親しまれ、さまざまな災難に応じて延命・子育て・身代わり・とげぬきなど多様な役割を期待された。また幼児の救済者とも考えられ、賽の河原で済度する姿も多く描かれた。

## ▶明王部

**不動明王**　サンスクリット語でアチャラナータ(Acalanatha)といい，不動尊・無動尊・不動使者などともいう。大日如来の使者とされるほか，教化しがたい衆生を救うために大日如来が変化した姿であるとされる。日本へは空海が経典と図像をもたらした。その像容は左手に羂索，右手に剣をとり，総髪で弁髪を垂らし両目を開き頭頂に蓮華をのせ，火炎光(迦楼羅炎)を負い瑟瑟座にすわる。この姿は経典とは一致しないところも多いが，弘法大師御筆様とよばれ，この図像による造像も多数行われた。経典に基づき観想するために整理されたものを不動十九観とよぶ。それは左目を眇め，頭頂に七沙髻をゆう姿になる(この場合，髪型は巻髪となるものが多い)。また脇侍として矜羯羅童子と制吒迦童子が侍るほか，眷属として八大童子が従う場合もある。なお，身色は青黒色と規定されるが，異形の不動明王に，天台僧円珍が修行中に感得したとされる黄不動がある。

　不動明王は明王中でもっとも代表的な尊格で，本尊とする寺院や特定の霊験を有する霊場も多い。

**五大明王**　五大尊ともよばれる明王中の重要な5体の明王で，胎蔵界曼荼羅の持明院(→p.332)の5尊である。不動明王を中心として東西南北に四明王が配される。すなわち東に降三世明王，南に軍荼利明王，西に大威徳明王，北に金剛夜叉または烏芻渋摩(烏枢沙摩)明王である。

**愛染明王**　サンスクリット語でラーガラージャ(Ragaraja)という。愛欲の煩悩を浄化して大欲心を育てるとされ，敬愛法という修法の本尊とされる。その姿は頭に獅子冠をかぶり，一面三目の忿怒相で肉身は赤肉色，六臂であらわされる。各手には五鈷杵・五鈷鈴・弓・矢・蓮華・金剛拳をとる。

**愛染明王像**(甚目寺，愛知県，鎌倉時代，木造)

1　仏像・神像　**287**

宝瓶上の蓮華座にすわり，光背に赤い円相をおう。異形の姿として弓矢を上方に掲げて射ようとする構えの天弓愛染明王や，不動明王と合体した両頭愛染明王などの像が伝わる。

**孔雀明王**　サンスクリット語でマハーマーユーリー(Mahamayuri)といい，大孔雀と訳される。元来は女性形で仏母大孔雀明王とも称され，孔雀が毒草・毒蛇などを食べ，その毒を甘露とするように，衆生のさまざまな毒を浄化し病気などの災いをのぞくとされる。ほかの明王とは異なり慈悲相の菩薩形にあらわされ，菩薩の一尊としてあつかう経軌もある。日本では古くは奈良時代から信仰されており，記録上で西大寺(奈良県)薬師金堂に安置されていたことが知られる。その図像は四臂・六臂・二臂で孔雀に乗る。四臂像の場合，右第一手に蓮華，右第二手に倶縁果，左第一手に吉祥果(ざくろ)，左第二手に孔雀尾をとる。

**大元帥明王**　サンスクリット語でアータヴァカ(Atavaka)といい，もとは悪鬼であったが教化されて国土・衆生を守護する役割をもつようになった。大元明王と略称し，調伏・護国などを祈願して行われる修法である大元帥法の本尊とされ，日本へは空海が最初に伝えたとみられ，弟子の常暁が本格的に請来した。その像容は六面八臂・一面四臂・十八面三十六臂・四面八臂などさまざまである。

## ▶天部

**梵天**　サンスクリット語でブラフマン(Brahman)という。ヒンドゥー教の最高神ブラフマーで世界を創造し支配するとされる。仏教では色界初禅天に住むとされ，帝釈天とともに早くから仏教の護法神として取り入れられた。彫像では仏菩薩の脇侍として帝釈天とともに造立されることが多い。その図像は頭に髻をゆい，唐風の礼服と考えられる衣を着け，巻子・払子・鏡などの持物をとる。平安時代に密教が請来されると，白鵞(鵞鳥)の獣座に乗る四面四臂の像もつくられるようになった。

**帝釈天**　古代インドのバラモン教の神インドラ(Indra)を仏教に取り入れた護法神。仏教の世界観では忉利天(三十三天)の主神とされる。日本では「梵釈二天」と称されるように，梵天とともに仏菩薩の脇侍とされることも多い。その像容は梵天と同様に唐風の礼服とみられる衣をまとうが，その内に甲を着け，手には武器ヴァジュラ(金剛杵)をもつ。これはインドラの戦う神としてのイメージに由来する。密教系では象の

獣座に乗る姿にあらわされる。

**四天王** もともとインドの護世神であったが、仏教に取り込まれて仏法とそれに帰依する人を守護する護法神となった。仏教の世界観では世界の中心にある須弥山中腹に住む帝釈天の配下で、須弥山中腹の四方の門を守る神である。すなわち須弥山をめぐる四大州(東勝身州・南瞻部州・西牛貨州・北俱盧州)のそれぞれを持国天・増長天・広目天・多聞天が守護する。日本ではすでに飛鳥時代から製作されており、仏堂内の壇上では向かって右手前に持国天、左手前に増長天、左奥に広目天、右奥に多聞天が配置される場合が多い。その像容は忿怒相で、甲冑を身に着けた武装形にあらわされ、足下に邪鬼をふむ(岩座とする場合もある)。

**毘沙門天** 四天王の一尊である多聞天が独尊であらわされた場合に毘沙門天とよぶ。

**帝釈天像**(東大寺法華堂、奈良県、奈良時代、乾漆造)

**四天王像**(東大寺戒壇院、奈良県、奈良時代、塑造)

1 仏像・神像 | 289

毘沙門天はサンスクリット語のヴァイシュラヴァナ(Vaisravana)を音写したものである。北方を守護する善神とされる。日本では平安時代以降に毘沙門天法の本尊とされるほか，数々の霊験説話にも登場し信仰を集め造像も行われた。その像容は多聞天と同様で片手に宝塔をもち，もう一方の手に宝棒または戟をもち邪鬼または岩座に立つ。脇侍に吉祥天と善膩師童子を配する例もある。また七福神の一つとしても知られ親しまれている。

　兜跋毘沙門天像は毘沙門天の異形像で三面の冠をかぶり，西域風の甲を着け(唐風の甲を着けるものもある)，両足を地天が支え尼藍婆・毘藍婆を配する。中央アジアで成立したと考えられ，于闐国(ホータン)地方の名に由来するともされる。日本では境界の守護神として平安時代を中心に製作された。

**吉祥天**　サンスクリット語のマハーシュリー(Mahasri)の訳で，インドの女神ラクシュミー(Laksmi)が仏教に取り入れられた尊格で，福をもたらす女神とされる。日本では奈良時代に吉祥悔過の儀礼が盛んに修され，国家安穏・五穀豊穣が祈られたが，吉祥天はその本尊とされた。その像容は長い髪で端麗な面貌にあらわされ，左手に宝珠をとる。法隆寺金堂(奈良県)に安置される像などのように毘沙門天と対でつくられることもある。

**弁才天**　弁財天とも表記し，弁天と略称する。インドの女神サラスバティ(Sarasvati)が仏教に取り入れられたもので，妙音天，美音天とも訳された。その図像は長い髪で腕の数は二臂と八臂のものがある。奈良時代の製作になる八臂像が東大寺法華堂(奈良県)に伝わる。二臂のものはおもにサラスバティに由来する音楽の神の役割をもち琵琶を手にする。中世からは宇賀神と習合して，頭上に宇

**吉祥天像**(法隆寺，奈良県，平安時代，木造)

290　IV　美術工芸編

賀神をあらわす例もみられるようになり，福徳をもたらす功徳が期待された。なお七福神の一つにも数えられる。

**大黒天** サンスクリット語のマハーカーラ(Mahakala)の訳で，音写して摩訶迦羅天ともいう。本来はヒンドゥー教のシヴァ神の化身と同体とされ忿怒神であったが，財宝神と習合してその性格を具えるようになった。日本では頭巾をかぶり袋を肩にかついだ姿が一般的で，14世紀ごろまでは元来の性格を引きついで厳しい表情にあらわされる。現在親しまれるような笑顔の面相はそれ以後に成立したものである。七福神の一つとしても信仰される。

天台宗では正面に大黒天，左に弁才天，右に毘沙門天の面を配する三面大黒天が近世以降製作されている。

**十二神将** 十二薬叉大将ともよばれる12の武装神像で，『薬師経』を誦持し信仰する者を守護する役割をもつ。薬師如来の分身または眷属とされ，薬師如来の本誓である十二大願に対応する。その名称は宮毘羅・伐折羅・迷企羅・安底羅・頞儞羅・珊底羅・因達羅・波夷羅・摩虎羅・真達羅・招杜羅・毘羯羅である(それぞれの名称の後ろに「大将」がつく)。日本では新薬師寺(奈良県)の塑像が知られるように奈良時代から

**十二神将像**(新薬師寺，奈良県，奈良時代，塑造)

製作されている。12の数から十二支とも結びついた。中国唐代の遺例に十二支を冠する神将像がみられ，日本では平安時代後期以降に頭上に十二支をあらわすものが登場する。その形姿は忿怒形で身に甲を着け，手に武器をとり岩座に立つ。弓矢を構える姿など，動きのある姿態であることも特徴である。

**金剛力士**　金剛杵をもって仏法を守護する神のことをいい，密迹金剛などともよばれる。如来を守護するとともに，仏法を守らない者に対しては攻撃を行う役割をになっている。本来一尊であったが，寺院の山門などに左右一対で安置されることより，二軀一組でつくられるようになったと考えられる。これにより仁王(二王)の名でもよばれるようになった。寺院でも参拝時に最初にみえる仏としてもっとも親しまれる仏像の一つといえる。口の開閉によって阿形(開)・吽形(閉)の阿吽でも区別される。その像容は，東大寺法華堂(奈良県)に安置される像など，甲冑を着けた武装神の姿のものもあるが，多くは上半身筋骨隆々の裸形で下半身に裙をまとっている。

**八部衆**　古代インドの神々で仏教に取り入れられて護法神となった。天龍八部衆ともよばれ，著名な興福寺(奈良県)の像では五部浄(天)・沙羯羅(龍)・鳩槃荼(夜叉)・乾闥婆・阿修羅・迦楼羅・緊那羅・畢婆迦羅からなる。諸経典から釈尊に教化されたことが知られ，釈尊の説法の場にあらわれるほか，美術作品では涅槃図の諸尊中にあらわされる。

**二十八部衆**　千手観音の眷属の28体の護法神で，千手観音を信仰する者を守護する尊格である。日本では蓮華王院(三十三間堂,京都府)に安置された像が著名でこれにならって製作された像も多い。二王に梵釈二天・四天王・大弁功徳天・婆藪仙人の十天に十八天を加えた構成からなる。なお，これに風神と雷神を加えて三十尊となる形式がよく流布した。

## ▶ 羅漢部・肖像

**十六羅漢**　16人の羅漢で正法を護持することを誓った存在である。その構成は①賓度羅跋囉堕闍，②迦諾迦伐蹉，③迦諾迦跋釐堕闍，④蘇頻陀，⑤諾矩羅，⑥跋陀羅，⑦迦哩迦，⑧伐闍羅弗多羅，⑨戌博迦，⑩半吒迦，⑪囉怙羅，⑫那伽犀那，⑬因掲陀，⑭伐那婆斯，⑮阿氏多，⑯注茶半吒迦からなる。それぞれに眷属があり供養の際には率いて集まるという。またこれに大迦葉，軍徒を加えて十八羅漢とする場合もある。日

本ではおもに禅宗で造像され，寺院の三門の楼上に釈迦如来を中尊として安置されることもみられる。なお，堂宇の外陣などにしばしば安置される賓頭盧尊者とは十六羅漢第一尊者の賓度羅跋囉堕闍のことである。

**十大弟子** 釈尊に随った10人の弟子である。彫像としては釈迦如来像の眷属として製作される。僧形で，面貌に壮年相と老年相の区別がある。①智恵第一の舎利弗，②神通第一の目犍連，③頭陀（衣食住の執着をなくす修行）第一の摩訶迦葉，④解空第一の須菩提，⑤説法第一の富楼那，⑥論議第一の摩訶迦旃延，⑦天眼第一の阿那律，⑧持律第一の優婆離，⑨密行第一で釈尊の実子の羅睺羅，⑩多聞第一の阿難陀からなる。

**祖師・高僧** 祖師ないしそれに準じる人びとの像は彫刻よりも画像であらわされることのほうが多い。

祖師では釈尊の在家の弟子で文殊菩薩も訪れたという維摩居士，法相宗の開祖無著・世親などが知られているが，6世紀に中国に禅を伝えた菩提達磨像も中世につくられている。中国の高僧では，浄土教の開祖善導の像や，実際に来日した僧では奈良時代の鑑真和上像がとくに知られている。

日本の祖師では，行基・良弁など南都仏教関係の僧，平安仏教では最澄・空海・良源の像，修験道関係では役行者の像がある。鎌倉仏教で

**維摩居士像**(法華寺，奈良県，奈良時代，木造)

**叡尊像**(西大寺，奈良県，鎌倉時代〈1280年〉，木造)

1 仏像・神像　293

**中巌円月像**(霊源院, 京都府, 南北朝時代, 木造)

は南都寺院の復興に尽力した重源や, 西大寺(奈良県)の叡尊の像がことに知られ, そのほかいわゆる鎌倉新仏教の開祖の像が製作された。

このほか日本の仏教史でもっとも重要視された人物の一人として聖徳太子があり, 太子が観音の化身とされたり南岳慧思の後身とされるなど, 自身が信仰の対象ともなり, その肖像も宗派を超えて多数製作された。少年期の孝養像や幼年期の南無太子像, 壮年期の摂政像など, それぞれの年代の像もある。

**頂相** 禅僧の肖像である。中国南宋の禅宗では修行が完了すると, 師の寿像(生前に製作された肖像)が授けられた(印信)。また法会においては祖師や師の画像がかけられた。このような目的で製作された肖像を頂相とよぶ。たんに頂相という場合には画像のことをさし, 彫刻の場合には頂相彫刻とよんでいる。彫刻は像主ゆかりの塔頭の開山堂などに安置される例が多い。その形式は僧衣と袈裟を着け, 曲彔とよばれる倚子にすわる。とりわけ臨済宗で盛んに製作された。

### ▶神像など

日本古来の神への信仰においては具体的な礼拝対象をもたなかったとされる。奈良時代の八幡神にはじまる神仏習合をきっかけとして, 神像が製作されるようになったとみられる。奈良時代の作例は伝わらないものの, 平安時代前期の製作になる東寺八幡三神像(京都府)や松尾大社三神像(京都府)が伝わる。神像は当初は仏像の姿を借りながら成立し, しだいに独自の形姿がうみだされていったものと考えられる。神像のかたちには仏像のような規定がなく, 貴族の束帯姿や女房姿, 武装神や童形, 僧形などさまざまある。製作技法は一般的に仏像にくらべ簡素な傾

向にあり,一木造のものも多い。道教の尊格を仏教に取り込んだとみられる十王も紹介する。

**八幡神** 八幡神は豊前国(大分県)宇佐神宮にまつられる神で,東大寺大仏造立に協力した功などにより中央に進出するとともに仏教とも早くに深く結びついたとみられ,菩薩号も授けられた。神のなかではもっとも早く造形化が行われ,遅くとも平安前期には製作されていた。その像容は僧形で袈裟を着けた姿で,面貌には老相と壮年相の両方があり,この姿の像を僧形八幡神とよぶ。二女神を従えて三尊形式で製作されることもある。またまれに巾子冠をかぶり袍を着けた俗体姿にあらわされる。

**蔵王権現** 役行者が吉野金峯山で参籠中に感得したと伝えられる尊像で,修験者を中心に各地で崇拝された。遺品から平安前期より信仰が高まったとみられる。その図像は一面三目二臂,忿怒相で左手は腰の位置で剣印を結び,右手は金剛杵を振りあげる。右足を蹶あげて左足で盤石をふんで立つ。このような姿は執金剛神や五大力菩薩などの仏教の尊格をもとに考案されたものと考えられている。

**十王** 冥界で死者の生前の罪業を裁く10人の王で,中国唐代に成立した。死者は,初七日に秦広王,二七日に初江王,三七日に宋帝王,四七日に五官王,五七日に閻羅王(閻魔王),六七日に変成王,七七日に太山王,百か日に平等王,一周忌に都市王,三周忌に五道転輪王の裁きをうけるとされた。忿怒相で体に道服を着けた姿にあらわされる。日本では平安中期にはすでにもたらされ,地獄と結びついて信仰された。とくに閻魔王は冥界の王とされるとともに地蔵菩薩と習合して信仰された。

**初江王像**(円応寺,神奈川県,鎌倉時代,木造)

1 仏像・神像

## ▶仏像の見方2　姿勢・印相と持物

つぎに仏像を拝観するうえでの基本的な知識をみてみよう。印の結び方や手にもつ品物はどんな意味をもっているのか。そうしたことが仏像を理解するうえで重要な場合がある。

**仏像の姿勢**　仏像はいろいろな姿勢をとるが，おおまかには立ち姿の立像とすわり姿の坐像に分けられる。立像には直立姿のみではなく，片方の足をふみだした姿や，膝を曲げて踵を浮かせた姿など動勢を示したものがあり，その動きがなんらかの宗教的な意味をあらわしている場合もある。坐像は両足を組んですわる姿が基本的になるが，両足先を膝の上にのせるものを結跏趺坐といい，組んだ足の外側分をはずすと半跏趺坐となる。さらに，はずした片足を台座よりさげた姿の像をふみさげ像とよんでいる。また結跏趺坐でも左右の足のどちらを外にしてすわるかによっても意味合いが異なり，左足を外にするものを降魔坐，右足を外にするものを吉祥坐とよぶ。このほか，台座や倚子などに腰を下ろして両足をさげた姿（倚坐像），両膝をあわせて正坐した跪坐（来迎像の菩薩などにみられる），片膝を立ててすわる姿の像などがあり，特定の尊格のみが用いる坐法もある。彫像では珍しいが釈迦が入滅するときの姿を示した臥像もある。

**仏像の印相**　仏像は手指でいろいろな形をあらわし，仏の本誓や法力を示している。印相とは印契ともいい，大きく手印と契印に分けられる。手印は仏菩薩が結ぶ手の形，契印は持物のことで，狭い意味の印相は手印をさしている。印相により像の名称をあきらかにできる場合があるだけでなく，特定の印相を示している場合には特別な祈願により製作されたという事情がわかることもある。

まず釈尊の事績に由来するつぎの五つの印相があげられる。

・施無畏印：恐れを除く印相で，右手または左手を屈臂して胸の高さで五指を伸ばして掌を正面に向けた形である。

・与願印：望みをあたえる印相で右手または左手を垂下して五指を伸ばして掌を正面に向けた形である。

・定印（禅定印）：瞑想の手の形で，腹前で左手を下，右手を上にして重ね掌を上にする。

・触地印：降魔成道を象徴する印で，右手を膝の前に差しだして掌

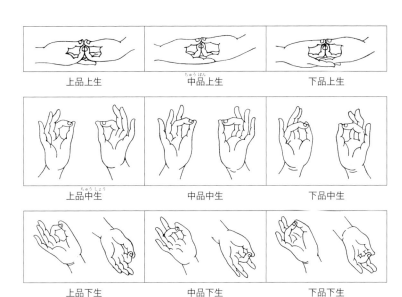

| 上品上生 | 中品上生 | 下品上生 |
| --- | --- | --- |
| 上品中生 | 中品中生 | 下品中生 |
| 上品下生 | 中品下生 | 下品下生 |

**九品の印相**

を伏せて第二指を伸ばす。

・説法印・転法輪印：釈尊の初めての説法を象徴する印で，両手を胸前に寄せて左手は内に右手を外に向け第一・二指を相捻じる。

このほか，代表的な印相として阿弥陀如来の九品印があげられる。阿弥陀如来を念ずる者は阿弥陀如来に迎えられ，極楽浄土に往生できるという思想のなかで，往生の際，生前の功徳や罪業によって九つの異なる浄土往生をするとされ，それぞれの往生には上品上生から下品下生まであり，これに応じて阿弥陀如来にも九種の印相があるというものである。また阿弥陀如来が結ぶ定印は弥陀定印または妙観察智印とよび，手を組んだ状態で両手第二指を曲げて第一指につけた形である。また上品下生の印は来迎印ともいう。

金剛界大日如来は胸前で右手の第一指を掌のなかにいれて握り，左手第二指を右掌のなかにいれる(智拳印)。なお胎蔵界大日如来が結ぶ定印を法界定印とよぶ。

**持物** 仏像は手印に加えて，手にさまざまな持ち物をもたせることで，その仏がどのような法力を有するかを象徴させ，わかりやすく表現して

**十一面千手観音千体仏の持物**(蓮華王院, 京都府)

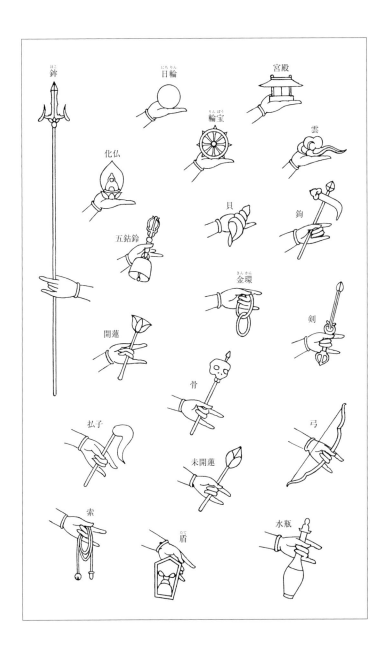

いる。これを持物または契印という。持物には大きく2種類あり、手にそのままとるものと、蓮華茎をとり蓮華上にあらわされるものがある。

仏具・武器・楽器・鳥獣・植物・食物・星宿・その他に分けられ、代表的なものに経巻・薬壺・払子・如意宝珠・錫杖・数珠などがあり、密教関係の像では独鈷・三鈷・五鈷などの金剛杵、金剛鈴、宝塔、宝剣、羂索などがある。

とくに千手観音は42臂からなり、298〜299ページに示したものは蓮華王院(三十三間堂、京都府)の千体千手観音の持物であるが、中央の真手は合掌し、それぞれの脇手には持物をとる。

**台座と光背** 仏像に欠くことのできない付属品として、台座・光背がある。そのほか荘厳具として頭上につるされる天蓋がある。

(1)**台座** 仏像を安置する台を台座といい、いろいろな形式のものが存在する。

・蓮華座：もっとも多く仏菩薩像に用いられている台座である。蓮華座の形式にもさまざまあるが、下図のようなものが比較的一般的なもので、仰蓮・上敷茄子・華盤・下敷茄子・受座・反花・上框・下框からなる(八重蓮華座)。立像の左右の足それぞれに仰蓮を設けたものを踏割蓮華座という。

・須弥座：須弥山をかたどった台座で、その形式が「宣」の字に通じることから宣字座ともいう。また須弥座に限ったことではないが台座の前面や側面に着衣の袖衣や裙の裾を垂下させる形式を裳懸座という。

・岩座：岩の形の台座で明王像や天部像などに用いられる。岩座のややゆるやかな形のものとして洲浜座がある。

・瑟瑟座：岩座を意匠化したもので、不動明王がすわる台座で

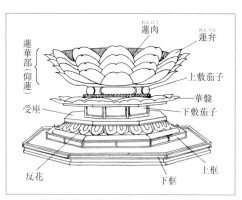

**蓮華座**(法界寺阿弥陀像、京都府)

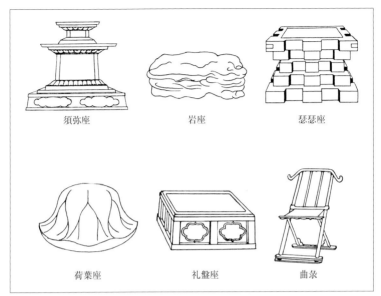

**さまざまな台座**

ある。
・荷葉座：蓮の葉を意匠化した台座。
・榻座：円筒形の腰掛に布をかぶせた台座。いわゆる半跏思惟像などがすわる。
・鳥獣座：禽獣座ともいう。密教像などで多用される動物の台座。文殊菩薩の獅子座，普賢菩薩の象座，大威徳明王の水牛座など。
・礼盤座：僧の肖像や神像がすわる台座で，僧侶がすわる仏具の形式。
・曲彔：禅僧の肖像（頂相彫刻）がすわる椅子。

(2)**光背** 仏像の背後で輝く意匠で，仏菩薩の発する光明を象徴的にあらわしたものを光背という（→p.302）。

光背を形式から分類すると，頭部から発する光である頭光と，身体から発する身光からなる。頭光は円盤状の円光，細い輪郭の輪光，円の周囲の火焔が上昇する形の宝珠光，光の筋を表現した放射光などがある。身光は単独のものはなく，頭光・身光をあわせたものが基本となり，これを二重円光という。その周縁部の形により全体を舟形に表現した舟

1 仏像・神像 301

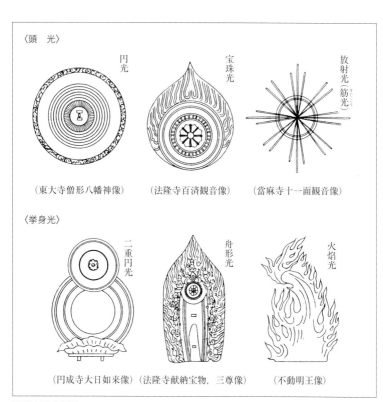

**光背の形式分類**

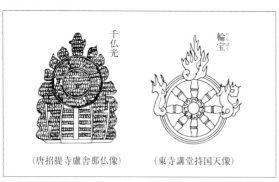

**光背の意匠分類**

形光のものもある。周縁部には唐草・雲などがあらわされ，そのなかに化仏や梵字をあらわした円相が配されたり，さらにその周囲に飛天がおかれることもある(飛天光背)。光背の基部には蓮華があらわされることが多い(光脚)。

このほか光背周縁部に多数の化仏を配して千仏をあらわすもの(千仏光)，不動明王などの明王に用いられる火焰光などがある。また通常彫刻の透彫の技法で製作される意匠を彩色であらわしたものもある(板光背)。

**仏像の大きさ**　仏の大きさについては経典や注釈書に「仏身は丈六にして」とあるように丈六が基本となる。丈六とは一丈六尺の略で，いわゆる曲尺(1尺＝約30.3cm)に換算すると約484.8cmになる。文献上の像高と，現存する仏像とを照合すると，頭頂から測っているものと髪際から測っているものがある。頭上面のある像や髻の高い像は像高が小さくなってしまうため，髪際から測れば，体の大きさを揃えることができるからであろう。なお坐像の場合，立像の半分，すなわち丈六像ならば坐像では8尺の大きさにつくるというのが基本となる。そのほかの大きさとしては丈六を基準として半丈六，丈六の5倍の8丈などがある。またおおよそ実人の大きさと等しいという意味で等身の大きさや，特定の人物を供養する際などにその人物と等身でつくる場合がある。小さい像では3尺，檀像の大きさとして規定される1尺3寸，または一搩手半(一搩手とは親指と中指を伸ばした長さで，一搩手半ではこれにその半分を加えた長さになる)などもある。

**彫刻の素材と技法**　仏像の素材は木材・金属・石材・塑土・漆などさまざまであるが，平安時代以降もっとも多いのが木造で，日本における彫刻の特色の一つとなっている。つぎに素材別の技法などについてみていこう。

**金属**　金属像でもっとも多いのは銅造で，ついで鉄造，わずかに銀造がみられる。銅造は仏像のもっとも初期からみられるものである。鉄造は平安時代後期からみられはじめるもので，主として東国で多くつくられたと考えられており，なかには等身を超える大きな像もある。

銅造仏の製作でよく用いられる技法は銅(錫などを含む合金)を型に流し込んでつくる鋳造の技法である。古くはほとんどが蠟型鋳造で，土製

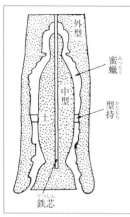

**蠟型の鋳造**

の中型に蜜蠟を盛りあげ像容をきざみ、それを外型でおおって（中型と外型は型持などで固定する）熱を加えて蠟を流し、この隙間に銅を流し入れる。表面仕上は多くがアマルガム鍍金によると考えられており、金色身となる。これを金銅仏とよぶ。

銅造では立体仏のほか、銅板を半肉彫の型にのせて、槌などでたたいて浮彫り風の像にあらわす押出仏（鎚鍱仏）もみられる。

**木彫** 木彫の用材は古くは樟が仏像に用いられ、飛鳥時代から奈良時代までの像のほとんどが樟材製である。奈良時代後半より榧・檜などの針葉樹が用いられはじめ、樟は九州地方では引き続き用いられるものの全体では使用量は極端に減少する。また木彫が仏像の主流を占めるようになるのもこの時期で、その理由の一つとして、経典に仏像の用材として白檀を用いることが記されており（檀像）、白檀の代用材として榧が用いられたこと、それが檀像以外の像にも用いられるようになったことがきっかけとなったと考えられている。以後、木彫が定着してしだいに檜が木彫の主要をなすが、このほか桂や、地域や時代によっては桜・欅などの木材が用いられたことも知られている。また彫刻に適さないような材を用いてつくっているものもあり、霊木を材料にしていることが推定される像もある。

**(1)一木造** 頭体幹部の主要部を、1本の木材より彫出する造像法を一木造という。小像のようにすべてを1材より彫出するものもあるが、ほとんどは腕などの突出する部分や坐像の両足部、立像の足先などに別材を矧いでいる。通常仏像に用いられる木材は十分に乾燥されたうえで彫られるが、それでも経年により木材が乾燥し伸縮すると木心の方向に向かって干割れが生じる。干割れを防ぐために像底や背面などを彫り込んで材の伸縮に対応できるような工夫がほどこされている（内刳り）。

**(2)寄木造** 左右2材ないし前後2材、もしくは前後左右4材など用材をさまざまに組み合わせたうえで頭体を彫刻する技法を寄木造という。10世紀後半ごろより用いられはじめる。巨像を製作するにあたり、小材

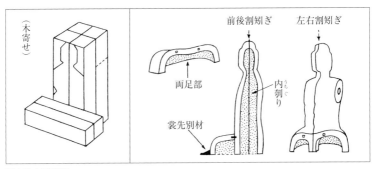

**寄木造と割矧造**

を矧ぎ合わせて組み合わせることで，それまでより巨木を用いなくともよくなり，また部材ごとの彫刻も可能となったことにより分業が容易になった。

なお複数の材を組み合わせて像を製作することは飛鳥時代よりみられるが，これを通常寄木造とはよばず，平安時代の11世紀に仏師定朝により完成された技法をさす。のちには木寄せはさらに細かくなり，頭と体を別材でつくるものもみられるようになる。

(3)**割矧造** 内刳りを行うために用いる技法の一つで，像の大略を木彫でつくったうえで木目に沿って前後あるいは左右に割り放して内側から刳りをほどこし，再び矧ぎ合わせる方法である。さらに頸部の形に沿って頭部を割り放す，割首という技法もみられる。割矧の技法自体は，部分的には古くから用いられていたとみられるが，寄木造が完成されて以降，割矧造の技法もしだいに完成されていったとみられる。寄木と割矧の違いはおもに矧目の木目につながりがあるかによって判断される（木目がつながっていれば割矧ぎとなる）。

(4)**玉眼** 水晶を用いた眼の表現技法で，木部を彫って彩色であらわした彫眼にくらべより現実的な印象をあたえる効果がある。内刳りをした頭部の眼の部分をその輪郭の形に刳り抜き，そこに凸型に形成し裏側に瞳や血

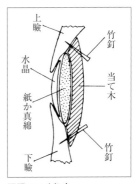

**玉眼のつくり方**

1 仏像・神像 305

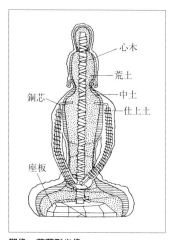

**塑像 菩薩形坐像**
(法隆寺五重塔初層, 奈良県)

**弥勒仏像**(當麻寺金堂, 奈良県, 飛鳥時代, 塑造)

走を彩色した水晶材を内側から嵌め, 白目となる綿や白紙を当て木と竹釘などで固定する。日本では遅くとも12世紀中ごろには用いられていたことが現存作例から知られ, 以後多数の彫像で用いられるようになった。後世の修理で彫眼から玉眼へ改められることもある。

**塑造** 粘土を用いて塑形する技法を塑造という。塑造の仏像は中央アジアで発達し, 日本には飛鳥時代にもたらされた。文献では「埝」または「摸」と記される。塑像はまず基礎となる座板をおき, これに胴部から頭部までの支えとなる心木を立てる。これに腕, 足などをなす芯を取り付ける。これに藁縄や麻緒を巻き付けて土の接着をよくしたうえで, さらに手指の部分の芯をつくる。このようにしてできた心木に, はじめに藁を混ぜた荒土をつけて, その上に紙や繊維を混ぜた中土をつけて大略の造形をする。最後にこまかい仕上土を重ねて造形を仕上げ, 表面に彩色を行う。塑造は飛鳥時代から奈良時代に盛んに行われたがやがて衰退し, 鎌倉時代には再びみられるようになり肖像製作に用いられた。

**塼仏** 塼とは粘土でつくり素焼きにして瓦のようにしたものである。凹形の型に粘土をつめて原型どおりの像をつくり, それを焼成したのち金箔を押したり彩色をして仕上げる。表面には仏菩薩の半肉彫の像があ

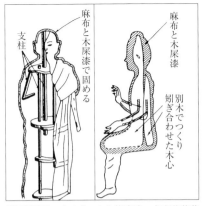

**脱活乾漆造** 十大弟子像(興福寺,奈良県) **木心乾漆造** 虚空蔵菩薩像(国〈文化庁〉)

**阿修羅像**(興福寺, 奈良県, 奈良時代〈734年〉, 乾漆造)

らわされる。寺院の壁に貼られたり，単独の礼拝像としても用いられたと考えられる。

　**乾漆造**　漆でかためてつくる方法で，夾紵・即・塱などともよばれる。技法には大きく分けて脱乾漆(脱活乾漆)と木心乾漆の二つがある。

　脱活乾漆造は，まず塑造と同じように心木の上に土をつけて大略の形をつくる。その上に麻布を貼り付けて土を包み，その上からは漆をつけた麻布を貼り付けていく。漆が乾きかたまった段階で背面などを切開して内部の土や心木を取り出して麻布の張り子状とし，内部の補強用に改めて心木をいれて組みあげる。切開部を閉じ，全面に木屎漆(漆に麦の粉，木粉などを混ぜたもの)を盛りあげて成形し，表面に漆を塗り，彩色をほどこす。

　木心乾漆造は原型を木彫で大まかにつくり，麻布と木屎漆で整形し，表面を漆で仕上げるものである。

　脱活乾漆造はなめらかでやわらかな仕上がりとなるのが特徴的である。奈良時代に行われ，しだいに失われていった。木心乾漆造は奈良時代から平安時代前期に用いられ，木彫が主流になると，木材の不足している部分や衣文の峰など部分的に用いることも行われた(乾漆併用像)。

**石仏** 石材を用いて仏像を製作することは、インドのガンダーラやマトゥーラなどで初期から行われていたが、日本においては平安時代以降ほとんどが木彫で製作されており、ほかの仏教信仰国とくらべ石窟寺院もほとんどみられず石仏の割合はきわめて少ないが、古代より綿々とつくり続けられている。路傍の仏のほとんどが石仏であり、ある意味ではもっとも身近に存在する仏像であるともいえる。

仏教関係の遺品では古く飛鳥時代に須弥山石などの石造物が製作されているが、石仏はまだみられず、飛鳥時代後期に至り石位寺三尊仏(奈良県)など本格的な石仏が造像されるようになった。奈良時代には、767年(神護景雲元)ごろの頭塔石仏(奈良県)、金勝山中に残る狛坂磨崖仏(滋賀県)がつくられている。平安時代も後期になってようやく大規模な磨崖仏が切り開かれるようになり、比較的彫刻のしやすい凝灰岩層を利用した臼杵磨崖仏(大分県)や大谷磨崖仏(栃木県)など地方に拡大していった。同時期の京都周辺では花崗岩を用いた独立したものもみられる。鎌倉時代には爆発的に石造物自体の生産数が拡大していく。これに伴い、石仏の製作も数をふやしていった。南北朝時代には羅漢寺(大分県)のように丸彫の石仏を多数製作して石窟寺院にすることも行われている。しかし室町時代以降はしだいに民間信仰に基づくものがふえていき、全体的には小規模化・小型化していったようである。

石仏は造仏技法・形式によりつぎの三つに分類される。一つは独立した石材に半肉彫または高肉彫で仏体があらわされるものである。一つは自然の岩壁や巨大な岩を彫り窪んで磨崖仏としたものである。そして最後が単独あるいは複

**金剛力士像**(臼杵磨崖仏、大分県、平安時代、石造)

数の石材から丸彫であらわすものである。注目されるのは臼杵磨崖仏のように，頭体幹部を基幹材より彫出し，坐像の両足部を別の石材からつくって矧ぎ足すなど，木彫と通じる技法がしばしばみられることである。丸彫像でも最御崎寺如意輪観音像（高知県）や不動寺不動明王像（群馬県渋川市）など，木仏師による製作のものが知られる。

**仏像の表面**　仏像の表面は，檀像などの素地仕上げの像をのぞけば，その多くが金色かもしくは彩色におおわれた，荘厳な姿にあらわされる。着衣の表面にほどこされた華やかな文様も，仏像をみる際には注目すべき点である。木などの基底材の表面はそのままでは金箔や絵の具が定着しないため，布貼や錆（麦漆に砥の粉を混ぜたもの），彩色の場合にはさらに白色の下地がなされたうえでほどこされる。下地には錆下地のほか，砥の粉を膠で溶いたいわゆる泥地が近世以降多く用いられる。仏像の金色仕上げの方法としては，おもに漆箔と金泥塗りがあげられる。

・漆箔：下地の上に黒色漆を塗布し，金箔を表面に押す。

・金泥塗：金箔をすりつぶして粉状にし，膠水で溶いてペーストにしたもので，黒色漆の上から塗布する。漆箔にくらべて光沢が抑えられた表現になる。

・切金：金銀箔を細長い線状や細かい形に切断したもので，仏像の文様をあらわすのに用いられる技法である。

このほか素地仕上げの特殊な例として，つぎのものもある。

・鉈彫：表面を平滑に仕上げず，鑿目を残して完成させる技法。かつては製作の途中の姿と考えられたこともあるが，仕上法の一つとみなされるようになった。平安前期からみられるようになり，平安後期に集中する。

# 2. 石造物

## ▶石造物とは

　中世の石塔形式としては、五輪塔と宝篋印塔がその双璧である。このうち五輪塔は平安末期、宝篋印塔は鎌倉中期にそれぞれ出現し、鎌倉後期には日本中に遍く分布するようになった。層塔は古代から存在するが、中世には軸部と屋根を一石で彫造する大和系の層塔が主流となる。宝塔は金剛界曼荼羅に描かれた塔形で、金剛界大日を表す器物(三摩耶形)である。これに対し、本来胎蔵界大日を表す五大種字が刻まれる五輪塔は、胎蔵界大日の三摩耶形と考えられる。この他の中世石塔には無縫塔や石幢、板碑があり、とくに板碑は板状石材が採取される埼玉県などで盛んに製作された。また、九州で特殊な分布状況を示す薩摩塔は、対外交流を示す石塔として近年注目を集めている。

## ▶五輪塔

**石造五輪塔とその起源**　五輪塔は、日本の中世石塔では宝篋印塔と並び、もっともポピュラーな存在である。五輪塔の名が示すとおり、5つの部材から構成されており、下から順に「地輪・水輪・火輪・風輪・空輪」とよぶ。密教では、宇宙はこれら五大要素から成り立っていると考えられており(五大思想)、これらの要素をすべて兼ね備えた五輪塔は、密教における宇宙観そのものをあらわす。なお、これらを種子(仏をあらわす梵字)で表記すると、「ア・バ・ラ・カ・キャ」となる(→p.329 五輪塔五大種子)。

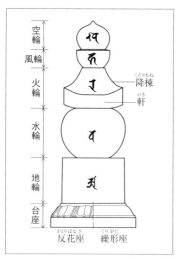

**五輪塔概要図**

　意外なことに、造形物としての五輪塔はインドや中国ではなく、日本でつくりだされた。石塔としては、釈尊院五輪塔(岩手県)が仁安4年

(1169)銘で,最古である。水輪は側面が直線的で縦に長く,火輪の降棟や軒の反りはゆるい。地輪から空輪にかけて,大日法身真言の種子を刻む(→p.329大日三身真言)。なお,この塔をはじめとする平安後期の五輪塔は,いずれも素材に軟質石材(凝灰岩)が使用されているのが特徴である。

釈尊院五輪塔(岩手県)

このように,12世紀後半に日本で石造五輪塔があらわれる背景には,紀伊根来寺(和歌山県)開山の覚鑁の影響が大きいとされている。覚鑁は晩年に『五輪九字秘密釈』を著したが,このなかで胎蔵界大日をあらわす五大種子を,阿弥陀の九字真言と同体と解釈した。この覚鑁による五輪九字同体説により,本来は大日の象徴であった五輪塔が,当時,隆盛を迎えていた浄土教の信者によって阿弥陀の象徴とみなされ,五輪塔は極楽往生を願う人びとによって墓塔や供養塔として広く造立されるようになった。

**花崗岩製五輪塔の出現** 石塔の素材として硬質石材(花崗岩や安山岩)が使用されるようになるのは,平安時代末期に中国(南宋)から技術者が渡来して以降のこととなる。そのなかでも東大寺を復興した重源(1206年〈建永元〉没)の墓と考えられる伴墓三角五輪塔(奈良県)が指標となる。この塔は三角五輪塔の名が示すように,火輪が三角錐(通常は四角錐)になっているのが特徴である。

また,重源と同時期に活躍した文覚(1206年没)の墓とされる神護寺五輪塔(京都府)も硬質石材である。鎌倉時代前〜中期の京都(旧平安京周辺)では,この塔のように水輪

伴墓三角五輪塔(奈良県)

神護寺五輪塔(京都府)

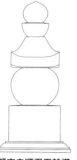

**額安寺忍性五輪塔**
(奈良県)

**額安寺順忍五輪塔**
(奈良県)

**極楽寺忍性五輪塔**
(神奈川県)

**西大寺叡尊五輪塔**
(奈良県)

が椎実形の五輪塔が主流であった。

**律宗系五輪塔**　西大寺(奈良県)中興開山の叡尊は，1290年(正応3)に90歳の生涯をとじ，その荼毘の地に五輪塔が造立された(西大寺叡尊五輪塔)。これ以後，全国にこの塔の影響をうけたと思われる五輪塔が多数つくられるようになる。これを五輪塔の定型化とよぶこともあり，つぎの特徴がみられる。

・球形に近い水輪(上半部に最大径がくる場合が多い)。
・火輪の軒は厚く，両端で反り上がる(隅反り)。
・風輪は皿形，空輪は宝珠形となる。
・火輪軒幅・水輪最大幅・地輪幅の規模が近い。

　こうした五輪塔は，とくに律宗系の寺院で多くみられることから，ここでは律宗系五輪塔と称する。

　額安寺墓地(奈良県)には，鎌倉極楽寺初代長老の忍性(1303〈嘉元元〉年没)五輪塔を中心に，8基の中世五輪塔が並ぶ。なかでも忍性五輪塔の隣に立つ順忍(1326年〈嘉暦元〉没)五輪塔は，忍性五輪塔を縮小コピーしたかのように，各部の比率はよく似ている。この忍性から順忍と続く律宗系五輪塔の型式は，大和のみならず，河内や近江・播磨，さらに伊予など，広い地域に分布する。

　なお，忍性の五輪塔は額安寺のほか，鎌倉極楽寺にも存在する。この両塔は，一見まったく異なるかのようにみえるが，実際には各部材の幅や高さの比率はかなり似ている。唯一異なる点は火輪の幅で，極楽寺塔

では軒幅を広くとることで、水輪が上下の方向に圧しつぶされたようにみえる。この極楽寺忍性塔に近い様式の五輪塔が、鎌倉を中心に常陸や箱根などに広く分布する。ここではこれらを、関東様式律宗系五輪塔と称する。

## ▶宝篋印塔

**石造宝篋印塔とその起源** 宝篋印塔は、屋根(笠)の四隅に隅飾とよばれる馬耳状の突起があり、形態上の最大の特徴となっている。日本の宝篋印塔の場合、屋根軒の上は階段状(段形)となっているものがほとんどで、また軒下や基礎の上も段形になっているものが多い。なお、屋根の上には相輪が立つ。

紀元前3世紀にインドのマウリア朝第3代の王であった阿育王(アショーカ王)は、戦争や政争で多くの人命を奪ったことを悔い、滅罪のために釈迦の遺骨(舎利)をおさめた塔8万4000基を製作して全国に配った。これを阿育王塔とよぶ。また10世紀後半に中国呉越国王であった銭弘俶は、阿育王の故事にならい、金属塔8万4000基を製作して中国各地に奉納した(銭弘俶八万四千塔)。その一部は、日本にももたらされている。このとき塔におさめられたのは舎利ではなく、「宝篋印陀羅尼」という短い経文であった。のちに日本でこうした形式の塔を宝篋印塔とよんだのは、この宝篋印陀羅尼に因んだものと思われる。

なお、銭弘俶が製作したのは金属塔だが、中国南部の福建省泉州周辺には、石造の宝篋印塔が多数みられる。広大な中国大陸にあって、宋代の石造宝篋印塔が分布するのは、泉州周辺のごくせまい地域にかぎられる。これらの石造宝篋印塔が、日本の石造宝篋印塔の出現に影響をあたえた可能性は高

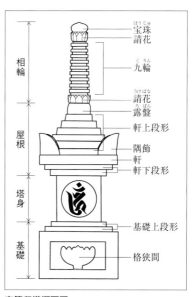

**宝篋印塔概要図**

2 石造物 313

**中国金属製宝篋印塔**
(杭州雷峰塔出土)

**中国石造宝篋印塔**
(泉州開元寺)

**高山寺宝篋印塔**(京都府)

いであろう。

**宝篋印塔の出現** 1239年(延応元),明恵の髪爪塔として,高山寺宝篋印塔(京都府)が造立されるが,この塔が記録の明らかなものでは,日本最古の石造宝篋印塔である。中国の石造宝篋印塔では,塔身に釈迦の生前の物語である本生譚が彫られ,塔身の四隅には鳥形(迦楼羅)が彫られる。これに対し,高山寺塔の塔身は無文だが,これと部材の比率がよく似た旧妙真寺宝篋印塔(京都府)では,塔身に顕教四仏(→p.328)が彫られ,四隅に鳥形が表現されているので,より中国石造宝篋印塔のイメージに近い。

**旧妙真寺宝篋印塔**
(京都府)

**宝篋印塔の復活と波及** 1230年代後半に京都でつくられはじめた宝篋印塔は,その後約20年の空白期間を経て,1260年前後に大和で復活する。その一つが1259年(正元元)造立の興山往生院宝篋印塔(奈良県)である。背の高い無文の基礎,正方形に近い塔身,小型の隅飾が特徴となる。この様式を引き継ぐ宝篋印塔は1290年代以降,大和のみならず,その周辺でも造立されるようになる。また,1263年(弘長3)造立の観音院宝篋印塔(奈良県)は,基礎は興山塔と同じだが,塔身の上下が

蓮弁となり、また四仏は種
子ではなく像容となるなど、
その様式はかなり異なる。

さらに、1260年（文応元）
に石工の大蔵安清によって
つくられた額安寺宝篋印塔
（奈良県）は、これらの2塔
とはまったく異なる様式を
もつ。この塔では、基礎に
二区の格狭間を配し、塔身
に二重輪郭をめぐらせるな
ど、装飾性に富むのが特徴

輿山往生院宝篋印塔
（奈良県）

観音院宝篋印塔（奈良県）

である。この安清の子と思われる大蔵安氏は、1296年（永仁4）箱根山宝
篋印塔（神奈川県）の造立にかかわっている。この塔は背の高い基礎に大
きく格狭間を設け、塔身には輪郭を刻む。この安氏の子の心阿は忍性と
ともに鎌倉に下り、1308年（徳治3）には安養院宝篋印塔（神奈川県）を造
立する。この塔の最大の特徴は、背の高い基礎を二区に分かち、その下
に下半部分が二区格狭間となる独特の反花座をおく点である。こうした
安養院塔の特徴は、その後、関東の宝篋印塔に引き継がれることとなり、
それらは関東形式（様式）とよばれることもある。

額安寺宝篋印塔
（奈良県）

箱根山宝篋印塔
（神奈川県）

安養院宝篋印塔
（神奈川県）

**近江の宝篋印塔**　近江は，山城や大和につぐ中世石造物の密集地帯で，その特徴は，基礎の側面に近江式文様とよばれる蓮や孔雀の浮き彫りがみられる点である。1295年（永仁3）に造立された徳源院京極氏信宝篋印塔（滋賀県）は，基礎側面に格狭間を配し，そのなかに三茎蓮とよばれる蓮の文様が浮き彫りされている。また，基礎の上は段形ではなく蓮弁（反花）で，近江の宝篋印塔はこのような例が多い。鎌倉時代後期に造立された鏡山宝篋印塔（滋賀県）は，基礎の格狭間に2羽の孔雀が向かい合った対向孔雀文が彫られている。また塔身の四隅には，旧妙真寺塔にみられたような鳥形が彫られている。

**越智式宝篋印塔**　広島県中西部から愛媛県にかけて，越智式宝篋印塔とよばれるやや特異な宝篋印塔が分布している。その特徴は，塔身の下に請座を設ける点である。1325年（正中2）造立の長円寺跡宝篋印塔や，近い時期につくられたとみられる大山祇神社宝篋印塔（中央塔）は，いずれも4mをこえる大型の越智式宝篋印塔である（両塔ともに愛媛県）。

**「関西形式」宝篋印塔**　1319年（元応元）につくられた米山寺宝篋印塔（広島県）や，大山祇神社宝篋印塔（右塔）は，いずれも念心という石工の作であるが，これらは越智式宝篋印塔から

徳源院京極氏信宝篋印塔
（滋賀県）

鏡山宝篋印塔（滋賀県）

長円寺跡宝篋印塔
（愛媛県）

大山祇神社宝篋印塔
（中央塔，愛媛県）

米山寺宝篋印塔(広島県)　大山祇神社宝篋印塔(右塔, 愛媛県)　鶴林寺宝篋印塔(兵庫県)

請座をはぶいたものである。こうした様式は,この時期以降,西日本一帯に広く分布するようになる。これらは「関西形式(様式)」ともよばれ,しばしば「関東形式(様式)」(→p.315)と比較される。おもな特徴は,基礎の側面に輪郭を巻き,内に格狭間を彫る点,さらに基礎の上は段形ではなく,反花としている点があげられる。1339年(暦応2)造立の鶴林寺宝篋印塔(兵庫県)は,典型的な例である。

### ▶層塔

**層塔の特徴**　層塔とは,軸部と屋根(笠)を交互に積み上げ,最上部の屋根に相輪を立てるシンプルな石塔である。層数はいずれも奇数で,三・五・七・九・十三という五つの型式がある(十一重のものはない)。屋根・軸部ともに下から「初層・二層・三層…」と数える。このうち初層軸には種子や仏容が彫られるケースが多いので,塔身とよばれることもある。層塔は,日本ではもっとも古い石塔の形式で,平安時代中期までの日本の石塔は,おおむね層塔のバリエーションに含まれる。

なお,層塔は中国では広くみられ,また朝鮮半島においても多くの作例が残る。日本へは古代に半島経由で渡来したものと思われる。

**古代の層塔**　石塔寺三重層塔(滋賀県)は,造立が白鳳期にさかのぼるとされる,日本最古の層塔である。阿育王塔とよばれているが,この呼称は平安時代末期の文献にあり,また751年(天平勝宝3)につくられた龍福寺層塔(奈良県)の銘文中に「阿育□塔」とあるので,この塔は造

2 石造物　317

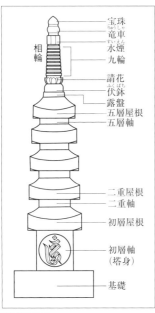

**層塔概要図**

(相輪: 宝珠・竜車・水煙・九輪)
請花
伏鉢
露盤
五層屋根
五層軸
二重屋根
二重軸
初層屋根
初層軸(塔身)
基礎

立当初から阿育王塔とよばれていた可能性が高い。阿育王塔といえば，一般的には宝篋印塔を思いうかべるが(→p.313)，古代ではそれは層塔形式であった。この塔では屋根と軸部が別石となるほか，屋根は軸に対して軒の出が大きく，また降棟や軒に反りはみられない。これらは，古代の層塔におおむね共通している。

**京都の層塔** このような古代層塔の特徴をもっともよく伝えているのは，京都(旧平安京)周辺の層塔である。最大の特徴は，屋根と軸部を別石でつくる点である。1241年(仁治2)に造立された宝積寺層塔は九重であるが，屋根と軸部が別石のため，これ以上の高

**石塔寺三重層塔**(滋賀県)

**宝積寺九重層塔**(京都府)

**来迎院三重層塔**(京都府)

**於美阿志神社層塔**(奈良県)　**大蔵寺層塔**(奈良県)　　**光明坊十三重層塔**(広島県)
現在は十一重となっている。現在は十重となっている。

層塔をつくることは難しいであろう。なお，宝積寺層塔では初層軸に顕教四仏(→p.328)の像容を浮き彫りとするほか，各層軸部にも顕教四仏の種子が彫られている。また，軸部に対する屋根の軒の出張りは，古代の層塔に比べると小さい。同じ様式の層塔として，来迎院三重層塔などがあげられるが，いずれも鎌倉時代中期までの作例であり，鎌倉時代後期になると，京都周辺でも大和の様式が多くみられるようになる。

**大和の層塔**　屋根と軸部を別石でつくる層塔は，九重をこえるものは造立が困難だが，平安時代末期につくられた於美阿志神社層塔(奈良県)では，屋根と軸部を一石でつくりだすことにより，より多層構造(十三重)が可能になった。さらに種子は初層軸のみに配し，この部分を明確に塔身として規定した。こうした様式は，宋人石工の伊行末によって1240年(延応2)につくられた大蔵寺層塔や，同じく行末によって1253年(建長5)ごろにつくられた般若寺十三重層塔にみられ，以後，日本の層塔の標準的な様式となった(いずれも奈良県)。また，光明坊十三重層塔(広島県)は，1294年(永仁2)，大和を本拠地とする大蔵派石工の心阿

2 石造物　319

が造立している。

**肥後の層塔**　古代より中国大陸との門戸が開かれていた九州地方には，その影響を強くうけた石造物が多い。なかでも鹿児島県に近い熊本県人吉地方には，独特の様式を示す層塔がみられる。具体的には，屋根と軸部を別石構造とし，各軸部に仏容を配する（初層軸を塔身と定めない），屋根は木造建築を模倣した意匠となる，などの特徴がある。1230年（寛喜2）造立の明導寺九重層塔はその典型的な作例で，各軸部の四面には阿弥陀坐像が彫られている。

**明導寺九重層塔**（熊本県）

### ▶宝塔

**宝塔の特徴**　宝塔は，筒状の塔身の軸部の上端に首部を設け，その上に宝形造の屋根（笠）と相輪が乗る形式の石塔である。宝塔は，金剛界曼荼羅のなかで，大日をあらわす器物（三昧耶形）として描かれている。また宝塔は四天王のうち，多聞天の持物としても知られている。こうした点は日本に限らず，中国の絵画や工芸品においても同様である。したがって宝塔形式が中国起源であることは間違いないが，それがどのような形で（造形物として，あるいは画像として）日本に伝わったのかについては，明らかになっていない。

**初期の宝塔**　日本最古の石造宝塔は，1120年（保安元）ごろに造立された鞍馬寺宝塔（京都府）である。無文の塔身軸部に，長い首部がつくりだされている。また屋根の降棟には，ほとんど反りがない（基礎は後補）。

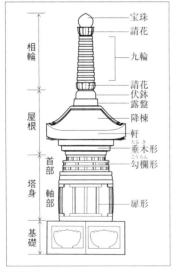

**宝塔概要図**

320　IV 美術工芸編

鞍馬寺宝塔(京都府)

長安寺宝塔(滋賀県)
写真は整備前。

王子権現社宝塔
(総願寺跡宝塔,岡山県)

平安時代後期から鎌倉時代前期の作例とされる
長安寺宝塔(滋賀県)は,高さ3mをこえる大型塔だが,塔身の特徴は鞍馬寺塔に似ている。屋根は平面形が六角で,降棟や軒の反りはゆるやかである。基礎は高さが低く,平面形が八角となる特殊なもので,後世の安定した方形の基礎とは様相が異なる。

**二仏並座をあらわす宝塔**　宝塔は金剛界曼荼羅(金剛頂経)では大日をあらわすが,天台系の寺院では,その根本経典である『法華経』「見宝塔品」の要素が加わっている。『法華経』に記される釈迦と多宝の二仏並座する図像は,おもに鎌倉前期の宝塔にみられる。1203年(建仁3)造立の王子権現社宝塔(岡山県)は,珍しい隅丸方形状の塔身の正面に,二仏並座があらわされている。屋根の降棟はのちのものとは異なり,外側に反る(起り屋根)。基礎は後補で,本来は地中に直接埋められていた可能性がある。

　こうした二仏並座をあらわす宝塔は,京都周辺で多くみられる。その代表例である安養寺宝塔は,屋根の特徴が王子権現社塔によく似ている。基礎には自然石が用いられており,従来はこれを後補としていたが,そもそも画像として描かれた宝塔には基礎は描かれておらず,初期の石造宝塔には造立当初より基礎がなかった可能性がある。

**安養寺宝塔**(京都府)

**四面に扉を配する宝塔** 1285年(弘安8)に造立された最勝寺宝塔(滋賀県)は、塔身四方の扉が開き、内には四方仏が彫られている。宝塔は金剛頂経に依拠した塔なので、これらは金剛界四仏の像容であろう。このころから屋根は軒の厚さを増し、降棟は木造建築を模した凸線で表現されるようになる。方形の安定した基礎を設けるのもこの時期以降の特徴である。なお、最勝寺宝塔のように四面扉が開いた状態があらわされる例は、次世代には続かない。1302年(正安4)造立の石塔寺宝塔(滋賀県)では、扉はすべて閉めた表現としている。奈良県においても、14世紀に入ると宝塔の造立が増えるが、これらも四面に閉めた扉が彫られた様式である。1310年(延慶3)に造立された来迎寺宝塔(奈良県)は、石塔寺塔より桟唐戸の表現が緻密である。また兵庫県の例として、1315年(正和4)につくられた常楽寺宝塔は、屋根が大型で、背の高い基礎は二区に分かち、格狭間が配されている。

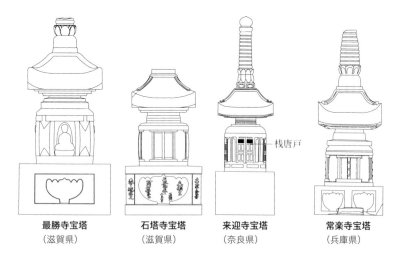

| 最勝寺宝塔 | 石塔寺宝塔 | 来迎寺宝塔 | 常楽寺宝塔 |
| (滋賀県) | (滋賀県) | (奈良県) | (兵庫県) |

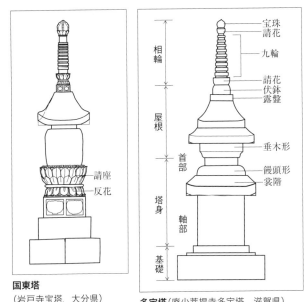

**国東塔**
（岩戸寺宝塔，大分県）

**多宝塔**（廃少菩提寺多宝塔，滋賀県）

**国東塔** 国東塔とは，大分県国東地方を中心に分布する，特殊な様式の宝塔である。塔身の下に請座をおくのが最大の特徴で，また基礎の上には背の高い反花をおくので，塔身と基礎の間に中台をはさんだような形状となる。1283年（弘安6）に造立された岩戸寺宝塔は，塔身下の請座が二重の魚鱗状となっており，中国の影響をうけている可能性がある。

**多宝塔** 多宝塔とは，通常の宝塔に裳階（飾り屋根）を取り付けた，重制の宝塔のことである。木造建築で宝塔といえば，通常はこの多宝塔のことをさすが，石塔ではまれである。1241年（仁治2）に造立された廃少菩提寺多宝塔（滋賀県）の塔身は方形で，裳階の上に饅頭形（亀腹）という部材が乗るが，これは円形塔身の上端をあらわす部材である。

### ▶その他の塔種

**無縫塔** 無縫塔は，鎌倉時代前期に中国から日本に伝わった塔形である。塔身が卵形となる形態的特徴から，卵塔ともよぶ。塔身の下に中台と竿をおく重制と，基礎の上に直接塔身が乗る単制の二種類がある。その最古の作例は京都泉涌寺開山無縫塔（重制）で，俊芿（1227年〈安貞元〉

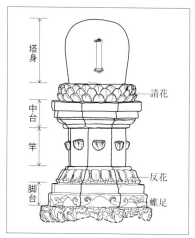

**重制無縫塔**(泉涌寺開山無縫塔,京都府)

単制無縫塔概要図

没)の墓塔である。塔身の請花は蓮弁を魚鱗状に三重としたもので,中台は段形と繰形を組み合わせている。竿は八角で,開花蓮を浮き彫りとする。脚台は持送り式で,脚端を如意頭状とする蝶足とよばれるものである。なお,単制無縫塔は先述のように塔身の下に竿がない形式で,基礎・請花の上に直接塔身が乗る。中世前期の作例はきわめて少ない。

**笠塔婆・石幢** 笠塔婆とは,方柱状もしくは板状の塔身に仏の種子や像容を刻み,宝形造の屋根(笠)と宝珠を乗せた石塔である。奈良県般若寺にある2基の笠塔婆が代表的な例で,1261年(弘長元)に石工の伊行吉が父の伊行末と母のために造立したものである。

また,笠塔婆と似た形状の石塔に,石幢がある。このうち六角,あるいは八角の幢身に笠と宝珠を乗せた形状のものを単制石幢とよぶ。西教寺石幢(香川県)は2基あり,このうち東塔は,1376年(永和2)の造立で,単制石幢である。宝珠と請花を除く,基礎・幢身,笠の平面形は六角である。

香川県高畑邸所在の石幢は,1349年(貞和5)の造立である。宝珠と請花以外は六角形となる。中台と竿があるため一見石灯籠のようにみえるが,中台の上の部材は火袋ではなく,六地蔵を浮き彫りにした幢身である(重制)。使用されている石材から,この石幢は本来,大分県中部にあ

般若寺笠塔婆(奈良県)

西教寺石幢
(東塔, 単制, 香川県)

高畑邸石幢
(重制, 香川県)

ったものと推定されている。

**薩摩塔**　薩摩塔は, 中世日本と大陸の交流を示す資料として, 近年注目を集めている石塔である。須弥壇の上に仏や人物が刻まれた壺形の塔身をおき, その上に屋根と宝珠が乗る異形の塔で, 九州の福岡県(博多)・長崎県(平戸)・鹿児島県の3か所に集中的に分布しており, 他の地域には存在しない。上記の地域は, いずれも中世において大陸との交易の窓口となっていた場で, かつ薩摩塔には中国寧波(浙江省。中世における日本との交流窓口)の石材が使用されていることから, 薩摩塔は南宋代に寧波周辺で製作され, 日本に運ばれたものと思われる。しかし, 中国では薩摩塔はみつかっておらず, この点が薩摩塔をめぐる大きな謎となっている。

首羅山薩摩塔

図の首羅山薩摩塔(福岡県)は, 屋根が失われているものの, その他の部材は比較的よく残っている。須弥壇脚部は前述の蝶足で, 軸部には中国風の四天王像が浮き彫りとなる。上端には勾欄が表現され, その上に壺形の塔身が乗る。

2　石造物　325

## ▶板碑

**板碑**(いたび)　板碑は、板状石材の上半に仏(種子(しゅじ)もしくは像容)、下半部には銘文(願文(がんもん)・偈文(げぶん)・願主名(がんしゅめい))が彫られる石造物である。通常の石塔が立体的な表現であるのに対し、板碑は画像的な表現となる。とはいえ板碑は仏塔の一種であり、たんなる碑文とは異なるので、板石塔婆(いたいしとうば)・青石塔婆(あおいしとうば)などともよばれる。全国的にさまざまな種類の板碑があるが、典型的な形としては、頭部を山形とし、二条線を刻み、額部を設ける。その下に枠を設けて、塔身とする。また基板に挿入したり、あるいは土中に直接埋めるため、根部は舌状となっている。なお、板碑は日本固有の形式であるが、その起源についてはまだわかっていない。

野上下郷石塔婆(のがみしもごう)(埼玉県)は、地上高537cmの日本最大の板碑で、1369年(応安2)に造立された。上部に蓮座上の釈迦種子、伊字(いじ)の三点(さんてん)を刻み、

**野上下郷石塔婆**
(埼玉県)

**光福寺阿弥陀三尊図像板碑**(埼玉県)

**板碑概要図**

326 ｜ Ⅳ 美術工芸編

下半部には『法華経』からの偈文、願主の名などが記されている。また、光福寺阿弥陀三尊図像板碑(埼玉県)は1306年(嘉元4)の造立で、上半部に阿弥陀三尊の来迎図が彫られている。下半部に紀年銘があり、その左右には蓮が入った花瓶一対が彫られている。

## ▶石灯籠

**石灯籠** 石灯籠は、仏に対する献灯具である。戦国時代末期には仏殿前に2基おかれる形式が生まれ、近世にはそれが一般化するが、本来は、1基のみをおくのが正式である。下から基礎(下台)・竿・中台・火袋・笠・宝珠からなり、火袋内部には灯火具(灯明皿)がおかれる。火袋の形から六角型・八角型・四角型がある。また時代はくだるが、神社におかれる神前灯籠や、庭におかれる織部灯籠などの種類もある。

中国や朝鮮半島に古い石灯籠が残っていることから、日本へは半島経由で移入されたものと思われる。山

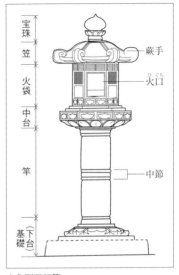

**六角型石灯籠**
(東大寺法華堂石灯籠、奈良県)

**山田寺跡石灯籠**(復元、奈良文化財研究所)

**當麻寺石灯籠**(奈良県)

**東大谷日女神社石灯籠**
(奈良県)

2 石造物 327

田寺跡(奈良県)では,塔と金堂の間で台石と基礎がみつかっており,付近から火袋などの破片も出土した。八角型で,竿は胴張りが大きい。後代にくらべ著しく大型の火袋下半には,逆ハート形の透しがはいる。白鳳期にさかのぼると考えられており,日本最古である。

このほか,當麻寺石灯籠(奈良県)は奈良時代前期にさかのぼり,ほぼ全形が残る石灯籠としては最古である。八角型で竿は三節からなり,胴張りが大きい。火袋は現存せず,木製のものにかえられている。笠・宝珠は風化が著しい。

東大寺法華堂石灯籠は六角型で,1254年(建長6)の造立。願主は伊行末である。基礎は自然石の上部に背の低い反花座を刻んでいる。竿は三節で,やや胴張りがみられる。中台側面や火袋下区に格狭間を彫り,中区に縦連子,上区に横連子を彫る。また,笠には蕨手が設けられている。

東大谷日女神社石灯籠(奈良県桜井市)は,伊行長によって1375年(永和元)につくられた。四角型では最古クラスである。笠は木造建築の宝形造の屋根を模したもので,軒下には垂木形が彫られている。

種子(左上)と像容

石造物にみられる主な種子

# 3. 絵画

## ▶絵画の歴史

　縄文・弥生時代の土器や，土偶あるいは銅鐸などにも，かなり進んだ文様表現が認められ，くだって装飾古墳の壁画などにもすぐれた造形感覚が示されている。しかし芸術性の観点から絵画として高く評価されるものは，仏教芸術の伝来以降の作品になろう。飛鳥文化の玉虫厨子，白鳳文化の法隆寺金堂壁画，高松塚・キトラ古墳の壁画，天平文化の薬師寺吉祥天画像(カバー裏)，正倉院鳥毛立女屛風，絵因果経などは，この時期の代表的な遺品である。しかし，まだ中国・朝鮮半島の絵画を模作・受容する時期であり，日本独自の美術の発達がみられるのは平安時代にはいってからといえるだろう。

　**古代の宗教画**　平安時代以降，密教や浄土教などの思想が貴族たちに支持されると，密教の教義を図式化した曼荼羅や，現世利益に結びつく不動明王像などがつくられるようになった。また，極楽浄土への救いの願望から来迎図が生まれ，鎌倉時代にかけては地獄図などもつくられるようになった。これらの地獄極楽絵は，僧侶が仏教を庶民に広める道具として使ったものだが，当時の日本人の心の奥底にあった宗教的世界

**高松塚古墳壁画**(部分，国〈文部科学省所管〉，奈良県)

**絵因果経**(部分，醍醐寺，京都府)

源氏物語絵巻(部分，徳川美術館，愛知県)

ビードロを吹く女
(部分，喜多川歌麿筆，東京国立博物館)

観を今に伝えている。

**中世の絵巻物と水墨画**　平安時代末期(12世紀ごろ)に「源氏物語絵巻」「信貴山縁起絵巻」「伴大納言絵詞」「鳥獣戯画」などの絵巻物が生まれたが，絵巻物が多様な発達をしたのは，つぎの鎌倉時代である。鎌倉時代には文学的なもののほか，寺社の縁起や祖師の伝記，戦記などをもとにした絵巻物が数多くつくられ，描写もより写実的なものになった。室町時代にはいってからも絵巻物は御伽草子などの形で多くつくられたが，この時代にはむしろ水墨画が発達した。僧院や武家の書院の床の間の発展が，掛軸として鑑賞される水墨画の隆盛を促したのである。水墨画は本来禅僧が修行のために描いた宗教画であったが，しだいに自然そのものが主題となり，雪舟によって日本的な山水水墨画が完成されるに至った。

**近世の世俗画**　室町時代末期の狩野派の画家たちは，織田信長・豊臣秀吉らの戦国大名に迎えられて多くの作品を描いた。彼らの絵はけんらんたる色彩で大画面を彩り，名品を数多くうみだしたが，武家社会の安定化のなかでしだいに形式化し，その芸術的生命を失った。それにかわって，元禄のころから町絵師たちの手になる浮世絵が庶民の人気を得，江戸時代後期には喜多川歌麿の美人画や，葛飾北斎・歌川広重らの風景版画の傑作も生まれた。一方同時期の京都では，文人画を大成した池大雅・与謝蕪村や，奇想の画家とよばれる伊藤若冲・曾我蕭白など，個性豊かな絵師たちが活躍した。なかでも円山応挙の写生画は一世を風靡

3 絵画　331

し，その影響は明治時代の日本画にもおよんだ。
　その後，明治時代中期には岡倉天心の指導のもと日本画の改革運動がおこり，横山大観・菱田春草らの個性と情熱のこもった革新的日本画が創造されていった。

## ▶宗教画の世界

　平安時代から鎌倉時代につくられた宗教画のうち，密教関係の曼荼羅と不動明王像，および浄土教の流布に伴う来迎図と地獄図をみてみよう。

　**曼荼羅**　密教寺院の堂内では，しばしば一対の曼荼羅が左右にかけられているのを目にする。これは両界曼荼羅とよばれるもので，右側に胎蔵界，左側に金剛界の曼荼羅を配するのが一般的である。曼荼羅というのは，もともとサンスクリットのmandalaの漢語訳で，「本質を得る」すなわち悟りの境地に達することである。その悟りの境地を表現する方法として，諸仏を体系的に配置して示す図像がつくられ，曼荼羅とよばれるようになった。両界曼荼羅の両界とは大日経による胎蔵界，金剛頂経による金剛界の二つであるが，前者の胎蔵界とは胎児が母胎のなかではぐくまれ生長してゆくがごとく，人が菩提心にめざめ悟りに導かれてゆく姿を展開するという意である。

　胎蔵界曼荼羅では，中心

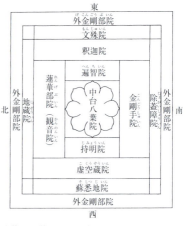

**胎蔵界曼荼羅配置図**（東寺〈教王護国寺〉，京都府）

①大日如来
②宝幢如来
③開敷華王如来
④無量寿如来
⑤天鼓雷音如来
⑥普賢菩薩
⑦文殊菩薩
⑧観世音菩薩
⑨弥勒菩薩

**中台八葉院部分とその配置**（伝真言院曼荼羅，東寺）

332 ｜ Ⅳ　美術工芸編

**四印会の諸仏**(伝真言院曼荼羅, 東寺)

| | 西 | |
|---|---|---|
| 四印会 | 一印会 | 理趣会 |
| 供養会 | 羯磨会(成身会) | 降三世羯磨会 |
| 微細会 | 三昧耶会 | 降三世三昧耶会 |
| | 東 | |

（南←→北）

**金剛界曼荼羅の配置図**

の中台八葉院の中央に宇宙の本源である大日如来をすえ，八葉蓮弁に四仏，四菩薩を交互におさめている。さらに上下左右に般若・釈迦・普賢・観音などの諸仏を配置し，人間苦を救い，災いを除いて即身成仏するための教理を示している。

金剛界曼荼羅は，胎蔵界のものとまったく違っており，縦に3列，横に3列(上中下3段)，あわせて9種類の曼荼羅を1画面に集めた形式をとっている。上段3会はそれぞれ構成が違っており，中・下段の6会は似た構成である。中心は羯磨会(成身会)で，大日如来と四仏(阿閦・宝生・無量寿・不空成就)の各如来を中心にして32の菩薩を配し，それを多数の守護神がとりまいている。仏が衆生教化に赴くとする考え方に従えば，つぎが下の三昧耶会で，以下時計回りの順に進む。この構成は，人の心の中にある仏心を自覚させるためのもので，全体で即身成仏への道，すなわち人間が進むべき悟りへの道筋を示しているのである。また，諸尊すべてが円形(月輪)の中に描かれているのは，満月の完全無欠さと清らかさによって悟りの境地を想起させるためである。それらの円形のなかに描かれた諸尊の背景には大日如来の悟りがあることが暗示されており，現世利益の対象として祈る諸尊への信仰も，やがて密教の悟りへの道に通ずることを教えている。

そのほか曼荼羅には，仏のかわりにそれを象徴する三昧耶形(諸尊持物)であらわすもの，梵字であらわすもの(種子曼荼羅)などがある。また大日如来以外の別尊(釈迦如来・阿弥陀如来・虚空蔵菩薩・文殊菩薩・愛染明王など)を中心にすえた個別の曼荼羅も多くつくられている。

**阿弥陀三尊および童子像**(部分，法華寺，奈良県)

それらは災害・疫病を取り除く，あるいは幸福を招くなど，それぞれの密教修法の目的にあわせてつくられたものであろう。

なお阿弥陀の説法を聞きに集まる聖衆などを描いた浄土曼荼羅は，別種のものである。

**不動明王像** 明王(→p.287)のなかでも，不動明王には多くの作品がある。不動明王は邪悪なものから人びとを守るものとして信仰され，忿怒の表情と力強い肉体をもつ姿で描かれた。園城寺(三井寺，滋賀県)の黄不動，高野山明王院(和歌山県)の赤不動，青蓮院(京都府)の青不動は，平安時代の名作三不動明王として名高い。

**来迎図** 平安時代の中ごろ(11世紀)，末法の時代になるという説(釈迦入滅後2000年後から，釈迦の教えが行われない末世になるという考え)が盛んになり，未来に不安を感じはじめた貴族たちは阿弥陀如来による救済を願うようになった。彼らは，死後西方の極

**山越阿弥陀図**(部分，禅林寺，京都府)

**餓鬼草紙**(部分，東京国立博物館) 地獄図の例。

楽浄土に迎えられるよう，菩薩たちを従えて来迎する阿弥陀如来を夢幻の美しさで描かせてまつった。宇治平等院鳳凰堂(京都府)の扉絵や法華寺(奈良県)の阿弥陀三尊および童子像などがその代表的な遺例である。鎌倉時代にはいると浄土教がいっそう普及し，現世の不安感も深まるにつれて，救いを求める切実感がさらに強くなった。それにより，早来迎(知恩院，京都府)や山越阿弥陀図(禅林寺，京都府)など，変化にとむ来迎図が描かれることとなった。

**地獄図** 末法の世に罪を重ねると，恐ろしい地獄におちると信じられた。その地獄をより具体的に想像するために描かれたのが地獄図である。地獄は地下の暗い恐ろしいところと考えられ，叫喚・焦熱・阿鼻などさまざまな地獄が描かれた(等活・黒縄・衆合・叫喚・大叫喚・焦熱・大焦熱・阿鼻が八大地獄)。地獄の恐ろしさを知れば知るほど，いっそう極楽往生をもたらす阿弥陀の救いを願わずにはいられない。地獄図が多く描かれた背景にも，極楽往生を説く浄土思想の存在を考える必要があるだろう。

さながら極楽を思わせる優美な来迎図にくらべると，地獄図には恐ろしさがじかに伝わるリアルな描写がみられる。ただ，あまり陰惨さ，残酷さを感じさせず，むしろユーモラスな美的快感さえ覚えるのは，日本人の地獄観の伝統でもあろうか。

## ▶世俗画の発達

中世(鎌倉・室町時代)になって，武士や庶民の力がのびてくると，世

**鳥獣戯画**(部分,高山寺,京都府)

**一遍上人絵伝**(部分,踊り念仏の群衆,東京国立博物館)

俗の生活を写実的に描いたものがふえてくる。

**絵巻物** 絵巻物には,「源氏物語絵巻」のように古典的な大和絵風のものと,「信貴山縁起絵巻」や「鳥獣戯画」のように墨線をきかせた動きのある絵の二つの流れがあるが,「一遍上人絵伝」のように波瀾に富む宗祖の一生や戦乱を描くのには後者の手法が多く用いられた。製作には宮廷の絵師や寺院の絵仏師らが参加したのであろう。寺社や祖師の縁起・伝記は,たんなる鑑賞用・記録用の美術品ではなく,その教えを広める要具でもあった。絵巻物は,たいてい絵と詞書が交互になっているが,時代がくだると,絵のなかに説明文が書き込まれたものがあらわれる。これらは絵を繰り広げながら説教・説明をしていくのに適しており,祭礼や講などのおりに広げて,庶民に語り聞かせるという用い方をしたものと思われる。

**水墨画** 墨の濃淡の諧調によって対象を描きだした絵画を水墨画とよぶ。日本では鎌倉時代の終わりごろからみられるようになり,禅の境地を絵にした禅機図や道釈画(道教・仏教関係の人物画で,達磨・羅漢・寒山・拾得・布袋・老子などを題材とした)などが,禅宗の僧の間で盛んに描かれるようになった。室町時代には禅僧のなかから専門画僧が生

まれ，花鳥画や山水画を描くようになり，如拙・周文のあと雪舟がでて日本的な水墨山水画が完成された。初期の水墨画家たちは，宋元画をまねた中国の風景や心象風景を描いていたが，雪舟は日本の実景を大胆な構成力と的確な描写力で描いた。その後安土・桃山時代から江戸時代初期には長谷川派や雲谷派が水墨画を得意とし，江戸時代後期には文人画に多くの優品が生まれている。また，明治期以後は富岡鉄斎・横山大観らによって新しい生命が吹きこまれた。

**障壁画**　障子・襖・壁面など，建物に付随する大きな画面に描かれた絵を障壁画という。城郭や大書院の発達に応じて，それらをかざるにふさわしい豪壮な作風の障壁画が多く描かれた。金地に豪華な色彩（濃絵）で描かれたものは金碧障壁画とよばれる。思索と哀愁の心にひかれる水墨画と，豪奢と明朗の障壁画は，日本人の美意識の両面を示すものであろう。

　室町時代後期から安土・桃山時代にかけて，寺院の方丈建築の発展とともに，障壁画の画題や描法に一定の規則が確立していった。部屋の格式に応じて山水画・花鳥画・人物画などの画題が選ばれ，描法も真・行・草を使い分けた。また，四方に四季を配する工夫も行われた。大徳

---

### 濃絵

　日本画には墨画・淡彩画・著色画（濃絵）の3種があるが，山水画は墨画・淡彩画の画法である。著色画（濃絵）は，すでに「源氏物語絵巻」もそうだが，とくに発達したのは安土・桃山時代の障壁画である。絵具は岩絵具（天然鉱物から精製した顔料）とよばれる緑青・群青（塩基性炭酸銅）・朱（辰砂）・丹（四三酸化鉛）・胡粉（牡蛎殻）・黄土（酸化鉄）などがおもに使われ，膠にとかして塗る。金銀箔・金銀泥や雲母も欠かせないものである。とくに金碧障壁画は，金箔を貼付した画面に極彩色をほどこすもので，背景に装飾的な雲（金雲）を配して豪華けんらんの効果がいっそう発揮された。金碧障壁画は，金の産出量が増大した安土・桃山時代と，支配者の豪華さを好む時代精神との産物ともいえよう。

**楓図**(部分,長谷川等伯筆,智積院,京都府)

**二条城二の丸御殿大広間四の間**(狩野探幽筆,京都府)

寺塔頭聚光院(京都府)の花鳥図(狩野永徳による大画面様式の水墨障壁画)や,智積院(京都府)の桜・楓図(長谷川等伯一門による金碧障壁画)などの傑作が生まれたのもこの時期である。

織田信長・豊臣秀吉ら為政者たちは,城郭をつぎつぎと建築し,内部を豪奢な障壁画で彩った。また,天皇の代替わりや婚礼などが行われると,新しい御所が建てられ,その内部にさまざまな画題の障壁画が描かれた。これらは大きさ,部屋数ともに寺院建築をはるかに凌駕し,大画面かつ大量の障壁画を描く必要があった。安土・桃山時代から江戸時代初めにかけて,狩野派一門は多くの弟子を率いてこの需要にこたえ,その地位を確立していった。二条城二の丸御殿(京都府)の障壁画は,狩野探幽らによる江戸時代初期障壁画の代表作である。

狩野派は室町時代中期にでた正信・元信が,宋元風水墨画に大和絵の色彩を加えて装飾的画風を創造し,元信の孫永徳によってその様式はさらに発展した。漢画系の長谷川派・海北派もこの時代の障壁画に加わり,

**松に孔雀図**(部分, 円山応挙筆, 大乗寺, 兵庫県)

**高雄観楓図屏風**(部分, 狩野秀頼筆, 東京国立博物館)

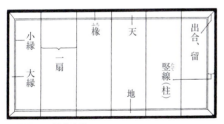

六曲屏風の部分名称

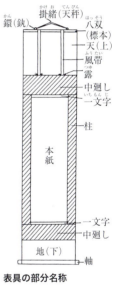

**表具の部分名称**

江戸初期に復興した大和絵の土佐派・住吉派とともに近世画壇を形成した。

江戸時代後期になると, 中央の絵師の名声が地方にまでおよび, 各地

にすぐれた作品を残すこととなった。兵庫県香住の大乗寺には,円山応挙とその一門による障壁画が残されている。また,応挙の弟子長澤蘆雪は,応挙の名代として南紀に赴き,草堂寺・無量寺・成就寺(ともに和歌山県)などにすぐれた障壁画をつぎつぎと描いていった。

金碧画の表現技法は風俗画屛風にも効果を発揮して,狩野秀頼の高雄観楓図屛風など,近世初期風俗画の名品を生んだ。大和絵を近世町人の世界にもちこんだ江戸初期の俵屋宗達や,元禄文化をかざる尾形光琳も,金碧画による屛風を得意とした。

**浮世絵** 江戸時代初めに岩佐又兵衛が絵画に卑俗な題材と描写をもちこんで基礎を形成し,やがて元禄時代に菱川師宣が版画の世界で活躍して浮世絵を確立した。初期の墨摺絵から丹絵・漆絵・紅摺絵になり,江戸時代後期の1765年(明和2)ごろ,鈴木春信がいわゆる錦絵を創始した。画題では遊里の風俗画・美人画・役者絵・相撲絵などが錦絵全盛時代をかざり,幕末には清新な風景画や武者絵,政治風刺画などもつくられた。これらが爛熟味を加え,明治時代以後の近代版画につながっていく。

夕立(鈴木春信筆,ボストン美術館)

絵師が下絵を描く　彫師が木版を彫る

紙をあて馬連でこする　刷毛で絵具をつける

**浮世絵の製作工程**

**おもな錦絵版画の寸法**
(ただし,ここにあげたのは一例で,時代によって規格は変化した。)
大判　39.3×26.3cm
中判　26.0×19.5cm
細判　30.3×15.1cm

浮世絵版画の工程は，まず出版元の求めに応じて絵師が画稿を描き，それをもとにして美濃紙や奉書紙に墨線を写し，版下絵を描く。彫師は山桜の柾目板に版下絵を貼り，墨線を切り回して基本となる墨版をつくる。墨版は色数だけすられ（校合摺），これに絵師が色を指定する（色版）。彫師はまた墨版と同じ要領で必要な枚数の色版を彫り，すりにまわす。摺師は水刷毛で湿りをあたえた和紙を色を塗った色版におき，裏から馬連でこすり，色版の数だけすりを重ねる。初版は通常200枚，つぎからの後摺では，紙や絵具の質をおとしたり，色版の枚数をぬくなどするので，安物になることが多かった。

## ▶絵馬

庶民の願望や感謝のしるしとして寺社に奉納される絵馬は，民間信仰の広がりを伝える資料であるばかりでなく，庶民の知恵を知るヒントも含んでいる。その多くは近世の小絵馬とよばれる種類のものだが，有名な寺社で大絵馬の大作が掲げられている例もしばしばある。

**絵馬の由来**　古代の人びとは馬に神霊がやどると考え，神の使いとして畏敬したらしい。神馬を献上する風習が，滑石製の馬形や土馬になり，やがて板絵馬を奉納するようになったと思われる。近世になって，庶民的願望をかけた小絵馬が流行し，安産・育児・婚姻・商売繁盛・災厄除け・病気平癒などの願いをさまざまな画題で描き，寺社に奉納した。泥絵具といわれる胡粉を基調にした墨・群青・丹・黄土などの素朴な色調も庶民文化を感じさせる。今日でも，安産・家内安全や合格祈願などの絵馬の奉納が盛んに行われており，社会的現象としても興味深い。

**絵馬の画題**　絵柄によって，男絵・女絵・文字額・武者絵・役者絵・花鳥絵・歌仙絵・渡海船絵などに分けることができる。信仰や願望による分類も理解しておきたいが，複雑に民間信仰が絡んでいて一概にはいえない。しかし，そこに絵馬の大衆化をみてとることができるかもしれない。

以下，便宜上の分類に沿っておもな画題をみてみよう。
①動物　馬，猿（日吉社系），鳥（熊野権現系），狐（稲荷系），にわとり（観音・荒神・庚申），むかで（赤城神社）など。
②植物　大根，二股大根（聖天），菊，牡丹など。
③人物　誕生，成育，成人，婚姻，乳もらいなど。「め」（眼病）。

**末吉船**(清水寺, 京都府)

**神馬**(加茂神社, 兵庫県)

**乳しぼり**(四天王寺布袋堂, 大阪府)

**にわとり**(一言観音, 奈良県)

**向い目**(川越薬師, 埼玉県)

**蛸**(蛸薬師, 京都府)

**鎌**(草刈薬師, 東京都)

**文身侠客図**(金刀比羅宮, 香川県)

④神仏　地蔵，観音，不動，菅公，剣，宝珠，三重塔，天女など。

⑤祈願と成就　御幣，鳥居，重ね餅，御神酒，鎌，まゆ玉など。

⑥誓約　禁酒，さいころ(賭博を断つ)など。

⑦魔除　鬼，天狗など。

⑧商売繁盛　たばこ屋，左官，大工，鳶，油しぼり，舟運など。

⑨旅人講　伊勢講，富士講，戸隠講，榛名講など。

⑩芸能・行事　神楽，神楽面，豊年おどり，歌舞伎，相撲など。

⑪史上の人物・物語　歌仙，二十四孝，朱印船，伝説，合戦など。

⑫実技上達　算額，武芸上達，免許御礼など。

## 絵柄の意味

猿：日吉山王権現の神猿の意味に，山の神と庚申信仰とが加わった。災厄・病魔がサルという縁起をかついだ。

狐：稲荷神の使いであり，屋敷神でもあった。相向きの一匹が鍵をくわえると，穴の中の財宝を得るという意味になった。

むかで：諸毒の害をのぞくという本来の意味から，お足(金銭)が多いということで上方商人に信仰されたといわれる。

にわとり：小児の夜泣き，かんの虫封じ，火の用心，にわとりが餌をつつく光景から連想して，落し物を拾うとなる。

蛸：婦人病・小児病・眼病・手足のイボ平癒祈願。

大根：二股大根(違い大根)は夫婦和合の象徴とされる。

たにし：その形状が眼を連想させるので，眼病平癒を祈った。

鎌：おできをそりおとす，風を斬って稲を台風からまもる。

その他の添景：赤提燈があれば大願成就のお礼，鶴・亀・太陽が描かれていれば，おめでたいとする。

# 仏教版画と護符・魔除け

　紙や布にすった版画の仏さまは、摺仏ともよばれる。中世以降、仏への結縁・来世往生・現世安穏・無病息災・故人追善など、勧進供養のために庶民に流行した。近世には諸寺が開扉、縁日などに摺仏を頒布した。著名な寺社で発行されている護符類も一種の摺仏と考えることができよう。

　さまざまな俗信の形に出会えるのも歴史散歩の楽しみの一つ。沖縄の民家の屋根におかれた陶製の獅子、各地の屋根をかざる恵比須・鍾馗などの守り神から、戸口に貼りつけた護符、つるされたいわしの頭に至るまで、民間信仰の根強さに思いあたる。地方によって異なる特色があり、また背景にある信仰圏なども垣間みえて、興味深いものである。

唐招提寺金堂および釈迦修造供養勧進札（唐招提寺、奈良県）

**沖縄のシーサー** 屋根の上からみおろして横行する悪魔を退散させる。

**蘇民将来**（上田市立信濃国分寺資料館） 柳の枝を六角に削り、大福長者蘇民将来などと墨書。厄除け。

**角大師** 元三大師良源の画像。頭に2本の角を生やした鬼形に描き、魔除けに戸口に貼る。

# 4. 工芸

## ▶仏具

**法具** 寺院には，さまざまな堂塔や鐘楼，経蔵などの建物があり，それぞれに外観や建物内の内陣・外陣は種々の道具類によって装飾されて

① 天蓋　　⑤ 本尊　　⑨ 五具足　　⑩ 大壇　　⑭ 磬
② 幢幡　　⑥ 置燈籠　　㋑ 常花(花瓶)　⑪ 塔　　⑮ 礼盤
③ 釣灯籠　⑦ 鏧子　　㋺ 燭台　　⑫ 柄香炉　⑯ 木魚
④ 宮殿　　⑧ 前机　　㋩ 香炉　　⑬ 架

**仏壇の道具立て**(大楽寺，東京都)

4 工芸　345

**木造天蓋**(法隆寺, 奈良県)

**華鬘**(中尊寺, 岩手県)

**火焰宝珠形舎利容器**
(東京国立博物館)

いる。また, 寺院において, 年間を通じて執り行われる数多くの法要や儀式に用いられる道具類など, 仏事に用いられるすべての器物類は, 総称して法具とよばれる。

(1) **荘厳具** 仏身そのものはもちろん, 仏の鎮座する場(空間)を厳かに荘ることを荘厳といい, それらの装飾具を荘厳具という。また, 仏堂の外観や内外陣の装飾のほか, 仏舎利(仏の骨)や経典をおさめる容器, 塔, 厨子なども荘厳具であり, そこには重要な儀式の際に壇上にかざられる道具類も含まれる。

天蓋・幡・華鬘：天蓋は, 仏像の頭上にかけつるす蓋で, もとは貴人の頭上に翳したもの。幡・華鬘は, 布帛の裂製や金属製のほか, 木製や皮革製のものもあり, 寺院の境内や堂内の柱・天蓋・高座などにかけて仏事供養をかざるのに用いられる。とくに華鬘は, もとは貴人を迎える際にかざった花輪が起源といわれ, 中央に花を束ねる紐が飾り結びであらわされる。

舎利容器・舎利塔：水晶や石, 木, 金属(金・銀・銅)などでできており, 釈迦の聖骨を象徴する舎利をおさめる。

(2) **堂内具** 仏堂内において, 仏像や法具類, 供養具や経典類を安置するとともに, これらを装飾する役目をはたす。須弥壇・大壇・礼盤などの壇類や, 前机・案・卓などの机類のことをいう。須弥壇は, 仏の座

す世界である須弥山をあらわし,大壇は,とくに密教における修法を行うために築かれた区画(本来は土壇)で,仏の説く曼荼羅をあらわしている。

(3) **供養具** 仏前や僧前に供え物をささげ,その徳をたたえるとともにみずからの功徳を得ようとすることを供養という。供養の内容は,香・灯明・花・飲食物などが基本とされ,香炉や灯籠・燭台・花瓶・飲食器など,供養する際に用いられる仏具類を供養具という。水瓶・浄瓶なども含まれる。なお,香炉・燭台・花瓶等を一具として製作されることが多い。

(4) **密教法具** 平安時代初期に最澄・空海らが大陸より伝えた密教における法要・修法で使用される道具類のことである。密教の各宗派や作法によって用い

**大壇と大壇具**(室生寺,奈良県)

**五具足** 燭台(左右両端),花瓶(中央両側),香炉(中央)
(東京国立博物館)

**王子形水瓶**
(法隆寺献納宝物,東京国立博物館)

**信貴形水瓶**
(金銀鍍菊花文 散 銅水瓶,引接寺,福井県)

4 工芸 347

**密教法具：金剛盤・金剛鈴・金剛杵**
(厳島神社，広島県)

**三鈷杵**
(奈良国立博物館)

**五鈷鈴**
(奈良国立博物館)

**金剛盤**(奈良国立博物館)

**輪宝**(西大寺，奈良県)

**羯磨**(室生寺，奈良県)

られる道具や組み合わせは多種多様である。

金剛杵（こんごうしょ）：もとは，インドの武器に由来し，杵（きね）の形をして両端に鋭利（えいり）な鈷をつけたものである。さまざまな迷いや悩みなどの煩悩（ぼんのう）を打ち砕く象徴として，仏性をあらわす法具として取り入れられた。鈷の数によって独鈷杵・三鈷杵などに分けられる。

金剛鈴（こんごうれい）：金剛杵の一方に鈴をつけたものである。妙音（みょうおん）によって，仏性をよびさますとともに，杵と同じく煩悩を打ち払う。

金剛盤（こんごうばん）：金剛杵・金剛鈴を置くための台である。四葉蓮華（しようれんげ）をかたどった板に三つ脚をつけたもので，中央に蓮華座をすえたものもある。

輪宝（りんぼう）・羯磨（かつま）：輪宝は，杵を軸に輪状に連ねたもので，投擲（とうてき）武器である。また，羯磨は，2本の杵を十文字に重ねた鋭利な武器。いずれも，本来はインドの武器で，煩悩を打ち砕き，仏法（ぶっぽう）の前にいっさいを従順させる意を象徴する法具。

**柄香炉**(法隆寺,奈良県)

**如意**(奈良国立博物館)

　香炉：香炉は,堂内に仏性をよぶための清浄空間を演出するとともに,仏前を供養するための薫香を焚く道具である。火舎香炉は,短い三脚を付した火炉に透かしをほどこした蓋をかぶせたもの。

　六器・二器：六器は,火舎香炉の左右に3個ずつ並べる台皿付きの鋺である。水を張って梻葉をいれ,閼伽・塗香・華鬘の順に配置される。また,二器は,香水をいれる灑水器と練香をいれる塗香器で,同じく台皿がついた大小の鋺の一対で用いられる。

　花(華)瓶：中央に火舎香炉,その左右に六器を並べて,もっとも外に配置される花瓶である。蓮華を挿して壇上を荘厳する。

　飲食器：高坏形で,仏に供養する食物を盛る器である。

　四橛：金剛杵を縦に連ねて棒状にしたような武器で,大壇の四隅に立てて,壇線を四周にめぐらし,壇上に結界をつくる。

**(5)僧具**　僧侶が日常生活に直接使用する道具類のことをいい,念珠や如意,袈裟,錫杖や柄香炉などのほか,これらをおさめる説相箱・袈裟箱・戒体箱などの収納箱類も含まれる。

**(6)梵音具**　仏教では,堂内や道場を清めて,仏性をよびさまし,諸天善神を請来するために音を鳴らして演出するほか,法要開催や儀式進行の節目,日常の作法の区切りを知らせるために音を鳴らす。これらの楽器を梵音具という。

　磬：古代中国の楽器に由来し,石製または玉製,金属製などがある。独特の山形をし,中央に撞座をつくりだして,木製の磬架につるす。勤行の節目に打ち鳴らす。

　鰐口(金鼓)：仏教寺院の堂前,軒下にかけつるして,参拝者が綱を振りたたいて,打ち鳴らす。訪問を知らせ,仏性をよびさますためのもの。

　鉦鼓：鰐口を半分にした形状をし,木製の撞木で内面をたたいたり,

**磬**(東京国立博物館)

**銅鑼**(根津美術館)

**雲版**(浄泉寺，千葉県)

あるいは外側の中央を打ち鳴らしたりする。鉦ともいう。

　銅鑼：鋳造したあと，鍛造を加えて成形した大盤の打楽器で，紐でつるして，中央を桴でたたく。撞座をつくりだしたものもある。

　鈸子：金属製で，2枚一組のシンバル。打ち鳴らしたり，こすりあわせて音を出す。銅鑼と組み合わせて，一具として用いられることが多い。

　木魚：木製で，球形の内部を刳り抜いて，桴で打ちたたいて鼓のように読経の拍子をとる。魚の頭と尾が接した独特な怪異な形状は，龍の変身した表現ともいわれる。

　雲版：金属製で，雲形あるいは如意形をした板で，軒下などにつるして，桴でたたいて音を鳴らす。起床や就寝，食事や坐禅などを知らせるための合図に用いられる。

(7)**梵鐘**　金属製で，吹抜けの鐘楼につるして，撞座を撞木で撞き鳴らして音を轟かせる。おもに法要や行事の際に僧侶らを招集するために鳴らし，あるいは朝夕の時刻を知らせる。また，半鐘・喚鐘とよばれる小型のものは，縁側の軒下につるして，仏堂での法会のとき，あるいは書院において人をよぶときに鳴らす。

梵鐘は，古くは仏教の伝来とともにもたらされた。日本最古の銘のあるものは，妙心寺（京都府）の鐘（698年）である。梵鐘には，つりさげるための龍形（龍頭）や上帯・下帯にめぐらされた唐草文，鐘身上方に設けられた区画に並ぶ乳（突起の列）などの装飾がほどこされるほか，飛天や蓮華文，施入の銘文や梵字などが記されており，時代による造形的な特徴がよくあらわれている。

　梵鐘の様式としては，古いものは撞座の位置が高く，龍頭の長軸線と直交する縦帯上にある。一方，時代が下るにつれて，撞座の位置は低くなり，龍頭の長軸線上に設けられるようになる。

　また，和鐘のほか，朝鮮鐘，中国鐘，数は少ないが南蛮鐘などもある。

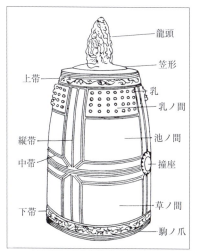

**梵鐘の各部名称**

**朝鮮鐘**（常宮神社，福井県）

**梵鐘**（園城寺，滋賀県）

## ▶漆工

　漆は，堅牢性や耐候性が高いという特性から，建築材や器物類の接着剤や塗料として，保護補強や装飾する用途で，古くから多用されてきたと考えられている。日本では，縄文時代前期にすでに利用されていたことを物語る出土遺物が知られ，縄文時代から弥生時代を通じて，漆塗の櫛や土器のほか，装身具，弓や大刀などの武器・武具類，あるいは椀や鉢，高坏などが，各地の遺跡から出土している。その後，朝鮮半島や中国から新技術や装飾技法，意匠などが移入され発展した。

　とくに，仏教伝来とともに渡来した造寺・造仏技術者や各種工芸技術者らによって，いっそうの発展をとげた。仏像を安置する厨子や法具類には，総体を漆塗とした上に，彩漆による漆絵がほどこされ，唐草や宝相華などのはなやかな文様や図様も用いられるようになった。そして，正倉院宝物にみられるように，この時代に唐からもたらされたすぐれた技術や意匠は，その後の日本工芸が発展する土台となった。日本的様式が形成されたとされる平安時代，漆工分野においても和様化した技法・意匠がほどこされた遺品が数多く伝来している。金銀泥絵や末金鏤，平脱などの奈良時代の技法から，蒔絵・平文などの日本独自の技法へと発展したのも平安時代前半のこの時期である。平安時代後半になると蒔

**玉虫厨子**　「捨身飼虎図」
（法隆寺，奈良県）

**倶利伽羅龍蒔絵経箱**
（當麻寺奥院，奈良県）

**片輪車螺鈿蒔絵手箱**
（東京国立博物館）

絵や螺鈿などの技術がさらに発達し，その用途は調度や建築装飾など，より幅広く活用されるようになる。当時の貴族の生活を物語る古神宝類には，化粧道具や文具，楽器などがあり，より多彩で繊細かつ華麗な装飾がほどこされた貴重な遺品をみることができる。

　鎌倉時代になると，蒔絵技法においては，研出蒔絵や平蒔絵，高蒔絵があらわれ，大小の金粉・銀粉を使い分け，より絵画的な優雅な表現が可能になった。これに加えて，螺鈿の精妙な透彫による技法などが併用されて，漆工の装飾技法，意匠感覚ともに安定した高度な造形世界が展開された。その後に続く，南北朝時代や室町時代には，蒔絵や螺鈿，切金，金貝などを併用し，加飾法はいっそう巧緻なものとなっていった。その一方で，中国から禅宗文化とともに輸入された彫漆や鎗金技法は，鎌倉彫や沈金などをうみだし，仏教寺院などにおける仏具・法具などに多用されている。

　室町時代末から安土・桃山時代になると，中世以来の技法や意匠を継承し，発展させる一方で，簡単な技法による平明，斬新な意匠が特徴的な高台寺蒔絵のような新しい感覚がうみだされた。

　江戸時代には，装飾性の強い斬新な表現と古典的な優美な意匠とが融合して，琳派に代表される個性的な作品が製作されるようになる。

**八橋蒔絵螺鈿硯箱**(尾形光琳作　東京国立博物館)

**初音蒔絵調度類**(徳川美術館，愛知県)

## ▶陶磁器

「やきもの」ともいうが，正確には陶器と磁器を総称したものである。原点としてもっとも素朴なものは，縄文・弥生時代における土器であるが，古墳時代になると朝鮮の登窯やろくろ成形の技術が導入されて須恵器がつくられた。中世までは，中国や朝鮮半島からの影響をうけながら，おもに陶器が焼かれ，磁器生産が本格的にはじめられたのは，近世にはいってからである。

**中世以前の陶器**　陶器がつくられた主要な産地としては，常滑・瀬戸・越前・信楽・丹波・備前などがあり六古窯とよばれる（→p.69）。とくに，瀬戸は中国・宋の技術を取り入れて本格的な施釉陶器が製作された。他方，瀬戸以外は無釉で，古来の土器の系譜を引くものとされる。室町時代に中国の茶文化が流行すると，初期は中国からの陶器(唐物)である天目や磁器である青磁などが珍重された。16世紀になると備前や信

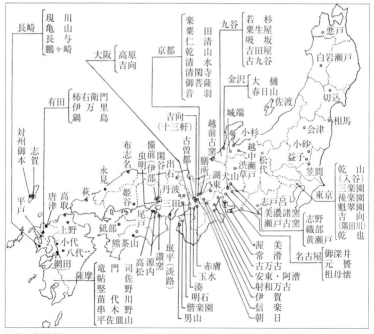

**日本の陶器産地**

**青磁鳳凰耳花生**(大阪市立東洋陶磁美術館)

**秋草文壺** 越前 (慶応義塾大学)

**黄釉草葉文壺** 古瀬戸 (覚園寺, 神奈川県)

**曜変天目茶碗**(静嘉堂文庫美術館)

**志野茶碗** 銘卯花墻(三井記念美術館)

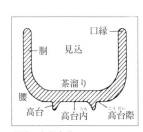
**茶碗の各部名称**

**楽茶碗** 銘雪峰 本阿弥光悦作(畠山記念館)

楽などのほか、美濃の瀬戸や志野、織部などでも盛んに陶器がつくられるようになった。いわゆる茶陶の時代を迎えた、安土・桃山時代から江戸時代初期には京都に楽焼があらわれる。きわめて低い温度で焼成され

**色絵花鳥文大深鉢** 柿右衛門様式
（東京国立博物館）

**色絵藤花文茶壺** 仁清作（MOA美術館）

**色絵椿文皿** 鍋島
（佐賀県立九州陶磁文化館）

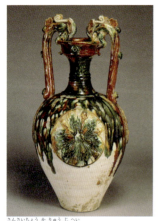
**三彩貼花龍耳瓶**（東京国立博物館）

た軟陶で，千利休によって確立された茶道の独特の美に対応して，それまでの陶器の歴史とはまったく異なる造形感覚をもたらした。

**近世以降の磁器** 九州の唐津，薩摩などの陶器のほか，有田では伊万里・鍋島などの磁器が盛んに製作される。また，京都では，野々村仁清による色絵陶器，加賀では九谷焼が焼かれるなど，さまざまな需要にこたえて広く展開するようになる。

**中国・朝鮮の陶磁器** 中国の陶磁器としては，唐時代の三彩，宋時代の天目のほか，白磁・青磁や元の呉須，染付など，各時代を通じて数多く舶載されて，おもに仏教寺院を舞台に，日本の陶磁器文化に多大な影響をあたえた。

また，朝鮮陶磁では，高麗青磁のほか，李朝白磁や粉青沙器，井戸茶碗など，中世・近世を通じて日本にもたらされた。

## ▶染織

染織とは、布を織ったり、染めたりすることをいう。衣・食・住といわれるように、衣すなわち染織は、人びとの生活に不可欠な要素として、身にまとい、住居をかざり、死者の副葬品として、あるいは神仏の荘厳具などとして用いられてきた。その用途は民族や地域、時代によって独自の個性をもち、それぞれの地域の歴史を特徴づけるものでもある。

染織品は、麻・藤・葛・絹・綿・毛・皮革など、材質は多様である。植物の葉や樹皮、獣の皮革や毛といったさまざまな素材を用いて糸をつくり、糸で裂を織ったり（織物）、編んだり（編物）、あるいは、革製品などのようにさまざまな加工をほどこして、裂地をつくりだし、衣服や敷物などとして使用する。織物としてもっともシンプルな布は平織で、これらの裂地に色をつけて模様を定着させるための技法として、染物が発明される。また、さまざまな色に染めた糸を用い、その組み合わせによって、模様をあらわす方法がはじまって、織の技術は高度な発展をみせる。なかでも絹織物は、錦、綾、紗、二重織物、繻子、緞子・綸子、金襴・銀襴、唐織など、その種類はじつに豊かである。

日本における染織の歴史を概観すると、中世以前においては、まず仏教染織ともいうべき遺品として、法隆寺や正倉院に伝来するいわゆる上

**四騎獅子狩文錦**（部分、法隆寺、奈良県）

**紺夾纈絁几褥**（部分、正倉院宝物）

4 工芸

**刺繡釈迦如来説法図**(奈良国立博物館)

代裂がある。このほか高僧伝来の袈裟など，中国や朝鮮などから舶載されたものを中心に貴重な遺品がみられる。また，神仏を刺繡などであらわした織成仏や繡仏も，おもに中世までを代表する染織品である。

　一方，神社においては，天皇や貴族によって奉納された神宝装束類や，神事法要などで用いられた舞楽装束などがあり，当時の宮廷風俗が反映されている。

**七条刺納袈裟**(延暦寺，滋賀県)

**衵　萌黄小葵浮線綾丸文二重織**
(熊野速玉大社，和歌山県)

**海賦裳　白遠菱文固綾**(京都国立博物館)

**能装束** 段片身替雪持芭蕉文縫箔
（林原美術館）

**小袖** 風景四季花文繡箔（国〈文化庁〉）

**陣羽織**
（仙台市博物館）

　中世末から近世においては，武家文化を代表する能装束や陣羽織などのほか，小袖，振袖などでは，有力商人を中心とした町民の嗜好を反映した遺品も数多く残されている。また，庶民の衣服としては，木綿や麻を用いて，染や刺子によって模様をほどこしたものなどがあり，階級や地域の特徴を反映したものがつくられるようになる。

① 脇の縫い目を折る
② 衽の縫い目を手前に折る。衿付の縫い目を折る
③ 手前の衽の上に上前の衽を重ねる
④ 背縫いを折り，脇の縫い目を2枚重ねる
⑤ 上側の袖を身頃に重ねる。点線の部分から折り，裏返して袖付の縫い目を上に折りたたむ
⑥ 袖丈が長いときは，袖の長さに合わせて折る

**着物の各部名称とたたみ方**

4 工芸　359

## ▶武器・武具

　武器・武具類は，時代による戦闘様式の変遷とともに大きく発展し，個性豊かな特徴をみせる。そして，時代ごとにそれぞれ実用的・装飾的にも独特の発達の歴史を刻んできた。

　**甲冑**　日本の甲冑は，世界の甲冑のなかでもとくに色彩豊かで，独特の優美さと繊細さをみせている。
「甲」は鎧で，胴に着装し，「冑」は兜のことで，頭部を守る防具である。いずれも戦闘の際に身に着けて，身体を防御する武具である。平安時代以前の甲には，短甲と挂甲とがあり，短甲は鉄板を矧ぎ合わせた胴甲で，挂甲は革や鉄の小札を紐類で連結した柔軟性の高い胴甲である。平安時代以降の甲は，札仕立ての挂甲に連なる様式のものが継承され，大鎧・胴丸・腹巻・腹当など多様な種類に発展していった。

　とくに重厚で華麗な大鎧は，騎馬の武将が着用し，軽敏で動きのとりやすい胴丸・腹巻は，徒歩の下級武士がおもに用いた。鎧は，威（緒通しの意とされる）といって，小札を綴じつなぐ紐の色や材質によって，赤糸威や黒韋威，紫綾威などとよぶ。また，色糸の組み合わせは，平安時代から鎌倉時代の裾濃威・匂威，南北朝時代から室町時代の褄取威

**赤糸威鎧**（櫛引八幡宮，青森県）

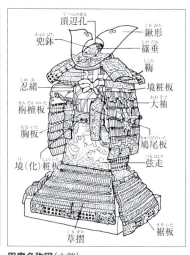

**甲冑名称図**（大鎧）

**黒韋威胴丸**（春日大社，奈良県）

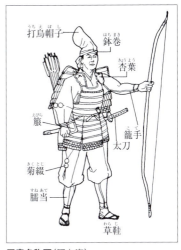

**甲冑名称図**（胴丸姿）

や室町時代の肩取威など，時代による流行もみられた。

　室町時代以降になると，接近した集団戦などでは，身動きの自由な胴丸・腹巻が有利なため，より一般化して主流となる。そして，戦国時代末期から江戸時代になると，胴丸・腹巻を基本としながらも，変わり兜や変わり胴などの個性豊かな造形がほどこされた当世具足があらわれる。とくに，西洋甲冑の影響をうけて，南蛮具足などの和洋折衷ともいえる好奇なものもつくられて，華麗かつ特異な装飾で彩られた個性豊かな甲冑が数多くうみだされた。

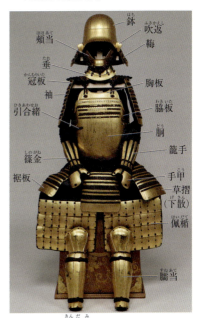

**甲冑名称図**　金陀美具足
（久能山東照宮，静岡県）

**刀剣** 平安時代以前の刀剣は,直刀で片刃のもの,あるいは両刃の剣が主である。いわゆる「日本刀」とよばれる様式が成立するのは平安時代中期以降とされ,鎬造で反りのある独自の姿をした様式が確立された。平安時代から安土・桃山時代までを古刀,慶長期から江戸時代後期までを新刀,幕末のものを新新刀と称する。時代ごとにその姿や地鉄の鍛え,刃文などが異なり,それぞれに生産される地域や各門による流派の個性が発揮された。その結果,名工たちによって,数多くの名刀がうみだされた。

日本刀には,中世前半における太刀(刃を下にして腰からつりさげる)と中世後半,南北朝時代から室町時代以降に主流となる打刀・脇指・短刀(刃を上にして腰帯に差す)などの種類がある。このほか,長巻・薙刀・槍など,刀や短刀に長い柄をつけて集団戦や馬上であつかいやすく,

**金地螺鈿毛抜形太刀拵**(春日大社,奈良県)

**銀銅蛭巻太刀拵**(復元模造,東京国立博物館。原品は丹生都比売神社,和歌山県)

**糸巻太刀拵**(久能山東照宮,静岡県)

**蒔絵朱鞘大小刀**(尾山神社,石川県)

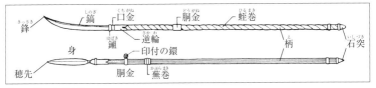

**薙刀・槍の各部名称**

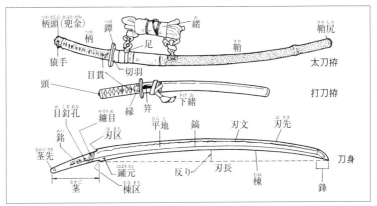

**太刀拵・打刀拵と刀身の各部名称**

有利な長柄のものも製作され，用いられた。

**外装・拵え** 刀剣は，それぞれに独自の外装(太刀拵や打刀拵，短刀拵，薙刀拵など)を伴う。また，時代によって主流となった外装様式が異なり，平安時代に流行した毛抜形太刀は，柄の中央に毛抜形の透彫があるこ

鐔の各部名称

鉄鐔(東京国立博物館)

透かし鐔(東京国立博物館)

色絵鐔(東京国立博物館)

**揃刀装具**（目貫〈上左〉・小柄〈上右〉・笄〈中〉・頭〈下左〉・縁〈下右〉）
（東京国立博物館）

とが特徴である。一方，打刀では，鐔や小柄・笄・目貫・縁頭といった金具類が付属する。これらの刀装具には，花鳥風月，和歌や物語などに取材したさまざまな意匠がほどこされた。ときにはすべてを統一したモチーフで製作したり，カラフルな変塗をほどこしたり，多種多様で趣き豊かな装飾が工夫され，図案や技術などにおいて高度に芸術的な発達をみせた。なお，打刀を大小揃いで身に着けることが一般化するのは，安土・桃山時代からである。

**弓矢** 日本の弓はおおむね長寸である。丸木弓は，割れたり折れたりするのを防ぐために，内側に樋を掻いて撓みを調整したり，籐や樺を巻いて強化したりした。また，合成弓は，木と竹を組み合わせて，さらに弾性を強靱にしたもので，弓はその強度によって何人張などと称した。中央よりやや下に握（弣）を設けるのも特徴で，弦を張ると独特の反りをみせる。また，矢は細い矢竹を矢筈として用い，矢筈際に鷲や鷹の羽根を矢羽として付す。矢先の鏃は鉄製で，

**紫檀地螺鈿平胡籙**（背板〈裏〉，春日大社，奈良県）

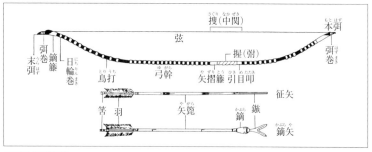

**弓矢の各部名称**

364　Ⅳ　美術工芸編

征矢・尖矢・狩俣矢など、その形状は用途に応じてさまざまである。

これらの矢は、数十本を束ねて、靫・胡籙・箙などに収めて、右腰または背中に背負って、携帯した。

**馬具** 馬具は、鞍を中心に鐙・轡などを組み合わせ、鞍下には障泥、鞍上には鞍褥を敷いて、乗馬を快適にする。また、鞍・鐙・轡は、面繋(面懸)・胸繋(胸懸)・尻繋(鞦)、腹帯などの紐・房類で馬体に固定し、手綱を用いて馬をあやつる。鞍の様式によって、唐鞍・和鞍・移鞍・水干鞍などの種類がある。唐鞍は、おもに神馬などの飾馬に用いられる。

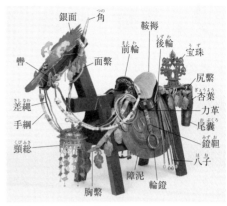

**唐鞍**(手向山八幡宮、奈良県)

**芦穂蒔絵鞍・鐙**
(東京国立博物館)

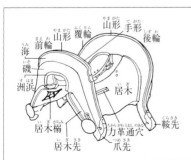

**鞍と移鞍の各部名称**

**柏 木兎螺鈿鞍**(永青文庫)

# 5. 書跡・典籍・古文書

## ▶書の歴史

書跡・典籍の鑑賞にあたっては，日本語表記の歴史や書風の大まかな流れを理解しておくことが望ましい。

**漢字使用の定着**　中国から伝わった漢字が，日本においていつごろから使用されるようになったかは明らかでないが，5世紀ごろ（古墳時代）の鉄剣銘などは，その早い例といえる。その後，奈良時代までには漢字の使用が広まり，正倉院文書や木簡，また奈良朝の写経などに当時の手跡をみることができる。このころには漢字の音を利用して歌などを記す万葉仮名も使われるようになった。

**書風の流れ**　平安時代初期においては，空海・嵯峨天皇・橘 逸勢が能書（書の巧みな人）として知られ，のちに三筆と称されるが，この時代までの書は，当時の中国で流行した書風に強く影響されたものであった。平安時代中期になると，三跡と称される小野道風・藤原 佐理・藤原行成らが日本独特の温雅な書風（和様）を確立させ，これがおおいにうけいれられて日本の書の主流となった。またこのころ，音表記に使用する漢字がさらにくずされて仮名が生まれた。

和様は能書の子孫や弟子によってその書風が伝えられ，世尊寺流・法性寺流・青蓮院流など，いくつかの流派が生まれた。

**三筆の書風**　「孫過庭書譜断簡」
（空海筆，宮内庁三の丸尚蔵館）

**三跡の書風**　「白氏詩巻」（藤原行成筆，東京国立博物館）

中世において和様は成熟を迎えるが、一面では、模倣による書風の固定化もみられた。中国風の書(唐様)は一時すたれたが、留学僧などを中心に使用され続けた。宋・元の書風に影響をうけた書のうち、とくに禅宗の高僧による書を墨跡(墨蹟)ということがある。

安土・桃山時代以降に茶の湯が流行すると、床の間の飾りとして、名筆による写本を切断した掛物が珍重された。こうした写本の断簡を古筆切といい、鑑賞の便のために古筆切をアルバム状に貼り込んだものを手鑑という。

江戸時代にはいると、古筆の流行を背景に、寛永の三筆と称される本阿弥光悦、近衛信尹、松花堂昭乗らが、上代様を基本としつつもあらたな表現を試みた。一方で、幕府によって儒学が尊重されたことから、唐様の書も盛行した。

**古筆切と極札** 安土・桃山時代ごろより、古筆切の鑑定を生業とする古筆見があらわれた。その鑑定結果を記した紙片を極札という。また名筆とされる作品には「高野切」「本阿弥切」「針切」など特定の名がつけられて愛好された。

## ▶和紙

書写材料としての和紙は、原料によって大きく麻紙・楮紙・雁皮紙の系統に分けることができる。

**手鑑** 「藻塩草」(京都国立博物館)

**古筆切** 「小島切」
(伝小野道風筆、京都国立博物館)

5 書跡・典籍・古文書 | 367

**麻紙（ましあさせんい）** 麻の繊維でつくった紙。古代においては経典・詔書・位記などを記すのに使用されたが、平安時代ごろより使用されなくなる。

**楮紙（こうぞし）** 楮の樹皮からつくった紙。繊維が太く表面はやや粗いが、丈夫であり、また栽培・加工が容易であることからおおいに普及した。今に伝わる典籍や古文書の料紙は、多くが楮紙の系統である。楮紙は用途や産地によって奉書紙、杉原紙などの種類がある。また檀紙は大型・厚手の料紙であり、表面に皺の加工があるのが特徴で、格式の高い紙として用いられた。

**雁皮紙（がんぴし）** 雁皮の樹皮からつくった紙。繊維が細く表面はなめらかで光沢がある。それが卵に似ることから鳥の子紙との名もある。江戸時代には雁皮と同じジンチョウゲ科の三椏も使用されるようになった。

### ▶書跡・典籍

書跡とは書かれた文字を意味する語であるが、博物館などでは、典籍や古文書のうち、とくに書道史上の名品や、芸術性が高いと評価されたものを書跡と称することがある。

典籍には、日本でつくられた文学作品・歴史書・記録などのほか、中国からもたらされた漢籍や経典なども含まれる。典籍の多くは書写されたもの（写本）として伝わったものであり、その伝来過程もまた重要な情報である。写本には奥書といって、もとにした本（親本）を誰から借用して、いつ書写したかなどを末尾に記したものがある。また、本文を他本と比較して文字の異同を記入したものや、ヲコト点（文字の周囲に記し

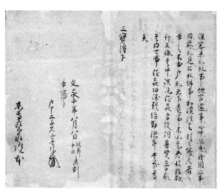

**奥書**　「三宝絵詞（下巻）」（東京国立博物館）

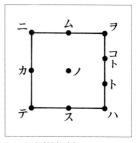

**ヲコト点（紀伝点）**

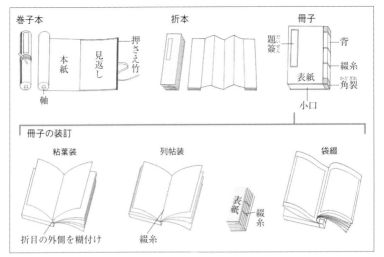

**典籍の装訂**

た●印によって送り仮名などを示す符号)や訓など、内容の理解を助けるための情報を加えたものもある。これらもまた写本の性格や価値を定めるために役立つ情報となる。

　**典籍の装訂**　典籍の装訂について、主要なものを紹介する。
(1)**巻子本**　料紙を横に継ぎ合わせ、軸をつけて巻き込んだもの。
(2)**折本**　巻子本を端から一定の幅で折りたたんだ形状のもの。経典などに多い。
(3)**粘葉装**　料紙を二つ折りにして重ね、各紙の折り目の外側を糊付けしたもの。胡蝶装とも。
(4)**列帖装**　料紙数枚を重ねて折ったものを一括とし、数括を糸でかがったもの。綴葉装とも。
(5)**袋綴**　料紙を二つ折りにして重ね、折り目と反対側を糸で綴じたもの。和書の代表的な装訂。

## ▶古文書

　文書とは発信者と受信者の間で情報を伝達するために記されたものである。とくに明治時代より前に作成された文書を古文書とよぶことが多い。古文書のなかには書跡として賞翫されるものもあるが、多くはその

内容・機能・伝来などにおいて歴史的価値をもつことに意義がある。

**古文書の伝来**　古文書は、皇室や公家の文庫、大きな社寺、幕府の要職をつとめた家、地域の有力武士の家、商工業で繁栄した家などにまとまって伝わっていることが多い。古文書が伝来するもっとも大きな理由は、その文書が保証する効力のためである。たとえば、法令や役職の任命を通達した文書、土地の所有権や課税免除の権利を認める文書などが保管され、伝来するのが一般的なあり方といえる。

ほかに、意図せずに文書が伝存する例として紙背文書がある。紙背文書とは、不要となった文書の裏面を再利用して別の文書や典籍などを書写した場合に、先に記された文書のことをいう。

**正文・草案・案文**　清書された正式な文書を正文といい、その下書きを草案という。また正文の効力に基づいて後日につくられた写しのことを案文という。案文は、法令を布達するためや、裁判の証拠として添付するため、また、紛失に備えるためなどの理由から複写された文書である。各地に伝わる古文書には、すでに正文が失われ、案文のみが残っているものも多い。

**古代・中世の古文書**　古代・中世の古文書を理解するうえでは、文書の様式や機能による分類が有効である。

(1)**公式様文書**　律令に規定された公的文書の様式には、詔(天皇の命令)、符(下達文書)、解(上申文書)、移・牒(上下関係にない官司で使用)などがあり、書出し・書止めに特有の文言が使われるほか、基本的に公印が押されることが特徴である。これらの書式には、朝廷において江戸時代末期まで使用され続けたものもある。

(2)**公家様文書**　律令に規定のない文書様式として、上位者の命令を下位

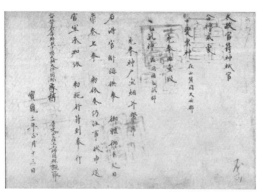

**符**　「太政官符」(国〈文化庁保管〉)

者が承って書き記した宣旨がある。宣旨は，本来は受命者の手控えであったが，本文の末尾に施行文言などを加え，公的な文書として発給するようになった。官宣旨（弁官からくだされる命令）がその例である。これは煩雑な発給手続きを必要としない簡便なものであったことから，平安時代以降，盛んに用いられた。この様式の文書はしだいに朝廷の役所以外（院庁・女院庁・政所〈三位以上の家政機関〉・社寺など）でも使用されるようになり，一般に下文とよばれる。

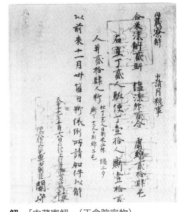

**解**　「内蔵寮解」（正倉院宝物）

また私的な書状の系譜としては，平安時代より奉書（主人の命を奉じて侍臣が伝える形式をとった書状）が広く使用されるようになり，公的な文書と同様の効力をもつようになった。奉書様式の文書のうち，とくに天皇の命を奉じたものを綸旨といい，同様に上皇のものを院宣，皇太子・三后・女院などのものを令旨という。また三位以上の者の奉書を御教書という。女官が天皇の命を奉じ，仮名

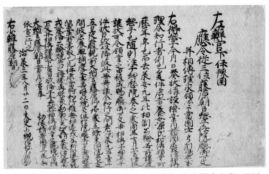

**宣旨**　「官宣旨」（京都府立京都学・歴彩館 東寺百合文書WEB）

**綸旨**　「後醍醐天皇綸旨」（早稲田大学図書館）

5　書跡・典籍・古文書　371

**下文**　「源頼朝袖判下文」
（歴代亀鑑，東京大学史料編纂所）

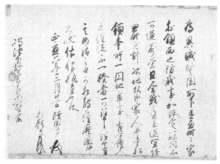

**御教書**　「関東御教書」（歴代亀鑑，同上）

散らし書きの文書で下達する女房奉書もこの系譜に属する。

(3) **武家様文書**　鎌倉時代以降，武家で使用された文書様式は，正式な命令書としての性格が強い下文と，主人の命を奉じた書状の形式をとる御教書（なお時代がくだると，命令者自身が差出者となる直状様式の文書も，命令者を尊んで御教書と称するので注意），および両者を折衷した様式の下知状（たとえば関東下知状は，将軍の命を執権・連署の名で発給するもので，書出しに「下」などの文言がなく，「下知如件」と書止める）の3種が主要なものであった。これらは主として命令の下達に使用され，内容の軽重，発信者と受信者の身分などによって使い分けられた。正式で重要な内容の文書ほど謹直な文字で記される傾向がある。文書には命令者の書判（花押，→p.377）がすえられることが多く，これが文書の袖（右端）にある場合と奥（左端）にある場合があるが，袖判のほうが尊大な形式であった。

　このほか，上申文書としては，先にのべた解の様式が，個人と公的機関とを問わず使用されたほか，裁判の際に作成される，原告側が事実関係をまとめて処分を請求する訴状，被告側に反論として提出させる陳状などがある。ほかに，戦時に従軍して功をあげたことを証する軍忠状や，神仏に誓う形式で和睦などの約束をかわす起請文なども上申文書に含めることができる。

　また権利を保証するために作成される証文類としては，土地売買の際

に取り交わされる売券,所領譲与の事実を証する譲状などがある。

室町時代後期ごろより花押のかわりに印判を押した文書が盛んに用いられるようになり,その著名なものとしては北条氏の虎印,織田信長の「天下布武」印などがある(→p.389)。

起請文　「若狭国太良庄上使祐賢起請文」
(京都府立京都学・歴彩館　東寺百合文書WEB)

**近世の古文書**　江戸時代になると,正式な命令書としての性格の強い判物・朱印状,奉書の形式で老中が将軍の意向を伝達する老中奉書,将軍の命を承けて老中が発給する老中下知状など,前代からの系譜を引く様式の文書が使用された。しかし,同じ下達文書であっても,将軍の判物から触

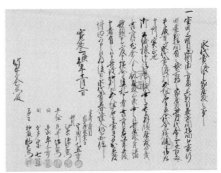
江戸時代の証文　「竹原文右衛門家屋舗証文」
(早稲田大学図書館)

書や高札に至るまで,内容や対象者などによってさまざまな様式・形態が用いられるようになったことや,命令の伝達方式として,廻状(文書を回覧して写し取らせる)が一般化するなど,文書による情報伝達のあり方が大きく変化したこともみのがしてはならない。

さらに,幕府や藩など支配層がかかわる文書だけでなく,町人同士,村人同士でも証文などを作成することが行われるようになり,中世までとは比較にならないほど多様な文書が各地に伝存している。現在のところ,これらすべてを一定の様式のもとに類別して理解することは難しいが,様式だけでなく,伝来・用途・作成過程などさまざまな観点からの分類を試みることで,当時の社会をより深く理解するための材料となる。

**近代の公文書**　公文書とは,明治時代以降の行政機関における意思決

定の過程を記した文書をいう。多くは稟議書であるが、添付された図なども重要な資料となることがあり、博物館などで展示される機会も多い。これらは当時の行政機関で作成されたものなので、理解するには書式・用語・組織構成などの点で一定の予備知識が必要になることがある。

2009年（平成21）に制定（2011年に施行）された「公文書の管理に関する法律」によって、公文書は国民共有の知的資源と位置づけられた。国の行政機関などで作成され一定の年限を経た文書は、国立公文書館などに移管され、所定の手続きを行うことで閲覧することができる（地方自治体の公文書の公開は条例による）。

**デジタルアーカイブ**　近年、各地の博物館・文書館などでは、保存・活用をはかるために収蔵品の画像をデジタル化し、ウェブ上で公開する動きが進められている。これらを利用することで、パソコンなどの画面上で、精細な画像をみることができる。

▶**古文書の基礎知識**

古文書の読解に必要な知識のうち、とくに実用的と思われるものに絞って紹介しておきたい。

**竪紙・折紙**　古文書は発信者と受信者の関係によって料紙の使用法が異なることがある。料紙をそのまま用いて記すものを竪紙といい、横に二つ折りにして折り目を下にして記すものを折紙という。概して折紙のほうが略式、薄礼である。

**正字・異体字など**　典籍や古文書に使用される文字には、なじみのないものもある。たとえば「国」の字

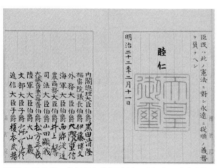

**近代の公文書**　「大日本帝国憲法」（国立公文書館）

**折紙**　「豊臣秀吉朱印状」（米沢市上杉博物館）

| | | | | | | | | | | | |
|---|---|---|---|---|---|---|---|---|---|---|---|
| あ 安 阿 | い 以 | う 宇 有 | え 衣 江 | お 於 | か 加 可 | き 幾 起 | く 久 具 | け 計 希 | こ 己 古 | さ 左 | し 之 志 |
| す 春 須 | せ 世 | そ 曽 楚 | た 多 堂 | ち 知 地 | つ 川 徒 | て 天 | と 止 登 | な 奈 那 | に 丹 尓 | ぬ 奴 | ね 祢 年 |
| の 乃 能 | は 者 盤 | ひ 比 飛 | ふ 不 婦 | へ 部 遍 | ほ 保 | ま 萬 満 | み 美 美 | む 武 無 | め 女 免 | も 毛 茂 | や 也 屋 |
| ゆ 由 遊 | よ 与 与 | ら 良 羅 | り 利 里 | る 類 流 | れ 礼 連 | ろ 呂 路 | わ 和 王 | ゐ 為 井 | ゑ 恵 | を 遠 越 | |

**変体仮名**

異体字の例（右から左へ）

| | | | | | | | | | | | |
|---|---|---|---|---|---|---|---|---|---|---|---|
| 〔州〕 | 〔州〕 | 〔多〕 | 〔喜〕 | 〔出〕 | 〔難〕 | 〔畢〕 | 〔頭〕 | 〔等〕 | 〔無〕 | 〔部〕 | 〔寅〕 |
| 〔和〕 | 〔書〕 | 〔松〕 | 〔年〕 | 〔事〕 | 〔時〕 | 〔時〕 | 〔時〕 | 〔執〕 | 〔所〕 | 〔所〕 | 〔品〕 |
| 〔概〕 | 〔養〕 | 〔解〕 | 〔称〕 | 〔処〕 | 〔略〕 | 〔海〕 | 〔最〕 | 〔秋〕 | 〔帰〕 | 〔国〕 | 〔歟〕 |

**異体字の例**

は，古くからこの字体も用いられているが，「國」を用いることも多い。「國」は「国」の正字である。まれに使用される「圀」のように，同じ文字を示していながら字体が異なる文字を異体字という。異体字には，筆画を省略したものや，漢字の偏と旁を入れ替えたものなどあるが，まったく別の文字にみえるものもある。

また異体字とは異なるが，ゟ（ヨリ）朲（トキ）〆（シテ）コ（コト）のように，速書きや省画の結果，なかば記号化した文字もある。

**変体仮名**　仮名は，もともと漢字をくずして書いたものであるが，一つの音に対して使用される漢字は複数ある（あ—安・阿・愛など）。また仮名は連続する場合，続け書き（連綿という）することが多く，筆順や文字のバランスに留意して観察することが肝要である。

**平出・闕字**　天皇を意味する語など，特定の語に敬意を表するために，改行して行頭に配することを平出という。同様に，敬意を表するために語の上を1字空けることを闕字という。たとえば，綸旨で天皇の意向の意味でよく使用される「天気」「御気色」なども平出の対象である。

**慣用表現**　官宣旨など下達文書の書出しにみられる「右得○○状稱」は「右○○の状を得るに稱く」と読み，「○○より提出された書状に言うことには」という意味である。奉書様式の文書のうち綸旨の書止めにみられる「…旨，天気所候也，仍執達如件」は「…の旨，天気候所な

| | |
|---|---|
| 白地—あからさま（たちまち，かりそめ） | 指事—さしたること |
| 不能—あたわず | 聢—しかと |
| 稱（称）—いわく，いえらく | 加之—しかのみならず |
| 以為—おもえらく | 然而—しかれども |
| 奉為—おんために | ～候得共—そうらえども |
| 急度—きっと | 仮令—たとい |
| 向後—きょうこう，こうご（今後） | 近曽—ちかごろ |
| 恐惶謹言—きょうこうきんげん | ～者—てえり |
| 揭焉—けちえん（明らか） | 左右—とこう・とかく |
| 　＝炳焉—へいえん | 為当・将—はた |
| 合期—ごうご（間に合う） | 八木—はちぼく（米） |
| 故—ことさらに | ～間敷候—まじくそうろう |
| 寄事於左右—ことをそうによす | 努々—ゆめゆめ |
| 　（あれこれ言い訳する） | 仍如件—よってくだんのごとし |

**特殊な読み方をする用字・用語の例**

376　Ⅳ　美術工芸編

り，よって執達件の如し」と読み，「…というのが天皇のご意向ですので，お伝えいたします」という意味となる。これらは一例にすぎないが，特殊な読み方をする慣用表現にも習熟する必要がある。

**花押** 花押とは，署名すべき位置に記された独特な形状の書き判をいい，文書が真正であることを証するためのものである。その淵源は中国にあり，日本では平安時代にみえはじめるが，鎌倉時代以降に盛んに用いられるようになり，独自の発達をとげた。その後も花押は使用され続け，現在でも閣議書における大臣の押印などに使用されている。

花押のおもな書様にはつぎのようなものがある。なお同一人物でも時期によって花押の形が異なることがあるので留意する必要がある。

(1) **草名体** 実名の漢字を草書風にくずしたもの。
(2) **二合体** 実名の漢字の偏と旁を組み合わせたもの。なお源頼朝の花押は頼の束と朝の月をあわせたもの。
(3) **一字体** 実名の1字をくずしたもの。なお足利義満の花押は義のくずし。豊臣秀吉の花押は悉をくずしたもの。これは秀吉の2字で悉の発音をあらわせる(反切という)ことによる。
(4) **別用体** 実名と関係なく，図案化された記号を花押に用いたもの。伊達政宗の花押は鶺鴒を図案化したもの。
(5) **明朝体** 上下に横線があるのを特徴とする。中国の明から伝わったものとされ，日本では江戸時代に流行した。
(6) **略押** 文字が書けない者は，花押のかわりに筆軸の頭などを用いて○印を押す場合がある。

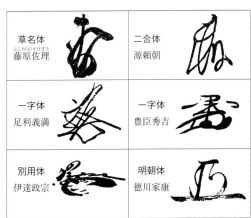

**おもな花押**

# Ⅴ 資料編

1. **暦と時刻**　　　380
2. **度量衡** 　　　385
3. **紋と印** 　　　388
4. **貨幣** 　　　390
5. **年号索引** 　　　396
6. **年代表** 　　　398

具注暦の巻頭（『愚昧記』承安２年〈1172〉，『春記』の紙背）

# 1. 暦と時刻

## ▶暦法あれこれ

世界の諸民族は，その自然的環境や生産関係，世界観などに基づいて，さまざまな暦をつくったが，大別すると，太陰暦・太陰太陽暦・太陽暦の三つになる。

**太陰暦**　月の周期的変化(満ち欠け)を基礎にした暦法で，月と太陽が同じ方向にあって月がみえないとき(＝朔)から，月と太陽が反対方向にあって満月がみえるとき(＝望)を経て，つぎの朔に至る朔望月を12回積み重ねて1年とする。したがって太陽の運行で決まる太陽年とはズレを生じることになる。現在使用されている純粋太陰暦はイスラム暦である。

**太陰太陽暦(陰暦)**　太陽の運行で1暦年を定め，月の満ち欠けで1暦月を定める暦法で，近代以前の日本はこれによっていた。

日本への暦の伝来は5世紀後半と思われるが，その後，7世紀初めに百済の僧観勒が暦本を伝え，表のように元嘉・儀鳳・大衍・五紀・宣明の5種の中国暦が採用された。しかし，800年以上も用いられた宣明暦は，江戸時代にはかなりの誤差を生じていたので，渋川春海のつくった貞享暦にきりかえられ，以後，宝暦・寛政・天保と4種の日本暦が用いられた。しかし，天保暦の明治5年12月3日が太陽暦の1873年1月1日に定められ，陰暦(旧暦)の歴史は終わることになった。

**太陽暦**　太陽年を1年とする暦法で，季節とのズレは生じないが，月の運行とは一致しない欠点がある。1873年(明治6)に実施された太陽暦はユリウス暦で，1年を365.25日として計算していたが，1898年(明治31)に実際の1年(365.2422日)との誤差がより少ないグレゴリオ暦(1

**日本の陰暦の変遷**

| 暦　　法 | 始行年(西暦) | 実施年数 | 太陽年365日 |
|---|---|---|---|
| 元嘉 | (5世紀) | ? | .2467 |
| 儀鳳 | (690) | 74 | .2448 |
| 大衍 | 天平宝字8(764) | 94 | .2444 |
| 五紀 | 天安2(858) | ＊4 | .2447 |
| 宣明 | 貞観4(862) | 823 | .2446 |
| ○貞享 | 貞享2(1685) | 70 | .2417 |
| ○宝暦 | 宝暦5(1755) | 43 | .2416 |
| ○寛政 | 寛政10(1798) | 46 | .2423 |
| ○天保 | 弘化元(1844) | 29 | .2422 |

①○は日本暦，＊は前代の暦と併用。
②儀鳳暦の開始年については諸説ある。

年を365.2425日とする）を採用し，現在に至っている。

## ▶陰暦のしくみ

　陰暦をみる場合，どうしても知っておかなければならないことを簡単にふれておこう。

　**月の大小**　太陽暦では大小の月の配列は一定だが，陰暦は違う。1朔望月は平均29.530589日だから，陰暦では大30日，小29日として調整する。しかし，それでも端数がでるから1年半ぐらいに1回の割で，大の月を2回連続させることになる。しかも月の朔望は毎月異なるので，実際の朔望にあわせると毎年のように大小の配列がかわり，大の月が4回，小の月が3回続くこともある。

　**閏月**　1太陽年は365.2422日である。平均29.5日の月を12回重ねると354日にしかならないから，不足分11日がある程度たまったところで閏月をおく必要が生じる。19年で209日ほどたりないわけだから，この間に7回の閏月がおかれることになる。

　**二十四節気**　閏月をどこにおくかは二十四節気で決まる。二十四節気とは，1太陽年を24等分し，約15日ごとにおいた季節目標である（→p.382）。原点は冬至で，約15日ごとに節と中が交互にくるが，中気，たとえば雨水を含む月が正月，春分を含む月が二月と名づけられる。しかし，旧暦では毎年約11日ずつ太陽年とずれるから，中気を含まない月が生じたらその月を閏月としたのである。

　さらに二十四節気を細分し，1年を5日ごとに分けた七十二候もある。

## ▶さまざまな暦

　律令時代の暦は陰陽寮でつくられて中央・地方の官庁に配布され，貴族たちはこれを筆写して使用した。中世になると京暦・南部暦・三島暦・伊勢暦などの地方暦が生まれ，近世に継承されたが，江戸幕府は貞享の改暦（1684年〈貞享元〉）から統制を厳しくし，天文方から配布された原稿をもとに，各地の暦師が発行した。明治時代になって，正式の暦は伊勢神宮の神宮司庁だけが頒布権をもつことになった。おもな暦をつぎに示す。

　**具注暦**　暦日の下に，日の吉凶・節気の変動などを漢文で注記した暦で，奈良時代のものが正倉院に残っている。貴族はこの余白に日記を書いた（→p.379）。また，平安時代後期ごろからは宮廷の女房たちが，

1　暦と時刻　**381**

## 月のおもな異名

| 正月：睦月　元月　初春　孟春 | 7月：文月　女郎花月　初秋 |
| 2月：如月　更衣着　仲春 | 8月：葉月　月見月　仲秋　白露 |
| 3月：弥生　桜月　晩春　清明 | 9月：長月　菊月　季秋　晩秋 |
| 4月：卯月　余月　初夏　孟夏 | 10月：神無月　神去月　初冬 |
| 5月：皐月　早月　早苗月 | 11月：霜月　神楽月　仲冬　陽復 |
| 6月：水無月　水月　晩夏 | 12月：師走　極月　臘月　晩冬 |

## 二十四節気表

| 四季 | 節気 | 名称 | 現在日付 | 意味・特徴 |
|------|------|------|----------|-----------|
| 春 | 正月節 | 立春 | 2月4日 | 春の気が立つ，節分の翌日 |
|    | 中 | 雨水 | 19日 | 氷雪がとけ，雪が雨にかわる |
|    | 2月節 | 啓蟄 | 3月6日 | 冬眠していた虫が穴からはいだす |
|    | 中 | 春分 | 21日 | 昼夜の長さが等しい |
|    | 3月節 | 清明 | 4月5日 | 清浄明潔で草木の芽がでる |
|    | 中 | 穀雨 | 20日 | 春雨が降り，百穀が生育する |
| 夏 | 4月節 | 立夏 | 5月6日 | 夏の気が立つ |
|    | 中 | 小満 | 21日 | 実が育ち満ち，草木がしげる |
|    | 5月節 | 芒種 | 6月6日 | 芒のある穀類の種まき＝田植え |
|    | 中 | 夏至 | 22日 | 夏の頂点で，日の長さが最大 |
|    | 6月節 | 小暑 | 7月7日 | 大暑のくる前，梅雨あけ |
|    | 中 | 大暑 | 23日 | 暑気が最高となる |
| 秋 | 7月節 | 立秋 | 8月8日 | 初めて秋の気が立つ |
|    | 中 | 処暑 | 23日 | 暑さがおわる |
|    | 8月節 | 白露 | 9月8日 | 露がこおって白色となる |
|    | 中 | 秋分 | 23日 | 陰気・陽気の中分，昼夜平分 |
|    | 9月節 | 寒露 | 10月8日 | 露が冷気にあたって凍ろうとする |
|    | 中 | 霜降 | 24日 | 露が霜となって降る |
| 冬 | 10月節 | 立冬 | 11月8日 | 冬の気が立ち，寒くなる |
|    | 中 | 小雪 | 22日 | 雨も雪となって降る |
|    | 11月節 | 大雪 | 12月7日 | 雪がいよいよ降りつもる |
|    | 中 | 冬至 | 22日 | 太陽が南にゆき，日の短い頂点 |
|    | 12月節 | 小寒 | 1月6日 | 寒気がまし，ひえびえする |
|    | 中 | 大寒 | 20日 | 寒気が最高となる |

注(1)　現在日付は2019年（令和元）のもの。おおむねこのとおりだが，
　　　年によって1日ほどずれる。

　(2)　旧暦では中気を含まない月を閏月とした。

382　Ⅴ　資料編

これを仮名で記した仮名暦を愛用するようになった。

**近世の地方暦** 各地の暦屋はさまざまな暦をつくった。巻暦や綴暦の形をとる京暦，折暦形式の伊勢暦，綴暦の三島暦・江戸暦などが多く用いられたが，このほかの各地でもつくられた。

**柱暦** 年号・月の大小，朔日干支，諸神の方位，暦注などを一枚刷りにした略暦が多くつくられたが，なかでも，柱や壁に貼る柱暦が多く用いられた。ただしその性格上，破棄されることが多いので現存するものは少ない。

**大小暦** 閏月があり，また大小の月の配列が異なる陰暦では，月の大小を知る必要性が高かった。図の「張子の虎」もその一例で，虎のからだに大小の月を模様化して記してある。このように絵や文字で示した多種多様のものがつくられた。

**南部暦** 特殊な地方略暦の一つに盛岡地方で19世紀初めからつくられた南部暦がある。絵文字で暦日をわかりやすく，おもしろく示している。陰暦の暦だが，現在でも出版されている。

**神宮暦** 1883年（明治16）から，伊勢神宮司庁が，東京天文台の原稿に基づいて発行したもの。暦注を廃した科学的な暦として価値が高い。神社本庁のあつかいのみで市販されていない。神宮暦に似た名称の「○○運勢暦」などとは異なる。

**大小暦「張子の虎」** 尻から左後足に「嘉永」，右後足に「七年大小」，嘉永に続けて「小正三五閏七九十一」，左前足に「大二四六七八十十二」とある。

# ▶時刻と方位

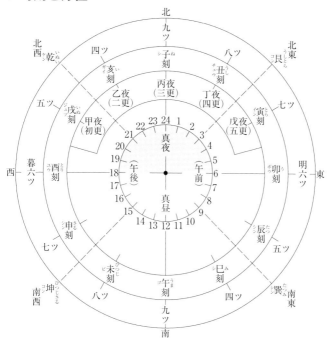

時刻・方位対照表

# 2. 度量衡

## ▶歴史上の度量衡

　日本における度量衡は，中国・朝鮮の方法を取り入れて，古代の令制で定められた。しかし，中世になると，各地でいろいろな規準が用いられて混乱し，近世の幕藩体制のもとで，その統一がはかられるに至った。つぎに時代を追っておもな動きをのべる。

### 度（長さ）

　　1丈＝10尺＝100寸＝1000分＝10000厘　曲尺1尺＝30.3cm

古令制：周尺（曲尺の0.64尺）・晋尺（曲尺の0.8尺）・高麗尺（曲尺の1.173
　　　　尺）などが中国・朝鮮より導入された。

古代：令大尺（高麗尺で田地の面積をはかるのに使用，小尺の1.2尺）
　　　　令小尺（曲尺の0.978尺）
　　　　713年（和銅6）に令小尺を大尺とする。その6分の5が小尺。9
　　　　世紀以降，和銅大尺が一般に使用され，小尺はすたれていった。

中世：一定の制はなく，和銅大尺を1尺とする曲尺が基本となる。衣服
　　　　には高麗尺→呉服尺（曲尺の1.2尺）→鯨尺（1.25尺）

近世：曲尺に4種類できる（享保尺・念仏尺・又四郎尺・折衷尺）。菊
　　　　尺（菊をはかる，0.64尺）・文尺（足袋，0.8尺）など。

### 量（容量）

　　1斛（石）＝10斗＝100升＝1000合＝10000勺＝100000撮（才）

古代：令大枡（唐の大枡）大枡1升（現在の約4合）＝小枡3升
　　　　宣旨枡（1升は京枡の0.627升）

中世：荘園ごとに私枡を使用して不統一。
　　　　京枡（1升枡は方4寸9分，深さ2寸7分）
　　　　甲州枡・武佐枡・三井寺枡など，平均して京枡の約8合

近世：豊臣秀吉，京枡に統一。
　　　　幕府，枡座をおく（京都＝福井氏，江戸＝樽屋氏）。
　　　　1669年（寛文9），江戸枡の容積を京枡と同じにする。

### 衡（重さ）

　　1斤＝16両＝64分＝384銖（1斤は約500〜700g）

1 貫＝1000匁（1斤＝160匁）

古代：令大両（銀・銅・穀をはかる）　大1両＝小3両＝10匁

　　　9世紀以降，大両が一般に使用され，小両はすたれる。

中世：鎌倉時代，金銀1両の量目半減（金は1両＝4匁5分〈京目〉，銀

　　　は1両＝4匁3分）。

　　　室町時代，貫匁の制がおこる。唐の開元通宝1文の重さ＝1匁

近世：金目は1両＝4匁4分，銀目は1両＝4匁7分

　　　幕府，秤座をおく（京都＝神氏，江戸＝守随氏）。

　　　1660年（万治3），両氏争い，守随氏の独占となる。

## 田積（面積）

令制……1町＝10段（反）＝3600歩　1歩＝6尺平方

近世……1町＝10段（反）＝100畝＝3000歩

令制：高麗尺の方6尺＝1歩，約5歩＝1代とする。

　　　1代の穫稲を1束とする。1束＝10把＝約10斤

古代：令制では1段の穫稲＝72束，713年（和銅6）の制で50束となる。

中世：基本は令制単位だが，各地でいろいろな呼称が使われた。

　　　反（360歩）・大（240歩）・半（180歩）・小（120歩）

　　　西国では1段＝50代も行われた。1段＝10畝制も出現。

近世：太閤検地，町・反・畝・歩の制，1歩＝1間（6尺3寸）平方

　　　幕藩体制下，1歩＝1間（6尺）平方となる。

## 道程

令制……1里＝5町＝300歩（1歩＝1間＝大尺5尺）

近世……1里＝36町，1町＝60間

古代：713年（和銅6）の制で1里＝6町＝360歩となる。1歩は6尺とな

　　　ったが，令大尺は和銅大尺の1.2倍なので実際はかわらない。

中世：条里制の里と混用し，1里＝36町，40町，50町などが行われる。

近世：1里＝36町だが，佐渡は50町，伊勢路は48町など一定せず。

　　　〈なお，メートル法との換算は次ページに示す〉

## ▶現代の度量衡

　度量衡の統一をめざした明治政府は1885年（明治18）にメートル条約
に加盟し，1891年に度量衡法を定めて尺貫法とメートル法の併用とした。
1921年（大正10）にはこれを改正して，すべての計量をメートル法に統一

することにしたが，その完全実施は戦後になってからである。1951年
（昭和26）には度量衡法にかわって計量法が定められ，1959年（昭和34）1
月1日以降，原則としてメートル法以外の計量単位を認めないことにな
った。

しかし，旧来の尺貫法もなお生きているし，欧米のヤード・ポンド法
なども一部で使われることがある。つぎにおもな単位のメートル法換算
を示す。

### メートル法換算表

| | | | | | |
|---|---|---|---|---|---|
| 尺度・距離 | 1 cm | 3分3厘 | 容積 | 1 l | 0.55435升 |
| | 1 m | 3尺3寸 | | 1 kl | 5.54352石 |
| | 1 km | 550間<br>9町10間 | | 1合 | 0.18039 l |
| | 1寸 | 3.03030cm | | 1升（10合） | 1.80391 l |
| | 1尺 | 30.303cm | | 1斗（10升） | 18.039 l |
| | 1間（6尺） | 1.81813m | | 1石（10斗） | 0.18039 kl |
| | 1町（60間） | 109.09m | 重量 | 1 g | 0.26667匁 |
| | 1里（36町） | 3.92727km | | 1 kg | 1.66667斤<br>0.26667貫 |
| | 1海里〈海上〉 | 1.852km | | 1 t（メートル系） | 1666.67斤<br>266.667貫 |
| 面積 | 1 m² | 0.30250坪 | | | |
| | 100m²（1 a） | 1.00833畝 | | 1匁 | 3.75g |
| | 1 km²<br>（100ha） | 0.38610平方マイル（約100町歩） | | 100匁 | 375g |
| | | | | 1斤（160匁） | 600g |
| | 1平方尺 | 0.09182m² | | 1貫（1000匁） | 3.75kg |
| | 1坪 | 3.30579m² | | | |
| | 1畝（30坪） | 99.1736m² | | 1オンス | 28.3495g |
| | 1反（10畝） | 991.736m²<br>300坪 | | 1ポンド | 0.4536kg |
| | 1町（10反） | 9917.36m²<br>3000坪 | | | |

2 度量衡　**387**

# 3. 紋と印

おもな紋

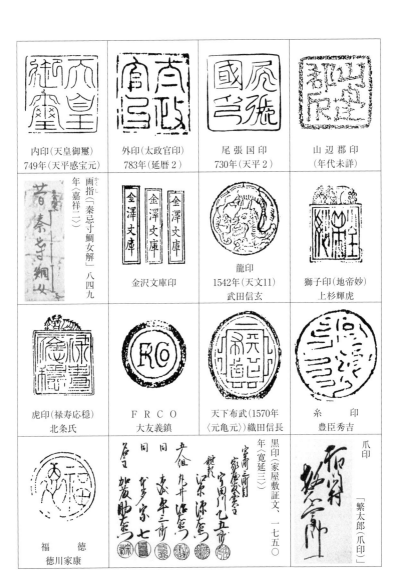

おもな印

# 4. 貨幣

## ▶古代・中世の貨幣

日本では古代をつうじて,稲・米や布(麻・絹)が貨幣として使われた。また,律令に基づく中央集権をめざした国家は,中国の円形方孔の銭貨にならって,鋳造貨幣を発行した。

7世紀後半に富本銭(銅銭),708年(和銅元)には和同開珎(銀銭・銅銭)がつくられた。和同開珎(銅銭)は,平城京造営のための労賃などとして発行され,市などで使用された。

富本銭の発行以降,13種類の銭貨が発行されたが,材料となる銅の産出量の減少や国の権力の弱体化などの要因から,958年(天徳2)に発行された乾元大宝を最後に銭貨は発行されなくなった。その後,以前から貨幣として使われてきた米や布で取引が行われた。

12世紀なかばから16世紀の日本では国家による貨幣は発行されず,おもに中国から流入してきた銭貨(渡来銭)が基本的に1枚=1文の価値で使われた。皇宋通宝などの宋銭が日本国内の遺跡から多く出土している。また,明銭の永楽通宝は,15世紀以降,東日本を中心に年貢などの基準となった。15世紀後半以降,中国からの銭貨の流入がしだいに減少すると,国内外で私的につくられた銭貨(私鋳銭・模鋳銭)が流通するようになり,人びとの間で銭貨を選ぶ行為

**古代に発行された銅銭**

| 名称 | 初鋳年 |
|---|---|
| 富本銭 | 7世紀後半 |
| 和同開珎 | 708年 |
| 万年通宝 | 760年 |
| 神功開宝 | 765年 |
| 隆平永宝 | 796年 |
| 富寿神宝 | 818年 |
| 承和昌宝 | 835年 |
| 長年大宝 | 848年 |
| 饒益神宝 | 859年 |
| 貞観永宝 | 870年 |
| 寛平大宝 | 890年 |
| 延喜通宝 | 907年 |
| 乾元大宝 | 958年 |

富本銭　　和同開珎　　乾元大宝　　皇宋通宝(宋銭)　　永楽通宝(明銭)

| 石州銀 | 蛭藻金 | 切って使われた銀貨・金貨 | 甲州金 | 天正大判 |

(撰銭)がおこった。16世紀なかばになると戦国大名による金銀山の開発が盛んになった。とくに，国内の鉱山開発の先駆けとなった石見銀山(島根県)では石州銀がつくられ，海外へも輸出された。他方，鉱山から採掘された金を使って薄い楕円形の金貨(蛭藻金など)がつくられた。銭貨がもともと1枚で1文の価値をもつ計数貨幣であったのに対し，これらの金銀貨は，重さをはかって使う秤量貨幣であり，必要に応じて切って使われることもあった。

### ▶近世の貨幣

徳川家康は，戦国大名が支配していた金銀鉱山を豊臣秀吉に続いて直轄化し，貨幣を製造する職人集団を組織・管理して，1601年(慶長6)に慶長金銀を発行した。

江戸時代にはいると，金貨・銀貨・銭貨に基づくいわゆる三貨制度が成立した。三貨制度には，16世紀後半との連続性がみられる。たとえば，恩賞・贈答などに使われた大判は，豊臣秀吉の発行した天正大判の形状を踏襲している。また，金貨に採用された四進法の貨幣単位「両・分・朱」は，武田氏の領国であった甲斐国で使われた計数貨幣としての甲州金の単位であった。なお，江戸幕府が発行し，全国的に通用する三貨のほか，藩をはじめとする地域の有力者らが発行した紙幣や金属貨幣が限定された地域内で流通した。

**両替と三貨制度の仕組み**　江戸時代のおもな取引は，江戸を中心とする関東では金貨の単位である両建てで行われ，大坂・京を中心とする関西では銀貨の単位である匁建てで行われた。小額の取引は銭貨で支払いが行われたため，人びとは両替屋で金銀貨を両替して日々の支払いにあ

公定相場（1700年）
金貨（計数貨幣）　　　　銀貨（秤量貨幣）　　　　　　　銭貨（計数貨幣）
1両＝4分＝16朱　　1匁＝10分　1,000匁＝1貫（貫目・貫匁）　1貫＝1,000文

 =

丁銀・豆板銀
銀貨60匁

銭貨4,000枚
銭貨4貫文＝4,000文

金貨1両

‖

二分金
2枚
（1818〜）
‖
一分金
4枚
‖
二朱金
8枚
（1697〜）
‖
一朱金
16枚
（1824〜）

＝

五匁銀
12枚

一分銀
4枚

二朱銀
8枚

一朱銀
16枚

1765年〜計数銀貨

公定相場
1609年
金1両＝銀50匁＝銭4貫文

1700年
金1両＝銀60匁＝銭4貫文

1842年
金1両＝銀60匁＝銭6貫500文

**三貨制度の仕組み**

天秤と分銅　　　　両替屋の看板　　　　慶長大判

てた。江戸幕府は，三貨の公定相場を定めたが，実際の相場は物資の流通や貨幣改鋳などの影響をうけて日々変動した。

**金貨**　江戸幕府発行の金貨には，大判・小判・二分金・一分金・二朱金・一朱金，および天保五両判がある。これらの金貨は，額面をもつ計数貨幣である。

(1)**大判**　後藤四郎兵衛家の運営する大判座でつくられた。慶長から万

延期の5種がある。贈答・恩賞用として使われ，花押が墨書された。大判に書かれた「拾両」(10両)は，重さ44匁(約165g)を示す。

 (2)**小判など** 後藤庄三郎家の運営する金座でつくられた。慶長から万延期の10種がある。「壱両」「壱分」などの額面のほか，「光次」(後藤庄三郎光次)と花押，桐紋の極印が打たれた。大判のような墨書はなく，量産に適していた。改鋳のたびに金属の重さや品位が変化し，多くの場合，金の含有量を減らして発行された。

**銀貨** 大黒常是が責任者をつとめた銀座でつくられた。当初は秤量貨幣である丁銀・豆板銀のみであったが，18世紀後半から小額面の一分銀・二朱銀・一朱銀といった両建ての計数銀貨が発行された。

 (1)**丁銀・豆板銀** 慶長から安政期の11種がある。表面に「宝」「常是」と大黒像の極印が打たれている。丁銀・豆板銀はセットで発行され，多くの改鋳において銀の含有量が減らされた。

 (2)**計数銀貨** 18世紀後半，匁単位の計数銀貨である明和五匁銀が発行されたがうまく流通せず，続いて両建ての計数銀貨である南鐐二朱銀が発行され，広く流通した。裏面に「以南鐐八片換小判一両」と記されている。南鐐二朱銀は2種，二朱銀は2種，一朱銀は3種，一分銀は2

**慶長小判**

**慶長丁銀**

**明和五匁銀**

**明和南鐐二朱銀**(表・裏)

**慶長一分金**
(表・裏)

**慶長豆板銀**

**天保一分金**(表・裏)

種がある。

**銭貨** 江戸幕府の統一銭貨として1636年(寛永13)に寛永通宝が発行された。銭貨は商人の請負などにより各地の銭座でつくられた。

(1)**寛永通宝** 当初は銅一文銭が標準であったが、銅の不足から、幕末には鉄一文銭が中心となった。また、江戸時代中期以降、四文銭が真鍮・鉄で発行された。

(2)**その他** 材料となる銅の不足から高額面の銭貨が発行された(宝永通宝十文銭・天保通宝百文銭など)。

### 紙幣

(1)**藩札** 藩が三貨などとの交換を保証し、領内で通用させた紙幣で、藩内外の有力商人が発行を請け負うこともあった。地域の貨幣需要を補う目的のほか、産業振興、財政赤字の補てん目的で発行した藩もあった。17世紀後半からつくられ、一時期、幕府により使用が禁止されたが、1730年(享保15)に禁止が解除され、多くの藩が発行するようになり、明治時代初めまでに200を超える藩が発行した。種類は、金札・銀札・銭札のほか、米や領内の特産物を単位としたものもあった。

(2)**その他** 藩だけでなく商人や旗本、公家、寺社なども特定の地域内で通用する紙幣を発行した。初期の紙幣とされる山田羽書は、銀貨との交換保証の文字と額面が記載された紙片で、17世紀初め以降、伊勢の商

寛永通宝
一文銭(銅)

寛永通宝四文銭(真鍮)
(表・裏)

天保通宝百文銭(表・裏)

文久永宝
四文銭(鉄)

越前
福井藩札

美濃
加納藩札
(傘札)

伊勢
山田羽書

人が発行した。

## ▶近代の貨幣

明治政府は，当初，江戸時代の貨幣単位である両建ての政府紙幣を発行する一方，政府管轄下の貨幣司で両建ての金銀貨をつくった。

政府は1871年(明治4)に新貨条例を制定し，法令上，金本位制(金1.5g＝1円)を採用し，十進法の貨幣単位「円・銭・厘」(1円＝100銭＝1,000厘)を導入した。同法に基づき，西洋式の製法でつくられた金貨・銀貨・銅貨を発行した。政府は兌換をめざして円単位の政府紙幣を発行したが，金銀の不足から事実上の不換紙幣となった。政府紙幣は，国立銀行(銀行券の発行権限をもつ民間銀行)紙幣とともに，西南戦争の戦費調達などの要因から増発され，紙幣価値が下落した。

1882年(明治15)に設立された日本銀行は，当初，過剰となっていた政府紙幣などの回収にあたった。紙幣価値が回復した1885年(明治18)に，銀貨と兌換可能な最初の日本銀行券を発行した。こうして，日本銀行は紙幣の発行を一元的に行い，貨幣価値を安定させる役割をになうこととなった。1897年(明治30)，日本は貨幣法の制定により金本位制へと移行し，補助貨幣として銀貨・白銅貨・青銅貨が発行された。1931年(昭和6)には，金本位制から離脱して管理通貨制度に移行し，今日に至っている。

**政府紙幣
太政官札**
（十両）

**政府紙幣
「明治通宝札」**
（十円）

**二十円金貨**(表・裏)

**国立銀行紙幣**(五円)

**最初の日本銀行券「大黒札」**
（十円）

# 5. 年号索引

## あ行

| | | |
|---|---|---|
| 安永 | あんえい | 1772〜1781 |
| 安元 | あんげん | 1175〜1177 |
| 安政 | あんせい | 1854〜1860 |
| 安貞 | あんてい | 1227〜1229 |
| 安和 | あんな | 968〜 970 |
| 永延 | えいえん | 987〜 989 |
| 永観 | えいかん | 983〜 985 |
| 永久 | えいきゅう | 1113〜1118 |
| 永享 | えいきょう | 1429〜1441 |
| 永治 | えいじ | 1141〜1142 |
| 永正 | えいしょう | 1504〜1521 |
| 永承 | えいしょう | 1046〜1053 |
| 永祚 | えいそ | 989〜 990 |
| 永長 | えいちょう | 1096〜1097 |
| ○永徳 | えいとく | 1381〜1384 |
| 永仁 | えいにん | 1293〜1299 |
| 永保 | えいほ | 1081〜1084 |
| 永万 | えいまん | 1165〜1166 |
| 永暦 | えいりゃく | 1160〜1161 |
| 永禄 | えいろく | 1558〜1570 |
| ○永和 | えいわ | 1375〜1379 |
| 延応 | えんおう | 1239〜1240 |
| 延喜 | えんぎ | 901〜 923 |
| 延久 | えんきゅう | 1069〜1074 |
| 延享 | えんきょう | 1744〜1748 |
| 延慶 | えんきょう | 1308〜1311 |
| 延元 | えんげん | 1336〜1340 |
| 延長 | えんちょう | 923〜 931 |
| 延徳 | えんとく | 1489〜1492 |
| ○延文 | えんぶん | 1356〜1361 |
| 延宝 | えんぽう | 1673〜1681 |
| 延暦 | えんりゃく | 782〜 806 |
| ○応安 | おうあん | 1368〜1375 |
| 応永 | おうえい | 1394〜1428 |
| 応長 | おうちょう | 1311〜1312 |
| 応徳 | おうとく | 1084〜1087 |
| 応仁 | おうにん | 1467〜1469 |
| 応保 | おうほ | 1161〜1163 |
| 応和 | おうわ | 961〜 964 |

## か行

| | | |
|---|---|---|
| 嘉永 | かえい | 1848〜1854 |
| 嘉応 | かおう | 1169〜1171 |

| | | |
|---|---|---|
| 嘉吉 | かきつ | 1441〜1444 |
| ○嘉慶 | かきょう | 1387〜1389 |
| 嘉元 | かげん | 1303〜1306 |
| 嘉承 | かしょう | 1106〜1108 |
| 嘉祥 | かしょう | 848〜 851 |
| 嘉禎 | かてい | 1235〜1238 |
| 嘉保 | かほう | 1094〜1096 |
| 嘉暦 | かりゃく | 1326〜1329 |
| 嘉禄 | かろく | 1225〜1227 |
| 寛永 | かんえい | 1624〜1644 |
| 寛延 | かんえん | 1748〜1751 |
| 寛喜 | かんぎ | 1229〜1232 |
| 元慶 | がんぎょう | 877〜 885 |
| 寛元 | かんげん | 1243〜1247 |
| 寛弘 | かんこう | 1004〜1012 |
| 寛治 | かんじ | 1087〜1094 |
| 寛正 | かんしょう | 1460〜1466 |
| 寛政 | かんせい | 1789〜1801 |
| 寛徳 | かんとく | 1044〜1046 |
| 寛和 | かんな | 985〜 987 |
| 寛仁 | かんにん | 1017〜1021 |
| ○観応 | かんのう | 1350〜1352 |
| 寛平 | かんぴょう | 889〜 898 |
| 寛文 | かんぶん | 1661〜1673 |
| 寛保 | かんぽう | 1741〜1744 |
| 久安 | きゅうあん | 1145〜1151 |
| 久寿 | きゅうじゅ | 1154〜1156 |
| 享徳 | きょうとく | 1452〜1455 |
| 享保 | きょうほう | 1716〜1736 |
| 享禄 | きょうろく | 1528〜1532 |
| 享和 | きょうわ | 1801〜1804 |
| 慶安 | けいあん | 1648〜1652 |
| 慶雲 | けいうん | 704〜 708 |
| 慶応 | けいおう | 1865〜1868 |
| 慶長 | けいちょう | 1596〜1615 |
| 建永 | けんえい | 1206〜1207 |
| 元永 | げんえい | 1118〜1120 |
| 元応 | げんおう | 1319〜1321 |
| 元亀 | げんき | 1570〜1573 |
| 建久 | けんきゅう | 1190〜1199 |
| 元久 | げんきゅう | 1204〜1206 |
| 乾元 | けんげん | 1302〜1303 |
| 元弘 | げんこう | 1331〜1334 |
| 元亨 | げんこう | 1321〜1324 |
| 建治 | けんじ | 1275〜1278 |

| | | |
|---|---|---|
| 元治 | げんじ | 1864〜1865 |
| 元中 | げんちゅう | 1384〜1392 |
| 建長 | けんちょう | 1249〜1256 |
| 建徳 | けんとく | 1370〜1372 |
| 元徳 | げんとく | 1329〜1332 |
| 元和 | げんな | 1615〜1624 |
| 建仁 | けんにん | 1201〜1204 |
| 元仁 | げんにん | 1224〜1225 |
| 元文 | げんぶん | 1736〜1741 |
| 建保 | けんぽう | 1213〜1219 |
| ◎建武 | けんむ | 1334〜1338 |
| 建暦 | けんりゃく | 1211〜1213 |
| 元暦 | げんりゃく | 1184〜1185 |
| 元禄 | げんろく | 1688〜1704 |
| 弘安 | こうあん | 1278〜1288 |
| ○康安 | こうあん | 1361〜1362 |
| ○康永 | こうえい | 1342〜1345 |
| ○康応 | こうおう | 1389〜1390 |
| 弘化 | こうか | 1844〜1848 |
| 康元 | こうげん | 1256〜1257 |
| 興国 | こうこく | 1340〜1346 |
| 弘治 | こうじ | 1555〜1558 |
| 康治 | こうじ | 1142〜1144 |
| 康正 | こうしょう | 1455〜1457 |
| 弘長 | こうちょう | 1261〜1264 |
| 弘仁 | こうにん | 810〜 824 |
| 康平 | こうへい | 1058〜1065 |
| 康保 | こうほう | 964〜 968 |
| ○康暦 | こうりゃく | 1379〜1381 |
| 弘和 | こうわ | 1381〜1384 |
| 康和 | こうわ | 1099〜1104 |

## さ行

| | | |
|---|---|---|
| 斉衡 | さいこう | 854〜 857 |
| ○至徳 | しとく | 1384〜1387 |
| 寿永 | じゅえい | 1182〜1185 |
| 朱鳥 | しゅちょう | 686 |
| 正安 | しょうあん | 1299〜1302 |
| 承安 | じょうあん | 1171〜1175 |
| 貞永 | じょうえい | 1232〜1233 |
| 正応 | しょうおう | 1288〜1293 |
| 承応 | じょうおう | 1652〜1655 |
| 貞応 | じょうおう | 1222〜1224 |
| 正嘉 | しょうか | 1257〜1259 |
| 貞観 | じょうがん | 859〜 877 |

承久 じょうきゅう 1219～1222
○正慶 しょうきょう 1332～1333
貞享 じょうきょう 1684～1688
正元 しょうげん 1259～1260
承元 じょうげん 1207～1211
貞元 じょうげん 976～978
正治 しょうじ 1199～1201
○貞治 じょうじ 1362～1368
昌泰 しょうたい 898～901
正中 しょうちゅう 1324～1326
正長 しょうちょう 1428～1429
正徳 しょうとく 1711～1716
承徳 じょうとく 1097～1099
正平 しょうへい 1346～1370
承平 じょうへい 931～938
承保 じょうほ 1074～1077
正保 しょうほう 1644～1648
正暦 しょうりゃく 990～995
承暦 じょうりゃく 1077～1081
正和 しょうわ 1312～1317
昭和 しょうわ 1926～1989
承和 じょうわ 834～848
○貞和 じょうわ 1345～1350
神亀 じんき 724～729
神護景雲 じんごけいうん
767～770

## た行

大永 たいえい 1521～1528
大化 たいか 645～650
大治 だいじ 1126～1131
大正 たいしょう 1912～1926
大同 だいどう 806～810
大宝 たいほう 701～704
治安 ちあん 1021～1024
治承 ちしょう 1177～1181
長寛 ちょうかん 1163～1165
長久 ちょうきゅう 1040～1044
長享 ちょうきょう 1487～1489
長治 ちょうじ 1104～1106
長承 ちょうしょう 1132～1135
長徳 ちょうとく 995～999
長保 ちょうほう 999～1004
長暦 ちょうりゃく 1037～1040
長禄 ちょうろく 1457～1460

長和 ちょうわ 1012～1017
治暦 ちりゃく 1065～1069
天安 てんあん 857～859
天永 てんえい 1110～1113
天延 てんえん 973～976
天応 てんおう 781～782
天喜 てんぎ 1053～1058
天慶 てんぎょう 938～947
天元 てんげん 978～983
天治 てんじ 1124～1126
天授 てんじゅ 1375～1381
天正 てんしょう 1573～1592
天承 てんしょう 1131～1132
天長 てんちょう 824～834
天徳 てんとく 957～961
天和 てんな 1681～1684
天仁 てんにん 1108～1110
天平 てんぴょう 729～749
天平感宝 てんぴょうかんぽう
749
天平勝宝 てんぴょうしょうほう
749～757
天平神護 てんぴょうじんご
765～767
天平宝字 てんぴょうほうじ
757～765
天福 てんぷく 1233～1234
天文 てんぶん 1532～1555
天保 てんぽう 1830～1844
天明 てんめい 1781～1789
天養 てんよう 1144～1145
天暦 てんりゃく 947～957
天禄 てんろく 970～973
徳治 とくじ 1306～1308

## な行

仁安 にんあん 1166～1169
仁治 にんじ 1240～1243
仁寿 にんじゅ 851・854
仁和 にんな 885～889
仁平 にんぴょう 1151～1154

## は行

白雉 はくち 650～654
文安 ぶんあん 1444～1449
文永 ぶんえい 1264～1275

文応 ぶんおう 1260～1261
文化 ぶんか 1804～1818
文亀 ぶんき 1501～1504
文久 ぶんきゅう 1861～1864
文治 ぶんじ 1185～1190
文正 ぶんしょう 1466～1467
文政 ぶんせい 1818～1830
文中 ぶんちゅう 1372～1375
文保 ぶんぽう 1317～1319
文明 ぶんめい 1469～1487
文暦 ぶんりゃく 1234～1235
文禄 ぶんろく 1592～1596
○文和 ぶんわ 1352～1356
平治 へいじ 1159～1160
平成 へいせい 1989～2019
保安 ほうあん 1120～1124
宝永 ほうえい 1704～1711
保延 ほうえん 1135～1141
宝亀 ほうき 770～781
保元 ほうげん 1156～1159
宝治 ほうじ 1247～1249
宝徳 ほうとく 1449～1452
宝暦 ほうりゃく 1751～1764

## ま行

万延 まんえん 1860～1861
万治 まんじ 1658～1661
万寿 まんじゅ 1024～1028
明応 めいおう 1492～1501
明治 めいじ 1868～1912
○明徳 めいとく 1390～1394
明暦 めいれき 1655～1658
明和 めいわ 1764～1772

## や行

養老 ようろう 717～724
養和 ようわ 1181～1182

## ら・わ行

○暦応 りゃくおう 1338～1342
暦仁 りゃくにん 1238～1239
霊亀 れいき 715～717
令和 れいわ 2019～
和銅 わどう 708～715

注(1)各元号の末年は改元の年も含む。
　(2)○は北朝年号，◎は南北両朝で使用されたもの。

# 6. 年代表

| 西暦 | 後漢 |
|---|---|
| A.D. | |
| 25 | 光武帝 |
| 58 | 明帝 |
| 76 | 章帝 |
| 89 | 和帝 |
| 106 | 蕩帝 |
| 107 | 安帝 |
| 125 | 少帝 |
| 126 | 順帝 |
| 145 | 冲帝 |
| 146 | 質帝 |
| 147 | 桓帝 |
| 168 | 霊帝 |
| 189 | 少帝 |
| 190 | 献帝 |
| 220 | 滅亡 |

| 西暦 | 魏 | 蜀 | 呉 |
|---|---|---|---|
| 220 | 文帝 | | |
| 221 | | 昭烈帝 | |
| 222 | | | 大帝 |
| 223 | | 後主禅 | |
| 227 | 明帝 | | |
| 240 | 廃帝芳 | | |
| 254 | 廃帝髦 | | 侯亮 |
| 260 | 元帝 | | 景帝 |
| 263 | | 滅亡 | |
| 264 | | | 侯皓 |
| 265 | 滅亡 | | |

| 西暦 | 西晋 |
|---|---|
| 265 | 武帝 |
| 280 | 滅亡 |
| 290 | 恵帝 |
| 307 | 懐帝 |
| 313 | 愍帝 |
| 316 | 南渡 |

| 西暦 | 五胡十六国 | 東晋 |
|---|---|---|
| 317 | | 元帝 |
| 323 | | 明帝 |
| 326 | | 成帝 |
| 343 | | 康帝 |
| 345 | | 穆帝 |
| 362 | | 哀帝 |
| 371 | | 簡文帝 |
| 373 | | 孝武帝 |

| 西暦 | 北魏 | 東晋 |
|---|---|---|
| 386 | 道武帝 | 安帝 |
| 397 | | |
| 409 | 明元帝 | |
| 420 | | 滅亡 |

| 西暦 | 北魏 | 宋 |
|---|---|---|
| 420 | | 武帝 |
| 423 | | 少帝 |
| 424 | 太武帝 | 文帝 |
| 454 | | 孝武帝 |
| 464 | | 前廃帝 |
| 465 | 献文帝 | 明帝 |
| 471 | 孝文帝 | |
| 473 | | 後廃帝 |
| 477 | | 順帝 |
| 479 | | 滅亡 |

| 西暦 | 北魏 | 斉 |
|---|---|---|
| 479 | | 高帝 |
| 483 | | 武帝 |
| 494 | | 明帝 |
| 499 | | 東昏侯 |
| 500 | 宣武帝 | |
| 501 | | 和帝 |
| 502 | | 滅亡 |

| 西暦 | 北魏 | 梁 |
|---|---|---|
| 502 | | 武帝 |
| 516 | 孝明帝 | |
| 528 | 孝荘帝 | |
| 530 | 敬帝 | |
| 531 | 節閔帝 | |
| | 廃帝 | |
| 532 | 孝武帝 | |
| 534 | 滅亡 | |

| 西暦 | 東魏 | 西魏 | 梁 |
|---|---|---|---|
| 534 | 孝静帝 | | |
| 535 | | 文帝 | |
| 550 | 滅亡 | | 簡文帝 |

| | 北斉 | |
|---|---|---|
| | 文宣帝 | |
| 550 | 文宣帝 | |
| 551 | 廃帝 | 元帝 |
| 552 | | |
| 554 | 恭帝 | |

| 西暦 | 北斉 | 西魏 | 梁 |
|---|---|---|---|
| 555 | | | 敬帝 |
| 557 | | 滅亡 | 滅亡 |
| | | 北周 | 陳 |
| 557 | | 明帝 | 武帝 |
| 559 | 廃帝 孝昭帝 | | |
| 560 | 武帝 | | 文帝 |
| 561 | 武帝 | | |
| 566 | 後主温 | | 廃帝 |
| 568 | | | 孝宣帝 |
| 577 | 幼主恒 滅亡 | | |
| 578 | | 宣帝 | |
| 579 | | 静帝 | |
| 580 | | 滅亡 | |
| | | 隋 | |
| 581 | | 文帝 | |
| 582 | | | 後主 |
| 589 | | | 滅亡 |

| 西暦 | 隋 | 日本（天皇） |
|---|---|---|
| 593 | | 推古 |
| 605 | 煬帝 | |
| 617 | 恭帝侑 | |
| 618 | 恭帝侗 滅亡 | |
| | 唐 | |
| 618 | 高祖 | |
| 627 | 太宗 | |
| 629 | | 舒明 |
| 642 | | 皇極 |

| 西暦 | 日本 年号 | 干支 | 天皇 | 朝鮮 | 中国 唐・(周) |
|---|---|---|---|---|---|
| 645 | 大化1 | 乙巳 | 孝徳 | 新羅・百済・高句麗三国対立時代 | |
| 646 | 2 | 丙午 | | | 太宗 |
| 647 | 3 | 丁未 | | | |
| 648 | 4 | 戊申 | | | |
| 649 | 5 | 己酉 | | | |
| 650 | 白雉1 | 庚戌 | | | |
| 651 | 2 | 辛亥 | | | |
| 652 | 3 | 壬子 | | | |
| 653 | 4 | 癸丑 | | | |
| 654 | 5 | 甲寅 | | | |
| 655 | | 乙卯 | 斉明（皇極重祚） | | |
| 656 | | 丙辰 | | | |
| 657 | | 丁巳 | | | |
| 658 | | 戊午 | | | |
| 659 | | 己未 | | | |
| 660 | | 庚申 | | | |
| 661 | | 辛酉 | | | |
| 662 | | 壬戌 | | | 高宗 |
| 663 | | 癸亥 | | | |
| 664 | | 甲子 | 天智 | | |
| 665 | | 乙丑 | | | |
| 666 | | 丙寅 | | | |
| 667 | | 丁卯 | | | |
| 668 | | 戊辰 | | | |
| 669 | | 己巳 | | 新羅 | |
| 670 | | 庚午 | | | |
| 671 | | 辛未 | 弘文 | | |
| 672 | | 壬申 | | | |
| 673 | | 癸酉 | 天武 | | |
| 674 | | 甲戌 | | 文武王 | |
| 675 | | 乙亥 | | | |
| 676 | | 丙子 | | | |
| 677 | | 丁丑 | | | |
| 678 | | 戊寅 | | | |
| 679 | | 己卯 | | | |
| 680 | | 庚辰 | | | |
| 681 | | 辛巳 | | | |
| 682 | | 壬午 | | | |
| 683 | | 癸未 | | | 中宗 |
| 684 | | 甲申 | | | |
| 685 | | 乙酉 | | 神文王 | 睿宗 |
| 686 | 朱鳥1 | 丙戌 | | | |
| 687 | | 丁亥 | | | |
| 688 | | 戊子 | | | |
| 689 | | 己丑 | 持統 | | |
| 690 | | 庚寅 | | | (周)則天武后 |
| 691 | | 辛卯 | | | |
| 692 | | 壬辰 | | 孝昭王 | |
| 693 | | 癸巳 | | | |

| 西暦 | 日本 年号 | 干支 | 天皇 | 朝鮮 新羅 | 中国 唐・(周) |
|---|---|---|---|---|---|
| 694 | | 甲午 | 持統 | 孝昭王 | (周)則天武后 |
| 695 | | 乙未 | | | |
| 696 | | 丙申 | | | |
| 697 | | 丁酉 | | | |
| 698 | | 戊戌 | | | |
| 699 | | 己亥 | | | |
| 700 | | 庚子 | | | |
| 701 | 大宝1 | 辛丑 | 文武 | | |
| 702 | 2 | 壬寅 | | | |
| 703 | 3 | 癸卯 | | | |
| 704 | 慶雲1 | 甲辰 | | | |
| 705 | 2 | 乙巳 | | | 中宗 |
| 706 | 3 | 丙午 | | | |
| 707 | 4 | 丁未 | | | |
| 708 | 和銅1 | 戊申 | 元明 | | |
| 709 | 2 | 己酉 | | | |
| 710 | 3 | 庚戌 | | | 睿宗 |
| 711 | 4 | 辛亥 | | | |
| 712 | 5 | 壬子 | | | |
| 713 | 6 | 癸丑 | | | |
| 714 | 7 | 甲寅 | | | |
| 715 | 霊亀1 | 乙卯 | 元正 | 聖徳王 | 玄宗 |
| 716 | 2 | 丙辰 | | | |
| 717 | 養老1 | 丁巳 | | | |
| 718 | 2 | 戊午 | | | |
| 719 | 3 | 己未 | | | |
| 720 | 4 | 庚申 | | | |
| 721 | 5 | 辛酉 | | | |
| 722 | 6 | 壬戌 | | | |
| 723 | 7 | 癸亥 | | | |
| 724 | 神亀1 | 甲子 | 聖武 | | |
| 725 | 2 | 乙丑 | | | |
| 726 | 3 | 丙寅 | | | |
| 727 | 4 | 丁卯 | | | |
| 728 | 5 | 戊辰 | | | |
| 729 | 天平1 | 己巳 | | | |
| 730 | 2 | 庚午 | | | |
| 731 | 3 | 辛未 | | | |
| 732 | 4 | 壬申 | | | |
| 733 | 5 | 癸酉 | | | |
| 734 | 6 | 甲戌 | | | |
| 735 | 7 | 乙亥 | | | |
| 736 | 8 | 丙子 | | | |
| 737 | 9 | 丁丑 | | | |
| 738 | 10 | 戊寅 | | | |
| 739 | 11 | 己卯 | | 孝成王 | |
| 740 | 12 | 庚辰 | | | |
| 741 | 13 | 辛巳 | | | |
| 742 | 14 | 壬午 | | | |

| 西暦 | 日本 年号 | 干支 | 天皇 | 朝鮮 新羅 | 中国 唐 |
|---|---|---|---|---|---|
| 743 | 天平15 | 癸未 | | | |
| 744 | 16 | 甲申 | 聖武 | | |
| 745 | 17 | 乙酉 | | | |
| 746 | 18 | 丙戌 | | | |
| 747 | 19 | 丁亥 | | | 玄宗 |
| 748 | 20 | 戊子 | | | |
| 749 | 天平感宝 天平勝宝 | 己丑 | | | |
| 750 | 2 | 庚寅 | | | |
| 751 | 3 | 辛卯 | | 景德王 | |
| 752 | 4 | 壬辰 | 孝謙 | | |
| 753 | 5 | 癸巳 | | | |
| 754 | 6 | 甲午 | | | |
| 755 | 7 | 乙未 | | | |
| 756 | 8 | 丙申 | | | |
| 757 | 天平宝字 | 丁酉 | | | 粛宗 |
| 758 | 2 | 戊戌 | | | |
| 759 | 3 | 己亥 | 淳仁 | | |
| 760 | 4 | 庚子 | | | |
| 761 | 5 | 辛丑 | | | |
| 762 | 6 | 壬寅 | | | |
| 763 | 7 | 癸卯 | | | |
| 764 | 8 | 甲辰 | 称徳（孝謙重祚） | | |
| 765 | 天平神護 | 乙巳 | | | |
| 766 | 2 | 丙午 | | | |
| 767 | 神護景雲 | 丁未 | | | 代宗 |
| 768 | 2 | 戊申 | | | |
| 769 | 3 | 己酉 | | | |
| 770 | 宝亀1 | 庚戌 | | 恵恭王 | |
| 771 | 2 | 辛亥 | | | |
| 772 | 3 | 壬子 | | | |
| 773 | 4 | 癸丑 | | | |
| 774 | 5 | 甲寅 | 光仁 | | |
| 775 | 6 | 乙卯 | | | |
| 776 | 7 | 丙辰 | | | |
| 777 | 8 | 丁巳 | | | |
| 778 | 9 | 戊午 | | | |
| 779 | 10 | 己未 | | | |
| 780 | 11 | 庚申 | | | |
| 781 | 天応1 | 辛酉 | | 宣徳王 | |
| 782 | 延暦1 | 壬戌 | | | |
| 783 | 2 | 癸亥 | | | |
| 784 | 3 | 甲子 | | | |
| 785 | 4 | 乙丑 | 桓武 | | 德宗 |
| 786 | 5 | 丙寅 | | | |
| 787 | 6 | 丁卯 | | 元聖王 | |
| 788 | 7 | 戊辰 | | | |
| 789 | 8 | 己巳 | | | |
| 790 | 9 | 庚午 | | | |
| 791 | 10 | 辛未 | | | |

| 西暦 | 日本 年号 | 干支 | 天皇 | 朝鮮 新羅 | 中国 唐 |
|---|---|---|---|---|---|
| 792 | 延暦11 | 壬申 | | | |
| 793 | 12 | 癸酉 | | | |
| 794 | 13 | 甲戌 | | 元聖王 | |
| 795 | 14 | 乙亥 | | | |
| 796 | 15 | 丙子 | | | 德宗 |
| 797 | 16 | 丁丑 | | | |
| 798 | 17 | 戊寅 | 桓武 | 昭聖王 | |
| 799 | 18 | 己卯 | | | |
| 800 | 19 | 庚辰 | | | |
| 801 | 20 | 辛巳 | | 哀荘王 | |
| 802 | 21 | 壬午 | | | |
| 803 | 22 | 癸未 | | | |
| 804 | 23 | 甲申 | | | |
| 805 | 24 | 乙酉 | | | 順宗 |
| 806 | 大同1 | 丙戌 | 平城 | | |
| 807 | 2 | 丁亥 | | | |
| 808 | 3 | 戊子 | | | |
| 809 | 4 | 己丑 | 嵯峨 | | |
| 810 | 弘仁1 | 庚寅 | | | |
| 811 | 2 | 辛卯 | | | 憲宗 |
| 812 | 3 | 壬辰 | | | |
| 813 | 4 | 癸巳 | | | |
| 814 | 5 | 甲午 | | 憲徳王 | |
| 815 | 6 | 乙未 | | | |
| 816 | 7 | 丙申 | | | |
| 817 | 8 | 丁酉 | | | |
| 818 | 9 | 戊戌 | | | |
| 819 | 10 | 己亥 | | | |
| 820 | 11 | 庚子 | | | |
| 821 | 12 | 辛丑 | | | 穆宗 |
| 822 | 13 | 壬寅 | | | |
| 823 | 14 | 癸卯 | | | |
| 824 | 天長1 | 甲辰 | | | 敬宗 |
| 825 | 2 | 乙巳 | | | |
| 826 | 3 | 丙午 | 淳和 | | |
| 827 | 4 | 丁未 | | | |
| 828 | 5 | 戊申 | | | |
| 829 | 6 | 己酉 | | | |
| 830 | 7 | 庚戌 | | 興徳王 | |
| 831 | 8 | 辛亥 | | | |
| 832 | 9 | 壬子 | | | |
| 833 | 10 | 癸丑 | | | 文宗 |
| 834 | 承和1 | 甲寅 | | | |
| 835 | 2 | 乙卯 | | | |
| 836 | 3 | 丙辰 | 仁明 | 僖康王 | |
| 837 | 4 | 丁巳 | | | |
| 838 | 5 | 戊午 | | 閔哀帝 | |
| 839 | 6 | 己未 | | 神武王 文聖王 | |
| 840 | 7 | 庚申 | | | |

| 西暦 | 日本 | | | 朝鮮 | 中国 |
|---|---|---|---|---|---|
| | 年号 | 干支 | 天皇 | 新羅 | 唐 |
| 841 | 承和8 | 辛酉 | | | |
| 842 | 9 | 壬戌 | | | |
| 843 | 10 | 癸亥 | | | 武帝 |
| 844 | 11 | 甲子 | 仁明 | | |
| 845 | 12 | 乙丑 | | | |
| 846 | 13 | 丙寅 | | | |
| 847 | 14 | 丁卯 | | | |
| 848 | 嘉祥1 | 戊辰 | | 文聖王 | |
| 849 | 2 | 己巳 | | | |
| 850 | 3 | 庚午 | | | |
| 851 | 仁寿1 | 辛未 | | | |
| 852 | 2 | 壬申 | | | 宣宗 |
| 853 | 3 | 癸酉 | 文徳 | | |
| 854 | 斉衡1 | 甲戌 | | | |
| 855 | 2 | 乙亥 | | | |
| 856 | 3 | 丙子 | | | |
| 857 | 天安1 | 丁丑 | | | |
| 858 | 2 | 戊寅 | | 憲安王 | |
| 859 | 貞観1 | 己卯 | | | |
| 860 | 2 | 庚辰 | | | |
| 861 | 3 | 辛巳 | | | |
| 862 | 4 | 壬午 | | | |
| 863 | 5 | 癸未 | | | |
| 864 | 6 | 甲申 | | | |
| 865 | 7 | 乙酉 | 清和 | | |
| 866 | 8 | 丙戌 | | | 懿宗 |
| 867 | 9 | 丁亥 | | | |
| 868 | 10 | 戊子 | | 景文王 | |
| 869 | 11 | 己丑 | | | |
| 870 | 12 | 庚寅 | | | |
| 871 | 13 | 辛卯 | | | |
| 872 | 14 | 壬辰 | | | |
| 873 | 15 | 癸巳 | | | |
| 874 | 16 | 甲午 | | | |
| 875 | 17 | 乙未 | | | |
| 876 | 18 | 丙申 | | | |
| 877 | 元慶1 | 丁酉 | | | |
| 878 | 2 | 戊戌 | | | |
| 879 | 3 | 己亥 | 陽成 | | |
| 880 | 4 | 庚子 | | 憲康王 | |
| 881 | 5 | 辛丑 | | | 僖宗 |
| 882 | 6 | 壬寅 | | | |
| 883 | 7 | 癸卯 | | | |
| 884 | 8 | 甲辰 | 光孝 | | |
| 885 | 仁和1 | 乙巳 | | | |
| 886 | 2 | 丙午 | | 康定王 | |
| 887 | 3 | 丁未 | 宇多 | | |
| 888 | 4 | 戊申 | | 真聖女王 | 昭宗 |
| 889 | 寛平1 | 己酉 | | | |

| 西暦 | 日本 | | | 朝鮮 | | 中国 |
|---|---|---|---|---|---|---|
| | 年号 | 干支 | 天皇 | 新羅・高麗 | | 唐 |
| | | | | 新羅 | 高麗 | |
| 890 | 寛平2 | 庚戌 | | | | |
| 891 | 3 | 辛亥 | | | | |
| 892 | 4 | 壬子 | 宇多 | | | |
| 893 | 5 | 癸丑 | | 真聖女王 | | |
| 894 | 6 | 甲寅 | | | | |
| 895 | 7 | 乙卯 | | | | 昭宗 |
| 896 | 8 | 丙辰 | | | | |
| 897 | 9 | 丁巳 | | | | |
| 898 | 昌泰1 | 戊午 | | | | |
| 899 | 2 | 己未 | | | | |
| 900 | 3 | 庚申 | | | | |
| 901 | 延喜1 | 辛酉 | | 孝恭王 | | |
| 902 | 2 | 壬戌 | | | | |
| 903 | 3 | 癸亥 | | | | |
| 904 | 4 | 甲子 | | | | 昭宣帝 |
| 905 | 5 | 乙丑 | | | | |
| 906 | 6 | 丙寅 | | | | |
| 907 | 7 | 丁卯 | | | | 後梁 |
| 908 | 8 | 戊辰 | | | | 太祖 |
| 909 | 9 | 己巳 | | | | |
| 910 | 10 | 庚午 | | | | |
| 911 | 11 | 辛未 | | | | |
| 912 | 12 | 壬申 | 醍醐 | 神徳王 | | |
| 913 | 13 | 癸酉 | | | | |
| 914 | 14 | 甲戌 | | | | 末帝 |
| 915 | 15 | 乙亥 | | | | |
| 916 | 16 | 丙子 | | | | |
| 917 | 17 | 丁丑 | | 新羅 | | |
| 918 | 18 | 戊寅 | | | 高麗 | |
| 919 | 19 | 己卯 | | 景明王 | | |
| 920 | 20 | 庚辰 | | | | |
| 921 | 21 | 辛巳 | | | | |
| 922 | 22 | 壬午 | | | | |
| 923 | 延長1 | 癸未 | | | | 後唐 |
| 924 | 2 | 甲申 | | | | 荘宗 |
| 925 | 3 | 乙酉 | | 景哀王 | | |
| 926 | 4 | 丙戌 | | | | |
| 927 | 5 | 丁亥 | | | 太祖 | 明宗 |
| 928 | 6 | 戊子 | | | | |
| 929 | 7 | 己丑 | | | | |
| 930 | 8 | 庚寅 | | 敬順王 | | |
| 931 | 承平1 | 辛卯 | | | | |
| 932 | 2 | 壬辰 | | | | |
| 933 | 3 | 癸巳 | 朱雀 | | | |
| 934 | 4 | 甲午 | | | | 閔帝 |
| 935 | 5 | 乙未 | | | | |
| 936 | 6 | 丙申 | | | 高麗 | 後晋 |
| 937 | 7 | 丁酉 | | | 太祖 | 高祖 |
| 938 | 天慶1 | 戊戌 | | | | |

| 西暦 | 日本 | | | 朝鮮 | 中国 |
|---|---|---|---|---|---|
| | 年号 | 干支 | 天皇 | 高麗 | 後晋 |
| 939 | 天慶2 | 己亥 | | 太祖 | 高祖 |
| 940 | 3 | 庚子 | | | |
| 941 | 4 | 辛丑 | 朱雀 | | |
| 942 | 5 | 壬寅 | | | |
| 943 | 6 | 癸卯 | | | 出帝 |
| 944 | 7 | 甲辰 | | 恵宗 | |
| 945 | 8 | 乙巳 | | | |
| 946 | 9 | 丙午 | | | |
| 947 | 天暦1 | 丁未 | | 定宗 | 後漢 高祖 |
| 948 | 2 | 戊申 | | | |
| 949 | 3 | 己酉 | | | 隠帝 |
| 950 | 4 | 庚戌 | | | |
| 951 | 5 | 辛亥 | | | 後周 太祖 |
| 952 | 6 | 壬子 | | | |
| 953 | 7 | 癸丑 | | | |
| 954 | 8 | 甲寅 | | | 世宗 |
| 955 | 9 | 乙卯 | 村上 | | |
| 956 | 10 | 丙辰 | | | |
| 957 | 天徳1 | 丁巳 | | | |
| 958 | 2 | 戊午 | | | |
| 959 | 3 | 己未 | | | 恭帝 |
| 960 | 4 | 庚申 | | | 北宋 |
| 961 | 応和1 | 辛酉 | | | |
| 962 | 2 | 壬戌 | | | |
| 963 | 3 | 癸亥 | | 光宗 | |
| 964 | 康保1 | 甲子 | | | |
| 965 | 2 | 乙丑 | | | |
| 966 | 3 | 丙寅 | | | |
| 967 | 4 | 丁卯 | 冷泉 | | |
| 968 | 安和1 | 戊辰 | | | 太祖 |
| 969 | 2 | 己巳 | | | |
| 970 | 天禄1 | 庚午 | | | |
| 971 | 2 | 辛未 | | | |
| 972 | 3 | 壬申 | | | |
| 973 | 天延1 | 癸酉 | | | |
| 974 | 2 | 甲戌 | | | |
| 975 | 3 | 乙亥 | 円融 | | |
| 976 | 貞元1 | 丙子 | | | |
| 977 | 2 | 丁丑 | | 景宗 | |
| 978 | 天元1 | 戊寅 | | | |
| 979 | 2 | 己卯 | | | |
| 980 | 3 | 庚辰 | | | 太宗 |
| 981 | 4 | 辛巳 | | | |
| 982 | 5 | 壬午 | | | |
| 983 | 永観1 | 癸未 | | 成宗 | |
| 984 | 2 | 甲申 | 花山 | | |
| 985 | 寛和1 | 乙酉 | | | |
| 986 | 2 | 丙戌 | 一条 | | |
| 987 | 永延1 | 丁亥 | | | |

| 西暦 | 日本 | | | 朝鮮 | 中国 |
|---|---|---|---|---|---|
| | 年号 | 干支 | 天皇 | 高麗 | 北宋 |
| 988 | 永延2 | 戊子 | | | |
| 989 | 永祚1 | 己丑 | | | |
| 990 | 正暦1 | 庚寅 | | 成宗 | 太宗 |
| 991 | 2 | 辛卯 | | | |
| 992 | 3 | 壬辰 | | | |
| 993 | 4 | 癸巳 | | | |
| 994 | 5 | 甲午 | | | |
| 995 | 長徳1 | 乙未 | | | |
| 996 | 2 | 丙申 | | | |
| 997 | 3 | 丁酉 | | | |
| 998 | 4 | 戊戌 | | | |
| 999 | 長保1 | 己亥 | 一条 | | |
| 1000 | 2 | 庚子 | | | |
| 1001 | 3 | 辛丑 | | 穆宗 | |
| 1002 | 4 | 壬寅 | | | |
| 1003 | 5 | 癸卯 | | | |
| 1004 | 寛弘1 | 甲辰 | | | |
| 1005 | 2 | 乙巳 | | | |
| 1006 | 3 | 丙午 | | | |
| 1007 | 4 | 丁未 | | | |
| 1008 | 5 | 戊申 | | | 真宗 |
| 1009 | 6 | 己酉 | | | |
| 1010 | 7 | 庚戌 | | | |
| 1011 | 8 | 辛亥 | | | |
| 1012 | 長和1 | 壬子 | 三条 | | |
| 1013 | 2 | 癸丑 | | | |
| 1014 | 3 | 甲寅 | | | |
| 1015 | 4 | 乙卯 | | | |
| 1016 | 5 | 丙辰 | | | |
| 1017 | 寛仁1 | 丁巳 | | 顕宗 | |
| 1018 | 2 | 戊午 | | | |
| 1019 | 3 | 己未 | | | |
| 1020 | 4 | 庚申 | | | |
| 1021 | 治安1 | 辛酉 | | | |
| 1022 | 2 | 壬戌 | | | |
| 1023 | 3 | 癸亥 | | | |
| 1024 | 万寿1 | 甲子 | 後一条 | | |
| 1025 | 2 | 乙丑 | | | |
| 1026 | 3 | 丙寅 | | | |
| 1027 | 4 | 丁卯 | | | |
| 1028 | 長元1 | 戊辰 | | | 仁宗 |
| 1029 | 2 | 己巳 | | | |
| 1030 | 3 | 庚午 | | | |
| 1031 | 4 | 辛未 | | | |
| 1032 | 5 | 壬申 | | | |
| 1033 | 6 | 癸酉 | | 徳宗 | |
| 1034 | 7 | 甲戌 | | | |
| 1035 | 8 | 乙亥 | | 靖宗 | |
| 1036 | 9 | 丙子 | 後朱雀 | | |

| 西暦 | 日 | 本 | | 朝鮮 | 中国 |
|---|---|---|---|---|---|
| | 年号 | 干支 | 天皇 | 高麗 | 北宋 |
| 1037 | 長暦1 | 丁丑 | | | |
| 1038 | 2 | 戊寅 | | | |
| 1039 | 3 | 己卯 | | | |
| 1040 | 長久1 | 庚辰 | 後朱雀 | 靖宗 | |
| 1041 | 2 | 辛巳 | | | |
| 1042 | 3 | 壬午 | | | |
| 1043 | 4 | 癸未 | | | |
| 1044 | 寛徳1 | 甲申 | | | |
| 1045 | 2 | 乙酉 | | | |
| 1046 | 永承1 | 丙戌 | | | |
| 1047 | 2 | 丁亥 | | | |
| 1048 | 3 | 戊子 | | | |
| 1049 | 4 | 己丑 | | | 仁宗 |
| 1050 | 5 | 庚寅 | | | |
| 1051 | 6 | 辛卯 | | | |
| 1052 | 7 | 壬辰 | | | |
| 1053 | 天喜1 | 癸巳 | | | |
| 1054 | 2 | 甲午 | 後冷泉 | | |
| 1055 | 3 | 乙未 | | | |
| 1056 | 4 | 丙申 | | | |
| 1057 | 5 | 丁酉 | | | |
| 1058 | 康平1 | 戊戌 | | | |
| 1059 | 2 | 己亥 | | | |
| 1060 | 3 | 庚子 | | | |
| 1061 | 4 | 辛丑 | | | |
| 1062 | 5 | 壬寅 | | 文宗 | |
| 1063 | 6 | 癸卯 | | | |
| 1064 | 7 | 甲辰 | | | 英宗 |
| 1065 | 治暦1 | 乙巳 | | | |
| 1066 | 2 | 丙午 | | | |
| 1067 | 3 | 丁未 | | | |
| 1068 | 4 | 戊申 | | | |
| 1069 | 延久1 | 己酉 | 後三条 | | |
| 1070 | 2 | 庚戌 | | | |
| 1071 | 3 | 辛亥 | | | |
| 1072 | 4 | 壬子 | | | |
| 1073 | 5 | 癸丑 | | | |
| 1074 | 承保1 | 甲寅 | | | |
| 1075 | 2 | 乙卯 | | | |
| 1076 | 3 | 丙辰 | | | 神宗 |
| 1077 | 承暦1 | 丁巳 | 白河 | | |
| 1078 | 2 | 戊午 | | | |
| 1079 | 3 | 己未 | | | |
| 1080 | 4 | 庚申 | | | |
| 1081 | 永保1 | 辛酉 | | | |
| 1082 | 2 | 壬戌 | | | |
| 1083 | 3 | 癸亥 | | 順宗 | |
| 1084 | 応徳1 | 甲子 | | 宣宗 | |
| 1085 | 2 | 乙丑 | | | |

| 西暦 | 日 | 本 | | 朝鮮 | 中国 | |
|---|---|---|---|---|---|---|
| | 年号 | 干支 | 天皇 | 高麗 | 北宋 | 金 |
| 1086 | 応徳3 | 丙寅 | | | | |
| 1087 | 寛治1 | 丁卯 | | | | |
| 1088 | 2 | 戊辰 | | | | |
| 1089 | 3 | 己巳 | | 宣宗 | | |
| 1090 | 4 | 庚午 | | | | |
| 1091 | 5 | 辛未 | | | | |
| 1092 | 6 | 壬申 | | | 哲宗 | |
| 1093 | 7 | 癸酉 | | | | |
| 1094 | 嘉保1 | 甲戌 | | 献宗 | | |
| 1095 | 2 | 乙亥 | 堀河 | | | |
| 1096 | 永長1 | 丙子 | | | | |
| 1097 | 承徳1 | 丁丑 | | | | |
| 1098 | 2 | 戊寅 | | | | |
| 1099 | 康和1 | 己卯 | | 粛宗 | | |
| 1100 | 2 | 庚辰 | | | | |
| 1101 | 3 | 辛巳 | | | | |
| 1102 | 4 | 壬午 | | | | |
| 1103 | 5 | 癸未 | | | | |
| 1104 | 長治1 | 甲申 | | | | |
| 1105 | 2 | 乙酉 | | | | |
| 1106 | 嘉承1 | 丙戌 | | | | |
| 1107 | 2 | 丁亥 | | | | |
| 1108 | 天仁1 | 戊子 | | | | |
| 1109 | 2 | 己丑 | | | | |
| 1110 | 天永1 | 庚寅 | | | | |
| 1111 | 2 | 辛卯 | | | 徽宗 | |
| 1112 | 3 | 壬辰 | | | | |
| 1113 | 永久1 | 癸巳 | 鳥羽 | 睿宗 | | |
| 1114 | 2 | 甲午 | | | | |
| 1115 | 3 | 乙未 | | | | |
| 1116 | 4 | 丙申 | | | | |
| 1117 | 5 | 丁酉 | | | | 太祖 |
| 1118 | 元永1 | 戊戌 | | | | |
| 1119 | 2 | 己亥 | | | | |
| 1120 | 保安1 | 庚子 | | | | |
| 1121 | 2 | 辛丑 | | | | |
| 1122 | 3 | 壬寅 | | | | |
| 1123 | 4 | 癸卯 | | | | |
| 1124 | 天治1 | 甲辰 | | 仁宗 | | |
| 1125 | 2 | 乙巳 | | | | |
| 1126 | 大治1 | 丙午 | | | 欽宗 | 太宗 |
| 1127 | 2 | 丁未 | | | 南宋 | |
| 1128 | 3 | 戊申 | 崇徳 | | | |
| 1129 | 4 | 己酉 | | | | |
| 1130 | 5 | 庚戌 | | | 高宗 | |
| 1131 | 天承1 | 辛亥 | | | | |
| 1132 | 長承1 | 壬子 | | | | |
| 1133 | 2 | 癸丑 | | | | |
| 1134 | 3 | 甲寅 | | | | |

6 年代表　403

**左表**

| 西暦 | 日本 | | | 朝鮮 | 中国 | |
|---|---|---|---|---|---|---|
| | 年号 | 干支 | 天皇 | 高麗 | 南宋 | 金 |
| 1135 | 保延1 | 乙卯 | | | | |
| 1136 | 2 | 丙辰 | | | | |
| 1137 | 3 | 丁巳 | 崇徳 | | | |
| 1138 | 4 | 戊午 | | | | |
| 1139 | 5 | 己未 | | | | |
| 1140 | 6 | 庚申 | | | | |
| 1141 | 永治1 | 辛酉 | | 仁宗 | | 熙宗 |
| 1142 | 康治1 | 壬戌 | | | | |
| 1143 | 2 | 癸亥 | | | | |
| 1144 | 天養1 | 甲子 | | | | |
| 1145 | 久安1 | 乙丑 | | | | |
| 1146 | 2 | 丙寅 | | | | |
| 1147 | 3 | 丁卯 | 近衛 | | | |
| 1148 | 4 | 戊辰 | | | 高宗 | |
| 1149 | 5 | 己巳 | | | | |
| 1150 | 6 | 庚午 | | | | |
| 1151 | 仁平1 | 辛未 | | | | |
| 1152 | 2 | 壬申 | | | | |
| 1153 | 3 | 癸酉 | | | | |
| 1154 | 久寿1 | 甲戌 | | | | 海陵王 |
| 1155 | 2 | 乙亥 | | | | |
| 1156 | 保元1 | 丙子 | 後白河 | | | |
| 1157 | 2 | 丁丑 | | | | |
| 1158 | 3 | 戊寅 | | | | |
| 1159 | 平治1 | 己卯 | | 毅宗 | | |
| 1160 | 永暦1 | 庚辰 | 二条 | | | |
| 1161 | 応保1 | 辛巳 | | | | |
| 1162 | 2 | 壬午 | | | | |
| 1163 | 長寛1 | 癸未 | | | | |
| 1164 | 2 | 甲申 | | | | |
| 1165 | 永万1 | 乙酉 | 六条 | | | |
| 1166 | 仁安1 | 丙戌 | | | | |
| 1167 | 2 | 丁亥 | | | | |
| 1168 | 3 | 戊子 | | | | |
| 1169 | 嘉応1 | 己丑 | | | | |
| 1170 | 2 | 庚寅 | | | | |
| 1171 | 承安1 | 辛卯 | | | | 世宗 |
| 1172 | 2 | 壬辰 | | | 孝宗 | |
| 1173 | 3 | 癸巳 | 高倉 | | | |
| 1174 | 4 | 甲午 | | | | |
| 1175 | 安元1 | 乙未 | | | | |
| 1176 | 2 | 丙申 | | | | |
| 1177 | 治承1 | 丁酉 | | 明宗 | | |
| 1178 | 2 | 戊戌 | | | | |
| 1179 | 3 | 己亥 | | | | |
| 1180 | 4 | 庚子 | | | | |
| 1181 | 養和1 | 辛丑 | 安徳 | | | |
| 1182 | 寿永1 | 壬寅 | | | | |
| 1183 | 2 | 癸卯 | | | | |

**右表**

| 西暦 | 日本 | | | 朝鮮 | 中国 | | |
|---|---|---|---|---|---|---|---|
| | 年号 | 干支 | 天皇 | 高麗 | 南宋 | 金 | 蒙古 |
| 1184 | 元暦1 | 甲辰 | 安徳 | | | | |
| 1185 | 文治1 | 乙巳 | | | | | |
| 1186 | 2 | 丙午 | | | 孝宗 | 世宗 | |
| 1187 | 3 | 丁未 | | 明宗 | | | |
| 1188 | 4 | 戊申 | | | | | |
| 1189 | 5 | 己酉 | | | | | |
| 1190 | 建久1 | 庚戌 | 後鳥羽 | | | | |
| 1191 | 2 | 辛亥 | | | 光宗 | | |
| 1192 | 3 | 壬子 | | | | | |
| 1193 | 4 | 癸丑 | | | | | |
| 1194 | 5 | 甲寅 | | | | | |
| 1195 | 6 | 乙卯 | | | | | |
| 1196 | 7 | 丙辰 | | | | | |
| 1197 | 8 | 丁巳 | | | | | |
| 1198 | 9 | 戊午 | | | | 章宗 | |
| 1199 | 正治1 | 己未 | | | | | |
| 1200 | 2 | 庚申 | | | | | |
| 1201 | 建仁1 | 辛酉 | | 神宗 | | | |
| 1202 | 2 | 壬戌 | | | | | |
| 1203 | 3 | 癸亥 | 土御門 | | | | |
| 1204 | 元久1 | 甲子 | | | 寧宗 | | |
| 1205 | 2 | 乙丑 | | | | | |
| 1206 | 建永1 | 丙寅 | | | | | |
| 1207 | 承元1 | 丁卯 | | 熙宗 | | | |
| 1208 | 2 | 戊辰 | | | | | |
| 1209 | 3 | 己巳 | | | | | |
| 1210 | 4 | 庚午 | | | | 衛紹王 | |
| 1211 | 建暦1 | 辛未 | | | | | |
| 1212 | 2 | 壬申 | | 康宗 | | | |
| 1213 | 建保1 | 癸酉 | 順徳 | | | | |
| 1214 | 2 | 甲戌 | | | | | |
| 1215 | 3 | 乙亥 | | | | | |
| 1216 | 4 | 丙子 | | | | | 太祖 |
| 1217 | 5 | 丁丑 | | | | 宣宗 | |
| 1218 | 6 | 戊寅 | | | | | |
| 1219 | 承久1 | 己卯 | | | | | |
| 1220 | 2 | 庚辰 | | | | | |
| 1221 | 3 | 辛巳 | 仲恭 | | | | |
| 1222 | 貞応1 | 壬午 | | 高宗 | | | |
| 1223 | 2 | 癸未 | | | | | |
| 1224 | 元仁1 | 甲申 | | | | | |
| 1225 | 嘉禄1 | 乙酉 | | | | | |
| 1226 | 2 | 丙戌 | 後堀河 | | | | |
| 1227 | 安貞1 | 丁亥 | | | 理宗 | | |
| 1228 | 2 | 戊子 | | | | 哀宗 | |
| 1229 | 寛喜1 | 己丑 | | | | | |
| 1230 | 2 | 庚寅 | | | | | 太宗 |
| 1231 | 3 | 辛卯 | | | | | |
| 1232 | 貞永1 | 壬辰 | 四条 | | | | |

## 左表

| 西暦 | 日本 | | | 朝鮮 | 中国 | | |
|---|---|---|---|---|---|---|---|
| | 年号 | 干支 | 天皇 | 高麗 | 南宋 | 金 | 蒙古 |
| 1233 | 天福1 | 癸巳 | | | | 哀宗滅亡 | |
| 1234 | 文暦1 | 甲午 | | | | | |
| 1235 | 嘉禎1 | 乙未 | | | | | 太宗 |
| 1236 | 2 | 丙申 | 四条 | | | | |
| 1237 | 3 | 丁酉 | | | | | |
| 1238 | 暦仁1 | 戊戌 | | | | | |
| 1239 | 延応1 | 己亥 | | | | | |
| 1240 | 仁治1 | 庚子 | | | | | |
| 1241 | 2 | 辛丑 | | | | | |
| 1242 | 3 | 壬寅 | 後嵯峨 | | | | 脱列哥那 |
| 1243 | 寛元1 | 癸卯 | | | | | |
| 1244 | 2 | 甲辰 | | | | | |
| 1245 | 3 | 乙巳 | | 高宗 | | | |
| 1246 | 4 | 丙午 | | | | | 定宗 |
| 1247 | 宝治1 | 丁未 | | | | | |
| 1248 | 2 | 戊申 | | | 理宗 | | |
| 1249 | 建長1 | 己酉 | | | | | 海迷失 |
| 1250 | 2 | 庚戌 | | | | | |
| 1251 | 3 | 辛亥 | 後深草 | | | | |
| 1252 | 4 | 壬子 | | | | | |
| 1253 | 5 | 癸丑 | | | | | 憲宗 |
| 1254 | 6 | 甲寅 | | | | | |
| 1255 | 7 | 乙卯 | | | | | |
| 1256 | 康元1 | 丙辰 | | | | | |
| 1257 | 正嘉1 | 丁巳 | | | | | |
| 1258 | 2 | 戊午 | | | | | |
| 1259 | 正元1 | 己未 | | | | | |
| 1260 | 文応1 | 庚申 | | | | | 世祖 |
| 1261 | 弘長1 | 辛酉 | | | | | |
| 1262 | 2 | 壬戌 | | | | | |
| 1263 | 3 | 癸亥 | | | | | |
| 1264 | 文永1 | 甲子 | 亀山 | | | | |
| 1265 | 2 | 乙丑 | | | | | |
| 1266 | 3 | 丙寅 | | 元宗 | | | |
| 1267 | 4 | 丁卯 | | | | | |
| 1268 | 5 | 戊辰 | | | 度宗 | | |
| 1269 | 6 | 己巳 | | | | | |
| 1270 | 7 | 庚午 | | | | | |
| 1271 | 8 | 辛未 | | | | | 元 |
| 1272 | 9 | 壬申 | | | | | |
| 1273 | 10 | 癸酉 | | | | | |
| 1274 | 11 | 甲戌 | | | | | |
| 1275 | 建治1 | 乙亥 | 後宇多 | | 恭宗端宗帝昺滅亡 | | 世祖 |
| 1276 | 2 | 丙子 | | | | | |
| 1277 | 3 | 丁丑 | | 忠烈王 | | | |
| 1278 | 弘安1 | 戊寅 | | | | | |
| 1279 | 2 | 己卯 | | | | | |
| 1280 | 3 | 庚辰 | | | | | |
| 1281 | 4 | 辛巳 | | | | | |

## 右表

| 西暦 | 日本 | | | 朝鮮 | 中国 |
|---|---|---|---|---|---|
| | 年号 | 干支 | 天皇 | 高麗 | 元 |
| 1282 | 弘安5 | 壬午 | 後宇多 | | |
| 1283 | 6 | 癸未 | | | |
| 1284 | 7 | 甲申 | | | |
| 1285 | 8 | 乙酉 | | | |
| 1286 | 9 | 丙戌 | | | |
| 1287 | 10 | 丁亥 | | | 世祖 |
| 1288 | 正応1 | 戊子 | | | |
| 1289 | 2 | 己丑 | | | |
| 1290 | 3 | 庚寅 | | | |
| 1291 | 4 | 辛卯 | 伏見 | | |
| 1292 | 5 | 壬辰 | | | |
| 1293 | 永仁1 | 癸巳 | | 忠烈王 | |
| 1294 | 2 | 甲午 | | | |
| 1295 | 3 | 乙未 | | | |
| 1296 | 4 | 丙申 | | | |
| 1297 | 5 | 丁酉 | | | |
| 1298 | 6 | 戊戌 | 後伏見 | | 成宗 |
| 1299 | 正安1 | 己亥 | | | |
| 1300 | 2 | 庚子 | | | |
| 1301 | 3 | 辛丑 | | | |
| 1302 | 乾元1 | 壬寅 | 後二条 | | |
| 1303 | 嘉元1 | 癸卯 | | | |
| 1304 | 2 | 甲辰 | | | |
| 1305 | 3 | 乙巳 | | | |
| 1306 | 徳治1 | 丙午 | | | |
| 1307 | 2 | 丁未 | | | |
| 1308 | 延慶1 | 戊申 | | 忠宣王 | 武宗 |
| 1309 | 2 | 己酉 | | | |
| 1310 | 3 | 庚戌 | | | |
| 1311 | 応長1 | 辛亥 | 花園 | | |
| 1312 | 正和1 | 壬子 | | | |
| 1313 | 2 | 癸丑 | | | |
| 1314 | 3 | 甲寅 | | | 仁宗 |
| 1315 | 4 | 乙卯 | | | |
| 1316 | 5 | 丙辰 | | 忠粛王 | |
| 1317 | 文保1 | 丁巳 | | | |
| 1318 | 2 | 戊午 | | | |
| 1319 | 元応1 | 己未 | | | |
| 1320 | 2 | 庚申 | | | |
| 1321 | 元亨1 | 辛酉 | 後醍醐 | | 英宗 |
| 1322 | 2 | 壬戌 | | | |
| 1323 | 3 | 癸亥 | | | |
| 1324 | 正中1 | 甲子 | | | |
| 1325 | 2 | 乙丑 | | | 晋帝 |
| 1326 | 嘉暦1 | 丙寅 | | | |
| 1327 | 2 | 丁卯 | | | |
| 1328 | 3 | 戊辰 | | | 天順帝 |
| 1329 | 元徳1 | 己巳 | | | 明宗 |
| 1330 | 2 | 庚午 | | | 文宗 |

| 西暦 | 年号(北朝) | 年号(南朝) | 干支 | 天皇(北朝) | 天皇(南朝) | 高麗 | 元 |
|---|---|---|---|---|---|---|---|
| 1331 | 元徳3 | 元弘1 | 辛未 | 光厳 |  | 忠恵王 | 文宗 |
| 1332 | 正慶1 | 2 | 壬申 |  |  |  | 寧宗 |
| 1333 | 2 | 3 | 癸酉 |  | 後醍醐 | 忠粛王 | 順帝 |
| 1334 | 建武1 |  | 甲戌 |  |  |  |  |
| 1335 | 2 |  | 乙亥 |  |  |  |  |
| 1336 | 建武3 | 延元1 | 丙子 | 光明 |  |  |  |
| 1337 | 4 | 2 | 丁丑 |  |  |  |  |
| 1338 | 暦応1 | 3 | 戊寅 |  |  |  |  |
| 1339 | 2 | 4 | 己卯 |  | 後村上 |  |  |
| 1340 | 3 | 興国1 | 庚辰 |  |  | 忠恵王 |  |
| 1341 | 4 | 2 | 辛巳 |  |  |  |  |
| 1342 | 康永1 | 3 | 壬午 |  |  |  |  |
| 1343 | 2 | 4 | 癸未 |  |  |  |  |
| 1344 | 3 | 5 | 甲申 |  |  | 忠穆王 |  |
| 1345 | 貞和1 | 6 | 乙酉 |  |  |  |  |
| 1346 | 2 | 正平1 | 丙戌 |  |  |  |  |
| 1347 | 3 | 2 | 丁亥 |  |  |  |  |
| 1348 | 4 | 3 | 戊子 |  |  |  |  |
| 1349 | 5 | 4 | 己丑 | 崇光 |  | 忠定王 |  |
| 1350 | 観応1 | 5 | 庚寅 |  |  |  |  |
| 1351 | 2 | 6 | 辛卯 |  |  |  |  |
| 1352 | 文和1 | 7 | 壬辰 | 後光厳 |  | 恭愍王 |  |
| 1353 | 2 | 8 | 癸巳 |  |  |  |  |
| 1354 | 3 | 9 | 甲午 |  |  |  |  |
| 1355 | 4 | 10 | 乙未 |  |  |  |  |
| 1356 | 延文1 | 11 | 丙申 |  |  |  |  |
| 1357 | 2 | 12 | 丁酉 |  |  |  |  |
| 1358 | 3 | 13 | 戊戌 |  |  |  |  |
| 1359 | 4 | 14 | 己亥 |  |  |  |  |
| 1360 | 5 | 15 | 庚子 |  |  |  |  |
| 1361 | 康安1 | 16 | 辛丑 |  |  |  |  |
| 1362 | 貞治1 | 17 | 壬寅 |  |  |  |  |
| 1363 | 2 | 18 | 癸卯 |  |  |  |  |
| 1364 | 3 | 19 | 甲辰 |  |  |  |  |
| 1365 | 4 | 20 | 乙巳 |  |  |  |  |
| 1366 | 5 | 21 | 丙午 |  |  |  |  |
| 1367 | 6 | 22 | 丁未 |  |  |  |  |
| 1368 | 応安1 | 23 | 戊申 |  |  |  | 明 |
| 1369 | 2 | 24 | 己酉 |  | 長慶 |  | 太祖 |
| 1370 | 3 | 建徳1 | 庚戌 |  |  |  |  |
| 1371 | 4 | 2 | 辛亥 |  |  |  |  |
| 1372 | 5 | 文中1 | 壬子 | 後円融 |  |  |  |
| 1373 | 6 | 2 | 癸丑 |  |  |  |  |
| 1374 | 7 | 3 | 甲寅 |  |  |  |  |
| 1375 | 永和1 | 天授1 | 乙卯 |  |  | 辛禑 |  |
| 1376 | 2 | 2 | 丙辰 |  |  |  |  |
| 1377 | 3 | 3 | 丁巳 |  |  |  |  |
| 1378 | 4 | 4 | 戊午 |  |  |  |  |
| 1379 | 康暦1 | 5 | 己未 |  |  |  |  |

| 西暦 | 年号(北朝) | 年号(南朝) | 干支 | 天皇(北朝) | 天皇(南朝) | 高麗 | 明 |
|---|---|---|---|---|---|---|---|
| 1380 | 康暦2 | 天授6 | 庚申 | 後円融 | 長慶 | 辛禑 | 太祖 |
| 1381 | 永徳1 | 弘和1 | 辛酉 |  |  |  |  |
| 1382 | 2 | 2 | 壬戌 | 後小松 |  |  |  |
| 1383 | 3 | 3 | 癸亥 |  | 後亀山 |  |  |
| 1384 | 至徳1 | 元中1 | 甲子 |  |  |  |  |
| 1385 | 2 | 2 | 乙丑 |  |  |  |  |
| 1386 | 3 | 3 | 丙寅 |  |  |  |  |
| 1387 | 嘉慶1 | 4 | 丁卯 |  |  |  |  |
| 1388 | 2 | 5 | 戊辰 |  |  |  |  |
| 1389 | 康応1 | 6 | 己巳 |  |  | 辛昌 |  |
| 1390 | 明徳1 | 7 | 庚午 |  |  | 恭譲王 |  |
| 1391 | 2 | 8 | 辛未 |  |  |  |  |
| 1392 | 3 | 9 | 壬申 |  |  | 朝鮮 |  |

| 西暦 | 年号 | 干支 | 天皇 | 朝鮮 | 明 |
|---|---|---|---|---|---|
| 1393 | 明徳4 | 癸酉 | 後小松 | 太祖 | 太祖 |
| 1394 | 応永1 | 甲戌 |  |  |  |
| 1395 | 2 | 乙亥 |  |  |  |
| 1396 | 3 | 丙子 |  |  |  |
| 1397 | 4 | 丁丑 |  |  |  |
| 1398 | 5 | 戊寅 |  |  |  |
| 1399 | 6 | 己卯 |  | 定宗 | 惠帝 |
| 1400 | 7 | 庚辰 |  |  |  |
| 1401 | 8 | 辛巳 |  | 太宗 |  |
| 1402 | 9 | 壬午 |  |  |  |
| 1403 | 10 | 癸未 |  |  | 成祖 |
| 1404 | 11 | 甲申 |  |  |  |
| 1405 | 12 | 乙酉 |  |  |  |
| 1406 | 13 | 丙戌 |  |  |  |
| 1407 | 14 | 丁亥 |  |  |  |
| 1408 | 15 | 戊子 |  |  |  |
| 1409 | 16 | 己丑 |  |  |  |
| 1410 | 17 | 庚寅 |  |  |  |
| 1411 | 18 | 辛卯 |  |  |  |
| 1412 | 19 | 壬辰 | 称光 |  |  |
| 1413 | 20 | 癸巳 |  |  |  |
| 1414 | 21 | 甲午 |  |  |  |
| 1415 | 22 | 乙未 |  |  |  |
| 1416 | 23 | 丙申 |  |  |  |
| 1417 | 24 | 丁酉 |  |  |  |
| 1418 | 25 | 戊戌 |  |  |  |
| 1419 | 26 | 己亥 |  | 世宗 |  |
| 1420 | 27 | 庚子 |  |  |  |
| 1421 | 28 | 辛丑 |  |  |  |
| 1422 | 29 | 壬寅 |  |  |  |
| 1423 | 30 | 癸卯 |  |  |  |
| 1424 | 31 | 甲辰 |  |  |  |
| 1425 | 32 | 乙巳 |  |  | 仁宗 |
| 1426 | 33 | 丙午 |  |  | 宣宗 |
| 1427 | 34 | 丁未 |  |  |  |

| 西暦 | 日本 年号 | 干支 | 天皇 | 朝鮮 明 | 中国 明 |
|---|---|---|---|---|---|
| 1428 | 正長1 | 戊申 | | | |
| 1429 | 永享1 | 己酉 | | | |
| 1430 | 2 | 庚戌 | | | 宣宗 |
| 1431 | 3 | 辛亥 | | | |
| 1432 | 4 | 壬子 | | | |
| 1433 | 5 | 癸丑 | | | |
| 1434 | 6 | 甲寅 | | | |
| 1435 | 7 | 乙卯 | | | |
| 1436 | 8 | 丙辰 | | | |
| 1437 | 9 | 丁巳 | | 世宗 | |
| 1438 | 10 | 戊午 | | | |
| 1439 | 11 | 己未 | | | |
| 1440 | 12 | 庚申 | | | |
| 1441 | 嘉吉1 | 辛酉 | | | |
| 1442 | 2 | 壬戌 | | | 英宗 |
| 1443 | 3 | 癸亥 | | | |
| 1444 | 文安1 | 甲子 | | | |
| 1445 | 2 | 乙丑 | 後花園 | | |
| 1446 | 3 | 丙寅 | | | |
| 1447 | 4 | 丁卯 | | | |
| 1448 | 5 | 戊辰 | | | |
| 1449 | 宝徳1 | 己巳 | | | |
| 1450 | 2 | 庚午 | | | |
| 1451 | 3 | 辛未 | | 文宗 | |
| 1452 | 享徳1 | 壬申 | | | 代宗 |
| 1453 | 2 | 癸酉 | | 端宗 | |
| 1454 | 3 | 甲戌 | | | |
| 1455 | 康正1 | 乙亥 | | | |
| 1456 | 2 | 丙子 | | | |
| 1457 | 長禄1 | 丁丑 | | | |
| 1458 | 2 | 戊寅 | | | |
| 1459 | 3 | 己卯 | | | 英宗 |
| 1460 | 寛正1 | 庚辰 | | 世祖 | |
| 1461 | 2 | 辛巳 | | | |
| 1462 | 3 | 壬午 | | | |
| 1463 | 4 | 癸未 | | | |
| 1464 | 5 | 甲申 | | | |
| 1465 | 6 | 乙酉 | | | |
| 1466 | 文正1 | 丙戌 | | | |
| 1467 | 応仁1 | 丁亥 | | | 憲宗 |
| 1468 | 2 | 戊子 | | | |
| 1469 | 文明1 | 己丑 | | 睿宗 | |
| 1470 | 2 | 庚寅 | 後土御門 | | |
| 1471 | 3 | 辛卯 | | | |
| 1472 | 4 | 壬辰 | | 成宗 | |
| 1473 | 5 | 癸巳 | | | |
| 1474 | 6 | 甲午 | | | |
| 1475 | 7 | 乙未 | | | |
| 1476 | 8 | 丙申 | | | |

| 西暦 | 日本 年号 | 干支 | 天皇 | 朝鮮 明 | 中国 明 |
|---|---|---|---|---|---|
| 1477 | 文明9 | 丁酉 | | | |
| 1478 | 10 | 戊戌 | | | |
| 1479 | 11 | 己亥 | | | |
| 1480 | 12 | 庚子 | | | |
| 1481 | 13 | 辛丑 | | | 憲宗 |
| 1482 | 14 | 壬寅 | | | |
| 1483 | 15 | 癸卯 | | | |
| 1484 | 16 | 甲辰 | | | |
| 1485 | 17 | 乙巳 | | 成宗 | |
| 1486 | 18 | 丙午 | | | |
| 1487 | 長享1 | 丁未 | 後土御門 | | |
| 1488 | 2 | 戊申 | | | |
| 1489 | 延徳1 | 己酉 | | | |
| 1490 | 2 | 庚戌 | | | |
| 1491 | 3 | 辛亥 | | | |
| 1492 | 明応1 | 壬子 | | | |
| 1493 | 2 | 癸丑 | | | |
| 1494 | 3 | 甲寅 | | | 孝宗 |
| 1495 | 4 | 乙卯 | | | |
| 1496 | 5 | 丙辰 | | | |
| 1497 | 6 | 丁巳 | | | |
| 1498 | 7 | 戊午 | | 燕山君 | |
| 1499 | 8 | 己未 | | | |
| 1500 | 9 | 庚申 | | | |
| 1501 | 文亀1 | 辛酉 | | | |
| 1502 | 2 | 壬戌 | | | |
| 1503 | 3 | 癸亥 | | | |
| 1504 | 永正1 | 甲子 | | | |
| 1505 | 2 | 乙丑 | | | |
| 1506 | 3 | 丙寅 | | | |
| 1507 | 4 | 丁卯 | | | |
| 1508 | 5 | 戊辰 | | | |
| 1509 | 6 | 己巳 | | | |
| 1510 | 7 | 庚午 | | | |
| 1511 | 8 | 辛未 | 後柏原 | | 武宗 |
| 1512 | 9 | 壬申 | | | |
| 1513 | 10 | 癸酉 | | | |
| 1514 | 11 | 甲戌 | | | |
| 1515 | 12 | 乙亥 | | 中宗 | |
| 1516 | 13 | 丙子 | | | |
| 1517 | 14 | 丁丑 | | | |
| 1518 | 15 | 戊寅 | | | |
| 1519 | 16 | 己卯 | | | |
| 1520 | 17 | 庚辰 | | | |
| 1521 | 大永1 | 辛巳 | | | |
| 1522 | 2 | 壬午 | | | |
| 1523 | 3 | 癸未 | | | 世宗 |
| 1524 | 4 | 甲申 | | | |
| 1525 | 5 | 乙酉 | | | |

| 西暦 | 日本 | | | 朝鮮 | 中国 |
|---|---|---|---|---|---|
| | 年号 | 干支 | 天皇 | | 明 |
| 1526 | 大永6 | 丙戌 | | | |
| 1527 | 7 | 丁亥 | | | |
| 1528 | 享禄1 | 戊子 | | | |
| 1529 | 2 | 己丑 | | | |
| 1530 | 3 | 庚寅 | | | |
| 1531 | 4 | 辛卯 | | | |
| 1532 | 天文1 | 壬辰 | | | |
| 1533 | 2 | 癸巳 | | 中宗 | |
| 1534 | 3 | 甲午 | | | |
| 1535 | 4 | 乙未 | | | |
| 1536 | 5 | 丙申 | | | |
| 1537 | 6 | 丁酉 | | | |
| 1538 | 7 | 戊戌 | | | |
| 1539 | 8 | 己亥 | | | |
| 1540 | 9 | 庚子 | 後奈良 | | |
| 1541 | 10 | 辛丑 | | | |
| 1542 | 11 | 壬寅 | | | |
| 1543 | 12 | 癸卯 | | | |
| 1544 | 13 | 甲辰 | | | |
| 1545 | 14 | 乙巳 | | 仁宗 | |
| 1546 | 15 | 丙午 | | | 世宗 |
| 1547 | 16 | 丁未 | | | |
| 1548 | 17 | 戊申 | | | |
| 1549 | 18 | 己酉 | | | |
| 1550 | 19 | 庚戌 | | | |
| 1551 | 20 | 辛亥 | | | |
| 1552 | 21 | 壬子 | | | |
| 1553 | 22 | 癸丑 | | | |
| 1554 | 23 | 甲寅 | | | |
| 1555 | 弘治1 | 乙卯 | | 明宗 | |
| 1556 | 2 | 丙辰 | | | |
| 1557 | 3 | 丁巳 | | | |
| 1558 | 永禄1 | 戊午 | | | |
| 1559 | 2 | 己未 | | | |
| 1560 | 3 | 庚申 | | | |
| 1561 | 4 | 辛酉 | | | |
| 1562 | 5 | 壬戌 | | | |
| 1563 | 6 | 癸亥 | | | |
| 1564 | 7 | 甲子 | | | |
| 1565 | 8 | 乙丑 | 正親町 | | |
| 1566 | 9 | 丙寅 | | | |
| 1567 | 10 | 丁卯 | | | |
| 1568 | 11 | 戊辰 | | | 穆宗 |
| 1569 | 12 | 己巳 | | | |
| 1570 | 元亀1 | 庚午 | | 宣祖 | |
| 1571 | 2 | 辛未 | | | |
| 1572 | 3 | 壬申 | | | |
| 1573 | 天正1 | 癸酉 | | | 神宗 |
| 1574 | 2 | 甲戌 | | | |

| 西暦 | 日本 | | | 朝鮮 | 中国 | |
|---|---|---|---|---|---|---|
| | 年号 | 干支 | 天皇 | | 明 | 清 |
| 1575 | 天正3 | 乙亥 | | | | |
| 1576 | 4 | 丙子 | | | | |
| 1577 | 5 | 丁丑 | | | | |
| 1578 | 6 | 戊寅 | | | | |
| 1579 | 7 | 己卯 | 正親町 | | | |
| 1580 | 8 | 庚辰 | | | | |
| 1581 | 9 | 辛巳 | | | | |
| 1582 | 10 | 壬午 | | | | |
| 1583 | 11 | 癸未 | | | | |
| 1584 | 12 | 甲申 | | | | |
| 1585 | 13 | 乙酉 | | | | |
| 1586 | 14 | 丙戌 | | | | |
| 1587 | 15 | 丁亥 | | | | |
| 1588 | 16 | 戊子 | | | | |
| 1589 | 17 | 己丑 | | | | |
| 1590 | 18 | 庚寅 | | | | |
| 1591 | 19 | 辛卯 | | 宣祖 | | |
| 1592 | 文禄1 | 壬辰 | | | | |
| 1593 | 2 | 癸巳 | | | | |
| 1594 | 3 | 甲午 | | | | |
| 1595 | 4 | 乙未 | | | 神宗 | |
| 1596 | 慶長1 | 丙申 | | | | |
| 1597 | 2 | 丁酉 | 後陽成 | | | |
| 1598 | 3 | 戊戌 | | | | |
| 1599 | 4 | 己亥 | | | | |
| 1600 | 5 | 庚子 | | | | |
| 1601 | 6 | 辛丑 | | | | |
| 1602 | 7 | 壬寅 | | | | |
| 1603 | 8 | 癸卯 | | | | |
| 1604 | 9 | 甲辰 | | | | |
| 1605 | 10 | 乙巳 | | | | |
| 1606 | 11 | 丙午 | | | | |
| 1607 | 12 | 丁未 | | | | |
| 1608 | 13 | 戊申 | | | | |
| 1609 | 14 | 己酉 | | | | |
| 1610 | 15 | 庚戌 | | | | |
| 1611 | 16 | 辛亥 | | 光海君 | | |
| 1612 | 17 | 壬子 | | | | |
| 1613 | 18 | 癸丑 | | | | |
| 1614 | 19 | 甲寅 | | | | |
| 1615 | 元和1 | 乙卯 | 後水尾 | | | |
| 1616 | 2 | 丙辰 | | | | |
| 1617 | 3 | 丁巳 | | | | |
| 1618 | 4 | 戊午 | | | | 太祖 |
| 1619 | 5 | 己未 | | | | |
| 1620 | 6 | 庚申 | | | 光宗 | |
| 1621 | 7 | 辛酉 | | | 熹宗 | |
| 1622 | 8 | 壬戌 | | | | |
| 1623 | 9 | 癸亥 | | 仁祖 | | |

| 西暦 | 日本 | | | 朝鮮 | 中国 | |
|---|---|---|---|---|---|---|
| | 年号 | 干支 | 天皇 | | 明 | 清 |
| 1624 | 寛永1 | 甲子 | 後水尾 | | | 太祖 |
| 1625 | 2 | 乙丑 | | | 熹宗 | |
| 1626 | 3 | 丙寅 | | | | |
| 1627 | 4 | 丁卯 | | | | |
| 1628 | 5 | 戊辰 | | | | |
| 1629 | 6 | 己巳 | | | | |
| 1630 | 7 | 庚午 | | | | |
| 1631 | 8 | 辛未 | | | | |
| 1632 | 9 | 壬申 | 明正 | | | |
| 1633 | 10 | 癸酉 | | | | |
| 1634 | 11 | 甲戌 | | | 荘烈帝 | 太宗 |
| 1635 | 12 | 乙亥 | | | | |
| 1636 | 13 | 丙子 | | 仁祖 | | |
| 1637 | 14 | 丁丑 | | | | |
| 1638 | 15 | 戊寅 | | | | |
| 1639 | 16 | 己卯 | | | | |
| 1640 | 17 | 庚辰 | | | | |
| 1641 | 18 | 辛巳 | | | | |
| 1642 | 19 | 壬午 | | | | |
| 1643 | 20 | 癸未 | | | | |
| 1644 | 正保1 | 甲申 | | | 清 | |
| 1645 | 2 | 乙酉 | | | | |
| 1646 | 3 | 丙戌 | | | | |
| 1647 | 4 | 丁亥 | 後光明 | | | |
| 1648 | 慶安1 | 戊子 | | | | |
| 1649 | 2 | 己丑 | | | | |
| 1650 | 3 | 庚寅 | | | | |
| 1651 | 4 | 辛卯 | | | | 世祖 |
| 1652 | 承応1 | 壬辰 | | | | |
| 1653 | 2 | 癸巳 | | | | |
| 1654 | 3 | 甲午 | | 孝宗 | | |
| 1655 | 明暦1 | 乙未 | 後西 | | | |
| 1656 | 2 | 丙申 | | | | |
| 1657 | 3 | 丁酉 | | | | |
| 1658 | 万治1 | 戊戌 | | | | |
| 1659 | 2 | 己亥 | | | | |
| 1660 | 3 | 庚子 | | | | |
| 1661 | 寛文1 | 辛丑 | | | | |
| 1662 | 2 | 壬寅 | | | | 聖祖 |
| 1663 | 3 | 癸卯 | 霊元 | | | |
| 1664 | 4 | 甲辰 | | | | |
| 1665 | 5 | 乙巳 | | | | |
| 1666 | 6 | 丙午 | | 顕宗 | | |
| 1667 | 7 | 丁未 | | | | |
| 1668 | 8 | 戊申 | | | | |
| 1669 | 9 | 己酉 | | | | |
| 1670 | 10 | 庚戌 | | | | |
| 1671 | 11 | 辛亥 | | | | |
| 1672 | 12 | 壬子 | | | | |

| 西暦 | 日本 | | | 朝鮮 | 中国 |
|---|---|---|---|---|---|
| | 年号 | 干支 | 天皇 | | 清 |
| 1673 | 延宝1 | 癸丑 | | 顕宗 | 聖祖 |
| 1674 | 2 | 甲寅 | | | |
| 1675 | 3 | 乙卯 | | | |
| 1676 | 4 | 丙辰 | | | |
| 1677 | 5 | 丁巳 | | | |
| 1678 | 6 | 戊午 | 霊元 | | |
| 1679 | 7 | 己未 | | | |
| 1680 | 8 | 庚申 | | | |
| 1681 | 天和1 | 辛酉 | | | |
| 1682 | 2 | 壬戌 | | | |
| 1683 | 3 | 癸亥 | | | |
| 1684 | 貞享1 | 甲子 | | | |
| 1685 | 2 | 乙丑 | | | |
| 1686 | 3 | 丙寅 | | | |
| 1687 | 4 | 丁卯 | | | |
| 1688 | 元禄1 | 戊辰 | | 粛宗 | |
| 1689 | 2 | 己巳 | | | |
| 1690 | 3 | 庚午 | | | |
| 1691 | 4 | 辛未 | | | |
| 1692 | 5 | 壬申 | | | |
| 1693 | 6 | 癸酉 | | | |
| 1694 | 7 | 甲戌 | | | |
| 1695 | 8 | 乙亥 | | | |
| 1696 | 9 | 丙子 | | | |
| 1697 | 10 | 丁丑 | 東山 | | |
| 1698 | 11 | 戊寅 | | | |
| 1699 | 12 | 己卯 | | | |
| 1700 | 13 | 庚辰 | | | |
| 1701 | 14 | 辛巳 | | | |
| 1702 | 15 | 壬午 | | | |
| 1703 | 16 | 癸未 | | | |
| 1704 | 宝永1 | 甲申 | | | |
| 1705 | 2 | 乙酉 | | | |
| 1706 | 3 | 丙戌 | | | |
| 1707 | 4 | 丁亥 | | | |
| 1708 | 5 | 戊子 | | | |
| 1709 | 6 | 己丑 | | | |
| 1710 | 7 | 庚寅 | | | |
| 1711 | 正徳1 | 辛卯 | | | |
| 1712 | 2 | 壬辰 | | | |
| 1713 | 3 | 癸巳 | | | |
| 1714 | 4 | 甲午 | 中御門 | | |
| 1715 | 5 | 乙未 | | | |
| 1716 | 享保1 | 丙申 | | | |
| 1717 | 2 | 丁酉 | | | |
| 1718 | 3 | 戊戌 | | | |
| 1719 | 4 | 己亥 | | | |
| 1720 | 5 | 庚子 | | 景宗 | |
| 1721 | 6 | 辛丑 | | | |

6 年代表　409

| 西暦 | 日本 | | | 朝鮮 | 中国 清 |
|---|---|---|---|---|---|
| | 年号 | 干支 | 天皇 | | |
| 1722 | 享保 7 | 壬寅 | | 景宗 | 聖祖 |
| 1723 | 8 | 癸卯 | | 景宗 | |
| 1724 | 9 | 甲辰 | | | |
| 1725 | 10 | 乙巳 | | | |
| 1726 | 11 | 丙午 | | | |
| 1727 | 12 | 丁未 | 中御門 | | |
| 1728 | 13 | 戊申 | | | |
| 1729 | 14 | 己酉 | | 世宗 | |
| 1730 | 15 | 庚戌 | | | |
| 1731 | 16 | 辛亥 | | | |
| 1732 | 17 | 壬子 | | | |
| 1733 | 18 | 癸丑 | | | |
| 1734 | 19 | 甲寅 | | | |
| 1735 | 20 | 乙卯 | | | |
| 1736 | 元文 1 | 丙辰 | | | |
| 1737 | 2 | 丁巳 | | | |
| 1738 | 3 | 戊午 | | | |
| 1739 | 4 | 己未 | | | |
| 1740 | 5 | 庚申 | 桜町 | | |
| 1741 | 寛保 1 | 辛酉 | | | |
| 1742 | 2 | 壬戌 | | | |
| 1743 | 3 | 癸亥 | | | |
| 1744 | 延享 1 | 甲子 | | | |
| 1745 | 2 | 乙丑 | | | |
| 1746 | 3 | 丙寅 | | | |
| 1747 | 4 | 丁卯 | | | |
| 1748 | 寛延 1 | 戊辰 | | 英祖 | |
| 1749 | 2 | 己巳 | | | |
| 1750 | 3 | 庚午 | | | |
| 1751 | 宝暦 1 | 辛未 | | | |
| 1752 | 2 | 壬申 | | | |
| 1753 | 3 | 癸酉 | 桃園 | | |
| 1754 | 4 | 甲戌 | | | |
| 1755 | 5 | 乙亥 | | | 高宗 |
| 1756 | 6 | 丙子 | | | |
| 1757 | 7 | 丁丑 | | | |
| 1758 | 8 | 戊寅 | | | |
| 1759 | 9 | 己卯 | | | |
| 1760 | 10 | 庚辰 | | | |
| 1761 | 11 | 辛巳 | | | |
| 1762 | 12 | 壬午 | | | |
| 1763 | 13 | 癸未 | | | |
| 1764 | 明和 1 | 甲申 | | | |
| 1765 | 2 | 乙酉 | 後桜町 | | |
| 1766 | 3 | 丙戌 | | | |
| 1767 | 4 | 丁亥 | | | |
| 1768 | 5 | 戊子 | | | |
| 1769 | 6 | 己丑 | | | |
| 1770 | 7 | 庚寅 | 後桃園 | | |

| 西暦 | 日本 | | | 朝鮮 | 中国 清 |
|---|---|---|---|---|---|
| | 年号 | 干支 | 天皇 | | |
| 1771 | 明和 8 | 辛卯 | | 英祖 | 高宗 |
| 1772 | 安永 1 | 壬辰 | | | |
| 1773 | 2 | 癸巳 | 後桃園 | | |
| 1774 | 3 | 甲午 | | | |
| 1775 | 4 | 乙未 | | | |
| 1776 | 5 | 丙申 | | | |
| 1777 | 6 | 丁酉 | | | |
| 1778 | 7 | 戊戌 | | | |
| 1779 | 8 | 己亥 | | | |
| 1780 | 9 | 庚子 | | | |
| 1781 | 天明 1 | 辛丑 | | 正祖 | |
| 1782 | 2 | 壬寅 | | | |
| 1783 | 3 | 癸卯 | | | |
| 1784 | 4 | 甲辰 | | | |
| 1785 | 5 | 乙巳 | | | |
| 1786 | 6 | 丙午 | | | |
| 1787 | 7 | 丁未 | | | |
| 1788 | 8 | 戊申 | | | |
| 1789 | 寛政 1 | 己酉 | | | |
| 1790 | 2 | 庚戌 | | | |
| 1791 | 3 | 辛亥 | | | |
| 1792 | 4 | 壬子 | | | |
| 1793 | 5 | 癸丑 | | | |
| 1794 | 6 | 甲寅 | | | |
| 1795 | 7 | 乙卯 | | | |
| 1796 | 8 | 丙辰 | 光格 | | |
| 1797 | 9 | 丁巳 | | | |
| 1798 | 10 | 戊午 | | | |
| 1799 | 11 | 己未 | | | |
| 1800 | 12 | 庚申 | | | |
| 1801 | 享和 1 | 辛酉 | | | 仁宗 |
| 1802 | 2 | 壬戌 | | | |
| 1803 | 3 | 癸亥 | | | |
| 1804 | 文化 1 | 甲子 | | | |
| 1805 | 2 | 乙丑 | | | |
| 1806 | 3 | 丙寅 | | | |
| 1807 | 4 | 丁卯 | | | |
| 1808 | 5 | 戊辰 | | 純祖 | |
| 1809 | 6 | 己巳 | | | |
| 1810 | 7 | 庚午 | | | |
| 1811 | 8 | 辛未 | | | |
| 1812 | 9 | 壬申 | | | |
| 1813 | 10 | 癸酉 | | | |
| 1814 | 11 | 甲戌 | | | |
| 1815 | 12 | 乙亥 | | | |
| 1816 | 13 | 丙子 | | | |
| 1817 | 14 | 丁丑 | 仁孝 | | |
| 1818 | 文政 1 | 戊寅 | | | |
| 1819 | 2 | 己卯 | | | |

| 西暦 | 年号 | 干支 | 天皇 | 朝鮮 | 清 |
|---|---|---|---|---|---|
| 1820 | 文政3 | 庚辰 | | | 仁宗 |
| 1821 | 4 | 辛巳 | | | |
| 1822 | 5 | 壬午 | | | |
| 1823 | 6 | 癸未 | | | |
| 1824 | 7 | 甲申 | | | |
| 1825 | 8 | 乙酉 | | | |
| 1826 | 9 | 丙戌 | | 純祖 | |
| 1827 | 10 | 丁亥 | | | |
| 1828 | 11 | 戊子 | | | |
| 1829 | 12 | 己丑 | | | |
| 1830 | 天保1 | 庚寅 | | | |
| 1831 | 2 | 辛卯 | | | |
| 1832 | 3 | 壬辰 | 仁孝 | | |
| 1833 | 4 | 癸巳 | | | |
| 1834 | 5 | 甲午 | | | |
| 1835 | 6 | 乙未 | | | 宣宗 |
| 1836 | 7 | 丙申 | | | |
| 1837 | 8 | 丁酉 | | | |
| 1838 | 9 | 戊戌 | | | |
| 1839 | 10 | 己亥 | | | |
| 1840 | 11 | 庚子 | | | |
| 1841 | 12 | 辛丑 | | 憲宗 | |
| 1842 | 13 | 壬寅 | | | |
| 1843 | 14 | 癸卯 | | | |
| 1844 | 弘化1 | 甲辰 | | | |
| 1845 | 2 | 乙巳 | | | |
| 1846 | 3 | 丙午 | | | |
| 1847 | 4 | 丁未 | | | |
| 1848 | 嘉永1 | 戊申 | | | |
| 1849 | 2 | 己酉 | | | |
| 1850 | 3 | 庚戌 | | | |
| 1851 | 4 | 辛亥 | | 哲宗 | |
| 1852 | 5 | 壬子 | | | |
| 1853 | 6 | 癸丑 | | | |
| 1854 | 安政1 | 甲寅 | | | 文宗 |
| 1855 | 2 | 乙卯 | | | |
| 1856 | 3 | 丙辰 | 孝明 | | |
| 1857 | 4 | 丁巳 | | | |
| 1858 | 5 | 戊午 | | | |
| 1859 | 6 | 己未 | | | |
| 1860 | 万延1 | 庚申 | | | |
| 1861 | 文久1 | 辛酉 | | | |
| 1862 | 2 | 壬戌 | | | 穆宗 |
| 1863 | 3 | 癸亥 | | | |
| 1864 | 元治1 | 甲子 | | 李太王 | |
| 1865 | 慶応1 | 乙丑 | | | |
| 1866 | 2 | 丙寅 | | | |
| 1867 | 3 | 丁卯 | 明治 | | |
| 1868 | 明治1 | 戊辰 | | | |

| 西暦 | 年号 | 干支 | 天皇 | 朝鮮 | 清 |
|---|---|---|---|---|---|
| 1869 | 明治2 | 己巳 | | | |
| 1870 | 3 | 庚午 | | | 穆宗 |
| 1871 | 4 | 辛未 | | | |
| 1872 | 5 | 壬申 | | | |
| 1873 | 6 | 癸酉 | | | |
| 1874 | 7 | 甲戌 | | | |
| 1875 | 8 | 乙亥 | | | |
| 1876 | 9 | 丙子 | | | |
| 1877 | 10 | 丁丑 | | | |
| 1878 | 11 | 戊寅 | | | |
| 1879 | 12 | 己卯 | | | |
| 1880 | 13 | 庚辰 | | | |
| 1881 | 14 | 辛巳 | | | |
| 1882 | 15 | 壬午 | | | |
| 1883 | 16 | 癸未 | | | |
| 1884 | 17 | 甲申 | | | |
| 1885 | 18 | 乙酉 | | | |
| 1886 | 19 | 丙戌 | | 李太王 | |
| 1887 | 20 | 丁亥 | | | |
| 1888 | 21 | 戊子 | | | |
| 1889 | 22 | 己丑 | | | |
| 1890 | 23 | 庚寅 | 明治 | | 德宗 |
| 1891 | 24 | 辛卯 | | | |
| 1892 | 25 | 壬辰 | | | |
| 1893 | 26 | 癸巳 | | | |
| 1894 | 27 | 甲午 | | | |
| 1895 | 28 | 乙未 | | | |
| 1896 | 29 | 丙申 | | | |
| 1897 | 30 | 丁酉 | | | |
| 1898 | 31 | 戊戌 | | | |
| 1899 | 32 | 己亥 | | | |
| 1900 | 33 | 庚子 | | | |
| 1901 | 34 | 辛丑 | | | |
| 1902 | 35 | 壬寅 | | | |
| 1903 | 36 | 癸卯 | | | |
| 1904 | 37 | 甲辰 | | | |
| 1905 | 38 | 乙巳 | | | |
| 1906 | 39 | 丙午 | | | |
| 1907 | 40 | 丁未 | | | |
| 1908 | 41 | 戊申 | | 李王 | |
| 1909 | 42 | 己酉 | | | 宣統帝 |
| 1910 | 43 | 庚戌 | | | |
| 1911 | 44 | 辛亥 | | | |
| 1912 | 大正1 | 壬子 | | 朝鮮 | |
| 1913 | 2 | 癸丑 | | | 中華民国 |
| 1914 | 3 | 甲寅 | 大正 | | |
| 1915 | 4 | 乙卯 | | | |
| 1916 | 5 | 丙辰 | | | |
| 1917 | 6 | 丁巳 | | | |

6 年代表　411

| 西暦 | 日本 | | | 朝鮮 | 中国 |
|---|---|---|---|---|---|
| | 年号 | 干支 | 天皇 | | |
| 1918 | 大正 7 | 戊午 | | | |
| 1919 | 8 | 己未 | | | |
| 1920 | 9 | 庚申 | | | |
| 1921 | 10 | 辛酉 | 大正 | | |
| 1922 | 11 | 壬戌 | | | |
| 1923 | 12 | 癸亥 | | | |
| 1924 | 13 | 甲子 | | | |
| 1925 | 14 | 乙丑 | | | |
| 1926 | 昭和 1 | 丙寅 | | | |
| 1927 | 2 | 丁卯 | | | |
| 1928 | 3 | 戊辰 | | | |
| 1929 | 4 | 己巳 | | | |
| 1930 | 5 | 庚午 | | | |
| 1931 | 6 | 辛未 | | 朝鮮 | 中華民国 |
| 1932 | 7 | 壬申 | | | |
| 1933 | 8 | 癸酉 | | | |
| 1934 | 9 | 甲戌 | | | |
| 1935 | 10 | 乙亥 | | | |
| 1936 | 11 | 丙子 | | | |
| 1937 | 12 | 丁丑 | | | |
| 1938 | 13 | 戊寅 | | | |
| 1939 | 14 | 己卯 | | | |
| 1940 | 15 | 庚辰 | | | |
| 1941 | 16 | 辛巳 | | | |
| 1942 | 17 | 壬午 | | | |
| 1943 | 18 | 癸未 | | | |
| 1944 | 19 | 甲申 | | | |
| 1945 | 20 | 乙酉 | 昭和 | | |
| 1946 | 21 | 丙戌 | | | |
| 1947 | 22 | 丁亥 | | | |
| 1948 | 23 | 戊子 | | | |
| 1949 | 24 | 己丑 | | | |
| 1950 | 25 | 庚寅 | | | |
| 1951 | 26 | 辛卯 | | | |
| 1952 | 27 | 壬辰 | | 朝鮮民主主義人民共和国 | 中華民国(台湾) |
| 1953 | 28 | 癸巳 | | | |
| 1954 | 29 | 甲午 | | | |
| 1955 | 30 | 乙未 | | | 中華人民共和国 |
| 1956 | 31 | 丙申 | | 大韓民国 | |
| 1957 | 32 | 丁酉 | | | |
| 1958 | 33 | 戊戌 | | | |
| 1959 | 34 | 己亥 | | | |
| 1960 | 35 | 庚子 | | | |
| 1961 | 36 | 辛丑 | | | |
| 1962 | 37 | 壬寅 | | | |
| 1963 | 38 | 癸卯 | | | |
| 1964 | 39 | 甲辰 | | | |
| 1965 | 40 | 乙巳 | | | |
| 1966 | 41 | 丙午 | | | |

| 西暦 | 日本 | | | 朝鮮 | 中国 |
|---|---|---|---|---|---|
| | 年号 | 干支 | 天皇 | | |
| 1967 | 昭和42 | 丁未 | | | |
| 1968 | 43 | 戊申 | | | |
| 1969 | 44 | 己酉 | | | |
| 1970 | 45 | 庚戌 | | | |
| 1971 | 46 | 辛亥 | | | |
| 1972 | 47 | 壬子 | | | |
| 1973 | 48 | 癸丑 | | | |
| 1974 | 49 | 甲寅 | | | |
| 1975 | 50 | 乙卯 | | | |
| 1976 | 51 | 丙辰 | | | |
| 1977 | 52 | 丁巳 | 昭和 | | |
| 1978 | 53 | 戊午 | | | |
| 1979 | 54 | 己未 | | | |
| 1980 | 55 | 庚申 | | | |
| 1981 | 56 | 辛酉 | | | |
| 1982 | 57 | 壬戌 | | | |
| 1983 | 58 | 癸亥 | | | |
| 1984 | 59 | 甲子 | | | |
| 1985 | 60 | 乙丑 | | 朝鮮民主主義人民共和国 | 中華民国(台湾) |
| 1986 | 61 | 丙寅 | | | |
| 1987 | 62 | 丁卯 | | | 中華人民共和国 |
| 1988 | 63 | 戊辰 | | | |
| 1989 | 平成 1 | 己巳 | | | |
| 1990 | 2 | 庚午 | 大韓民国 | | |
| 1991 | 3 | 辛未 | | | |
| 1992 | 4 | 壬申 | | | |
| 1993 | 5 | 癸酉 | | | |
| 1994 | 6 | 甲戌 | | | |
| 1995 | 7 | 乙亥 | | | |
| 1996 | 8 | 丙子 | | | |
| 1997 | 9 | 丁丑 | | | |
| 1998 | 10 | 戊寅 | | | |
| 1999 | 11 | 己卯 | | | |
| 2000 | 12 | 庚辰 | | | |
| 2001 | 13 | 辛巳 | | | |
| 2002 | 14 | 壬午 | (上皇)＊ | | |
| 2003 | 15 | 癸未 | | | |
| 2004 | 16 | 甲申 | | | |
| 2005 | 17 | 乙酉 | | | |
| 2006 | 18 | 丙戌 | | | |
| 2007 | 19 | 丁亥 | | | |
| 2008 | 20 | 戊子 | | | |
| 2009 | 21 | 己丑 | | | |
| 2010 | 22 | 庚寅 | | | |
| 2011 | 23 | 辛卯 | | | |
| 2012 | 24 | 壬辰 | | | |
| 2013 | 25 | 癸巳 | | | |
| 2014 | 26 | 甲午 | | | |
| 2015 | 27 | 乙未 | | | |

| 西暦 | 日本 | | | 朝鮮 | 中国 | |
|---|---|---|---|---|---|---|
| | 年号 | 干支 | 天皇 | | | |
| 2016 | 平成28 | 丙申 | （上皇＊） | 大韓民国　朝鮮民主主義人民共和国 | 中華民国（台湾） | 中華人民共和国 |
| 2017 | 29 | 丁酉 | | | | |
| 2018 | 30 | 戊戌 | | | | |
| 2019 | 令和1 | 己亥 | （今上＊） | | | |

＊追号・諡号ではない。

6　年代表　413

# 写真所蔵・提供者および図版出典一覧（敬称略）

カバー表　フォトライブラリー
カバー裏　薬師寺

p.5左　名古屋市蓬左文庫
p.5右　奈良文化財研究所
p.6　奈良文化財研究所
p.7　岩手県観光連盟
p.8　宮内庁正倉院事務所
p.10　宗像大社
p.13左・右　宮内庁正倉院事務所
p.14　国（文化庁保管）・埼玉県立さきたま
　史跡の博物館
p.20左　東大寺
p.20下　東大寺・奈良県観光連盟
p.21　埼玉県立さきたま史跡の博物館
p.23左　東寺・（公財）京都市埋蔵文化財研
　究所
p.23中　『史跡　教王護国寺境内　史跡等
　登録記念物　歴史の道　保存整備事業報
　告書』教王護国寺, 2015より作成
p.24　国（文化庁保管）・奈良県立橿原考古
　学研究所
p.26　『考古学を知る事典　先土器時代』東
　京堂出版, 1998より
p.27上　NHK学園通信講座『考古学入門』
　上, 2004より
p.27中　北海道立埋蔵文化財センター
p.27右　佐世保市教育委員会
p.28　青森県教育庁文化財保護課
p.29上左　奥松島縄文村歴史資料館
p.29上右　佐賀県教育委員会
p.29下左　千葉市立加曽利貝塚博物館『史
　跡加曽利貝塚総括報告書』より作成
p.29下　千葉市立加曽利貝塚博物館
p.30上左　富山市教育委員会
p.30上右　高田和徳※原図は御所野縄文博
　物館が発掘調査データに基づき浅川滋男
　に委託して作成
p.30下　（公財）岩手県文化振興事業団埋蔵
　文化財センター
p.31右　上から, 青森県立郷土館, 長岡市教
　育委員会, 明治大学博物館, 国分寺市教育
　委員会, 千葉市立加曽利貝塚博物館, 埼玉県
　教育委員会
p.31下左　八戸市埋蔵文化財センター是川
　縄文館
p.32　①（公財）岩手県文化振興事業団埋蔵
　文化財センター②茅野市尖石縄文考古館
　③函館市教育委員会④東京国立博物館
　Image:TNM Image Archives

p.33上左　鹿角市教育委員会
p.33上右　春日部市教育委員会
p.33中左　恵庭市郷土資料館
p.33中　佐賀市教育委員会
p.33中右　八戸市埋蔵文化財センター是川
　縄文館
p.33下右　東京都歴史文化財団イメージア
　ーカイブ
p.34　壱岐市教育委員会
p.35上左　高槻市教育委員会
p.35上右　佐賀県教育委員会
p.35下　和泉市教育委員会
p.36　横浜市ふるさと歴史財団埋蔵
　文化財センター『大塚遺跡　遺構編　港
　北ニュータウン地域内埋蔵文化財調査報
　告ⅩⅡ』より作成
p.37上　田原本町教育委員会
p.37下左　佐賀県教育委員会
p.37下右　田原本町教育委員会・奈良文化
　財研究所
p.38上　村上恭通『倭人と鉄の考古学』青木
　書店, 1998より
p.39上左　淡路市教育委員会
p.39上右　国（文化庁保管）・茨木市立文化
　財資料館
p.40下　①八王子市教育委員会②佐賀県教
　育委員会③高槻市教育委員会④対馬市教
　育委員会
p.41上左　国（文化庁保管）・伊達市教育委員
　会
p.41下　沖縄県立埋蔵文化財センター
p.42　堺市
p.43上左　『黒井峯遺跡発掘調査報告書』よ
　り著者作成
p.43上右　かみつけの里博物館
p.43下　（公財）大阪府文化財センター
p.44上　奈良国立博物館：撮影　①②③⑤
　森村欣司, ④佐々木香輔
p.44下　大阪府教育委員会
p.45上左　宗像大社
p.45上右　三重県埋蔵文化財センター・撮
　影：佃幹雄・井上直夫　奈良国立文化財
　研究所（当時）
p.45下左　奈良文化財研究所・大阪府立近
　つ飛鳥博物館
p.45下右　東京国立博物館　Image:TNM
　Image Archives
p.49上左　奈良県立橿原考古学研究所
p.49上右　国（文化庁保管）・奈良県立橿原
　考古学研究所

p.49下左　奈良県立橿原考古学研究所
p.49下右　東近江市教育委員会
p.50上　京都国立博物館
p.51上左　東京国立博物館　Image:TNM Image Archives
p.51上右　諫早直人『東北アジアにおける騎馬文化の考古学的研究』雄山閣, 2012より
p.51下　東京国立博物館・国立博物館所蔵品統合検索システム
p.53　奈良文化財研究所『飛鳥・藤原京展』2002より作成
p.55右　奈良文化財研究所
p.56上　舘野和己『古代都市平城京の世界』山川出版社, 2001より作成
p.56下　『大宰府条坊跡44』太宰府市教育委員会, 2014より作成
p.57上　画：小澤尚, 『古代日本を発掘する5　古代の役所』岩波書店, 1985より
p.57下　勝部昭『出雲国風土記と古代遺跡』山川出版社, 2002より
p.58　宇都宮市教育委員会・上三川町教育委員会「史跡上神主・茂原官衙遺跡」パンフレットより作成
p.59上　佐賀県文化課文化財保護室
p.59下　『日本歴史地理用語辞典』柏書房, 1981を一部改変
p.60下　武蔵国分寺跡資料館提供図版より作成
p.61左　『図説平城京事典』奈良文化財研究所, 2010より作成
p.61右上　和歌山県教育委員会
p.61右中・下　『発掘調査のてびき　各種遺跡調査編』文化庁, 2013より
p.62左・右　『発掘調査のてびき　各種遺跡調査編』文化庁, 2013より
p.63　『岩波日本史辞典』岩波書店, 1999より一部改変
p.64　小野正敏編『図解日本の中世遺跡』東京大学出版会, 2001より一部改変
p.65　『よみがえる大友館と南蛮都市』大分市教育委員会文化課, 2006を参考に作成
p.66上　国土交通省近畿地方整備局福井河川国道事務所
p.66下　文化庁文化財保護部史跡研究会監修『図説日本の史跡6　中世』同朋舎出版より作成
p.67　高島市教育委員会
p.68上　『史跡根城跡保存活用計画書』八戸市教育委員会, 2018より
p.68下　滋賀県教育委員会(安土城平面図)より

p.69上　黒田基樹『小田原合戦と北条氏』吉川弘文館, 2012より
p.70上　『発掘調査のてびき　各種遺跡調査編』文化庁, 2013より
p.70下　小野正敏『図解日本の中世遺跡』東京大学出版会, 2001より作成
p.71上　『石見銀山ことはじめ　わたしたしの石見銀山』大田市教育委員会, 2016より作成
p.71下　小野正敏編『図解日本の中世遺跡』東京大学出版会, 2001より作成
p.72上　摠見寺・フォトライブラリー
p.72下　協力：加藤理文
p.73上・中　中田眞澄
p.74上　熊本市
p.74中　函館市教育委員会
p.74下　丹波市教育委員会
p.75上　港区立郷土歴史館
p.75中　西宮市教育委員会
p.75下　神戸市教育委員会
p.76上　長崎市文化観光部出島復元整備室
p.76下　新潟県立歴史博物館
p.77上　新潟県
p.77下　山口市教育委員会
p.78上左　波佐見町教育委員会
p.78上右　『角川日本陶磁大辞典』より作成
p.78下左　塩見浩編『保光たたら』1985を一部改変, 出雲市教育委員会『田儀櫻井家のたたら製鉄遺跡発掘調査報告書』2008より
p.78下右　伊豆の国市教育委員会
p.79上　長崎市教育委員会
p.79中　東京都水道局サービス推進部
p.80　文部省編『日本教育史資料』富山房, 国立国会図書館デジタルアーカイブより作成
p.81　大原幽学記念館
p.82上　新潟県歴史博物館
p.82下　東日本鉄道文化財団
p.83上　磐田市教育委員会
p.83中　富岡市教育委員会(『旧富岡製糸場建造物群調査報告書』より)
p.83下　稲美町教育委員会
p.84上　日光市教育委員会文化財課
p.84中　荒尾市
p.84下　『史跡三井三池炭鉱跡　万田坑跡保存管理計画書』荒尾市教育委員会, 2012より作成
p.85上　長崎県観光連盟
p.85中　札幌市
p.85下　余市水産博物館
p.86上　横須賀市教育委員会
p.86下　『東京湾要塞跡(横須賀市文化財調査報告書第51集)』横須賀市, 2014より

p.87上左　杉並区教育委員会
p.87上右　広島県
p.87下左・右　南国市教育委員会
p.88　大仙院
p.89上　龍安寺・フォトライブラリー
p.89下　本願寺
p.90上　宮内庁京都事務所
p.90中　（公財）東京都公園協会
p.90下　圓通寺
p.91　奈良市教育委員会
p.92左　宮内庁京都事務所
p.92右　宮内庁京都事務所・撮影岡本茂男
p.93上左　宮内庁京都事務所
p.93上中・右　一宮市尾西歴史民俗資料館
p.93下　小野健吉『岩波　日本庭園事典』岩
　波書店，2004より作成
p.94上　（公財）名勝依水園・寧楽美術館
p.94下左　對龍山荘
p.94下右　築上町教育委員会
p.97上　浄瑠璃寺・木津川市教育員会
p.97下　浄瑠璃寺
p.98　鹿苑寺
p.99　醍醐寺
p.100上　（公財）名勝依水園・寧楽美術館
p.100中　大仙市
p.100下　對龍山荘
p.101左　箱根町
p.101右　中津川市
p.103　山口県観光連盟
p.104上　須賀川市
p.104中　豊川市教育委員会
p.104下　新居関所史料館
p105　原沢文弥「江戸時代に於ける倉賀野
　宿の隆昌」『新地理』内田寛一先生古希記
　念号所収より作成
p.106上　宮城県観光課
p.106中　島田市博物館
p.107上　酒田市教育委員会
p.107中　さいたま市教育委員会
p.107下　沖縄県教育委員会
p.108　宇城市教育委員会
p.109左　宇治市教育委員会
p.109右　和白島市観光物産協会
p.110上　一関市教育委員会
p.110中　長浜城歴史博物館
p.110下　泉佐野市教育委員会
p.111上　大分県
p.111中・下　在渡市
p.112上　朝来市教育委員会
p.112下　奥出雲町教育委員会
p.114　厳島神社・廿日市市観光課
p.115　フォトライブラリー
p.117　池田航

p.118　平等院
p.119　歓喜院・（公財）文化財建造物保存
　技術協会・撮影清水襄
p.123下　武蔵国分寺跡資料館パンフレッ
　トより作成
p.124上　『「平泉－仏国土（浄土）を表す建
　築・庭園及び考古学的遺跡群－」及び関
　連施設に関する保存計画』http://www2.
　pref.iwate.jp/~hp0907/sekaiisan/img/
　management_plan.pdf（2019年10月 最 終
　閲覧）より
p.125上左　『重要文化財本願寺本堂修理工
　事報告書』京都府教育委員会，1984より作
　成
p.125上右　やまなし観光推進機構
p.134　安楽寺・上田市マルチメディア情
　報センター
p.138　法隆寺・便利堂
p.140上　『重要文化財慈眼寺本堂　保存修
　理工事報告書』慈眼寺，2014より作成
p.169　平安神宮
p.187　日光東照宮
p.188　高野山霊宝館
p.190　個人蔵
p.192　大野城市教育委員会
p.193上　総社市
p.193下　『総社市埋蔵文化財発掘調査報告
　19　古代山城　鬼ノ城2』総社市教育委
　員会，2006より作成
p.194　田辺征夫・佐藤信編『古代の都2
　平城京の時代』吉川弘文館，2010より作成
p.195上　足利市教育委員会
p.195下　『日本城郭大系』11，新人物往来社，
　1980より（西川幸治原図）
p.196　松本城管理事務所
p.197右　犬山城管理事務所
p.198左　『日本城郭大系』1，新人物往来社，
　1980より
p.198右上　釧路市埋蔵文化財調査センタ
　ー
p.198右下　函館市教育委員会
p.199上　今帰仁村観光協会
p.199下　沖縄美ら島財団
p.202下　フォトライブラリー
p.205　（公財）文化財建造物保存技術協会
p.206下　『日本の名城解剖図鑑』エクスナ
　レッジ，2015より作成
p.207左　熊本城総合事務所
p.208上　『日本城郭史』雄山閣，1936より
p.210上左　『国宝姫路城』朝日新聞社，1964
　より
p.210下　姫路市
p.211上　姫路市

416

p.211下　(公社)びわこビジターズビューロー

p.213　松江歴史館

p.215　(公社)びわこビジターズビューロー

p.216左　『日本建築史基礎資料集成14　城郭Ⅰ』中央公論美術出版, 1978より

p.216右　『日本建築史基礎資料集成15　城郭Ⅱ』中央公論美術出版, 1982より

p.219　松江城歴史的価値発信事業実行委員会編『松江城と江戸城』2017より作成

p.220上　『日本城郭史』雄山閣, 1936より

p.220下　姫路市

p.221上　本願寺

p.222　千代田区教育委員会

p.225左　相模原市教育委員会

p.226上・中　国立歴史民俗博物館

p.226下　知恩院・京都国立博物館

p.227上左　日本建築学会編『日本建築史図集　新訂版』彰国社, 1980より

p.227上右　国立歴史民俗博物館

p.228右上　慈照寺

p.228下　京都市元離宮二条城事務所

p.229上・下　宮内庁京都事務所

p.230　碧雲荘運営事業組合

p.232上　中家

p.233中　板橋区教育委員会

p.233下　川崎市立日本民家園

p.234上左　川崎市立日本民家園

p.235上　犬山市文化史料館

p.238〜239　『図説日本文化史大系』別巻, 小学館, 1958などより作成

p.243上・下　『茶室露地大事典』淡交社, 2018より

p.244上　(公財)藪内燕庵

p.244下　(公財)藪内燕庵・撮影田畑みなお

p.245　『茶室露地大事典』淡交社, 2018より

p.246　『図説日本文化史大系』別巻, 小学館, 1958より作成

p.248　琴平町教育委員会

p.249　神戸市北区総務部まちづくり課

p.256中　東京復活大聖堂教会事務所

p.256下　東本願寺

p.257上　築地本願寺

p.258上　迎賓館

p.258下　古川泰造

p.259下　松本市立博物館

p.260上　森島昭久

p.260中　富士屋ホテル

p.261下　博物館明治村

p.262上　大阪市中央公会堂

p.262中　東京国立博物館　Image:TNM

Image Archives

p.262下　国立西洋美術館

p.263上　国立競技場

p.263中　尚古集成館

p.266下　小岩井農牧株式会社

p.267　東大寺・飛鳥園

p.268左　法隆寺・飛鳥園

p.268右　法隆寺・奈良国立博物館・撮影森村欣司

p.269　薬師寺・飛鳥園

p.270　室生寺

p.271　平等院

p.272　東大寺・(公財)美術院

p.273　宝山寺

p.277　東大寺・奈良国立博物館・撮影佐々木香輔

p.278　清凉寺・京都国立博物館

p.279　浄瑠璃寺

p.280左　円成寺・奈良国立博物館・撮影森村欣司

p.280右　東大寺・奈良市観光協会・撮影矢野建彦

p.281　野中寺

p.282　葛井寺

p.283　観心寺

p.284　大報恩寺・奈良国立博物館・撮影森村欣司

p.286　(公財)藤田美術館

p.287　甚目寺・名古屋市博物館

p.289上　東大寺・飛鳥園

p.289下　東大寺・奈良国立博物館・撮影森村欣司

p.290　法隆寺・奈良国立博物館・撮影森村欣司

p.291　新薬師寺・便利堂

p.293左　法華寺

p.293右　西大寺・奈良国立博物館・撮影森村欣司

p.294　霊源院

p.295　円応寺・鎌倉国宝館

p.300〜302　『図説日本文化史大系』別巻, 小学館, 1958より作成

p.305左　西村公朝『仏像の再発見』吉川弘文館, 1976などによる

p.306右　當麻寺・奈良国立博物館・撮影佐々木香輔

p.307左　興福寺・飛鳥園

p.308　臼杵石仏事務所

p.311下左　東大寺・四日市市立博物館

p.311下右　神護寺

p.312上右　西大寺

p.314上右　高山寺

p.314下　北村美術館

写真所蔵・提供者および図版出典一覧　417

p.315上左　有里墓地管理組合
p.315下左　額安寺
p.315上右　安養院
p.316上左　徳源院
p.316上右　竜王町教育委員会
p.316下左　野間部落
p.316下右　大山祇神社
p.317左　米山寺
p.317中　大山祇神社
p.317右　鶴林寺
p.318下左　石塔寺
p.318下中　宝積寺
p.318下右　来迎院
p.319左　於美阿志神社
p.319中　大藏寺
p.319右　光明坊
p.320上　湯前町教育委員会
p.321左　鞍馬寺
p.321中　長安寺
p.321右　倉敷市教育委員会
p.322上　安養寺
p.325上左　般若寺
p.325上中　西教寺
p.325上右　個人蔵
p.326左　長瀞町教育委員会
p.326中　光福寺
p.327下左　奈良文化財研究所
p.327下中　當麻寺
p.327下右　桜井市教育委員会
p.330左　国（文部科学省所管）・明日香村
　　教育委員会
p.330右　醍醐寺
p.331左　徳川美術館所蔵　©徳川美術館
　　イメージアーカイブ/DNPartcom
p.331右　東京国立博物館　Image:TNM
　　Image Archives
p.332下・333上　東寺・京都国立博物館
p.334左　法華寺・奈良国立博物館・撮影
　　佐々木香輔
p.334下　禅林寺
p.335　東京国立博物館　Image:TNM
　　Image Archives
p.336上　高山寺・京都国立博物館
p.336下　東京国立博物館　Image:TNM
　　Image Archives
p.338上　智積院
p.338下　京都市元離宮二条城事務所
p.339上　大乗寺
p.339下　東京国立博物館・国立博物館所
　　蔵品統合検索システム
p.340上　ボストン美術館
p.342列上から清水寺,武蔵野美術大学
　　美術館　図書館　民俗資料室,武蔵野美術

大学　美術館　図書館　民俗資料室(岩井
宏實『絵馬に願いを』二玄社, 2007より),
南部町祐生出会いの館, 右列上から賀茂
神社, 興福寺(『絵馬に願いを』より), 蛤薬
師堂　永福寺・武蔵野美術大学　美術館　図
書館　民俗資料室, 金比羅宮
p.344上右　唐招提寺・(昭和女子大学光葉
　　博物館「天平の甍－鑑真大和上と唐招提
　　寺」より)
p.344中左　沖縄観光コンベンションビュ
　　ーロー
p.344中右　比企貴之
p.344下　上田市立信濃国分寺資料館
p.346上　法隆寺・奈良国立博物館・撮影
　　森村欣司
p.346中　中尊寺
p.346下　東京国立博物館・国立博物館所
　　蔵品統合検索システム
p.347上　室生寺・奈良国立博物館・撮影
　　森村欣司
p.347中　東京国立博物館・国立博物館所
　　蔵品統合検索システム
p.347下左　東京国立博物館・国立博物館
　　所蔵品統合検索システム
p.347下右　引接寺・福井県教育庁
p.348上左　厳島神社・便利堂
p.348上中　奈良国立博物館・国立博物館
　　所蔵品統合検索システム
p.348上右　東京国立博物館・国立博物館
　　所蔵品統合検索システム
p.348下左　奈良国立博物館・国立博物館
　　所蔵品統合検索システム
p.348下中　奈良国立博物館・国立博物館
　　所蔵品統合検索システム
p.348下右　奈良国立博物館・国立博物館
　　所蔵品統合検索システム
p.349左　東京国立博物館・国立博物館所
　　蔵品統合検索システム
p.349右　奈良国立博物館・国立博物館所
　　蔵品統合検索システム
p.350左上　東京国立博物館　Image:TNM
　　Image Archives
p.350左下　浄泉寺・千葉県教育委員会
p.350右　根津美術館
p.351左　常呂神社
p.351右　園城寺
p.352左　法隆寺・奈良国立博物館・撮影
　　森村欣司
p.352右上　當麻寺奥院・奈良国立博物
　　館・撮影森村欣司
p.352右下　東京国立博物館　Image:TNM
　　Image Archives
p.353上　東京国立博物館　Image:TNM

Image Archives
p.353下　徳川美術館所蔵　©徳川美術館イメージアーカイブ/DNPartcom
p.355上左　大阪市立東洋陶磁博物館
p.355上中　慶應義塾大学
p.355上右　覚園寺・鎌倉国宝館
p.355中左　静嘉堂文庫美術館イメージアーカイブ/DNPartcom
p.355中右　三井記念美術館
p.355下　畠山記念館
p.356上左　東京国立博物館　Image:TNM Image Archives
p.356上右　MOA美術館
p.356中　佐賀県立九州陶磁文化館・小荷田謙一寄贈
p.356下　東京国立博物館・国立博物館所蔵品統合検索システム
p.357左　東京国立博物館　Image:TNM Image Archives
p.357右　宮内庁正倉院事務所
p.358上　奈良国立博物館
p.358中　比叡山延暦寺
p.358下左　熊野速玉大社・和歌山県立博物館
p.358下右　京都国立博物館
p.359左　林原美術館
p.359右上　国（文化庁保管）
p.359右下　仙台市博物館
p.360左　櫛引八幡宮
p.361上左　春日大社
p.361下　久能山東照宮博物館
p.362上　春日大社
p.362中上　東京国立博物館　Image:TNM Image Archives
p.362中下　久能山東照宮博物館
p.362下　尾山神社
p.363（鐔）上　東京国立博物館　Image: TNM Image Archives
p.363（鐔）下左　東京国立博物館　Image: TNM Image Archives
p.363（鐔）下右　東京国立博物館・国立博物館所蔵品統合検索システム
p.364上　東京国立博物館・国立博物館所蔵品統合検索システム
p.364中　春日大社
p.365上　手向山八幡宮・奈良国立博物館・撮影森村欣司
p.365中　東京国立博物館　Image:TNM Image Archives
p.365下左　永青文庫
p.366上　宮内庁三の丸尚蔵館
p.366下　東京国立博物館　Image:TNM Image Archives

p.367　京都国立博物館
p.368下左　東京国立博物館　Image:TNM Image Archives
p.370　国（文化庁保管）・石川県立美術館
p.371上　宮内庁正倉院事務所
p.371中　京都府立京都学・歴彩館
p.371下　早稲田大学図書館
p.372　東京大学史料編纂所
p.373上　京都府立京都学・歴彩館
p.373下　早稲田大学図書館
p.374上　国立公文書館
p.374下　米沢市上杉博物館
p.375上　高橋磌一編『新編古文書入門』河出書房新社, 1984をもとに改変
p.379　国立歴史民俗博物館
p.389画指　国立国会図書館（『演習古文書選 様式編』吉川弘文館, 1976より）
p.389黒印　早稲田大学図書館
p.389爪印　慶應義塾大学文学部古文書室
p.390左　奈良文化財研究所
p.390右4点　日本銀行金融研究所貨幣博物館
p.391〜395　日本銀行金融研究所貨幣博物館

＊国立博物館所蔵品統合検索システムは, 下記のURLによる（2019年7月現在）
https://colbase.nich.go.jp/

# 索　引

## あ

| | |
|---|---|
| 阿育王塔 | 313 |
| 愛染明王 | 287 |
| 相殿神 | 170 |
| 相の間 | 181 |
| 青石塔婆 | 326 |
| 青不動 | 334 |
| 明石藩舞子台場跡(兵庫県) | 75 |
| 赤不動 | 334 |
| 明り障子 | 159 |
| 阿形 | 292 |
| 朝顔形円筒埴輪 | 48 |
| 浅鉢形土器 | 31 |
| 足尾銅山跡(栃木県) | 83, 84 |
| 足利氏宅跡(栃木県) | 194, 195 |
| 飛鳥京跡苑地(奈良県) | 96 |
| 四阿 | 145 |
| 校倉造 | 138 |
| 熱田神宮(愛知県) | 171 |
| 安土城(滋賀県) | 68, 72, 212 |
| 窖窯 | 45, 60, 69 |
| 鐙瓦 | 144 |
| 鐙屋(山形県) | 107 |
| 油島千本松締切堤(岐阜県) | 79 |
| 雨落溝 | 161 |
| 天つ神(天神) | 171 |
| 阿弥陀三尊および童子像(法華寺) | 334 |
| 阿弥陀堂 | 89, 140 |
| 阿弥陀如来 | 278 |
| 阿弥陀来迎図(平等院) | 129 |
| アメリカ積 | 251, 252 |
| 新居関跡(静岡県) | 104 |
| 有壁宿本陣(宮城県) | 106 |
| 有松(愛知県) | 237 |
| 案文 | 370 |
| 安養院宝篋印塔(神奈川県) | 315 |
| 安養寺宝塔(京都府) | 321, 322 |
| 安楽寺三重塔(長野県) | 134 |

## い

| | |
|---|---|
| 移 | 370 |
| 家形石棺 | 47 |
| 一支国 | 34 |
| イギリス積 | 251, 252 |
| 生野鉱山及び鉱山町の文化的景観(兵 | |

| | |
|---|---|
| 　庫県) | 112 |
| 生垣 | 95, 96 |
| 池庭 | 88 |
| 遺構 | 9, 11, 26, 32, 54 |
| 椅坐像 | 296 |
| 石落し | 220 |
| 石垣 | 206 |
| 石鎌 | 36 |
| 石釧 | 50 |
| 石組 | 91 |
| 石組護岸 | 92 |
| 石敷 | 156 |
| 石丁場 | 77 |
| 石塔寺三重層塔(滋賀県) | 317, 318 |
| ——宝塔 | 322 |
| 石灯籠 | 246, 327 |
| 石の間(相の間) | 182 |
| 石包丁 | 36 |
| 石山寺多宝塔(滋賀県) | 135 |
| ——如意輪観音像 | 283 |
| 依水園(奈良県) | 100 |
| 出雲国府 | 57 |
| 出雲大社(島根県) | 165, 166, 171, 172, 177 |
| 遺跡 | 4, 5, 8, 9, 11, 13-15, 18, 20, 22, 23 |
| 伊勢神宮(三重県) | 165, 178 |
| 伊勢松阪城下町(三重県) | 223 |
| 伊勢暦 | 383 |
| 異体字 | 374-376 |
| 板石塔婆 | 326 |
| 板蟇股 | 128, 129, 154 |
| 板唐戸(板扉) | 158 |
| 板光背 | 303 |
| 板敷床 | 156 |
| 板碑 | 326 |
| 板葺 | 144 |
| 一字体 | 377 |
| 一乗谷朝倉氏遺跡(庭園・館跡，福井 | |
| 　県) | 66, 99, 195 |
| 一関本寺の農村景観(岩手県) | 110 |
| 一木造 | 270, 304 |
| 一枚作り | 60 |
| 一里塚 | 102, 103, 107 |
| 厳島神社(広島県)〔世界遺産〕 | 114, 179 |
| 一遍上人絵伝 | 336 |
| 稲荷信仰 | 167 |
| 稲荷鳥居 | 184 |

| | |
|---|---|
| 稲荷山古墳出土鉄剣 | 14 |
| 犬山城（愛知県） | 197, 214, 216 |
| ——城下町 | 223, 235 |
| 伊根浦（京都府） | 236 |
| 伊能忠敬旧宅（千葉県） | 81 |
| 家扠首 | 150 |
| 猪の目懸魚 | 149 |
| 伊行末 | 319, 328 |
| 遺物 | 4, 5, 9, 13-15, 20, 22-24 |
| 今切の渡し（静岡県） | 106 |
| 伊万里焼 | 356 |
| 入隅 | 162 |
| 入母屋造 | 145, 176, 180 |
| 入母屋破風 | 147 |
| 色絵 | 356 |
| 囲炉裏 | 234 |
| 岩座 | 300 |
| 石清水八幡宮（京都府） | 167 |
| ——本殿 | 182 |
| 岩戸寺宝塔（大分県） | 323 |
| 石見銀山（島根県） | 71, 76 |
| 石見銀山とその文化的景観〔世界遺産〕 | |
| | 115 |
| 印 | 388 |
| 印契 | 296 |
| 院宣 | 371 |
| 印相 | 296 |
| 院派 | 272, 273 |
| 陰暦 | 380 |

## う

| | |
|---|---|
| ウォートルス | 257 |
| 浮世絵 | 331, 340 |
| 宇佐神宮本殿（大分県） | 181 |
| 宇治上神社本殿（京都府） | 167, 179 |
| 臼 | 36 |
| 碓氷峠鉄道施設（群馬県） | 264 |
| 臼杵磨崖仏（大分県） | 308 |
| 埋門 | 210 |
| うだつ | 235 |
| 打刀 | 362, 364 |
| 打刀拵 | 363 |
| 打込接 | 207 |
| 移鞍 | 365 |
| 宇豆柱 | 177 |
| 兎の毛通し | 149 |
| 馬出 | 201 |
| 駅家 | 58 |
| 廐 | 231 |

| | |
|---|---|
| 梅鉢懸魚 | 149 |
| 閏月 | 381 |
| 漆紙文書 | 24 |
| 漆製品 | 33 |
| 宇和島城（愛媛県） | 214 |
| 吽形 | 292 |
| 運慶 | 272 |
| 雲版 | 350 |

## え

| | |
|---|---|
| 叡尊 | 294 |
| 永代橋（東京都） | 265 |
| 永平寺（福井県） | 124, 139 |
| 永楽通宝 | 390 |
| 絵因果経 | 330 |
| 柄香炉 | 349 |
| 蝦夷三官寺（北海道） | 81 |
| 越前焼 | 355 |
| 江戸城（東京都） | 73, 74, 204, 205, 222 |
| ——大手門 | 209, 211 |
| ——桜田門 | 209 |
| ——本丸御殿 | 222 |
| 海老虹梁 | 132 |
| 籏 | 365 |
| 絵馬 | 341 |
| 絵巻物 | 331, 336 |
| 撰銭 | 391 |
| 燕庵（京都府） | 242, 244 |
| 円応寺初江王像（神奈川県） | 295 |
| 円覚寺（神奈川県） | 126 |
| ——舎利殿 | 131, 132 |
| 円光 | 301, 302 |
| 縁先手水鉢 | 94, 95 |
| 円成寺大日如来像（奈良県） | 280 |
| 掩体壕 | 87 |
| 園池 | 91 |
| 円柱（丸柱） | 162 |
| 圓通寺庭園（京都府） | 90 |
| 円筒埴輪 | 48 |
| 円派 | 272, 273 |
| 円墳 | 46 |
| 延暦寺根本中堂（滋賀県） | 137 |

## お

| | |
|---|---|
| 笈形 | 154 |
| 扇の勾配 | 74, 207 |
| 王子権現社宝塔（岡山県） | 321 |
| 奥州道中 | 101 |
| 大井川の渡し（静岡県） | 106 |

大浦天主堂(長崎県) …… 255
大窯 …… 69, 70
大川内鍋島窯跡(佐賀県) …… 77
扇垂木 …… 130, 131, 150
大蔵寺層塔(奈良県) …… 319
大阪市中央公会堂(大阪府) …… 262
大坂城(大阪府) …… 72-74, 204, 205
大阪府立図書館(大阪府) …… 262
大崎八幡宮(宮城県) …… 184
——社殿 …… 182
大沢池(京都府) …… 97
大手門 …… 209
大鳥大社本殿(大阪府) …… 178
大鳥造 …… 178
大野城(福岡県) …… 57, 192, 193
大原幽学旧宅(千葉県) …… 81
大判 …… 391, 392
大広間 …… 222, 228
大神神社(奈良県) …… 165
大棟 …… 146
大面取柱 …… 163
大谷磨崖仏(栃木県) …… 308
大山祇神社宝篋印塔(愛媛県) …… 316, 317
大鎧 …… 360
尾形光琳 …… 340, 353
拝 …… 147
小川治兵衛 …… 100
置灯籠 …… 92
沖縄陸軍病院南風原壕群(沖縄県) …… 87
沖ノ島(福岡県) …… 10, 44, 45, 116, 166
奥出雲たたら製鉄及び棚田の文化的景
観(島根県) …… 112
奥書 …… 368
桶巻作り …… 60
御師 …… 168
押し板 …… 234
押出仏(鎚鍱仏) …… 304
小島藩陣屋跡(静岡県) …… 74
尾垂木(大垂木) …… 151
小田原城跡(神奈川県) …… 73
御茶屋 …… 106
御土居(京都府) …… 208
威 …… 360
鬼板 …… 146
鬼瓦 …… 146
鬼斗 …… 150
小野道風 …… 366
帯金具 …… 51
於美阿志神社層塔(京都府) …… 319

親柱 …… 159
オランダ積 …… 251
折上組入天井 …… 155
折上格天井 …… 155
折紙 …… 374
降り蹲踞 …… 94
織部灯籠 …… 92, 93, 327
織部焼 …… 355
折本 …… 369
飲食器 …… 347, 349
園城寺大門(滋賀県) …… 141, 142

## か

快慶 …… 272
開山堂 …… 140
会所 …… 227
廻状 …… 373
開拓使札幌本庁本庁舎跡および旧北海
道庁本庁舎(北海道) …… 84
戒壇堂 …… 140
開地遺跡 …… 22
開智学校(長野県) …… 259
貝塚 …… 28, 29
貝塚時代 …… 41
柏原藩陣屋跡(兵庫県) …… 74
回遊式庭園 …… 89
回廊 …… 62
蟇股 …… 153
火焔光 …… 302
花押 …… 372, 377
家屋文鏡 …… 225
鏡天井 …… 132, 155
鏡の間 …… 247
鏡山宝篋印塔(滋賀県) …… 316
餓鬼草紙 …… 335
垣根 …… 95
額安寺順忍五輪塔(奈良県) …… 312
——忍性五輪塔 …… 312
——宝篋印塔 …… 315
角馬出 …… 68, 201
額束 …… 184
角柱 …… 162
神楽殿 …… 247
鶴林寺宝篋印塔(兵庫県) …… 317
——本堂 …… 132
笠木 …… 184
傘塔婆 …… 324
鍛冶 …… 44
香椎宮本殿(福岡県) …… 184

| | |
|---|---|
| 香椎造 | 184 |
| 鹿島鳥居 | 184 |
| 火舎香炉 | 349 |
| 荷葉座 | 301 |
| 春日大社（奈良県） | 167, 173, 174, 178 |
| ——本社本殿 | 178 |
| 春日造 | 178 |
| 春日灯籠 | 92 |
| 春日鳥居 | 184 |
| 臥像 | 296 |
| 片山東熊 | 258 |
| 片輪車螺鈿蒔絵手箱 | 352 |
| 花鳥図 | 338 |
| 合掌造 | 231, 240 |
| 甲冑 | 360, 361 |
| 甲冑《古墳時代》 | 51 |
| 羯磨 | 348 |
| 勝山館（北海道） | 198 |
| 桂垣 | 96 |
| 桂離宮（京都府） | 99, 229 |
| ——庭園 | 89, 90 |
| 瓦当 | 144 |
| 花頭（火燈）窓 | 132, 157 |
| 瓦当文様 | 70, 144 |
| 仮名 | 366 |
| 金鑽神社（埼玉県） | 165 |
| 金沢（石川県） | 237 |
| 狩野派 | 331, 338 |
| 冠木門 | 143, 209 |
| 兜造 | 231 |
| 蕪懸魚 | 149 |
| 貨幣 | 390 |
| 窯跡 | 69 |
| 鎌倉（神奈川県） | 63 |
| 框 | 157, 158 |
| 框戸 | 253 |
| 竈 | 43 |
| 上神主・茂原官衙遺跡（栃木県） | 58 |
| 「神宿る島」宗像・沖ノ島と関連遺産 | |
| 群〔世界遺産〕 | 116 |
| 甕《弥生土器》 | 36 |
| 甕棺 | 40 |
| 甕棺墓 | 39 |
| 亀腹 | 162 |
| 賀茂御祖神社（京都府） | 171 |
| ——本殿 | 179, 180 |
| 賀茂別雷神社本殿（京都府） | 180 |
| 画文帯神獣鏡 | 49 |
| 茅負 | 150 |

| | |
|---|---|
| 茅葺 | 144 |
| 唐草瓦 | 144 |
| 唐鞍 | 365 |
| ガラス戸 | 253 |
| ガラス窓 | 253 |
| 唐戸面 | 162 |
| 唐破風 | 147, 148 |
| 空濠 | 208 |
| 搦手門 | 209 |
| 唐門 | 142 |
| 唐様 | 367 |
| 伽藍石 | 93 |
| 伽藍配置図 | 122 |
| 花輪 | 135 |
| 枯山水 | 88, 98 |
| 川会所 | 106 |
| 川越（埼玉県） | 224 |
| 川越 | 106 |
| 瓦 | 59, 70, 144 |
| 瓦窯 | 60 |
| 瓦敷 | 156 |
| 瓦葺 | 144, 232, 235 |
| 寛永通宝 | 394 |
| 歓喜院聖天堂（埼玉県） | 119 |
| 咸宜園跡（大分県） | 80 |
| 元興寺極楽坊禅室（奈良県） | 138, 139 |
| 環濠集落 | 36, 69 |
| 干支 | 17 |
| 韓式系土器 | 46 |
| 乾漆造 | 270, 307 |
| 官社制度 | 166, 167 |
| 環状集落 | 30 |
| 灌頂堂 | 140 |
| 環状列石 | 32, 33 |
| 観心寺金堂（大阪府） | 132, 133 |
| ——如意輪観音像 | 283 |
| 勧進札 | 344 |
| 鑑真和上像 | 293 |
| 巻子本 | 369 |
| 観世音寺（福岡県） | 57 |
| 官宣旨 | 371 |
| 神田神社（東京都） | 169 |
| 神谷神社本殿（香川県） | 179 |
| 官道 | 58, 101 |
| 観音院宝篋印塔（奈良県） | 314, 315 |
| 観音堂 | 140 |
| 観音菩薩 | 281 |
| 雁皮紙 | 368 |
| 雁振瓦 | 146 |

索　引　**423**

慣用表現(古文書) 376

## き

紀伊山地の霊場と参詣道〔世界遺産〕
115
木負 150
祇園信仰 167
祇園造 180
跪坐 296
器財埴輪 48
紀州青石 91
起請文 372
基礎 161
器台《弥生土器》 36
北大東島燐鉱山遺跡(沖縄県) 84
北野天満宮社殿(京都府) 182
北畠氏館跡庭園(三重県) 99
北山殿 98
基壇(石壇) 61, 62, 161
几帳面 162
亀甲積 161
吉祥天 290
狐(木連)格子 150
貴人口 244
貴人畳 242
杵 36
記念物 7, 8, 12
鬼ノ城(岡山県) 193
木の埴輪 49
木鼻 130, 132, 154
吉備津神社本殿(岡山県) 181
吉備津彦神社(岡山県) 169
黄不動 334
擬宝珠高欄 159, 160
逆蓮頭(柱) 159
旧朝香宮邸(東京都) 258
旧有壁宿本陣(宮城県) 106
旧池田氏庭園(秋田県) 100
旧岩崎家住宅(東京都) 257
旧碓氷峠鉄道施設(群馬県) 264
旧奥行臼駅逓所(北海道) 85
旧開智学校校舎(長野県) 259
旧弘道館(茨城県) 79
旧金比羅大芝居(香川県) 248, 249
旧閑谷学校(岡山県) 80
旧下野煉化製造会社煉瓦窯(栃木県) 266
旧集成館機械工場(鹿児島県) 263
旧秀隣寺庭園(滋賀県) 99
旧石器時代 26, 27

旧東京帝室博物館本館(東京都) 262
旧東宮御所(東京都) 258
旧富岡製糸場(群馬県) 83, 263
旧中込学校(長野県) 82
旧新潟税関(新潟県) 82
旧藤井厚二自邸(京都府) 258
旧古河庭園(東京都) 100
旧島松駅逓所(北海道) 85
旧三角港(熊本県) 83, 108
旧見付学校(静岡県) 82
旧妙真寺宝篋印塔(京都府) 314
旧余市福原漁場(北海道) 85
経蔵 138
経塚 71
京都 64
擬洋風建築 255
京暦 383
居館《近世》 72
玉 44, 49
玉眼 272, 305
玉泉寺(静岡県) 76
曲彔 301
挙身光 302
清水寺千手観音像(京都府) 282
切金 309
切込接 207
切妻造 144, 176
切妻(切)破風 147
極札 367
金貨 391, 392
銀貨 391, 393
金唐革紙 254
金工品《古墳時代》 51
近世城郭 72
金石文 24
金属器 24, 36-38
近代建造物 250
金泥塗 309
金碧障壁画 337
金本位制 395

## く

空海 366
郡家 58
公家用文書 370
草葺 144
公式様文書 370
孔雀明王 288
釧路川流域チャシ跡群(北海道) 198

| | |
|---|---|
| グスク | 199 |
| 下文 | 371, 372 |
| 九谷磁器窯跡(石川県) | 77 |
| 九谷焼 | 356 |
| 降棟 | 146 |
| 口留番所 | 105 |
| 具注暦 | 381 |
| 杏形 | 127, 146 |
| 屈葬 | 32, 33 |
| くど造 | 231, 232 |
| 国東塔 | 323 |
| 国つ神(地祇) | 171 |
| 九品印 | 297 |
| 熊野三山(和歌山県) | 167 |
| 熊本城(熊本県) | 74, 207, 214 |
| 組入天井 | 155 |
| 組高欄 | 159, 160 |
| 組物 | 150 |
| 雲斗・雲肘木(雲斗栱) | 127, 153 |
| 供養具 | 347 |
| 鞍作鳥 | 268 |
| 鞍馬寺宝塔(京都府) | 320, 321 |
| 庫裏 | 139 |
| 倶利伽羅龍蒔絵経箱 | 352 |
| 郭 | 67, 72 |
| 曲輪 | 200 |
| グレゴリオ暦 | 380 |
| 黒木鳥居 | 184 |
| 黒書院 | 222, 228 |
| 鍬形石 | 50 |
| 群郭 | 67 |
| 群集墳 | 46 |
| 軍忠状 | 372 |

## け

| | |
|---|---|
| 解 | 370 |
| 磬 | 349, 350 |
| 契印 | 300 |
| 形象埴輪 | 48 |
| 景石 | 91 |
| 慶長金銀 | 391 |
| 慶派 | 272, 273 |
| 迎賓館赤坂離宮(東京都) | 258 |
| 懸魚(拝懸魚・主懸魚) | 147, 148 |
| 外宮鳥居 | 184, 185 |
| 化粧屋根裏 | 155 |
| 桁行 | 125 |
| 下知状 | 372 |
| 結跏趺坐 | 296 |

| | |
|---|---|
| 闕字 | 376 |
| 毛抜形太刀 | 362, 363 |
| 毛抜濠 | 208 |
| 花(華)瓶 | 347, 349 |
| 華鬘 | 346 |
| 乾元大宝 | 390 |
| 源氏物語絵巻 | 331, 336 |
| 建長寺(神奈川県) | 126 |
| 間斗束 | 128, 130 |
| 原爆ドーム(旧広島産業奨励館,広島県)〔世界遺産〕 | 87, 114 |

## こ

| | |
|---|---|
| 小石川御薬園跡(東京都) | 80 |
| 小石川後楽園(東京都) | 90, 99 |
| 小岩井農場施設(岩手県) | 266 |
| 衡(重さ) | 385 |
| 笄 | 363, 364 |
| 光脚 | 303 |
| 神籠石系山城 | 192 |
| 格狭間 | 159 |
| 鉱山遺跡 | 71, 76 |
| 高山寺宝篋印塔(京都府) | 314 |
| 孔子廟 | 190 |
| 格子窓 | 157 |
| 甲州金 | 391 |
| 甲州道中 | 101 |
| 皇宋通宝 | 390 |
| 豪族(首長)の館 | 225 |
| 楮紙 | 368 |
| 高台寺霊屋(京都府) | 186, 188 |
| 高台寺蒔絵 | 188, 353 |
| 高知城(高知県) | 214 |
| 交通関連遺跡 | 22 |
| 格天井 | 155 |
| 講堂 | 137 |
| 弘道館(茨城県) | 79 |
| 坑道掘り | 76 |
| 向拝 | 155, 176 |
| 光背 | 300, 301 |
| 興福寺阿修羅像(奈良県) | 307 |
| ──南円堂不空羂索観音像 | 283 |
| 光福寺阿弥陀三尊図像板碑(埼玉県) | 326, 327 |
| 公文書 | 373 |
| 光明坊十三重層塔(広島県) | 319 |
| 広目天 | 289 |
| 高麗門 | 143, 209 |
| 高(勾)欄 | 159 |

索　引　**425**

| | |
|---|---|
| 広隆寺講堂（京都府） | 138 |
| 香炉 | 347 |
| 五街道 | 101, 102 |
| 虚空蔵菩薩 | 285 |
| 刻書土器 | 24 |
| 虎口 | 201 |
| 小口積 | 251, 252 |
| 国府 | 57 |
| 国分寺・国分尼寺 | 58, 270 |
| 国宝 | 7, 9 |
| 黒曜石 | 27 |
| 極楽寺忍性五輪塔（神奈川県） | 312, 313 |
| 国立西洋美術館本館（東京都） | 116, 262 |
| 国立代々木競技場（東京都） | 263 |
| 柿葺 | 144 |
| 腰掛待合 | 245, 246 |
| 甑 | 43 |
| 興山往生院宝篋印塔（奈良県） | 314, 315 |
| 五重塔 | 133 |
| 拵え | 363 |
| 小菅修船場跡（長崎県） | 79 |
| 古瀬戸 | 355 |
| 古戦場 | 69 |
| 小袖 | 359 |
| 五大明王 | 287 |
| 胡蝶装 | 369 |
| 小柄 | 364 |
| 国会議事堂（東京都） | 260 |
| 国家神道政策 | 168 |
| 古刀 | 362 |
| 古都京都の文化財〔世界遺産〕 | 114 |
| 古都奈良の文化財〔世界遺産〕 | 114 |
| 琴似屯田兵村兵屋跡（北海道） | 85 |
| 小長曽陶器窯跡（愛知県） | 77 |
| 近衛信尹 | 367 |
| 向拝柱 | 163 |
| 小判 | 393 |
| 古筆切 | 367 |
| 護符 | 344 |
| 古墳 | 42, 43, 46, 48, 49 |
| 古墳時代 | 42-51 |
| 小間 | 242 |
| 胡麻殻決（胡麻幹抉） | 162 |
| 狛坂磨崖仏（滋賀県） | 308 |
| 古文書 | 13, 369, 370, 374 |
| 御油の松並木（愛知県） | 104 |
| 五稜郭（北海道） | 74, 75, 200, 201 |
| 五輪塔（石造） | 133, 310 |
| 権現造 | 182 |

| | |
|---|---|
| 金剛界曼荼羅 | 333 |
| 金剛杵 | 348 |
| 金剛盤 | 348 |
| 金剛峯寺徳川家霊台（和歌山県） | 188 |
| 金剛力士 | 292 |
| 金剛鈴 | 348 |
| 金堂（中堂・本堂・仏殿） | 135 |
| 金銅仏 | 304 |
| コンドル | 258 |
| 金毘羅信仰 | 167 |

## さ

| | |
|---|---|
| 西教寺石幢（香川県） | 324, 325 |
| 祭祀（信仰）遺跡 | 22, 165, 166 |
| 最勝寺宝塔（滋賀県） | 322 |
| 祭神 | 170, 171 |
| 細石刃 | 26, 27 |
| 再葬墓 | 39 |
| 西大寺叡尊五輪塔（奈良県） | 312 |
| ——叡尊像 | 293 |
| 蔵王権現 | 295 |
| 竿縁天井 | 155 |
| 嵯峨天皇 | 366 |
| 逆蓮 | 159 |
| 作事 | 209 |
| 『作庭記』 | 91, 92 |
| 下げ縄 | 207 |
| 笹葺屋根 | 225 |
| 桟敷 | 249 |
| 座敷 | 233 |
| 挿肘木 | 130, 132 |
| 坐像 | 296 |
| 薩摩塔 | 325 |
| 佐渡相川の鉱山及び鉱山町の文化的景観（新潟県） | 111 |
| 佐渡金銀山遺跡（新潟県） | 76, 77, 83 |
| 佐渡西三川の砂金山由来の農山村景観（新潟県） | 112 |
| サヌカイト | 27 |
| 実肘木 | 150 |
| 狭間 | 211 |
| 猿島砲台跡・千代ヶ崎砲台跡（神奈川県） | 86 |
| 猿頬天井 | 155 |
| 三角縁神獣鏡 | 49 |
| 三貨制度 | 391, 392 |
| 桟唐戸 | 132, 158 |
| 桟瓦 | 70 |
| 桟瓦葺 | 144 |

| | |
|---|---|
| 三溪園(神奈川県) | 100 |
| 参詣講 | 168 |
| 三解脱門 | 141 |
| 三彩 | 356 |
| 三重塔 | 133 |
| 三跡 | 366 |
| 山地伽藍 | 120, 121 |
| 山王鳥居 | 184, 185 |
| 三の丸 | 200 |
| 三筆 | 366 |
| 三方斗 | 150 |
| 三門・山門 | 141 |

## し

| | |
|---|---|
| 椎葉(宮崎県) | 236 |
| 子院 | 126 |
| 四印会 | 333 |
| 潮入りの庭 | 91 |
| 信楽焼 | 354 |
| 磁器 | 354, 356 |
| 式台 | 222, 228 |
| 食堂 | 138 |
| 式内社 | 170 |
| 式年造替 | 165, 166 |
| 四脚鳥居 | 184 |
| 四脚門 | 140, 141 |
| 繁垂木 | 150 |
| 四橛 | 349 |
| 地獄極楽絵 | 330 |
| 地獄図 | 335 |
| 持国天 | 289 |
| 時刻・方位対照表 | 384 |
| 錣(錏)屋根 | 145 |
| シーサー | 344 |
| 自在鉤 | 234 |
| 獅子口 | 146 |
| 慈照寺(京都府) | 98 |
| 閑谷学校(岡山県) | 80 |
| 閑谷学校聖廟・閑谷神社(岡山県) | 191 |
| 史跡 | 7-9, 11, 12, 15-18 |
| 支石墓 | 39 |
| 地蔵菩薩 | 286 |
| 下地窓 | 244 |
| 地垂木 | 150 |
| 七福神(信仰) | 168, 291 |
| 七里の渡し(愛知県・三重県) | 106 |
| 漆喰塀 | 210 |
| 漆工 | 352 |
| 瑟瑟座 | 300 |

| | |
|---|---|
| 漆箔 | 309 |
| 四天王 | 289 |
| 四天柱 | 163 |
| 蔀 | 158 |
| 寺内町 | 195, 237 |
| 品川台場(東京都) | 75 |
| 忍び返し | 211 |
| 志野焼 | 355 |
| 志苔館(北海道) | 198 |
| 芝居小屋 | 249 |
| 紙背文書 | 370 |
| 芝土居 | 208 |
| 四半敷 | 156 |
| 鴟(鵄)尾 | 127, 146 |
| 地覆 | 159 |
| 四仏 | 333 |
| 島木 | 184 |
| 島田宿大井川川越遺跡(静岡県) | 106 |
| 清水山城館跡(滋賀県) | 66, 67 |
| 下総小金中野牧跡(千葉県) | 77 |
| 甚目寺愛染明王像(愛知県) | 287 |
| 下谷上農村舞台(兵庫県) | 249 |
| 持物 | 297, 298, 300 |
| 下野国府(栃木県) | 57 |
| 下野煉化製造会社煉瓦窯(栃木県) | 266 |
| 下藤キリシタン墓地(大分県) | 81 |
| 釈迦堂 | 140 |
| 釈迦如来 | 277 |
| 釈尊院五輪塔(岩手県) | 311 |
| 写生画 | 331 |
| 鯱 | 146, 217 |
| 借景庭園 | 90 |
| 舎利容器・舎利塔 | 346 |
| 車輪石 | 50 |
| 朱印状 | 373 |
| 十一面観音 | 281 |
| 十王 | 295 |
| 修学院離宮庭園(京都府) | 89, 99 |
| 宗教画 | 330, 332 |
| 集成館(鹿児島県) | 79, 263 |
| 重制石幢 | 324 |
| 重制無縫塔 | 323 |
| 集石墓 | 71 |
| 十大弟子 | 293 |
| 十二神将 | 291 |
| 繍仏 | 268, 358 |
| 重要伝統的建造物群(保存地区) | 9, 10, 238 |
| 重要文化財 | 7, 9 |

| | |
|---|---|
| 重要文化的景観 | 10 |
| 重要無形文化財 | 8, 9 |
| 重要無形民俗文化財 | 8, 10 |
| 重要有形民俗文化財 | 8, 10 |
| 集落 | 43, 236 |
| 十六羅漢 | 292 |
| 宿場(町) | 105, 236 |
| 宿道 | 107 |
| 修験道 | 167 |
| 主祭神 | 170 |
| 種子 | 328, 329 |
| 儒式霊廟 | 190 |
| 寿像 | 294 |
| 首長居館 | 43 |
| 十天 | 292 |
| 出土文字資料 | 13, 15 |
| 須弥座 | 300 |
| 須弥壇(仏壇) | 134, 159, 346 |
| 首羅山薩摩塔(福岡県) | 325 |
| 首里城(沖縄県) | 199 |
| 准胝観音 | 284 |
| 書院造 | 226-229 |
| 書院造庭園 | 89 |
| 昇炎式窯 | 69 |
| 商家 | 235 |
| 城郭 | 192 |
| 松下村塾(山口県) | 80 |
| 松花堂昭乗 | 367 |
| 城下町 | 75, 222, 223, 237, 240 |
| 常願寺川砂防施設(富山県) | 265 |
| 聖観音 | 281 |
| 常行堂 | 140 |
| 貞享暦 | 380 |
| 小組格天井 | 155 |
| 鉦鼓 | 349 |
| 定光寺徳川義直(源敬公)霊廟(愛知県) | |
| | 190 |
| 相国寺(京都府) | 126 |
| 城柵 | 193 |
| 障子 | 158 |
| 障子堀 | 68 |
| 生身の釈迦 | 277 |
| 肖像 | 292 |
| 正倉院宝庫 | 8 |
| 正倉院宝物・正倉院文書 | 13, 20, 371 |
| 上代裂 | 357 |
| 定朝 | 271, 305 |
| 浄土伽藍 | 121 |
| 聖徳太子像 | 294 |

| | |
|---|---|
| 浄土庭園 | 89, 97, 98 |
| 小の月 | 381 |
| 障壁画 | 337, 338 |
| 正文 | 370 |
| 証文 | 373 |
| 城門 | 209 |
| 縄文時代 | 28-33 |
| 縄文土器 | 31 |
| 常楽寺宝塔(兵庫県) | 322 |
| 条里 | 58 |
| 浄瑠璃寺本堂九体阿弥陀如来像(京都府) | 279 |
| ——庭園 | 89, 98 |
| 鐘楼 | 138 |
| 鐘楼門 | 143 |
| 丈六 | 303 |
| 織成仏 | 358 |
| 燭台 | 347 |
| 『続日本紀』 | 5 |
| 織豊系城郭 | 67, 68 |
| 書跡 | 368, 369 |
| 白川郷・五箇山の合掌造り集落〔世界遺産〕 | 114 |
| 四稜郭跡(北海道) | 75 |
| 白書院 | 222, 228 |
| 地割 | 91 |
| 神宮 | 170 |
| 神宮暦 | 383 |
| 神宮寺 | 54, 167 |
| 身光 | 301 |
| 神護寺五輪塔(京都府) | 311 |
| 神式霊廟 | 186 |
| 寝室 | 233 |
| 真宗本廟東本願寺御影堂(京都府) | 256 |
| 新新刀 | 362 |
| 神泉苑(京都府) | 97 |
| 心礎 | 61 |
| 神像 | 294 |
| 伸展葬 | 32 |
| 寝殿造 | 225 |
| 寝殿造庭園 | 88 |
| 新刀 | 362 |
| 心御柱 | 177 |
| 新橋停車場跡(東京都) | 82 |
| 心柱 | 61, 163 |
| 神仏習合 | 167, 186 |
| 神宝装束 | 358 |
| 神名帳 | 166, 170 |
| 神明造 | 178 |

| | |
|---|---|
| 神明鳥居 | 184, 185 |
| 陣屋 | 74 |
| 新薬師寺十二神将像(奈良県) | 291 |

## す

| | |
|---|---|
| 水煙 | 134, 164 |
| 水濠 | 208 |
| 垂飾付耳飾 | 51 |
| 随身門 | 143 |
| 水中遺跡 | 22 |
| 水田稲作 | 34-36 |
| 水瓶 | 347 |
| 水墨画 | 331, 336 |
| 須恵器 | 45 |
| 周防灘干拓遺跡(山口県) | 77 |
| 菅浦の湖岸集落景観(滋賀県) | 110 |
| 須賀川一里塚(福島県) | 103, 104 |
| 透蟇股(刳抜蟇股・本蟇股) | 154 |
| 縋破風 | 147 |
| 数寄屋造 | 229, 230 |
| 頭光 | 301, 302 |
| 筋交い | 253 |
| 頭塔石仏(奈良県) | 308 |
| 洲浜 | 92, 96, 97 |
| 隅木 | 151 |
| 隅木入春日造 | 178 |
| 隅棟 | 146 |
| 隅櫓 | 220 |
| 隅行肘木 | 151 |
| 住吉大社(大阪府) | 165, 166, 177 |
| ——本殿 | 178 |
| 住吉造 | 177 |
| スレート葺 | 253 |
| 諏訪大社(長野県) | 165 |
| 諏訪館跡庭園(福井県) | 99 |

## せ

| | |
|---|---|
| 生活遺跡 | 22 |
| 生産遺跡 | 22 |
| 青磁 | 354-356 |
| 正字 | 374, 376 |
| 政治関連遺跡 | 22 |
| 勢至菩薩 | 284 |
| 成巽閣(石川県) | 230 |
| 青銅器 | 36-38 |
| 清凉寺釈迦如来像 | 277 |
| 清凉寺釈迦如来像(京都府) | 278 |
| 世界遺産条約 | 113 |
| 世界文化遺産 | 10, 113-116 |

| | |
|---|---|
| 関ヶ原古戦場(岐阜県) | 73 |
| 石州銀 | 391 |
| 関宿(三重県) | 236, 237 |
| 関所跡 | 104 |
| 石製品《古墳時代》 | 50 |
| 石造物 | 310 |
| 石庭 | 88 |
| 石幢 | 324 |
| 石仏 | 308 |
| 石棒 | 32, 33 |
| 関守石 | 94 |
| 世親 | 293 |
| 世俗画 | 331, 335 |
| 石核 | 27 |
| 石槨墓 | 39 |
| 石棺 | 40 |
| 石器 | 23, 26, 27 |
| 石器ブロック | 26, 27 |
| 接合資料 | 27 |
| 雪舟 | 337 |
| 折衷様 | 132 |
| 説法印 | 297 |
| 瀬戸焼 | 355 |
| 施無畏印 | 296 |
| 銭貨 | 391, 394 |
| 泉岳寺四十七士の墓(東京都) | 81 |
| 禅機図 | 336 |
| 浅間造 | 184 |
| 善光寺阿弥陀三尊 | 279 |
| 銭弘俶八万四千塔 | 313 |
| 宣旨 | 371 |
| 禅宗伽藍 | 124 |
| 禅宗様 | 131 |
| 禅宗様高欄 | 159, 160 |
| 千手観音 | 282 |
| 禅定印 | 296 |
| 染織 | 357 |
| 選定保存技術 | 9, 10 |
| 尖頭器 | 27 |
| 泉涌寺開山無縫塔(京都府) | 323 |
| 泉布観(大阪府) | 257 |
| 塼仏 | 306 |
| 千仏光 | 302, 303 |
| 前方後円墳 | 42, 46, 47 |
| 前方後方墳丘墓 | 46 |
| 前方後方墳 | 46 |

## そ

| | |
|---|---|
| 草案 | 370 |

索引 **429**

| | |
|---|---|
| 総構 | 73 |
| 掻器 | 27 |
| 僧形八幡神 | 295 |
| 僧形文殊 | 285 |
| 鎗金 | 353 |
| 僧具 | 349 |
| 荘厳具 | 346 |
| 装飾古墳 | 48 |
| 装身具《縄文時代》 | 33 |
| 増長天 | 289 |
| 装訂 | 369 |
| 層塔 | 317-319 |
| 僧堂（禅堂） | 139 |
| 層塔型天守 | 217 |
| 僧坊 | 138 |
| 草名体 | 377 |
| 像容 | 328 |
| 相輪 | 133, 163 |
| 続縄文時代 | 40, 41 |
| 触地印 | 296 |
| 祖師・高僧 | 293 |
| 祖師堂 | 140 |
| 訴状 | 372 |
| 礎石 | 61, 161 |
| 塑造 | 270, 306 |
| 塑像 | 306 |
| 袖垣 | 96 |
| 袖判 | 372 |
| 礎（双）盤 | 131, 132, 162 |
| 蘇民将来 | 344 |
| 算盤橋 | 211 |

## た

| | |
|---|---|
| 太陰太陽暦 | 380 |
| 太陰暦 | 380 |
| 台形石器 | 26 |
| 大元帥明王 | 288 |
| 大黒天 | 291 |
| 大黒柱 | 163 |
| 醍醐寺三宝院庭園（京都府） | 99 |
| 太鼓塀 | 211 |
| 台座 | 300 |
| 太子堂 | 140 |
| 大師堂 | 140 |
| 大社 | 170 |
| 帝釈天 | 288 |
| 大社造 | 176 |
| 大小暦 | 383 |
| 大仙院書院庭園（京都府） | 88, 98 |

| | |
|---|---|
| 胎蔵界曼荼羅 | 332 |
| 大壇 | 346, 347 |
| 大斗 | 150 |
| 台所 | 233 |
| 大斗肘木 | 151, 152 |
| 大日如来 | 279 |
| 大の月 | 381 |
| 台場 | 75 |
| 大仏 | 270 |
| 大仏様 | 130 |
| 大瓶束 | 132, 154 |
| 大報恩寺准胝観音像（京都府） | 284 |
| ――本堂 | 130, 131, 155 |
| 當麻寺石灯籠（奈良県） | 327, 328 |
| ――金堂弥勒仏像 | 306 |
| 大名家墓所 | 81 |
| 大名庭園 | 89 |
| 台目畳 | 242 |
| 太陽暦 | 380 |
| 對龍山荘庭園（京都府） | 100 |
| タイル張 | 254 |
| 高雄観楓図屏風 | 339 |
| 鷹島沖（長崎県） | 22 |
| 高島炭鉱跡（長崎県） | 83, 85 |
| 多賀城（宮城県） | 193, 194 |
| 高坏《弥生土器》 | 36 |
| 髙照神社（青森県） | 187 |
| 高畑邸石幢（香川県） | 324, 325 |
| 高塀造（大和棟） | 232 |
| 高松塚古墳壁画（奈良県） | 52, 330 |
| 高山陣屋跡（岐阜県） | 74 |
| 高床建物 | 35 |
| 滝石組 | 92 |
| 多久聖廟（佐賀県） | 190 |
| 竹垣 | 95 |
| 大宰府（福岡県） | 56 |
| 太宰府天満宮（福岡県） | 186 |
| 田染荘小崎の農村景観（大分県） | 111 |
| 打製石斧 | 30 |
| 多層塔 | 133 |
| たたき土居 | 207 |
| 畳敷 | 156 |
| たたら製鉄 | 78, 112 |
| 太刀 | 362 |
| 太刀拵 | 363 |
| 橘逸勢 | 366 |
| 龍岡城（長野県） | 75, 200 |
| 脱活乾漆造 | 307 |
| 脱乾漆造 | 307 |

| | |
|---|---|
| 塔頭 | 126 |
| 辰野金吾 | 251, 261 |
| 竪穴式石槨 | 47 |
| 竪穴建物 | 29, 30, 35, 43, 225 |
| 立石 | 96 |
| 竪紙 | 374 |
| 縦横式妻飾 | 149 |
| 手挟 | 154 |
| 多宝塔 | 134, 323 |
| 玉川上水（東京都） | 79 |
| 玉虫厨子 | 352 |
| 霊屋 | 186 |
| 濃絵 | 337 |
| 多聞天 | 289, 290 |
| 多聞櫓 | 220 |
| 垂木 | 150 |
| たるみ | 207 |
| 丹下健三 | 255, 263 |
| 壇紙 | 368 |
| 壇正（上）積 | 62, 161 |
| 誕生仏 | 277 |
| 単制石幢 | 324 |
| 単制無縫塔 | 324 |
| 檀像 | 304 |
| 段築 | 46 |
| 短刀 | 362 |

## ち

| | |
|---|---|
| 智拳印 | 297 |
| 稚児鳥居 | 184 |
| 稚児棟 | 146 |
| 智積院桜・楓図 | 338 |
| 地図 | 16 |
| 千鳥（裾）破風 | 147, 148 |
| 千早城（大阪府） | 194 |
| 粽 | 131, 162 |
| 地名 | 16 |
| チャシ | 198 |
| 茶室 | 241-243 |
| 茶陶 | 355 |
| 注口土器 | 31 |
| 中尊寺（岩手県） | 186 |
| 中台八葉院 | 332, 333 |
| 中門造 | 231 |
| 牒 | 370 |
| 長安寺宝塔（滋賀県） | 321 |
| 長円寺跡宝篋印塔（愛媛県） | 316 |
| 長岳寺鐘楼門（奈良県） | 143 |
| 丁銀 | 393 |

| | |
|---|---|
| 重源 | 294 |
| 彫漆 | 353 |
| 鳥獣戯画 | 336 |
| 鳥獣座 | 301 |
| 手水鉢 | 94 |
| 朝鮮鐘 | 351 |
| 朝鮮式山城 | 192 |
| 帳台構 | 228, 233, 234 |
| 聴竹居（京都府） | 258 |
| 沈金 | 353 |
| 鎮守の杜 | 170 |
| 陳状 | 372 |
| 頂相 | 273, 294 |

## つ

| | |
|---|---|
| 築地塀 | 61, 62, 210 |
| 築地本願寺本堂（東京都） | 257 |
| 月の大小 | 381 |
| 蹲踞 | 94, 246 |
| 蹲踞手水鉢 | 94, 95 |
| つし二階 | 235 |
| 土葺屋根 | 225 |
| 筒瓦 | 144 |
| 常御所 | 227 |
| 角大師 | 344 |
| 鐔 | 363, 364 |
| 壺《弥生土器》 | 36 |
| 壺形埴輪 | 48 |
| 坪庭 | 90 |
| 妻入 | 176 |
| 妻降棟 | 146 |
| 積石塚 | 47 |
| 詰組 | 131 |
| 連三ツ斗 | 152, 153 |

## て

| | |
|---|---|
| 出居（広間） | 232 |
| 梯郭式 | 200 |
| 亭主畳 | 242 |
| 手鑑 | 367 |
| 荻外荘（近衛文麿旧宅，東京都） | 87 |
| 適塾（大阪府） | 80 |
| 出組 | 130, 152, 153 |
| デジタルアーカイブ | 374 |
| 出島和蘭商館跡（長崎県） | 76 |
| 鉄器 | 36-38, 44 |
| 鉄筋コンクリート造 | 252 |
| 鉄製工具 | 36 |
| 綴葉装 | 369 |

| | |
|---|---|
| 粘葉装 | 369 |
| 鉄造《近代建造物》 | 252 |
| 鉄砲狭間 | 211 |
| 点前畳 | 242 |
| 出三ツ斗 | 151 |
| 照り起り | 145 |
| 照り屋根 | 145 |
| 出羽三山(山形県) | 167 |
| 出羽三山神社(山形県) | 174-176 |
| 天(仏像) | 276, 288 |
| 天蓋 | 300, 346 |
| 「天下布武」印 | 373 |
| 天守 | 212-214, 216, 217, 220 |
| 天守雛形 | 213 |
| 天井 | 155 |
| 天正大判 | 391 |
| 天神信仰 | 168 |
| 典籍 | 13, 368, 369 |
| 田積(面積) | 386 |
| 伝統的建造物群(保存地区) | 7, 8, 236 |
| 天然記念物 | 7-9 |
| 天目 | 354, 356 |

## と

| | |
|---|---|
| 度(長さ) | 385 |
| 土居(土塁) | 207, 208 |
| 塔 | 133 |
| 銅戈 | 38 |
| 東海道 | 101 |
| 陶器 | 354, 356 |
| 銅鏡 | 38, 49 |
| 東京駅丸ノ内本屋(東京都) | 261 |
| 東京湾要塞跡(神奈川県) | 86 |
| 道具畳 | 242 |
| 洞窟(岩陰)遺跡 | 22 |
| 東求堂同仁斎(京都府) | 228, 241 |
| 刀剣 | 362 |
| 銅剣 | 38 |
| 榻座 | 301 |
| 陶磁器 | 354 |
| 東寺講堂不動明王像(京都府) | 276 |
| 道釈画 | 336 |
| 藤樹書院跡(滋賀県) | 80 |
| 唐招提寺(奈良県) | 127 |
| ——経蔵 | 138 |
| ——金堂 | 127, 128, 135 |
| ——宝蔵 | 138 |
| 当世具足 | 361 |
| 東禅寺(東京都) | 76 |

| | |
|---|---|
| 東大寺(奈良県) | 18-20 |
| ——石灯籠(法華堂) | 327 |
| ——北門(法華堂) | 141 |
| ——金剛力士像(南大門) | 272 |
| ——四天王像(戒壇院) | 289 |
| ——帝釈天像(法華堂) | 289 |
| ——大仏(盧舎那仏像) | 280 |
| ——大仏殿 | 20 |
| ——誕生釈迦仏像 | 277 |
| ——南大門 | 130 |
| ——修二会(二月堂) | 20 |
| ——不空羂索観音立像(法華堂) | |
| | 19, 267, 283 |
| 銅鐸 | 38 |
| 道程 | 386 |
| 堂内具 | 346 |
| 道南十二館(北海道) | 198 |
| 銅板葺 | 144 |
| 東福寺三門(京都府) | 141 |
| 銅矛 | 38 |
| 胴丸 | 360, 361 |
| 道遊の割戸(新潟県) | 76, 77 |
| 灯籠 | 92, 347 |
| 登録記念物 | 10 |
| 登録文化財 | 7 |
| 登録有形文化財(建造物) | 10 |
| 登録有形文化財(美術工芸品) | 10 |
| 登録有形民俗文化財 | 10 |
| 遠侍 | 221, 228 |
| 通肘木 | 151 |
| 土器 | 23 |
| 斗栱 | 150 |
| 土偶 | 32 |
| 徳源院京極氏信宝篋印塔(滋賀県) | 316 |
| 木賊葺 | 144 |
| 特殊器台・特殊壺 | 48 |
| 特別史跡 | 11 |
| 独立式天守 | 212 |
| 床 | 242 |
| 床(押板)・棚・付書院 | 226, 228 |
| 床柱 | 163 |
| 土座 | 233 |
| 土蔵 | 235 |
| 土蔵造 | 224 |
| 栩葺 | 144 |
| 土橋 | 211 |
| 兜跋毘沙門天像 | 290 |
| 飛石 | 93, 246 |
| 扉 | 157 |

| | |
|---|---|
| 扉筋 | 140 |
| 土木関連遺跡 | 22 |
| 土間 | 231, 232 |
| ドーマー窓 | 253 |
| 富岡製糸場(群馬県) | 83, 263 |
| 富岡製糸場と絹産業遺産群〔世界遺産〕 | |
| | 116 |
| 土面 | 32 |
| 巴瓦 | 144 |
| 鞆の浦(広島県) | 107, 236 |
| 伴墓三角五輪塔(奈良県) | 311 |
| 鞆福禅寺境内(広島県) | 76 |
| 銅鑼 | 350 |
| 渡来神 | 171 |
| 虎印 | 373 |
| トラス | 253, 263 |
| 鳥居 | 184 |
| 鳥の子紙 | 368 |
| 鳥衾 | 146 |
| 止利仏師 | 269 |
| 度量衡 | 385, 386 |
| 泥田濠 | 208 |

## な

| | |
|---|---|
| 内行花文鏡 | 49 |
| 内陣 | 159 |
| ナイフ形石器 | 26, 27 |
| 中頭方西海道(沖縄県) | 107 |
| 中込学校(長野県) | 82 |
| 長崎(長崎県) | 236 |
| 長崎原爆遺跡(長崎県) | 87 |
| 長崎と天草地方の潜伏キリシタン関連 | |
| 遺産〔世界遺産〕 | 116 |
| 中山道 | 101 |
| 長手積 | 251 |
| 長巻 | 362 |
| 長持形石棺 | 47 |
| 長屋門 | 143 |
| 流れ蹲踞 | 94 |
| 流造 | 179 |
| 今帰仁城(沖縄県) | 199 |
| 薙刀 | 362, 363 |
| 名古曽の滝跡(京都府) | 92, 97 |
| 名古屋城(愛知県) | 74, 211, 217 |
| 名護屋城跡(佐賀県) | 72, 73 |
| 鉈影 | 309 |
| 鍋島焼 | 356 |
| 海鼠壁 | 210 |
| 並木 | 104 |

| | |
|---|---|
| 縄張 | 197, 200, 201 |
| 南海路 | 106 |
| 南禅寺三門(京都府) | 141, 142 |
| ——南禅院庭園 | 98 |
| 納戸 | 233 |
| 南蛮具足 | 361 |
| 南部暦 | 383 |
| 南鐐二朱銀 | 393 |

## に

| | |
|---|---|
| 仁王(二王) | 292 |
| 仁王門 | 143 |
| 二器 | 349 |
| 二合体 | 377 |
| 日光道中 | 101 |
| ニコライ堂(東京都) | 256 |
| 錦絵 | 340 |
| 仁科神明宮本殿(長野県) | 179 |
| 西宮砲台(兵庫県) | 75 |
| 西廻り航路 | 106 |
| 二重円光 | 301, 302 |
| 二十四節気 | 381, 382 |
| 二十八部衆 | 292 |
| 二重町 | 141 |
| 二条城二の丸御殿(京都府) | 221, 228, 338 |
| ——二の丸庭園 | 99 |
| 躙口 | 244 |
| 肉髻相 | 275 |
| 日光東照宮(栃木県) | 184, 187 |
| ——社殿 | 182, 187 |
| 日光の社寺〔世界遺産〕 | 115 |
| 二の丸 | 200 |
| 日本遺産 | 10 |
| 日本画 | 322 |
| 日本銀行 | 395 |
| ——大阪支店旧館(大阪府) | 262 |
| ——本店本館(東京都) | 261 |
| 日本銀行券 | 395 |
| 日本ハリストス正教会教団復活大聖堂 | |
| (東京都) | 256 |
| 如意 | 349 |
| 如意輪観音 | 282 |
| 女房奉書 | 372 |
| 如来 | 274, 277 |
| 韮山反射炉(静岡県) | 78, 79 |
| 韮山役所跡(静岡県) | 74 |
| ニワ | 232 |
| 人字形割束 | 127, 154 |

## ぬ

| | |
|---|---|
| 拭板敷 | 156 |
| 布敷 | 156 |
| 布積 | 207 |

## ね

| | |
|---|---|
| 根来寺(和歌山県) | 195 |
| 根城(青森県) | 67, 68 |
| 寝部屋 | 233 |
| 年号(元号) | 17, 396 |
| 年輪年代法 | 24 |

## の

| | |
|---|---|
| 衲衣 | 275 |
| 農具《弥生時代》 | 36, 37 |
| 能装束 | 359 |
| 農村舞台 | 249 |
| 能舞台 | 247 |
| 野上下郷石塔婆(埼玉県) | 326 |
| 軒唐破風 | 147 |
| 宇瓦 | 144 |
| 軒平瓦 | 59, 144 |
| 軒丸瓦 | 59, 144 |
| 熨斗瓦 | 146 |
| 野面積 | 161, 206 |
| 野中寺弥勒菩薩像(大阪府) | 281 |
| 野々村仁清 | 356 |
| 延斗 | 150 |
| 野村碧雲荘(京都府) | 230 |

## は

| | |
|---|---|
| 売券 | 373 |
| 廃少菩提寺多宝塔(滋賀県) | 323 |
| 配石遺構 | 32 |
| 墓《中世》 | 71 |
| 袴腰 | 138 |
| 萩(山口県) | 237 |
| 萩城下町(山口県) | 75 |
| 馬具 | 365 |
| 馬具《古墳時代》 | 50, 51 |
| 函館(北海道) | 236 |
| 箱根山宝篋印塔(神奈川県) | 315 |
| 箱根関跡(神奈川県) | 104 |
| 箱濠 | 208 |
| 橋 | 211 |
| 橋掛 | 247 |
| 土師器 | 45 |
| 半蔀 | 158 |

| | |
|---|---|
| 橋野高炉(岩手県) | 79 |
| 端島炭鉱跡(軍艦島, 長崎県) | 84, 85 |
| 柱 | 162 |
| 柱暦 | 383 |
| 長谷寺十一面観音像(奈良県) | 282 |
| 鉢《弥生土器》 | 36 |
| 八部衆 | 292 |
| 鉢巻土居 | 208 |
| 八幡神 | 295 |
| 八幡造 | 181 |
| 八幡鳥居 | 184 |
| 八脚門 | 141 |
| 発掘庭園 | 90 |
| 鋲子 | 350 |
| 八注 | 145 |
| 法堂 | 137 |
| 初音蒔絵調度類 | 353 |
| 馬頭観音 | 283 |
| 花狭間窓 | 157 |
| 埴輪 | 46, 48 |
| 跳(刎)高欄 | 159 |
| はねだし | 207 |
| 桔橋 | 211 |
| 破風(搏風) | 146 |
| 原城跡(長崎県) | 81 |
| 腹巻 | 360, 361 |
| 梁間 | 125 |
| 幡 | 346 |
| 半跏趺坐 | 296 |
| 藩札 | 394 |
| 播州葡萄園跡(兵庫県) | 83 |
| 万世大路 | 108 |
| 板東俘虜収容所跡(徳島県) | 86 |
| 般若寺塔婆(奈良県) | 324, 325 |
| ──十三重層塔 | 319 |
| 判物 | 373 |

## ひ

| | |
|---|---|
| 飛檐垂木 | 150 |
| ひ押し | 71 |
| 控柱 | 140 |
| 東祖谷(徳島県) | 236 |
| 東三条殿復元模型 | 226 |
| 東廻り航路 | 106 |
| 東山殿 | 98 |
| 引橋 | 211 |
| 彦根城(滋賀県) | 74, 214 |
| ──城下町 | 223, 224 |
| ──太鼓門 | 209 |

| | |
|---|---|
| ——天守 | 215 |
| ——天秤櫓 | 211 |
| 庇 | 176 |
| 菱川師宣 | 340 |
| 桁(肘木，肢木) | 150 |
| 毘沙門天 | 289 |
| 肥前磁器窯跡(佐賀県) | 77 |
| 備前陶器窯跡(岡山県) | 77 |
| 肥前波佐見陶磁器窯跡(長崎県) | 78 |
| 備前焼 | 354 |
| 常陸国新治郡衙跡(茨城県) | 58 |
| 常陸府中(茨城県) | 65 |
| 備中松山城(岡山県) | 214 |
| 飛天光背 | 303 |
| 日根荘大木の農村景観(大阪府) | 111 |
| 四方蓋造 | 232 |
| 姫路城(兵庫県)〔世界遺産〕 | |
| 74, 114, 201-204, 210-214, 217, 219 | |
| ——油壁 | 210, 211 |
| ——桜門(大手門) | 202 |
| ——城下町 | 73 |
| ——天守 | 203, 205, 217, 218 |
| ——天守の渡櫓 | 220 |
| ——西丸 | 204 |
| ——にの門 | 210 |
| ——本丸(備前丸) | 203 |
| ——るの門 | 210 |
| 非文字資料 | 4, 13, 14, 24 |
| 白毫相 | 275 |
| 平安古(山口県) | 240 |
| 表具 | 339 |
| 平等院庭園(京都府) | 89, 97 |
| ——鳳凰堂 | 118, 119, 128, 129 |
| ——鳳凰堂阿弥陀如来像 | 271 |
| 屛風 | 340 |
| 平文 | 352 |
| 比翼入母屋造 | 181 |
| 日吉大社本殿(滋賀県) | 181 |
| 日吉造 | 181 |
| 平泉〔世界遺産〕 | 115 |
| 平入 | 176 |
| 平窯 | 60 |
| 平瓦 | 59, 60, 70, 144 |
| 平桁 | 159 |
| 平城 | 196, 197 |
| 平戸和蘭商館跡(長崎県) | 76 |
| 平庭 | 90 |
| 平場 | 249 |
| 平縁天井 | 155 |

| | |
|---|---|
| 平三ツ斗 | 151, 152 |
| 平胡籙 | 364 |
| 平山城 | 196, 197 |
| 毘盧遮那仏(盧舎那仏) | 280 |
| 蛭藻金 | 391 |
| 弘前城(青森県) | 214, 216, 217 |
| 広間 | 232, 242 |
| 広村堤防(和歌山県) | 79 |
| 琵琶湖疎水(京都府・滋賀県) | 264 |
| 檜皮葺 | 144 |
| 賓頭盧尊者 | 293 |

## ふ

| | |
|---|---|
| 符 | 370 |
| 風俗画 | 340 |
| 舞楽装束 | 358 |
| 武器 | 360 |
| 武器《古墳時代》 | 50 |
| 葺石 | 46 |
| 武具 | 360 |
| 武具《古墳時代》 | 44, 50 |
| 不空羂索観音 | 283 |
| 複合式天守 | 212 |
| 袋綴 | 369 |
| 武家町 | 237, 240 |
| 武家用文書 | 372 |
| 普賢菩薩 | 285 |
| 藤井厚二 | 258 |
| 葛井寺千手観音像(大阪府) | 282 |
| 富士山〔世界遺産〕 | 115 |
| 富士山本宮浅間大社本殿(静岡県) | 184 |
| 藤戸石 | 99 |
| 富士屋ホテル本館(神奈川県) | 260 |
| 藤原京(奈良県) | 54 |
| 藤原佐理 | 366 |
| 藤原行成 | 366 |
| 普請 | 206 |
| 襖 | 158 |
| 舞台 | 246, 247 |
| 二重虹梁蟇股 | 128, 149 |
| 二重虹梁大瓶束 | 150 |
| 二ツ斗(双斗) | 151, 152 |
| 二手先 | 152, 153 |
| 縁頭 | 364 |
| 府中 | 65 |
| 仏教版画 | 344 |
| 仏具 | 345, 353 |
| 仏式霊廟 | 188 |
| 仏壇 | 345 |

仏殿 137
不動堂 140
不動明王 287, 334
舟形光 301, 302
舟底天井 155
舟屋 236
舟肘木 151, 152
富本銭 390
踏分石 93
フランク・ロイド・ライト 255, 261
フランス積 251, 252
文化財 7-10, 12, 13, 15-18
文化財保護法 7, 12
文化的景観 7, 8, 109-112
墳丘墓 39
文献史料 4, 5, 11, 13, 14
豊後府中（大分県） 65
文人画 331, 337
墳墓遺跡 22
墳墓堂 71

## へ

塀 210
平安神宮（京都府） 169
平行垂木 150
米山寺宝篋印塔（広島県） 316, 317
屏中門 143
塀重門 143
平出 376
平城宮（跡）（奈良県） 6, 54, 55
——東院庭園 91, 96
平城京（奈良県） 55
平城京左京三条二坊宮跡庭園（奈良県）
91, 96
平地建物 35
別用体 377
変化観音 281
弁才天 290
変体仮名 375, 376

## ほ

方格規矩鏡 49
宝篋印塔 313, 314
宝形造（方形造） 145
法具 345, 346, 352, 353
方形周溝墓 39, 40
方広寺大仏殿跡・石塁（京都府） 81
豊国廟 186
宝山寺不動明王緒尊像（奈良県） 273

宝積寺層塔（京都府） 318
放射光 301, 302
放射性炭素年代測定（法） 24, 28
宝珠光 301, 302
奉書 371, 373
方丈 139
方柱 162
方斗 150
宝塔 320-322
方墳 46
法務省旧本館（東京都） 259
法隆寺（奈良県） 114, 127
——北室院向唐門・平唐門 142
——吉祥天像 290
——救世観音像 268, 269
——五重塔 127
——金堂 127, 135, 136
——西院の妻室 138
——釈迦三尊像 268, 269
——大講堂 137, 138
——中門 127
——東院鐘楼 138
——東大門 141
——夢違観音像 269
法隆寺地域の仏教建造物〔世界遺産〕
114
望楼型天守 216
墨書土器 24
墨跡（墨蹟） 367
架木 159
菩薩 275, 281
墓誌 25, 52
菩提達磨 293
帆立貝形前方後円墳 46
法界定印 297
北海道・沖縄の時代区分《弥生時代》 41
法華寺維摩居士像（奈良県） 293
法華堂 140
掘立柱建物 30, 35, 43
掘立柱塀 61, 62
ホフマン窯 251, 266
濠（堀） 208
本阿弥光悦 355, 367
梵音具 349
本瓦葺 144
本願寺（京都府） 125, 247
——書院 221
——庭園 89
梵鐘 350, 351

| | |
|---|---|
| 本陣 | 105, 106 |
| 本殿 | 176 |
| 梵天 | 288 |
| 翻波式衣文 | 271 |
| 本柱(主柱) | 140 |
| 本丸 | 200 |

## ま

| | |
|---|---|
| 舞殿 | 247 |
| 舞良戸 | 159 |
| 磨崖仏 | 308 |
| 曲屋 | 231 |
| 牧 | 44, 77 |
| 蒔絵 | 352 |
| 巻斗 | 150 |
| 巻柱 | 135 |
| 麻紙 | 368 |
| 斗(枓) | 150 |
| 枡形 | 69, 201 |
| 枡形門 | 209 |
| 磨製石斧 | 26, 30 |
| 磨製石器 | 36 |
| 町並み | 236, 238 |
| 町屋 | 234 |
| 松江城(鳥取県) | 214, 197, 218 ,219 |
| ——天守雛形 | 213 |
| 松ヶ岡開墾場(山形県) | 82 |
| 松に孔雀図 | 339 |
| 松本城(長野県) | 196, 214 |
| 松山城(愛媛県) | 214 |
| 窓 | 157 |
| 疎垂木 | 150 |
| 豆板銀 | 393 |
| 魔除け | 344 |
| 丸馬出 | 68 |
| 丸岡城(福井県) | 214, 216 |
| 丸亀城(香川県) | 214 |
| 丸瓦 | 59, 60, 70, 144 |
| 丸桁(軒桁) | 151 |
| 円山応挙 | 340 |
| マンサード屋根 | 253 |
| 卍崩しの組子 | 127 |
| 曼荼羅 | 330, 332, 333 |

## み

| | |
|---|---|
| 御影堂 | 140 |
| 御影石 | 91 |
| 御上神社本殿(滋賀県) | 180 |
| 御教書 | 371, 372 |

| | |
|---|---|
| 詔 | 370 |
| 神子元島灯台(静岡県) | 82 |
| 水城(福岡県) | 57, 192, 193 |
| 水の祭祀 | 44 |
| 三角港(熊本県) | 83, 108 |
| 水屋 | 244 |
| 三井三池炭鉱跡(福岡県・熊本県) | |
| | 83, 84 |
| 見付学校(静岡県) | 82 |
| 三ツ花懸魚 | 149 |
| 三手先 | 152, 153 |
| 三手先斗栱 | 128 |
| 見沼通船堀(埼玉県) | 107 |
| 身延山久遠寺(山梨県) | 125 |
| 美々津(宮崎県) | 236 |
| 宮 | 170 |
| 明王 | 276, 287 |
| 妙喜庵待庵(京都府) | 241 |
| 妙心寺(京都府) | 126 |
| 明神鳥居 | 184, 185 |
| 明導寺九重層塔(熊本県) | 320 |
| 弥勒寺遺跡群(岐阜県) | 58 |
| 弥勒菩薩 | 281 |
| 三輪鳥居 | 184, 185 |
| 民家 | 231, 238, 240 |
| 民俗文化財 | 7, 8 |
| 明朝体 | 377 |

## む

| | |
|---|---|
| 麦藁葺 | 144 |
| 起り屋根 | 145 |
| 無形文化財 | 7 |
| 無著 | 293 |
| 武者走り | 220 |
| 夢窓疎石 | 98 |
| 棟 | 146 |
| 棟持柱 | 179 |
| 棟門 | 142, 209 |
| 無の虎口 | 201 |
| 無縫塔 | 323 |
| 無鄰菴(京都府) | 90, 100 |
| 室生寺(奈良県) | 120, 121 |
| ——十一面観音像 | 270 |

## め

| | |
|---|---|
| 明治神宮(東京都) | 168 |
| 明治日本の産業革命遺産〔世界遺産〕 | |
| | 116 |
| 明治村帝国ホテル中央玄関(愛知県) | |

索 引 **437**

| | |
|---|---|
| ……… | 261 |
| 名勝 | 7-9 |
| メートル法 | 386 |
| メートル法換算表 | 387 |
| 目貫 | 364 |
| 面皮柱 | 162 |
| 面取柱 | 162 |

## も

| | |
|---|---|
| 毛越寺（岩手県） | 124 |
| ――庭園 | 7, 89, 97 |
| 木器 | 24 |
| 木魚 | 350 |
| 木心乾漆造 | 307 |
| 木造（洋風） | 253 |
| 木彫 | 270, 304 |
| 文字瓦 | 24 |
| 文字資料 | 4, 13, 24 |
| モシリヤチャシ跡（北海道） | 198 |
| 百舌鳥古墳群（大阪府） | 42 |
| 百舌鳥・古市古墳群〔世界遺産〕 | 116 |
| 木簡 | 4, 5, 24, 54 |
| 木棺 | 39, 40 |
| 木骨煉瓦造 | 252, 263 |
| 本居宣長旧宅（三重県） | 81 |
| 元屋敷陶器窯跡（岐阜県） | 77 |
| 母屋 | 145 |
| 身舎 | 176 |
| 森野旧薬園（奈良県） | 80 |
| 門 | 140 |
| 紋 | 388 |
| 文殊堂 | 140 |
| 文殊菩薩 | 284 |
| 文書 | 24 |
| 勾建て | 391 |

## や

| | |
|---|---|
| 矢 | 364 |
| 館 | 194 |
| 館跡 | 66 |
| 薬医門 | 142, 209 |
| 薬師寺東院堂聖観音像（奈良県） | 275 |
| ――東塔 | 134 |
| ――薬師如来像 | 269, 274 |
| 薬師如来 | 278 |
| 櫓 | 212, 220 |
| 櫓門 | 209, 220 |
| 薬研濠 | 208 |
| 八坂神社（京都府） | 167 |

| | |
|---|---|
| ――本殿 | 180 |
| 矢狭間 | 211 |
| 八橋蒔絵螺鈿硯箱 | 353 |
| 八棟造 | 182 |
| 胡籙 | 365 |
| 屋根 | 144, 146 |
| 山越阿弥陀図 | 334, 335 |
| 山科本願寺（京都府） | 195 |
| 山城 | 66, 69, 194 |
| 山田寺跡石灯籠（奈良県） | 327 |
| 山田羽書 | 394 |
| 山灯籠 | 93 |
| 大和絵 | 336, 339, 340 |
| 東大谷日女神社石灯籠（奈良県） | 328 |
| ヤマト政権 | 42 |
| 弥生時代 | 34-41 |
| 弥生土器 | 36, 37 |
| 檜 | 362, 363 |

## ゆ

| | |
|---|---|
| 唯一神明造 | 179 |
| 維摩居士 | 293 |
| 有形文化財 | 7 |
| 床 | 156 |
| 靫 | 365 |
| 雪見灯籠 | 92, 93 |
| 湯島聖堂（東京都） | 79 |
| 譲状 | 373 |
| 弓・弓矢 | 364 |

## よ

| | |
|---|---|
| 養蚕 | 231 |
| 洋式城郭 | 200 |
| 洋風建築 | 250, 251, 255 |
| 曜変天目茶碗 | 355 |
| 与願印 | 296 |
| 横相 | 71 |
| 横穴式石室 | 47, 48 |
| 横矢掛け | 69, 201 |
| 横矢の枡形 | 201 |
| 寄木造 | 271, 304, 305 |
| 寄灯籠 | 93 |
| 四手先 | 153 |
| 読書発電所施設（長野県） | 264 |
| 寄棟造 | 145 |
| 鎧戸 | 253 |

## ら

| | |
|---|---|
| 来迎印 | 297 |

| | |
|---|---|
| 来迎院三重層塔（京都府） | 318, 319 |
| 来迎寺宝塔（三重県） | 322 |
| 来迎図 | 330, 334 |
| 来迎柱 | 163 |
| 礼盤座 | 301 |
| 羅漢 | 276, 292 |
| 羅漢寺（大分県） | 308 |
| 楽焼 | 355 |
| 螺鈿 | 353 |
| 螺髪 | 275 |
| 乱積 | 161, 207 |
| 卵塔 | 323 |

## り

| | |
|---|---|
| 鯉魚石 | 92 |
| 陸軍板橋火薬製造所跡（東京都） | 86 |
| リベット工法 | 252 |
| 略押 | 377 |
| 琉球王国のグスク及び関連遺産群〔世界遺産〕 | 115 |
| 立像 | 296 |
| 量（容量） | 385 |
| 龍安寺方丈庭園（京都府） | 88, 89 |
| 両界曼荼羅 | 332 |
| 令旨 | 371 |
| 了仙寺（静岡県） | 76 |
| 両建て | 391, 395 |
| 両流造 | 180 |
| 両部鳥居 | 184, 185 |
| 稜堡式要塞 | 75 |
| 輪郭式 | 200 |
| 輪光 | 301 |
| 綸旨 | 371 |
| 林氏墓地（東京都） | 81 |
| 輪蔵 | 138 |
| 輪王寺大猷院霊廟（栃木県） | 189 |
| 輪宝 | 302, 348 |

## る・れ

| | |
|---|---|
| ル・コルビュジエ | 262 |
| 霊源院中巌円月像（京都府） | 294 |
| 霊廟 | 186 |
| 礫榔 | 47 |
| 歴史資料 | 4 ,5, 13-15, 18-20 |
| 列帖装 | 369 |
| 連郭式 | 200 |
| 煉瓦造・煉瓦 | 251 |
| 蓮華座 | 300 |
| 蓮華つき円柱 | 162 |

| | |
|---|---|
| 連結式天守 | 212 |
| 連子（櫺）窓 | 157, 244 |
| 連房式登窯 | 77 |
| 連立式天守 | 213 |

## ろ

| | |
|---|---|
| 炉 | 242 |
| 蝋型鋳造 | 303, 304 |
| 廊下橋 | 212 |
| 楼門 | 141 |
| 鹿苑寺庭園（京都府） | 98 |
| 六観音 | 281, 284 |
| 六地蔵 | 286 |
| 六注 | 145 |
| 陸屋根 | 253 |
| 露地（茶庭） | 88, 241, 244, 245 |
| 六器 | 349 |
| 六古窯 | 69, 354 |
| 露頭掘り | 71, 76 |
| 露盤宝珠 | 163 |

## わ・を

| | |
|---|---|
| 脇街道（脇往還） | 101, 102 |
| 脇（降）懸魚（桁隠） | 147 |
| 脇指 | 362 |
| 脇町（徳島県） | 235 |
| 枠肘木 | 151 |
| 和紙 | 367 |
| 和田岬砲台（兵庫県） | 75 |
| 渡櫓 | 220 |
| 和同開珎 | 390 |
| 鰐口（金鼓） | 349 |
| 和様 | 130, 366 |
| 藁座 | 132 |
| 藁葺 | 144 |
| 割首 | 305 |
| 割竹形木棺 | 47 |
| 割束 | 153 |
| 割矧造 | 305 |
| ヲコト点 | 368 |

索　引　**439**

**編者**

佐藤　　信　さとうまこと(東京大学名誉教授・人間文化研究機構理事)

**執筆者**(五十音順)

青木　達司　あおきたつじ(文化庁文化財調査官)

浅野　啓介　あさのけいすけ(文化庁文化財調査官)

新井　重行　あらいしげゆき(宮内庁書陵部編修課主任研究官)

伊東　哲夫　いとうてつお(文化庁文化財調査官)

井上　大樹　いのうえたいき(文化庁文化財調査官)

岡本　公秀　おかもときみひで(文化庁文化財調査官)

金井　　健　かないけん(東京文化財研究所文化遺産国際協力センター
　　　　　　　　　　　　保存計画研究室長)

川畑　　純　かわはたじゅん(文化庁文部科学技官)

黒坂　貴裕　くろさかたかひろ(文化庁文化財調査官)

佐藤　　信　さとうまこと

筒井　忠仁　つついただひと(京都大学准教授)

西　　和彦　にしかずひこ(東京文化財研究所文化遺産国際協力センター
　　　　　　　　　　　　国際情報研究室長)

西岡　　聡　にしおかさとし(文化庁文化財調査官)

山川　　均　やまかわひとし(大和郡山市主任技師)

山下信一郎　やましたしんいちろう(文化庁主任文化財調査官)

湯川　紅美　ゆかわくみ(日本銀行金融研究所貨幣博物館学芸員)

## 新版 図説歴史散歩事典

2019年 8 月30日　第 1 版第 1 刷発行
2019年10月30日　第 1 版第 2 刷発行

| 編　　　者 | 佐藤　信 |
| 発 行 者 | 野澤伸平 |
| 発 行 所 | 株式会社 山川出版社 |

〒101-0047　東京都千代田区内神田1-13-13
電話 東京 03(3293)8131(営業) 8135(編集)
振替 00120-9-43993
https://www.yamakawa.co.jp/

| 印刷・製本 | 図書印刷株式会社 |
| 装　　幀 | 菊地信義 |
| 本文デザイン | 黒岩二三[fomalhaut] |

© Makoto Sato 2019
Printed in Japan　　　　　　　　ISBN978-4-634-59119-6

・造本には十分注意しておりますが，万一，落丁・乱丁などがござ
　いましたら，小社営業部宛にお送りください。送料小社負担にて
　お取り替えいたします。
・定価はカバーに表示してあります。